国家技能型紧缺人才
职业教育城市轨道交通专业任务驱动、项目导向改革创新示范教材

城市轨道交通信号联锁系统

田爱军 王德铭 编著

CHENGSHI GUIDAO

JIAOTONG XINHAO

LIANSUO XITONG

图书在版编目（CIP）数据

城市轨道交通信号联锁系统/田爱军，王德铭编著．—西安：西安交通大学出版社，2017.11（2025.1重印）
ISBN 978-7-5693-0309-4

Ⅰ.①城… Ⅱ.①田… ②王… Ⅲ.①城市铁路—铁路信号—信号系统—联锁设备 Ⅳ.①U239.5

中国版本图书馆 CIP 数据核字（2017）第 299885 号

书　　　名	城市轨道交通信号联锁系统
编　　　著	田爱军　王德铭
责 任 编 辑	杨　芳　何　园　于睿哲
出 版 发 行	西安交通大学出版社 （西安市兴庆南路 1 号　邮政编码 710048）
网　　　址	http：//www.xjtupress.com
电　　　话	(029) 82668357　82667874（发行中心） (029) 82668315（总编办）
传　　　真	(029) 82668280
印　　　刷	中煤地西安地图制印有限公司
开　　　本	787mm×1092mm　1/16　印张 22　字数 474 千字
版次印次	2018 年 7 月第 1 版　2025 年 1 月第 2 次印刷
书　　　号	ISBN 978-7-5693-0309-4
定　　　价	48.00 元

版权所有　侵权必究

内容简介

本书内容共分三篇。第一篇绪论，首先对城市轨道交通的发展做了概况性的描述，并对世界及我国城市轨道交通发展的经历与不同时代的主要技术应用做了简要介绍；其次，重点讲述了轨道交通信号的发展概况，其中对信号联锁设备及计算机联锁技术的应用与发展、城市轨道交通对联锁系统的特殊要求等做了详细讲解。另外，为帮助读者能轻松理解信号联锁系统在轨道交通中的地位与作用，本篇对城市轨道交通列控系统也做了全面的概括性的讲述，其内容主要有正线列车自动控制系统的技术特点、系统组成及其功能；城市轨道交通正线 ATC 的分类及特点和闭塞的实现手段等。

第二篇信号联锁系统基本知识，从铁路运输中的进路及联锁的概念引入，介绍了城市轨道交通对进路的控制的特殊要求以及联锁设备构成与基本功能，同时也对联锁系统的软件做了简介。本篇主要讲述了计算机联锁系统在可靠性与安全性上的技术应用，及具体的故障—安全输入/输出接口电路。

第三篇，依据计算机联锁系统的不同冗余架构模式，如双机热备式、三取二式、二乘二取二式及国外引进的设备，结合目前国内市场上所常见的联锁系统类型，选出了 7 种有代表性的联锁系统，分七章分别做了结构、主要技术特点、设备构成以及设备维护、应用与故障处理等方面的详细讲解。

所以，本书具备内容丰富全面、讲解细致、重点突出、知识含量高等特点，是城市轨道交通的信号维护人员的良师，以及大学、中专、职业类院校学生学习的优秀教材，也是相关技术人员所必备的技术手册。

前言

城市轨道交通（包括地下铁道和轻轨交通）具有运量大、速度快、安全可靠、污染轻、受其他交通方式干扰小等特点，是改善城市交通拥挤、乘车困难、行车速度下降、空气污染等情况行之有效的方式。因此，城市轨道交通是现代化都市所必须的。20世纪90年代以来，我国城市轨道交通加快了建设步伐，尤其是进入21世纪，我国迎来了城市轨道交通建设的高潮。我国城市轨道交通呈现着十分广阔的发展前景。

城市轨道交通信号设备是控制城市轨道交通安全运营的主要或关键的技术装备，具有不可替代的作用与地位，是保障轨道运营安全、可靠、快速的重要手段和影响因素。事实上信号系统已成为城市轨道交通高度集中指挥和运营管理的中枢神经。所以，城市轨道信号设备维护人员的维修水平，将直接关系到城市轨道交通的运营。

在城市轨道交通信号设备中，联锁系统又是正确控制或指挥列车运行的最基本的保障前提。联锁系统，包括正线车站和车辆段/停车场的联锁系统，它和ATC系统共同组成城市轨道交通的信号系统。联锁系统和ATC系统协同工作，形成安全、可靠、严密、高效的城市轨道交通控制系统，是保证行车的关键，因此，城市轨道交通无一不采用现代化的联锁系统。早期城市轨道交通曾经采用过继电集中联锁，目前均采用计算机联锁。计算机联锁大多为国产的，也有从国外引进的。为了便于城市轨道交通信号专业的师生和工作人员学习，我们编写了本书。

本书内容主要包含三个方面。首先对城市轨道交通的发展经历，主要技术应用及列控系统的设备、功能、实现手段等做了全面的概括性的讲述，使读者建立全面的信号概念。其次，将列控系统中的信号联锁设备从具体的类型中独立出来，就其确保安全性与可靠性等方面所采用的技术和手段，做了科学的理论讲解，它是学习计算机联锁知识的必备理论基础或前提。最后，选取了7种目前国内市场上所常见的联锁类型，对其结构、主要技术特点、设备构成以及设备维护、应用与故障处理等方面做了详细介绍。

本书由徐州技师学院轨道交通学院田爱军和王德铭编著，其中第3章至第8章由王德铭执笔，第9章至13章由田爱军编写，全书由王德铭统稿、制图与排版。另外，轨道交通学院的李凡甲帮助编写了第1章、第2章的内容及附录部分，在此表示感谢。

本书在编写过程中还得到了我院其他专业老师和我院领导的大力帮助，及苏州、无锡地铁公司的技术支持，在此表示衷心的感谢，并对所备参考书目的作者们表示诚挚的谢意。

由于我国城市轨道交通信号系统制式纷杂，资料难以搜集齐全，再加上编者水平所限，时间仓促，书中不免有错误、疏漏、不妥之处，恳望读者批评指正，以不断更新完善本书内容，提高本书的知识水平，为我国城市轨道交通事业的发展尽绵薄之力。

作者

2017 年 8 月

第一篇 绪 论 /1

第一章 城市轨道交通的发展概况 /2
第一节 世界城市轨道交通的发展历史 /2
第二节 我国城市轨道交通的发展概况 /7

第二章 城市轨道交通信号的发展概况 /9
第一节 城市轨道交通信号的发展历程 /9
第二节 我国城市轨道交通信号控制系统发展状况 /12
第三节 信号系统在列控中的作用地位 /16
第四节 信号联锁设备的发展概况 /18
第五节 城市轨道交通对联锁系统的特殊要求 /27

第三章 城市轨道交通列车控制系统简介 /30
第一节 正线列车自动控制系统的技术特点 /30
第二节 正线列车自动控制系统组成及其功能 /34
第三节 城市轨道交通正线ATC系统的分类及特点 /44
第四节 基于无线通信的列控系统（RF CBTC） /53

第二篇 信号联锁系统基本知识 /63

第四章 进路及联锁的概念 /64
第一节 传统的进路及联锁概念 /64
第二节 城市轨道交通对进路的控制 /70

第五章 联锁系统的基本知识 /77
第一节 联锁设备构成及基本功能 /77
第二节 计算机联锁在城市轨道交通中的应用 /87
第三节 计算机联锁与继电联锁的比较 /90
第四节 计算机联锁系统硬件结构 /93
第五节 联锁系统的软件结构及功能简介 /99

第六章　计算机联锁系统可靠性与安全性结构　/106
　　第一节　系统的可靠性与安全性概述　/106
　　第二节　计算机联锁系统安全性技术应用　/111
　　第三节　切换开关电路和表决电路　/116
　　第四节　计算机联锁系统的接口电路　/120
　　第五节　故障—安全输入/输出接口电路　/124

第三篇　几种常用计算机联锁系统　/133

第七章　TYJL－Ⅱ型计算机联锁系统　/134
　　第一节　TYJL－Ⅱ型计算机联锁系统的结构　/134
　　第二节　TYJL－Ⅱ型计算机联锁系统特点与功能　/137
　　第三节　TYJL－Ⅱ型计算机联锁系统接口电路　/142
　　第四节　TYJL－Ⅱ型计算机联锁系统的电源系统及应急台　/149
　　第五节　TYJL－Ⅱ型计算机联锁系统的切换　/153
　　第六节　TYJL－Ⅱ型计算机联锁系统的结合设计　/160
　　第七节　TYJL－Ⅱ型计算机联锁系统的使用与维护　/162
　　第八节　TYJL－Ⅱ型计算机联锁系统的故障分析与处理　/165

第八章　DS6－11型计算机联锁系统　/170
　　第一节　DS6－11型计算机联锁系统的组成　/170
　　第二节　DS6－11型计算机联锁系统的接口电路　/175
　　第三节　DS6－11型计算机联锁系统的使用与维护　/179
　　第四节　DS6－11型计算机联锁系统的故障分析　/182

第九章　DS6－K5B型计算机联锁系统　/185
　　第一节　DS6－K5B型计算机联锁系统特点简介　/185
　　第二节　DS6－K5B型计算机联锁系统各子系统的组成与功能　/188
　　第三节　DS6－K5B型计算机联锁系统的软件构成简述　/205
　　第四节　DS6－K5B型计算机联锁系统的继电器接口电路与防雷　/207
　　第五节　DS6－K5B型计算机联锁系统的操作维护与故障处理　/209

第十章　JD－ⅠA型计算机联锁系统　/212
　　第一节　JD－ⅠA型计算机联锁系统的结构、组成与功能　/212
　　第二节　JD－ⅠA型计算机联锁系统的接口电路　/216

第三节　JD-1A型计算机联锁系统的联锁机同步切换与应急台使用　/222

第四节　JD-1A型计算机联锁系统的电源系统结构防雷监督　/227

第五节　JD-1A型计算机联锁系统的使用维护与故障处理　/229

第十一章　EI32-JD型计算机联锁系统　/235

第一节　EI32-JD型计算机联锁系统的主要技术指标及特点　/235

第二节　EI32-JD型计算机联锁系统的硬件结构及组成　/236

第三节　EI32-JD型计算机联锁系统各子系统的组成与功能　/240

第四节　EI32-JD型计算机联锁系统的接口　/248

第五节　EI32-JD型计算机联锁系统的使用维护与故障处理　/251

第十二章　iLOCK型计算机联锁系统　/257

第一节　iLOCK型计算机联锁系统技术特点概述　/258

第二节　iLOCK型计算机联锁系统的结构组成及功能　/262

第三节　设备集中站联锁系统设备的组成及功能　/266

第四节　iLOCK正线联锁系统与外围设备接口　/273

第五节　iLOCK诊断维护子系统的使用　/277

第六节　iLOCK型计算机联锁系统的故障判断与处理　/284

第十三章　SICAS型计算机联锁系统　/287

第一节　SICAS型计算机联锁系统概述　/287

第二节　SICAS型计算机联锁系统的结构组成　/289

第三节　SICAS型计算机联锁系统的硬件设备　/296

第四节　SICAS型计算机联锁系统与外围设备的接口　/300

第五节　SICAS型计算机联锁系统的服务诊断系统　/310

第六节　SICAS型计算机联锁系统常见故障的处理　/318

附录　轨道交通信号常用名词术语（缩略语）中（英）文对照表　/322

参考文献　/342

第一篇 绪 论

城市轨道交通的产生与发展是在解决城市交通拥堵过程中被不断推进的，其历程与城市的发展息息相关。世界及我国城市轨道交通发展经历可以说是曲折的，同时它在一定程度上也体现了科学技术的进步历程。轨道交通信号的发展与科技的进步相关，比如信号联锁设备由起初的人工引导，到现在的计算机联锁正是信息与通信技术进步的体现。

这里，为帮助读者轻松理解信号联锁系统在轨道交通中的地位与作用，对城市轨道交通列控系统也作了全面的概括性的讲述，其内容主要有：正线列车自动控制系统的技术特点、系统组成及其功能；城市轨道交通正线ATC的分类及特点和闭塞的实现手段等。

第一章 城市轨道交通的发展概况

随着世界各国城市化的发展,城市人口密集、交通拥堵、环境污染严重、能源匮乏、居民出行时间长、出行难等城市通病不断涌现,城市交通成为困扰城市发展的主要问题。特别是第二次世界大战后,城市发展几乎是一个不断满足机动化的过程。然而,为了提高机动性,城市必须不断增加道路设施的供给。新的道路建设降低了出行时耗,但同时又引发了新的出行需求,在经过一段时间后道路又回升到新的交通拥堵水平。因此,城市总是在道路拥堵—增加运输能力—增加旅行速度—刺激城市延伸—增加旅行量—再拥堵之间循环,而道路的增长始终跟不上汽车的生产速度。土地是一种不可再生的有限资源,道路不可能无限增长,这就需要一种运量中等、能耗低、占地少的交通形式来解决日益增加的交通拥堵问题,因此,轨道交通应运而生。

第一节 世界城市轨道交通的发展历史

城市轨道交通的诞生和发展已有150多年的历史,世界城市轨道交通的发展大致经历了以下几个阶段。

一、城市轨道交通萌芽阶段(19世纪初至19世纪50年代)

1642年,法国人巴斯卡尔向法国政府提交了一份公共马车计划,很快得到了国王路易十四的许可,允许在巴黎的5条街上提供公共马车服务——城市公共交通从此诞生。然而"公共马车"其意义在于它为现代公共交通奠定了最基本的运营规则:有固定线路和班次,无论是否有乘客都要定点按时发车,乘客按里程付费等。

1775年,英国人约翰·乌特兰发明了有轨马车,旅客坐在简陋的车厢里,由两匹马拉着行走在铁制轨道上。这种马车铁道的营运线路当时仅铺设于郊区,可搭载重量双倍于普通马车的乘客和货物,而且这种在轨道上行驶的马车缓解了颠簸现象,乘坐相对较为舒适,因而大受欢迎,如图1-1所示。

图1-1 有轨马车

同一时期，蒸汽机车也在发展。1804年，英国人理查德·特里维西克设计制造的蒸汽机车"新城堡号"在轨道上试车成功（如图1-2所示），这是世界上第一条成功行驶蒸汽机车的轨道。但由于机身笨重，时速仅为 8km，远不如铁道马车。而且由于锅炉安装不当，机车振动大，竟把钢轨多处振断。1808年，特里维西克为了展示改进后的机车，特意在伦敦铺设了圆形轨道，让机车在轨上行驶。有趣的是，圆形轨道外侧设置了一圈围屏，只留一个

图1-2 "新城堡号"蒸汽机车

入口，观看者每人需付5先令的入场费，方可入内。当时，5先令相当于一个人一周工资的1/2，因此最初的机车只能是英国贵族的观赏物。但是实践证实了共滑的铁机车驱动轮可在共滑钢轨上运行而不会空转，机车可以拖动比机车本身重得多的东西。

世界上最早开始成批生产的蒸汽机车是布伦金索普于1812年设计制造的。他的机车主要用于货运，安装的是普通锅炉，速度慢，行走在有齿轨道上。布伦金索普机车从1812年起在英国利兹到米德尔顿之间的铁路上正式开始商业运行，直到1853年被内燃机车取代而停止。1827年，法国的马克·塞甘取得了管式锅炉专利，这是蒸汽机车发展史上的重大进步。1829年，他制造出管式锅炉蒸汽机车，虽然具有较大牵引力，但时速却从未超过 10km。1825年，哈格里斯·贝德莱和斯泰潘制造出两汽缸机车，这是世界上最早的客运列车，时速为 12.8km，如图1-3所示。

图1-3 两汽缸蒸汽机车

由于早期蒸汽机车存在速度慢、振动大、不安全等弊端，习惯了有轨马车的人们始终对蒸汽机车表示怀疑和不满。当然，作为机械牵引动力的蒸汽机车最终以事实战胜了有轨马车，得到了人们的认可，而且又逐渐被内燃机车和电力机车所取代。

二、城市轨道交通诞生起步阶段（19世纪60年代至19世纪后期）

工业革命推动了原有城市规模的扩大和新工业城市的兴起，城市人口急骤增长。虽然有轨马车比无轨公共马车有了很大的改进，但随着城市人口及车辆的增加，在平交道口出现的交通堵塞问题日益严重。交通的拥堵使人们想到了将交通线路往地下铺设。19世纪中叶的伦敦交通十分拥堵，1843年有"地铁之父"之称的英国律师查尔斯·皮尔逊建议修建地铁，经过20年的酝酿和建设，世界上第一条地下城市铁路——地铁，于1863年在伦敦正式开通（如图1-4所示），它标志着城市轨道交通在世界上

正式诞生。1870年，美国第一条在曼哈顿格林威治大街及第九大道的高架快速轨道交通线开始运营。

图1-4　第一条地铁

1870年，比利时工程师格拉姆发明了直流电动机。与此同时，德国人冯·西门子开始研究由电动机驱动的车辆，并制成了世界上第一辆电车（图1-5所示）。1881年，德国西门子公司在柏林近郊铺设了第一条电车轨道，双轨中的一条铁轨为相线，另一条铁轨做回路。但这种线路会给公共安全埋下安全隐患，于是，西门子采用将输电线路架高的方式来解决供电和安全问题。

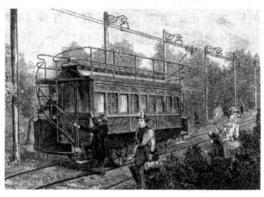

图1-5　西门子发明的世界上第一辆有轨电车　　图1-6　多伦多农业展览会上的有轨电车

1884年，美国人C.J.范德波尔在多伦多农业展览会上试用电车运载乘客（如图1-6所示）。他试用的电车采用一根带触轮的集电杆和一条架空触线输电，并以钢轨作为另一回路的供电方法。1888年，美国人斯波拉格在美国弗吉尼亚州里磁门德市的几条有轨马路线上，改用电力牵引车行驶，并对车辆电动机的悬挂方法、驱动方式、集电装置和控制系统进行了改进，这是世界上第一个投入商业运行的有轨电车系统。从此，有轨电车开始在世界范围内迅猛发展起来。

三、城市轨道交通初步发展阶段（19世纪末至20世纪20年代）

19世纪末，电力机车牵引的方式开始进入城市轨道交通领域，该方式大大提升了城市轨道交通的实用性，使其进入了一个较为快速的发展时期。在这一阶段，欧美的城市轨道交通发展较快，13个城市建成了地铁，还有许多城市建设了有轨电车。

1890年，在英国伦敦第一条使用电力机车牵引的地下铁道建成。1896年，匈牙利布达佩斯修建了欧洲最早的电气化地铁，地铁开始进入电力牵引时代。电气化地铁解决了地铁通道的空气污染问题。环境条件的改观，使地铁显示出了强大的生命力。1897年，6节编组的多节电动列车开始在美国芝加哥的南侧高架线上运营。1904年，美国纽约地铁巴尔蒙线开通，被誉为"纽约地铁之父"。美国纽约成为美洲最早建立地铁系统的城市。1913年，阿根廷的布宜诺斯艾利斯建成地铁系统，成为拉丁美洲最早建立地铁系统的城市。

1890—1920年是有轨电车在世界范围内大发展的时期。在第一次世界大战之前，世界上几乎每个大城市都有有轨电车。由于这种电车的路轨是固定的，车辆在行驶过程中不能让路，在交通拥挤的街上往往会造成诸多不便，因此一些城市很快便废弃了这样的电车。不过，欧洲大陆上的许多城市至今仍保留了这种有轨电车。

有轨电车是于19世纪末进入我国的。1899年，德国西门子在北京修建了马家堡至永定门的有轨电车线路，但这条线路在1900年义和团起义进攻北京时被拆毁。1906年，天津第一条有轨电车线路投入运营，天津成为我国第一个拥有有轨电车的城市（如图1-7所示）。随后，上海、大连、北京、沈阳、哈尔滨、长春和香港等城市也相继修建了有轨电车线路。

图1-7 天津早期有轨电车

四、城市轨道交通的停滞萎缩阶段（20世纪30年代至40年代末）

在这一阶段，一方面由于汽车工业的发展和世界大战的爆发，另一方面由于城市轨道交通的投资大、建设周期长等原因，它的发展呈现出停滞、甚至萎缩的局面，特别是在地面行驶的有轨电车系统，在这一时期被大量拆除并被汽车所取代。如1939年，美国有轨电车线路的长度由原来的32 180km锐减为4 344km；1912年，美国有370个城市建有有轨电车，到了1970年只剩下8个城市保留了有轨电车。而有轨电车的萎缩促使人们更加依赖于汽车。

虽然出现了停滞萎缩景象，但这一时期仍有一些国家新建了城市轨道交通系统。例如，1926年，澳大利亚悉尼开通了隧道电车，揭开了澳洲建立城市轨道交通系统的序幕；1927年，日本东京开通了浅草至涩谷的地下铁道线，成为亚洲最早的地下铁道；1935年，莫斯科第一条地铁通车投入运营。

五、城市轨道交通复苏阶段（20世纪50年代至60年代末）

第二次世界大战后，各国经济开始恢复。在这一阶段，由于汽车的过度增加，道路交通拥堵、事故频繁、能源过度消耗、尾气和噪声污染等一系列社会问题日益突出。人们又把解决城市交通问题的注意力转移到占地面积小、污染少、运力大的城市轨道交通上来，许多城市又开始兴建城市轨道交通。

在此期间，一些新型的城市轨道交通形式相继出现。1959年，美国第兹尼兰德的跨座式轻轨铁路开始运营；1961年，独轨铁路在意大利世界博览会开始运营。同时，加拿大的多伦多、蒙特利尔，意大利的罗马、米兰，美国的费城、旧金山，日本的名古屋、横滨，我国的北京等30座城市相继建成了地铁。其中，我国北京第一条地铁线于1969年建成通车，线路全长23.6km。

六、城市轨道交通高速发展阶段（20世纪70年代至今）

第二次世界大战后，经过短暂的经济恢复，世界经济开始高速发展，城市人口高度集中，这就要求轨道交通高速发展以适应日益增加的客运需求。于是，很多国家都确定了优先发展城市轨道交通的方针，有的国家甚至立法解决城市轨道交通的资金来源。这一切都标志着城市轨道交通进入了高速发展阶段。

20世纪70年代和80年代，各国地铁建设进入高峰期。据日本地铁协会统计，到1999年，全世界已有125个城市建成地铁，线路总长度为7000km。20世纪地铁建设快速发展，从1900年世界上只有6条地铁线路，到2000年增加到106条，百年建成了百条地铁线路，并且80%的地铁线路都是在第二次世界大战后特别是20世纪70年代建成的。

在地铁高速发展的过程中，世界各国地铁各具特色。莫斯科地铁是世界上最豪华的地铁，有欧洲"地下宫殿"的美称（如图1-8所示），天然的石料、欧洲的传统灯饰与莫斯科气势恢宏的各类博物馆交相辉映，简直是一座艺术博物馆。市区9条地铁线路纵横交错，充分体现了其城市轨道交通规划和建筑业的一流水平。

图1-8 皇宫般的莫斯科地铁

首尔是当今世界地铁运行线路最长的城市，线路有 19 条，全长 975 km；纽约是当今世界地铁车站最多的城市，车站数量达 468 个；巴黎地铁是世界上最密集、最方便的地铁，主要车站的出入口均设有计算机显示，应乘的线路、换乘的地点等一目了然；新加坡地铁车站和线路清洁明亮、一尘不染，是世界上最安全、最清洁、管理最好的地铁。我国地铁自 20 世纪末开始进入建设高潮阶段。例如，上海市自 1995 年第一条地铁线路建成至今，地铁线路总长近 600 km，预计 2020 年将达到 1 000 km。

由于地铁造价昂贵，建设进度受财政和其他因素的制约，因此，西方大城市在建设地铁的同时又重新把注意力转移到地面轨道上来，利用现代高科技开发了新一代噪声低、速度高、转弯灵活、乘客上下方便，甚至照顾到老人和残疾人的低地板新型有轨电车、独轨电车和磁悬浮列车。在线路结构上，地面轨道也采用了降噪声技术措施。在速度要求较高的线路上，地面轨道采用专用车道；与繁忙道路交叉处，地面轨道进入半地下或高架交叉，互不影响；对速度要求不高的线路，地面轨道可与道路平齐，与汽车混合运行。

总之，城市轨道交通在节约资源、能源与环保等方面具有比较大的优势。城市轨道交通的高速发展，既方便了居民出行，又引导了城市发展，还能促进沿线土地开发，加快城市发展，产生明显的国民经济效益、社会效益和生态效益。特别是进入 21 世纪后，城市轨道交通的建设和运营实践都证明，轨道交通的发展对解决大城市交通拥堵、提高居民生活质量和环境质量、调整城市布局结构和产业结构及拉动城市社会经济持续发展都具有重要意义。

第二节　我国城市轨道交通的发展概况

我国城市轨道交通的发展可以划分为早期有轨电车交通时代和现代城市轨道交通时代。

一、早期有轨电车交通时代

我国城市轨道交通系统的产生是从有轨电车开始的。最早的有轨电车出现于北京，起源于 20 世纪初。20 世纪 50 年代，我国有轨电车的发展达到了高峰。北京、上海、天津、哈尔滨、长春、大连、鞍山等诸多城市都建成了多条有轨电车，它在我国城市交通中发挥了历史性的作用。

由于有轨电车与城市的发展存在诸多矛盾，因此，我国有轨电车同国外一样，从 20 世纪 50 年代开始逐步被拆除。至今仍有有轨电车运营的城市只剩下香港、大连、长春、鞍山，而大连、长春的有轨电车正在被改造为轻轨交通的一部分。北京前门大街虽已恢复有轨电车线路，但仅用于观光旅游。

二、现代城市轨道交通时代

我国现代城市轨道交通是以1965年7月1日开工建设的北京地铁为开端的,发展至今大致经历了以下三个阶段。

1. 起步阶段(20世纪60年代至80年代初)

这一时期,我国先后于1969年在北京和1976年在天津开通了两条地铁。上海也在20世纪60年代进行了地铁的研究和试验,并建成一段试验段,但文革时期被迫终止。这一时期兴建地铁的主要目的是用于防空备战,地铁完全靠政府补贴运行,且其施工技术无论是车站建设还是区间建设,均采用明挖法。1979年10月,香港第一条地铁线路开始运营。

2. 平稳发展阶段(20世纪80年代中期至2000年)

这一时期,我国开始了改革开放的进程,地铁的建设也由服务于战备转为服务于经济发展和城市客运。伴随着经济的发展,继北京、天津之后,上海、广州也修建了地铁。这一时期,我国内地新增地铁运营里程120km。香港地铁在这一时期也得到了迅猛的发展,完成了现有7条线路的建设,并跻身世界城市地铁系统的前列。1996年,台北市修建了第一条城市轨道交通线路,揭开了台湾地区修建城市轨道交通系统的序幕。

3. 快速发展阶段(21世纪初至今)

进入21世纪,我国经济的迅猛发展为地铁建设带来了重大机遇,各大城市地铁项目竞相立项开工。全国20多个城市在建或筹建中的城市轨道交通线路总长已超过5 000km。

城市轨道交通(包括地下铁道和轻轨铁路)是现代化都市所必需的交通工具。我国北京、上海、天津、重庆、广州、深圳、佛山、南京、苏州、无锡、杭州、宁波、武汉、成都、沈阳、大连、长春、哈尔滨、西安、郑州、昆明、长沙等城市已建成档次和规模不同的地铁,并不断进行扩展和延伸。福州、南昌、合肥、南宁、贵阳、石家庄、太原、济南、兰州、东莞、青岛、厦门、徐州、南通等城市正在或计划建设城市轨道交通,我国城市轨道交通出现了建设高潮,前景十分广阔。根据中国城市轨道交通协会统计,截至2013年年末,我国累计有19个城市建成投运城市轨道交通线路87条,运营里程为2 539km。2013年实际新增2个运营城市、16条运营线路、395km运营里程。在2 539km的运营里程中,地铁运营里程为2 074km,占总里程的81.7%;轻轨运营里程为192km,占总里程的7.6%;单轨运营里程为75km,占总里程的3.0%;现代有轨电车运营里程为100km,占总里程的3.9%;磁悬浮交通运营里程为30km,占总里程的1.2%;市域快轨运营里程为67km,占总里程的2.6%。

第二章

城市轨道交通信号的发展概况

自从轨道交通运输产生以来，指挥列车运行的信号方式和设备也在不断地变化发展，由当初的人工引导，到今天的列车运行的自动控制系统，已有了一个多世纪的发展历史。

第一节 城市轨道交通信号的发展历程

轨道交通与马车不同，它必须在固定的铁轨上运行，不能自由调整行走路线、避让行人或障碍物，因此为确保安全，包括列车自身的安全，以及列车上旅客的安全，司机必须明确知道前方线路的情况，以便对列车准确驾驶。如此就必须有指挥列车运行的"信号"措施。最早的列车指挥是戴绅士礼帽、穿黑大衣和白裤子的铁路员工，他在列车前骑马引导列车的运行，边跑边以各种手势发出信号指挥列车前进和停止。在这种指挥列车运行的情况下，首先必须是马跑得要比车快；其次，为确保骑马的信号员能看清路况，又不可能跑得太快了，可以想像列车是以怎样的速度在运行？所以，对指挥列车运行的信号形式或方式或完成信号设备，必须加以革新。伴随列车运行速度的提高及人们对轨道运输的要求，"信号"不得不所有发展。

对交通信号的控制，经历了由手动信号机到自动信号机，由固定周期到可变周期，控制方式也由点控到线控和面控，从无车辆检测器到有车辆检测器近百年的历史。进入20世纪70年代，随着计算机技术和自动控制技术的发展、数字技术和自动化技术的介入，世界各国城市轨道交通控制技术发生了质的变化，技术上日趋成熟。较为先进的轨道交通系统已摒弃了"用信号显示指挥列车"的旧有概念，引进了列车自动控制（Automatic Train Control）系统，司机操作台上显示的是反映列车运营状态的信息。

一、城市轨道交通信号及其控制的形成与发展

交通工具的机械化和现代化使得城市轨道交通的信号或其控制方式的瓶颈日益凸现出来。为保证城市轨道交通运行安全和减少交通事故的发生，1868年，英国伦敦出现了一种红绿两色的臂板式信号灯，从此揭开了城市轨道交通指挥列车运行的信号的发展序幕。1918年，纽约安装了一种手动的三色信号灯，它标志着真正现代意义上的

列车信号系统的诞生，这也是列车运行控制的雏形。

随着社会的发展，城市车辆不断增多，且运行的车速也越来越快，传统的交通信号灯已不能满足轨道交通控制的需求，交通工程师们开始寻求借助其他工程领域的技术来解决交通信号控制问题，由此带来了交通控制技术的迅速发展。

1926年，英国在沃尔佛汉普顿安装了一种结构简单的机械式交通信号机，它通过电动机带动齿轮机械转动，实现单时段定周期的红绿灯切换。这种机械式的信号机首次实现了自动控制，奠定了城市交通信号自动控制的基础。

为确保安全，人们开始研究使用固定的信号设备：用一块长方形的板子来指挥列车，板子上的横向线路是停车信号，顺向线路是行车信号。可是，顺向线路的板子实际上很难观察，故人们又在顶端加块圆板。当必须在晚间开车时，就以红色灯光表示停车信号，以白色灯光表示行车信号。

1841年，英国人戈里高利提出用长方形臂板作为信号显示，装设在伦敦车站，这是铁路上首次使用臂板式信号机，如图2-1所示。随着光电技术、电子技术的发展，城市轨道交通控制方式由臂板式信号机逐渐过渡到色灯信号机（用灯光的颜色、数目及亮灯状态表示信号的含义，指挥列车运行，如图2-2所示）和机车信号。机车信号是指通过设在机车司机室的机车信号机自动反映运行条件、指示司机运行的信号，其本质是将地面信号传递给机车，在司机操作台上显示。尤其在线路条件不好、气候条件恶劣的情况下，机车信号的作用是非常大的。

为实现机车信号而装设的整套技术设备称为机车信号设备。

图2-1 臂板式信号机

有了机车信号，司机不用再看线路上的信号了，大大减轻了司机的负担。这也是列车速度的提高对信号系统提出的要求，因为在高速运行的情况下，观察线路上的信号也变得困难起来，当司机刚看清前方的信号时车有可能已经到达其跟前，就是说人的反应跟不上列车的速度。再加之在轨道交通线路中，由于站间距小、运营线路条件差，仅仅靠机车信号显示和由司机来控制机车也很难做到大密度的运营，于是自动信号控制系统也就随之产生了。在这种情况下司机不用再在意信号的状态了，理论上完全可以做到无人驾驶。

西门子公司、GRS公司、USSI公司、西屋公司、日立公司、阿尔斯通公司、泰雷兹集团等从20世纪80年代开始广泛采用先进的数字化信号控制系统，以确保列车运行达到最大的安全和效率。

图2-2 色灯信号机

二、当前城市轨道交通信号及其控制系统的应用情况

目前城市轨道交通信号及其控制系统,大多是色灯信号机与机车信号共用,但以机车信号为主体。色灯信号机一般设于车站出站口、道岔处、转线处等,分别指挥列车出站、防护道岔、转线作业等。同时,我们也要将地面信号传递到机车,为此在机车上要安装机车信号车载设备,在线路上也要安装机车信号地面设备,使机车上能接收到反映地面信号的信息,以保证机车上的信号显示能正确地反映信号的实际状况。

轨道交通信号控制系统由列车自动控制 ATC 系统和联锁设备两大部分组成。其中 ATC 系统又可分为列车自动防护(ATP)系统、列车自动运行(ATO)系统和列车自动监控(ATS)系统三个子系统。

当前,列车自动控制系统大体上分为两种制式,即基于数字轨道电路的准移动闭塞和基于感应环线通信的移动闭塞制式 CBTC 系统、基于无线(Radio)通信虚拟闭塞制式 CBTC 系统。基于城市轨道交通领域业内人士对移动闭塞制式 CBTC 系统可靠性、安全性的认可,对互联互通和对无线通信接口的标准的统一,发展移动闭塞是当今 ATC 系统的主流已经成为共识。

按照闭塞方式的不同划分,世界主要城市轨道交通控制系统应用情况如表 2-1 所示。

表 2-1 世界各国城市轨道交通控制系统一览表

控制模式	供货商	主要应用情况
固定闭塞制式	西屋公司(WESTING HOUSE,英国)	新加坡 1 号线
	美国通用铁路信号有限公司(GRS,美国)	纽约地铁
	西门子公司(SIEMENS,德国)	在德国已广泛应用
准移动闭塞制式	西门子公司(SIEMENS,德国)	
	阿尔斯通公司(ALSTOM,法国)	法国巴黎南北线
	美国联合道岔与信号国际公司(USSI,美国,现属安萨尔多集团)	美国洛杉矶绿线、韩国首尔地铁
	西屋公司(WESTING HOUSE,英国)	英国伦敦 Jubilee 新线、西班牙马德里地铁
移动闭塞制式	阿尔卡特公司(ALCATEL,法国,现属泰雷兹集团)	温哥华 1、2 号线(环线);肯尼迪国际机场全自动轻轨系统(环线);拉斯维加斯单轨线路(无线)
	西门子公司(SIEMENS,德国)	巴黎地铁 14 号线(环线);纽约卡纳西线(无线,建设中)
	阿尔斯通公司(ALSTOM,法国)	新加坡东北线(波导管)
	庞巴迪公司(BOMBARDIER,美国)	美国旧金山机场线(无线)
	美国联合道岔与信号国际公司(US SI,美国,现属安萨尔多集团)	

第二节　我国城市轨道交通信号控制系统发展状况

我国城市轨道交通信号控制系统，初期是在铁路信号控制的基础上演变而来的，且开始的技术应用基本上是由国外引进的，国产信号控制系统由于多种原因，至今没有得到大规模应用。

一、国内城市轨道交通信号控制系统的应用情况

从20世纪90年代起，国内新建造或改造的北京、上海、广州和天津等地的地铁开始引进国外先进的地铁信号控制系统设备：北京地铁1号线引进英国西屋公司设备，上海地铁1号线引进美国GRS公司设备，广州地铁、深圳地铁及南京地铁1号线引进德国西门子公司设备，上海地铁2号线引进美国USSI公司设备，上海地铁3号线引进法国阿尔斯通公司设备，上海地铁5号线引进德国西门子公司设备。

阿尔卡特公司（现属泰雷兹集团）在世界上较早推出CBTC系统，有比较成熟的技术，上海自仪股份公司选择与泰雷兹集团合作，不仅适应了地铁建设的需要，而且有助于在一个较高的起点上发展公司的自动控制系统新产业。

西门子公司凭借"全面交通解决方案"的理念，将其先进的CBTC解决方案引进到中国城市轨道交通中，并提供模块化产品——"Trainguard MT"列车运行自动控制系统，其采用基于无线AP的WLAN作为车—地通信通道，是目前在我国使用较早且运行稳定的设备之一，为我国城市轨道交通的发展提供了新的选择和方向。

我国城市轨道交通控制系统的主要应用情况如表2-2所示。

表2-2　国内城市轨道交通控制系统应用情况一览表

控制模式	供货商	主要应用情况
固定闭塞制式	西屋公司（WESTING HOUSE，英国）	北京地铁1号线（含复八线）、八通线、13号线
	美国通用铁路信号有限公司（GRS，美国）	上海地铁1号线
	西门子公司（SIEMENS，德国）	上海地铁5号线（点式应答器）
准移动闭塞制式	西门子公司（SIEMENS，德国）	广州地铁1号线、2号线；深圳地铁1号线；南京地铁1号线
	阿尔斯通公司（ALSTOM，法国）	上海地铁3号线、4号线；香港机场快速线
	美国联合道岔与信号国际公司（US SI，美国，现属安萨尔多集团）	上海地铁2号线；天津滨海线
	西屋公司（WESTING HOUSE，英国）	北京地铁5号线；天津地铁1号线

续表

控制模式	供货商	主要应用情况
移动闭塞制式	阿尔卡特公司（ALCATEL，法国，现属泰雷兹集团）	武汉轻轨1号线（环线）；广州地铁3号线（环线）；上海地铁6号线、7号线、8号线、9号线、11号线（无线）；北京地铁4号线、大兴线（无线）；港九铁路西线（环线）；南京地铁4号线、机场线；合肥地铁1号线
	西门子公司（SIEMENS，德国）	广州地铁4号线、5号线；深圳地铁4号线（无线）；广佛线（无线）；北京地铁10号线（无线）；南京地铁2号线、3号线（无线）；苏州地铁1号线（无线）
	阿尔斯通公司（ALSTOM，法国）	北京地铁2号线（波导管+无线）；北京机场线（波导管）；广州地铁6号线（波导管）；上海地铁10号线（无线）
	庞巴迪公司（BOMBARDIER，美国）	首都机场捷运系统（无线）
	美国联合道岔与信号国际公司USSI，美国，现属安萨尔多集团）	沈阳地铁1号线、2号线；深圳地铁2号线、3号线；西安地铁2号线；成都地铁1号线（无线）；郑州地铁1号线（无线）
	北京交控科技	北京地铁亦庄线、昌平线、7号线；成都地铁3号线；长沙地铁1号线；深圳地铁7号线；天津地铁6号线；石家庄地铁3号线

二、国内城市轨道交通信号控制系统技术的应用过程

信号控制系统是保障行车安全、提高运输能力的关键技术装备。城市轨道交通信号控制系统随着微电子技术、计算机技术、通信技术的发展而不断发展。在信号控制系统中，地面与车载设备的安全信息传输方式大致经历了模拟轨道电路、数字轨道电路和无线通信三个阶段。

1. 基于模拟轨道电路的 ATC 系统

轨道电路是将区间线路划分为若干固定的区段，作为进行列车占用检查和向车载 ATC 设备传送信息的载体。列车定位以固定的轨道电路区段为单位，采用模拟轨道电路方式由地面向车载设备传 10~20 种信息，列车采用阶梯式速度控制，称为固定闭塞。模拟轨道电路在我国应用的代表产品有：从英国西屋公司引进的 FS-2500 无绝缘轨道电路（北京地铁1号线、13号线）从美国 GRS 公司引进的无绝缘数字调幅轨道电路（上海地铁1号线）；大连轻轨采用的国产 WG-21A 轨道电路。

从系统整体角度来看，基于模拟轨道电路的 ATC 系统中各子系统处于分立状态，

技术水平明显落后,维修工作量大,制约了列车运行速度和密度的进一步提高,将逐步退出历史舞台。

2. 基于数字轨道电路的 ATC 系统

数字轨道电路采用数字编码方式,地面可向车载设备传送数十位数字编码信息,列车可实现一次模式曲线式安全防护,缩短了列车运行间隔,提高了舒适度。

采用数字轨道电路的 ATC 系统,列车可实现一次模式曲线式安全防护,因此我们称之为准移动闭塞。数字轨道电路在我国应用的代表产品有美国 USSI 公司的 AF-904 无绝缘数字轨道电路(上海地铁 2 号线、津滨轻轨等),德国西门子公司的 FTGS 无绝缘数字轨道电路(广州地铁 1 号线、2 号线,南京地铁 1 号线等)。数字轨道电路的 ATC 系统采用微电子技术、计算机技术和数字通信技术,延续了轨道电路故障—安全的特点,目前在我国和世界范围内开通运用较多,系统的可靠性和稳定性得到了充分的验证。但数字轨道电路存在以下缺点。

(1)必须具备很强的抗干扰能力。轨道电路中 ATC 信息电流一般在几十毫安至几百毫安,而列车牵引回流最大可达 4 000A。

(2)受轨道电路特性限制,只能实现地面向列车的单项信息传输,信息量也只能到数十比特,限制了 ATC 系统的性能。

(3)与牵引供电专业的设备安装相互影响。信号设备和牵引供电设备都需要安装在轨道上,两个专业设备的安装必须相互协调,否则会相互影响对方系统的性能。

(4)无法进行列车精确定位。只能按轨道电路区段对列车进行定位,一般区段长度为 30~300m,对缩短列车运行间隔有一定的限制。

3. 基于通信的列车运行控制(CBTC)系统

CBTC 系统的特点是可以实现车—地之间连续的双向通信,通过安全数据传输,为每列通信列车提供一个 LMA,并不断更新和重建,实现一次模式曲线式安全防护,并且其防护点能够随前车的移动而实时更新,有利于进一步缩小行车间隔、提高运输效率,被称为移动闭塞。

无线通信的传输方式很多,目前国内主要采用以下四种方式。

(1)无线 AP 传输方式:采用沿着轨道方向的无线定向天线,传输距离可以达到 200~400m。优点是安装简单、施工方便、成本低。缺点是无线场强分布不均匀。

(2)漏缆传输方式:沿着同轴电缆的外部导体周期性或非周期性配置开槽口,电信号在该电缆中传输的同时,能把电磁能量的一部分按要求从特殊开槽口以电磁波的形式放射到周围的外部空间,既具有传输线的性质,又具有无线电发射天线的性质。优点是场强覆盖均匀、适应性强、电磁污染小等。缺点是成本较高。

(3)波导管传输方式:波导管也是一种双向数据传输的无线信号传输媒介,具有传输频带宽、传输损耗小、可靠性高、抗干扰能力强等特点。缺点是工艺复杂,受环境湿度影响较大。

(4)应环线方式:通过轨道铺设交叉感应环线,实现无线通信。

CBTC 系统采用当前先进的计算机技术和信息传输技术,不与牵引供电争轨道,有利于牵引供电专业合理布置设备;不需要在轨道上安装设备,易形成疏散通道。采用

CBTC 技术具有多方面优势（提高效率、易于延伸线建设和改造升级，可以充分利用国内现有的信号产品和资源，易于实现国产化）。其中具有完全自主知识产权的计算机联锁设备和 ATS 子系统已经成功在现场开通使用。目前使用 CBTC 系统的线路逐渐增多，但通常主要存在以下技术瓶颈，需要在今后的工程实施中更好地加以解决。

第一，CBTC 系统的列车定位和移动授权依赖无线信息传输，如果某列车或地面某点发生无线通信中断或故障，就会失去对列车的定位，将对运营造成较大的影响，且故障处理将比原来的轨道电路系统复杂。如何保障行车安全和降低对运营的影响？为此绝大多数采用 CBTC 系统的工程都配置了后备信号控制系统，以解决上述问题。

第二，除采用环线通信外，目前 CBTC 系统采用的 IEEE802111 系列的 WLAN 标准是一个开放的无线频段，该频段不限制其他用户使用，用户较多时容易造成相互干扰，特别是在高架开放区段，抗外部干扰问题尤为重要。

第三，列车从地面的一个 AP 切换到另一个 AP 时信息传输会有中断，存在一定程度的丢包现象，如何进一步提高信息传输的可靠性也是有待完善的地方。

三、城市轨道交通信号控制系统国产化进展

国内开发的城市轨道交通系统基本上都采用 CBTC 基于无线的列车控制系统。主要开发进展情况如下：

中国铁道科学研究院充分利用专业齐全的优势，通过多年的努力，完成了 CBTC 系统所有子系统（ATS、联锁、ATP、ATO、DCS、应答器等）的研发，并进行了室内系统调试、现场试验和调试。铁科院研发的 ATS 子系统、计算机联锁子系统具有国内成熟技术，具有城市轨道交通业绩，已经具备了工程实施的条件。铁科院的 CBTC 系统对无线故障情况下的后备转换进行了深入的研究，能够在保证行车安全的情况下尽量减少对正常运营的干扰，达到了先进的水平。在安全性方面，第三方安全认证工作与研发同步进行，该系统已签署安全认证合同并开展安全认证工作。

2004 年，北京交通大学、北京地铁运营公司、北京和利时公司申请了北京市科委的"基于通信的城轨 CBTC 系统研究"科研项目，在北京地铁试车线进行了 ATP、ATO 试验，并在大连设立了 10km 试验段，包括地面线路和地下线路，进行了两列列车的追踪试验。亦庄线于 2011 年底开通 CBTC 系统全功能。

北京全路通信信号研究设计院也正在进行城市轨道交通 CBTC 的研发，它们利用自身研发的通过 SIL4 级的安全控制平台进行 ATP 的研发。

目前，我国的城市轨道交通建设规模空前，方兴未艾。列车运行控制系统已成为我国城市轨道交通建设的关键瓶颈，政府部门也在思索良策，在大力引进国外先进的 CBTC 系统的同时，地铁、轻轨业主呼吁国内有社会责任感的公司提供自主知识产权的信号控制系统，以打破垄断，改变目前受制于人的窘境。北京交通大学研发的 LCF－CBTC 系统在北京地铁亦庄线的成功应用，标志着国产 CBTC 系统将成为今后城市轨道交通列车控制系统的发展趋势。

第三节　信号系统在列控中的作用地位

信号系统是保证列车运行安全，实现行车指挥和列车运行现代化，提高运输效率的关键系统设备。现代信息类技术的迅速发展，促进了轨道交通系统的技术装备和管理现代化。近年来，轨道交通信号领域在应用计算机、通信和自动控制等先进技术的基础上，集成了行车调度指挥、区间闭塞、车站联锁和车载运行控制，构建了列车运行控制系统，实现了列车运行全过程的防护控制与管理，使行车指挥与控制迈向了自动化、数字化、智能化的现代化控制领域。

一、城市轨道交通对信号系统的要求

城市轨道交通信号基础设备主要包括信号机、转辙机、轨道电路、计轴器等，它们是城市轨道交通信号系统的重要基础设备。

城市轨道交通，尤其是地下铁道因其固有的特点，对其信号系统及其设备提出如下要求。

1. 安全性要求高

因城市轨道交通尤其是地下部分隧道空间小、行车密度大。故障排除难度大，若发生事故难以救援，损失将非常严重，所以对行车安全的保证，即对信号系统提出了更高的安全性要求。

2. 通过能力大

城市轨道交通一般不设站线，进站列车均停在正线上，先行列车停站时间直接影响后续列车接近车站，所以要求信号设备必须满足通过能力的要求。另一方面，不设站线使列车正常运行的顺序是固定的，有利于实现行车调度自动化。

3. 保证信号显示

城市轨道交通虽然地面信号机少，地下部分背景暗，且不受天气影响，直线地段瞭望条件好，但曲线地段受隧道壁的遮挡，信号显示距离受到限制，所以保证信号显示也是一个重要的要求。

4. 抗干扰能力强

城市轨道交通均为电力牵引，要求信号设备有较强的抗电气化干扰能力。

5. 可靠性高

由于城市轨道交通隧道净空小，且装有带电的牵引接触网（接触轨），行车时不便下洞维修排除设备故障，所以要求信号设备具有高可靠性，应尽量做到平时不维修或少维修。

6. 自动化程度高

城市轨道交通站间距离短/列车密度大，行车工作十分频繁，而且地下部分环境潮湿、空气不佳、没有阳光、工作条件差，所以要求尽量采用自动化程度高的先进技术设备，以减少工作人员，并减轻他们的劳动强度。

7. 限界条件苛刻

城市轨道交通的室外设备及车载设备，受土建限界的制约，要求设备体积小，同时必须兼顾施工和维护作业空间。

二、城市轨道交通信号系统的特点

城市轨道交通信号系统沿袭铁路的制式，但由于其自身的特点，与铁路的信号系统又有一定的区别。其系统具备以下主要的特点。

1. 具有完善的列车速度监控功能

城市轨道交通所承担的客运量巨大，对行车间隔的要求远高于铁路，最小行车间隔达90秒，甚至更小，因此对列车运行速度监控的要求极高。

2. 数据传输速率较低

城市轨道交通的列车运行速度远低于铁路干线的列车运行速度，最高运行速度通常为80km/h，所以信号系统可以采用速率较低的数据传输系统。但是，随着城市轨道交通信号自动化技术的不断发展，对信息的需求越来越多，信号系统也开始逐步采用速率较高且独立的数据传输系统。

3. 联锁关系较简单但技术要求高

城市轨道交通的大多数车站没有站线、不设道岔，甚至也不设地面信号机，仅在少数有岔联锁站及车辆段才设置道岔和地面信号机，故联锁设备的监控对象远少于铁路车站的监控对象，联锁关系远没有铁路复杂。除折返站外全部作业仅为旅客乘降，非常简单。通常一个控制中心即可实现全线的联锁功能。

城市轨道交通信号自动控制最大的特点是把联锁关系和ATP编/发码功能结合在一起，且包含一些特殊的功能，如自动折返、自动进路、紧急关闭、扣车等，增加了技术难度。

4. 车辆段采用独立联锁设备

城市轨道交通的车辆段类似于铁路区段站的功能，包括列车编解、接发列车和频繁的调车作业，线路较多、道岔较多，信号设备较多，一般独立采用一套联锁设备。

5. 自动化水平高

由于城市轨道交通的线路长度短、站间距离短、列车种类较少、行车规律性很高，因此它的信号系统通常包括自动排列进路和运行自动调整的功能，自动化程度高，人工介入极少。

6. 不要求兼容

城市轨道交通采用分线运营，对信号系统不要求互相兼容，即使是同一个城市的各线路所采用的信号系统也可以不一样。

三、信号系统在列控中的作用地位

在现代轨道交通系统中,信号与其他相关专业在技术之间的关系变得密不可分,列车运行控制系统冲破了信号相对独立的控制技术理念,将信号技术和轨道交通运输类相关专业的技术进行交叉融合,综合了通信、车辆、线路、牵引、制动以及运输调度指挥等专业技术的相关要素,形成了轨道交通系统运营、控制与管理的高技术平台,不仅为行车安全提供了根本保障,而且为行车自动化控制、运营效率的提高及管理自动化,提供了完善的功能,极大地促进了轨道交通运营管理现代化的发展。因此,列车运行控制系统被列为轨道交通重点发展的技术,成为轨道交通现代化的重要标志之一。

第四节 信号联锁设备的发展概况

"联锁"一词最早见于韩愈《汴州东西水门记》:"惟汴州河水自中注,厥初距河为城,其不合者诞置联锁于河。"其中的"联锁"系指铁索;而"联锁"作为近代技术的专有名词则应始于铁路信号。《辞海》对"联锁"现代普适意义的解释为"技术设备上的相互控制装置,特指铁路信号联锁设备"。《铁路信号名词术语》给出的联锁定义为"通过技术方法,使信号、道岔和进路必须按照一定程序并满足一定条件,才能动作或建立起来的相互关系"。

联锁是保证行车安全的重要技术措施,指的是信号设备与相关因素的制约关系。广义的联锁泛指各种信号设备所存在的互相制约关系。狭义的联锁,即一般所说的联锁,专指车站范围内进路、信号、道岔之间的制约关系。城市轨道交通的联锁包括正线车站和车辆段/停车场。为确保行车安全,联锁关系必须十分严密。

城市轨道交通正线终点站、折返站有折返线或渡线、存车线,车辆段/停车场内有许多用道岔联结着的线路。列车和调车车列在站内运行所经过的径路,称为进路。各道岔的开通方向不同可以构成不同的进路。列车和调车车列必须依据信号的开放通过进路,即每条进路必须由相应的信号机来防护。进路上的道岔位置不正确,或已有车占用,有关的信号机就不能开放;信号开放后,其所防护的进路不能变动,即此时该进路上的道岔必须被锁闭,不能再转换。信号、道岔、进路之间的这种相互制约的关系,称为联锁关系,简称联锁。按照"联"和"锁"的方式,联锁可划分为机械联锁、电气机械联锁、电气联锁和计算机联锁四种。

一、机械联锁

1. 非集中机械联锁

非集中机械联锁以人力就地分散操纵道岔,分散操纵或以机械传动方式集中操纵臂板信号机，以机械方式传动及以机械机件实现联锁。

钥匙联锁、联锁箱联锁和日式信号握柄，都是典型的在臂板信号机与道岔之间实现非集中联锁的机件和装置。我国最早装设的车站联锁，是1910年以前在北宁铁路（即京奉铁路，今北京至沈阳间）装设的非集中机械联锁。

2. 机械集中联锁

机械集中联锁以机械传动方式由人力集中操纵道岔和臂板信号机，道岔握柄与信号握柄间以机械锁床实现联锁。

二、电气机械联锁

电气机械联锁以人力和机械传动方式集中操纵道岔，以电气传输方式集中操纵色灯信号机，道岔的机械握柄与信号机的电气握柄间以锁床和电气接点电路实现联锁。这种联锁方式实际是机械集中联锁向电气集中联锁发展过程中的过渡形式。它主要是在机械集中联锁的基础上对信号机及其控制方式进行了改进，采用了色灯信号机并用电气传输方式取代了臂板信号机的导线传动机构。

我国1925年在长大线周水子车站安装了美国USSI公司生产的带有萨式锁簧床的电气机械集中联锁系统；1926—1936年，在南满铁路相继装设了满铁型电气机械集中联锁系统。

三、电气联锁

1. 非集中电气联锁

非集中电气联锁人力就地分散操纵道岔，以机械传动方式集中或分散操纵臂板信号机，或以电气传输方式集中操纵色灯信号机。道岔与信号机间以电气接点电路实现联锁，或者以信号握柄或信号桌上握柄实现相互间的联锁。

2. 电气集中联锁

电气集中联锁以电气传输方式集中操纵动力式道岔及色灯信号机。道岔与信号机间实现联锁的具体方式有锁床式、电锁式和继电式。锁床式联锁仍采用电气握柄方式，以锁床和电气接点电路实现联锁；电锁式联锁全部采用电气接点电路实现联锁；采用继电器点电路实现联锁的称为继电式电气集中联锁。

相对于机械联锁，继电式电气集中联锁采用动力转辙机、色灯信号机和轨道电路三大电气基础设备，使用安全型继电器构成联锁逻辑自动处理系统，使车站控制和联锁功能得到了空前的完善。继电式电气集中联锁的出现，是铁路信号系统由机械时代过渡到电气时代的重要标志。由于锁床式和电锁式电气集中联锁很快被淘汰，现在一般所称的电气集中联锁，即指继电式电气集中联锁。

新中国成立以来我国采用的电气集中联锁系统，主要经历了由20世纪50年代的570系列、580系列和590系列，到20世纪60年代的6026进路操纵按钮式小站组合式电气集中联锁、6320进路操纵大站组匣式电气集中联锁等，再到20世纪70年代的

6501电气集中联锁等的研发与试用的20多年的一个非常复杂的发展与统一的过程，最终在1973年以6320为基础进行改进，形成了6502大站电气集中继电联锁系统。

6502电气集中联锁是在动力转辙机、色灯信号机和轨道电路三大电气基础设备的基础上，以电气传输方式集中操纵动力式道岔及色灯信号机，以继电器接点电路实现联锁的车站联锁系统；是以安全型继电器为基本单元，按照与安全侧相对应的前、后接点使用原则，断线防护及室外混线防护等原则，通过布线逻辑来实现的符合故障—安全原则的车站联锁系统。

3. 其他继电集中联锁

北京地铁一号线改造信号工程的联锁正线车站，采用北京全路通信信号研究设计院研制的9101型整架式联锁设备。该电路可以实现中心控制及车站控制，并在其中一方控制时，另一方不能实施进路控制。电路可实现用于ATC列车的正常的自动闭塞运行方式，也可提供非运营时间内的非ATC列车的运行的自动站间闭塞。站间闭塞时出站信号机的开放显示为绿色闪光。同时该电路还具有在站控方式下，实现车站值班员选路、自动折返进路以及全自动折返进路控制的功能，其中全自动折返进路为先进先出方式。该电路不但实现了联锁技术条件，而且完成了ATP编/发码功能。

北京地铁复八线正线采用的非定型继电联锁设备，是由北京全路通信信号研究设计院研发的零散组合继电联锁设备。

四、计算机联锁

计算机联锁以电气或电子传输方式集中操纵动力式道岔及色灯信号机，以软件实现联锁关系。世界上第一个投入使用的计算机联锁系统，是1978年在瑞典哥德堡车站使用的微机联锁系统。体积巨大是早期计算机的普遍特点，那时即使是"小型机"也都堪称体形庞大。而由于现场环境等条件的限制，用于工业控制领域的计算机一般都体积小、存储量小、运算能力有限，且运行速度低，对比之下只能被称为"微机"。因此，早期的计算机联锁系统都被称为微机联锁系统。

（一）电子联锁与计算机联锁

计算机是可编程的复杂电子系统，计算机联锁系统实际上就是可编程（复杂）电子联锁系统，属于电子联锁其中的一种。事实上在计算机联锁之前，人们也曾广泛地进行过（非可编程）专用电子联锁系统的研发，虽未能达到实用化，但对计算机联锁系统的研发起到了一定的先期试验作用。

在电气时代之后的电子时代和计算机时代的早期，国内外都曾重点研究了具有故障—安全特征的电子器件，试图按照继电联锁的方式，以故障—安全器件为基础构成故障—安全的电子联锁系统。日本早期曾研发出采用故障—安全电子器件的电子联锁系统，但因成本高、功能差，其发展阻碍极大，长期未能实用化。我国自1965年开始，也曾有多个单位先后进行了以故障—安全器件为基础的电子集中联锁系统的研发。其中，采用磁芯—晶体三极管逻辑单元的大站电子集中联锁、采用厚膜电路逻辑单元的小站电子集中联锁、采用两重系晶体管构成静态逻辑单元的电子集中联锁，都进行了单站甚至多站的多年现场试用。但由于在防雷、器件来源和经济方面存在问题，特别是可靠性和故障—安全问题未能彻底解决，以及计算机联锁的发展趋势日益明显，这些系统都在1983年以前被相继拆除了。

计算机联锁系统大量或全部使用通用电子器件，这些器件不具有明显的故障不对称性（一般"开关"类电子器件的故障通常具有对称性特点）。这种以非故障—安全器件构成故障—安全系统的方式，全面改变了依靠设计自身具有某种固有物理特性的、符合故障—安全原则的设备或器件，并以此为基础构建安全系统的传统，这是计算机联锁有别于历代车站联锁系统的一个关键特点。

事实上，由于通用电子器件具有的故障不确定性和故障模式复杂性等特点，使得具有悠久历史并始终作为铁路信号一贯技术安全原则的故障—安全原则，成为复杂电子系统最晚进入铁路车站联锁领域的主要因素。同时，微机联锁的迅速发展，造成了在继电式电气集中联锁和计算机联锁之间的电子联锁系统的缺失。

从1984年开始，我国还曾发展过微机继电联锁系统，一种使用微机进行选路、替代6502的选择组电路，使用组匣式继电电路完成联锁执行逻辑，替代6502执行组电路的电气集中联锁系统。该系统试图对6502的组合式继电电路进行改进：通过研制新型的小型化安全型继电器，并使用组匣方式减少插接点，以获得比组合式继电电路更高的可靠性，以及更有利于大修更换；结合微机的非安全逻辑处理优势，实现选路、监测、记录及通信等功能，实现双方的优势互补。该系统自1984年开展研发，1988年在京广线黑石铺站首次开通，经改进后又在赛汉塔拉等站使用，也曾达到一定的试用规模；但因器材、工艺未完全过关，组匣更换不便，备品器材种类多、成本贵，特别是因几乎同期开始研发的计算机联锁系统的迅速发展而失去了继续完善的发展机会。

（二）我国早期研发与引进的计算机联锁系统

我国计算机联锁系统的实用性研发始于1983年，是由北京全路通信信号研究设计院率先进行的。1984年，在南京梅山铁矿井下进行试用之后，我国第一个正式运营的微机联锁系统于1986年在太原钢厂配料站开通使用。铁道科学研究院通信信号研究所，于1985年也开始进行微机联锁的研发工作，在郑州北上行编组站驼峰尾部进行现场试验之后，于1989年在该处开通了我国铁路的第一个微机联锁系统，该系统可对郑北上编尾全部36股道进行控制并具有平面调车单钩溜放功能。1993年，铁科院研发成功采用双机热备冗余方式的微机联锁系统，于哈尔滨平房站开通使用。此类微机联锁系统，均采用动态驱动和动态采集、软件冗余及相应的（智能）故障检测实现系统的安全保障。其中关键的动态驱动，使用了一种用脉冲序列驱动继电器的故障—安全电路，由计算机以输出脉冲序列的方式进行控制。

我国首次引进的国外微机联锁系统，是大约于1986年开始进行引进工作的英国西屋公司的SSI联锁系统。该系统原定开通使用地点是郑州铁路局的小李庄车站，但引入后发现该系统最多只允许办理5条长调车进路，若增加还需扩展计算机容量，因而此后被移至长调车进路不足5条的丁营站使用。第一个在我国铁路成功投入使用的引进计算机联锁系统，是美国通用铁路信号公司GRS的VPI型计算机联锁系统，于1991年在广深线红海车站开通运营。其特点是使用一种称之为"数字集成安全保证逻辑"

（NISAL）的编码逻辑对系统进行安全校验，并采用利用磁饱和原理特殊设计的故障—安全检测器件，对驱动输出进行检测，当校验或检测有误时，可快速切断相关电源使系统导向安全。

纵观车站联锁系统的技术发展历程，控制技术的发展与信号基础设备的进步，带来强烈的改进需求，甚至是实质性变革的可能。但联锁技术实现手段的更新换代，只有在切实解决了故障—安全问题并得到广泛验证之后才能最终实现。因此，新技术在车站联锁核心系统中的运用，存在明显的滞后甚至缺失断代的现象，而新一代联锁系统，也可能在相当程度上对前一代联锁系统的部分关键技术保留较长的时间，甚至始终继承而形成一个过渡阶段，譬如电气机械联锁，就是由第一代的机械联锁到第三代的电气联锁之间的过渡阶段。而现在的计算机联锁，也仍然是以动力转辙机、色灯信号机和轨道电路这三大电气时代的设备为基础，其主流系统更是基本上完整保留了继电联锁与轨旁设备的结合电路，在某种严格的意义上似也可被称之为计算机继电联锁。而基本取消了安全型继电器和继电接口电路，现在普遍称之为全电子联锁的计算机联锁，才是完全意义上的计算机联锁。

（三）我国计算机联锁的主要发展历程

从发展历程的角度回看，我国计算机联锁系统30年的发展大致可分为初始发展阶段、规范发展阶段和快速发展阶段三个阶段。

1. 初始发展阶段

这一阶段的一个主要特点是，自20世纪80年代初开始的自主研发与20世纪80年代末、90年代初开始的全套引进并举，"两条腿走路"。自主研发系统的运用主要集中在路外厂矿、个别支线客站等，全套引进则主要以京九铁路建设为契机。其结果是国产计算机联锁确立了以双机热备可靠性冗余为基础的暂行技术条件、产品体系及管理体系。而全套引进系统则全部无以为继，甚至有的未能开通，主要原因是国外系统价格昂贵，尤其是软件编制、修改及安全管理的周期漫长，完全无法适应国内工程建设、运用维护的管理方式和投资限制。我国铁路联锁功能需求复杂，但许多细节要求往往仅体现在继电电路中，而详细的文字描述缺失。对包括误操作在内的各类防护要求高，技术标准体系和规章制度尚未健全完善，对需求的增加或修改无规范管理等，也都是造成国外联锁系统软件修改极为困难的原因。在初始发展阶段，对技术装备、人才队伍建设和业务的管理尚处于探索时期。

2. 规范发展阶段

在国产双机热备系统开始大规模上道和快速发展的同时，国内主要研发单位逐步成熟、稳定发展，并自20世纪90年代中期开始先后与外商合作（卡斯柯公司更早，其本身就是中外合资公司），分别引进国外具有硬件安全冗余结构的高等级联锁系统的核心平台，移植各自的联锁软件，进行辅助系统配套并负责全部的工程实施，推出了结合双方各自优势的高端计算机联锁系统。

针对计算机联锁系统的特点和发展中亟待解决的问题，特别是许多单位跟进研发、无序上道的问题，1998年，我国开始加强计算机联锁系统的上道管理，并确定了积极稳妥的发展方针，在技术、设备、生产、建设、使用和维护等方面全方位地确立了有效的管理体系，完善了技术标准和规章制度；建立、健全了检验检测机制和机构，形成了研发、生产、软件检验单位4+4+1的配置管理格局，奠定了我国计算机联锁健康发展的基础。2002年颁发的我国首批计算机联锁特许证，标志着我国计算机联锁产品特许管理制度的正式确立和完整实施。

3. 快速发展阶段

多年来我国铁路的运营速度不断提高，先后进行了六次大提速；自2003年开始，我国参照欧洲列车运行控制系统ETCS标准，研究制定了中国列车运行控制系统CTCS的发展装备暂行技术标准，并首先启动了基于轨道电路加点式应答器传输列车运行许可信息、采用目标距离模式监控列车安全运行的CTCS-2级列控系统的实用性工程研发。通过技术引进、消化吸收，自主研发的基于国产ZPW-2000轨道电路的CTCS-2级列控系统和基于GSM-R无线通信的CTCS-3级列控系统，全面开启了我国铁路信号发展的新阶段。尤其是自2007年第六次大提速以来，以列控技术为标志的高速铁路的飞速发展，通信技术的快速发展及其与信号技术的深度融合，在铁路信息化建设、管理等诸多方面，对包括计算机联锁在内的铁路信号基础设备提出了更高的要求，强力推动计算机联锁进入快速发展阶段。计算机联锁系统的接口和信息化优势得以充分发挥，且已不可替代。

鉴于我国高速铁路建设的需求以及我国铁路工程建设和维护的特点，2007年，我国提出了计算机联锁设备技术装备要求，明确了"将二乘二取二系统列为我国计算机联锁发展的主流产品"和"繁忙干线铁路及其他铁路自动闭塞区段，在选用国产计算机联锁时采用二乘二取二硬件安全冗余结构的系统"等计算机联锁设备的技术装备原则，提出加快二乘二取二系统硬件国产化及软硬件完全自主知识产权系统的发展进程。

ETCS标准的引进，极大地加速了欧洲铁路标准的全面引进。尤其是以EN50126《铁路应用——可靠性、可用性、可维护性和安全性（RAMS）的规范和示例》、EN50128《铁路应用——通信、信号和处理系统——铁路控制和防护系统软件》、EN50129《铁路应用——通信、信号和处理系统——信号用安全相关电子系统》以及EN50159-1/2《铁路应用——通信、信号和处理系统——1/2：封闭/开放式传输系统中的安全相关通信》等为代表的欧洲铁路通信、信号和处理系统的应用标准，在此阶段已经事实上成为我国铁路信号系统安全性和可靠性方面的主要参考标准。继2007年我国将国际电工技术委员会IEC制定的《电气/电子/可编程电子安全相关系统的功能安全》标准IEC61508等同采纳为国家标准实施之后，我国于2008年至2013年间把以上标准全部等同采纳为国家标准并发布实施。这些标准已经并且还将持续对我国计算机联锁的技术发展和管理体系，产生深远的影响。

五、计算机联锁技术的发展

1. 冗余技术的发展

最早出现的计算机联锁曾采用单机结构，其可靠性和安全性远远不能满足车站联锁的严格要求。于是，计算机联锁改为双机热备结构，并由一个 CPU 执行两套功能相同而编码各异的诊断程序，来提高计算机联锁的可靠性和安全性。

目前，我国大部分计算机联锁是双机热备系统。但是，双机热备系统存在着双机切换的问题，切换失败将产生危险后果。与此同时，我们开发了采用屏蔽冗余技术的三取二系统，把 3 个 CPU 运算结果两两进行比较，产生危险输出的可能性极小。但是，存在着不能停机检修的问题。

于是近几年，我们又推出了二乘二取二系统，由两个 CPU 构成一个子系统执行联锁任务（主机），另两个 CPU 处于热备状态（备机），这就大大提高了计算机联锁的可靠性和安全性，而且方便维修。当前，主要干线的技术改造和新建高速铁路都必须采用二乘二取二系统。

2. 动态输出技术的发展

目前广泛使用的计算机联锁，其信号机和道岔的控制器件仍然由继电器来完成。为了提高计算机联锁输出的可靠性和安全性，双机热备结构的计算机联锁多采用动态继电器，后来又采用动态驱动单元或动态驱动柜，将驱动电路与继电器分离开来，使继电器带动更多组接点。

有些双机热备结构的计算机联锁，以及三取二和二乘二取二的计算机联锁则在系统内部完成了动态输出，不再采用动态继电器，也不需要动态驱动单元或动态驱动柜，直接驱动偏极继电器，甚至无极继电器。

也有人提出用电子单元代替继电器，构成全电子计算机联锁系统。因为，电子单元具有体积小、功能强大等特点，便于组网、远程管理和远程诊断。在国外，只有少数车站采用全电子计算机联锁系统。国产车站全电子计算机联锁系统研制始于 1996 年，1999 年被纳入铁道部《铁路科技发展计划项目》。"计算机联锁智能型全电子信号道岔控制一体化的研究"于 2000 年月通过铁道部技术审查。该系统从 2001 年开始，先后在信阳电厂、襄樊北机务段整备场投产使用。2009 年，铁道部运输局组织对 LDJ LZ-Ⅱ型全电子执行单元在包北线西斗铺车站的运用情况进行评审，同意将其纳入正式设备运用和管理。

3. 区域计算机联锁技术的发展

区域计算机联锁是集中式的联锁控制方式，即由一个站控制周围的若干个小站及区间的道岔控制点。

区域计算机联锁系统提高了行车组织的工作效率和设备的远程维护能力，为中小车站信号系统的数字化、网络化、综合化奠定了基础，有利于提高铁路的管理水平，是铁路运输指挥系统实现综合现代化、实现减员增效目标的根本性措施之一。

六、计算机联锁的特点

继电集中联锁性能较稳定，得到了普遍采用。但其由继电器组成逻辑电路，难于表达和实现复杂的逻辑关系，因而功能不够完善，安全性能尚有缺陷，不便于与现代化信息系统联网，经济上没有优势，势必为更高层次的联锁设备——计算机联锁所取代。

1. 计算机联锁的技术特征

计算机联锁是以微机为核心构成的车站联锁控制系统，它与继电集中系统相比，主要区别如下。

（1）利用计算机对车站值班员的操作命令和现场监控设备的表示信息进行逻辑运算后，完成对信号机、道岔及进路的联锁和控制，全部联锁关系由计算机及其程序完成。

（2）计算机发出的控制命令和线场发回的表示信息，均能由传输通道串行传输，可节省一定量的干线电缆，并使采用光缆传输成为可能。

（3）CRT屏幕显示代替表示盘，大大缩小了体积，丰富了显示内容，简化了结构，不但方便使用，还可根据需要多台并机使用。

（4）用积木式的模块化硬件和软件设计，便于站场变更，并易于实现故障监测、分析。

2. 计算机联锁的优点

与继电集中相比，计算机联锁具有以下优点。

（1）进一步提高了安全性、可靠性

继电集中只能在元器件的可靠性上下功夫，系统的可靠性受到很大限制。例如，轨道电路分路不良，继电集中仅能做到三点检查，而计算机联锁则能进行进路跟踪，连续地检查列车头部和尾部的位置，可以防止轨道电路分路不良造成的错误动作和漏解锁。计算机联锁采用硬件冗余和软件冗余，即采用二重系或三取二表决方式，大大提高了系统的可靠性。

（2）增加和完善了联锁功能

继电集中虽经不断改进和完善，但受到继电电路限制或由于费用等原因，在联锁功能方面仍存在不足。例如，由于轨道电路的误动而造成错误解锁的可能性仍然存在，以致不能预排进路。再如，在转线调车作业过程中，如果调车车列越过折返信号而继续前进，折返信号机前方的道岔区段可能解锁，而折返信号机开放时又不能将该区段予以锁闭，可能危及行车安全。在折返调车作业中，机车可能在禁止信号显示下运行（折返信号机前方的同向调车信号机在关闭状态），这不严密。这些缺点，在计算机联锁中可用较少的硬件和发挥软件的作用加以克服。

除基本联锁外，计算机联锁可以很方便地实现非进路调车、局部控制、平面溜放、站内道口控制，也能很方便地与区间闭塞结合、与集中联锁的场间联系、与其他联锁区衔接、与驼峰调车场联系、与机务段联系、与调度集中和调度监督联系，而无需6502那样复杂的继电电路。

因为计算机具有速度快、信息量大等特点，所以计算机联锁很容易实现自动控制功能，还能安全地实现自动选路和储存进路以及显示、记录、提示等继电集中无法实现的功能。运行图变更时，计算联锁还能自动选择最佳方案。它不仅可以扩大控制范围，适用于任何规模的车站，而且可以进行站内行车业务管理，以提高效率。

简化操作手续和减少人工直接干预，以减少和防止操作失误、延误，是提高作业效率的重要途径。计算机联锁为实现办理进路自动化创造了条件。例如，我们可将接发车计划预先存到计算机中，利用车次号系统选择接车进路，利用列车接近车站的信息确定办理进路的时机。

在行车信息管理方面，计算机联锁可以向旅客服务系统、列车运行监视系统以及区间行车指挥系统提供信息。由于这些系统日趋微机化，系统间就容易结合。计算机联锁还能很方便地进行自身管理，包括对操作人员的操作、设备工作情况的记录和打印等，能及时发现故障，确定故障位置。

（3）方便设计

由于采用模块化结构，计算机联锁容易实现标准化，提高工厂化施工的程度。它将车站联锁的逻辑编成程序，不论站场如何变化，都无需改变硬件组成，只要补充和改变程序，即可满足联锁的要求。它采用标准接口，不需要增加设备就可以和其他自动化系统结合。

（4）省工省料，降低造价

继电集中全部采用继电器，组合间配线复杂，特别是信号楼和现场设备间要用很多电缆。计算机联锁可采用通用计算机，用它取代成千上万只继电器，而且其价格日益低廉；计算机联锁的信息可串行传输，可大大减少干线电缆；计算机联锁的室内设备占地远小于继电集中，可大大节约占地面积，这些都降低了造价。此外，计算机联锁易于实现标准化，可缩短设计周期、制造周期和施工周期，减少了对运输的干扰，降低了设计、施工和维修费用。

七、全电子计算机联锁简介

全电子计算机联锁设备是铁路信号控制的一种新型联锁设备，代表着信号联锁领域的最新技术。

1. 全电子计算机联锁的技术特点

全电子计算机联锁系统以计算机控制技术为核心，以电力电子开关技术为基础，采用计算机通信、电子信息技术、自动检测等先进技术。它打破了传统信号自动控制理念，取消了继电逻辑电路，完全由计算机联锁主机进行判断执行，系统以模块（道岔模块、信号模块、轨道模块、零散模块）为核心单元，直接控制室外道岔、信号、轨道电路及各种联系电路。它标志着铁路车站信号联锁控制设备，真正进入了全电子化计算机联锁控制时代。

其最大特点是实现了车站联锁设备"执行层"的完全电子化、智能化、网络化。全电子化的执行机能与各种具有分布式网络功能的联锁机结合，具有向下网络总线接口的三重冗余容错型计算机联锁系统。

2. 主要设备组成

全电子化计算机联锁系统是由联锁机柜、智能模块机（执行机）柜和防护系统组成的。联锁机柜包括三重冗余的联锁计算机、互为备用的监控机和电务维修机，主要完成联锁软件的运算、系统命令的下发和系统状态的采集等任务。

智能模块机柜由智能模块和监测机构成，完成系统命令的执行、外部设备状态的采集和智能化处理等任务。全站不设继电器，完全由联锁机柜依据联锁关系处理。智能模块柜通过判断，直接将处理命令信息并传至转辙机、信号机、轨道电路、场间联系电路和电码化结合电路等。

模块区内的智能模块实时接收控制总线上的内容，经校验取得目标模块地址，并与模块所处排列位置定义的地址做比较，只有一致时，才能接收处理。模块按逻辑"与"的关系进行输出控制，以增加安全性。模块直接根据命令内容对所控制的室外信号设备进行操纵，同时不间断地对室外设备的状态进行智能判断，将模块状态上报给联锁区。

全电子计算机联锁系统实现了控制监测一体化，具备对道岔动作电流、信号机灯丝电流等模拟量进行采集监测的功能。设备高度集成、信息化程度高、扩展性全，同时具有占地小、造价低、便于施工维修等优点，目前在我国厂矿企业、专用线应用较多。随着电子产品的安全性、可靠性不断提高，以及大量应用实例的使用周期检验，全电子计算机联锁系统将会在国内铁路推广应用，是我国铁路信号联锁的重要发展方向。

第五节　城市轨道交通对联锁系统的特殊要求

从联锁的应用环境角度看，在传统铁路中联锁系统基本上是依靠独立设备工作来保证列车在站内的运行安全的，而在城市轨道交通中联锁系统的功能是与ATP系统、ATS系统相结合实现的，联锁子系统需要与其他相关子系统相互配合。

从作业要求角度看，传统的铁路车站不仅站形复杂而且多种作业方式并存，行车作业复杂。而在城市轨道交通中站形一般比较简单，作业形式单一，通常只是接发车且行车间隔相对固定，列车运行方向也比较单一，很少存在越行或会让等情况。可见，城市轨道交通的联锁系统影响行车安全的因素相对较少，对其功能需求相应地与普通铁路的有所不同。

从运营需求角度看，尽管在城市轨道交通中行车作业方式单一，但其列车运行密度大，行车间隔短，即对运营的效率要求比较高。联锁系统的任何一个异常情况都可能导致行车的混乱甚至瘫痪。因此在保证安全的前提下，能否依照运行图使列车正常运转是一个关键的环节。对普通铁路而言，因站形复杂，作业可以多样化，在车站联锁系统出现单一的非正常情况时，能通过变通方式来保证正常的行车秩序，可见对城市轨道交通来说，影响联锁系统运营效率的因素相对较多。

城市轨道交通联锁系统，目前几乎都是采用计算机联锁。除实现计算机联锁基本功能之外，因城市轨道交通又存在一些特殊情况，如列车运行的三级控制、多列车进路、追踪进路、折返进路、联锁监控区、保护区段和侧面防护等，且其配置可根据不同的运营要求实现集中控制、区域控制或车站控制方式等，因此城市轨道交通对计算机联锁有特殊的要求。

一、满足列车运行进路的三级控制要求

列车运行进路控制采用三级控制，即控制中心控制（ATS 自动控制）、远程控制终端控制和车站工作站控制。

控制中心集中控制全线的列车运行（不包括车辆段内列车的运行控制）。系统根据列车运行时刻表及列车运行状况发出列车运行控制命令，并进行自动调整。控制中心调度员也可以人工干预，对列车进行调整，操作非安全相关命令，排列和取消进路。

在控制中心设备故障或控制中心与下级设备的通信线路故障时，控制中心将无法对远程控制终端进行控制，此时系统自动转入列车自动控制的降级模式。在降级模式下，由司机在车上输入目的地码，通过列车上的车次号发送系统发出带有列车去向的车次号信息，远程控制终端自动产生进路控制命令，联锁系统根据来自远程控制终端的进路号排列进路。在这种情况下，系统不具备列车运行自动调整功能。

在站级控制模式下，列车运行的进路控制在车站值班员工作站执行，但此时只要控制中心设备及通信线路功能完好，自动进路设置仍可进行。

二、能够实现多列车进路自动控制功能

城市轨道交通运行间隔小、车流密度大，在一条进路中可能出现多列车运行。对于多列车进路，当第 1 列车离开进路始端信号机后的监控区后，可以排列第 2 条相同终端的进路。第 2 条进路排出，第 1 列车通过后进路中的轨道区段直到第 2 列车通过后才解锁。

1. 追踪进路

追踪进路为联锁系统本身的一种自动排列进路功能。列车接近信号机，占用触发区段（触发区段是指列车占用该区段时引起进路排列的区段。触发区段可能是信号机前方第 1 个接近区段，也可能是第 2 个接近区段，触发区段根据线路布置和通过能力而定）时，列车运行所要通过的进路自动排出。追踪进路排出的前提除了满足进路排出的条件外，进路防护信号机还必须具备进路追踪功能。

2. 折返进路

列车折返进路作为一般进路纳入进路表。通常通过列车自动选路、追踪进路或人工排列的折返进路从指定的折返线开始。

3. 联锁监控区段

在装备准移动闭塞的城市轨道交通中，开放信号机前联锁设备不需检查全部区段，只要检查部分区段，这些被检查的区段叫做联锁监控区段。只要监控区段空闲，进路防护信号机便可正常开放。

4. 保护区段

为了保证列车的运行安全，避免列车由于某种原因不能在信号机前停住而导致事故的发生，充分考虑了列车的制动距离及线路等因素，在停车点后设置了保护区段，

即终端信号机后方的一至两个区段,其类似于铁路中的延续进路。

5. 侧面防护

城市轨道交通的道岔控制全部单动,不设双动道岔,所有的渡线道岔均按单动处理,也不设带动道岔。这些都靠采取侧面防护来防止列车的侧面冲突。侧面防护是为了避免其他列车从侧面进入进路,与列车发生侧面冲突。

三、对屏蔽门、防淹门的控制检查功能

屏蔽门是站台上为保证乘客安全,与线路之间的隔挡。平时屏蔽门关闭,当列车到达并停稳、与车门对准后才能打开,供乘客上下车;只有确定屏蔽门关闭且锁后,列车才能出发。在屏蔽门未关好的情况下,必须给出报警信号送给列车提醒司机注意,这是联锁系统必须具备的功能。

在有防淹门的线路上,设有防淹门防护信号机。信号联锁系统在各车站分别与防淹门系统进行接口连接,并将防淹门的"开门并锁闭"信息和"请求关门"作为信号的联锁条件纳入到信号控制系统的条件之中。在特别情况发生时,联锁系统将通过与防淹门的接口条件关闭相关信号,以封锁进路或控制列车制动。

另外,为保证乘客安全,在站台上设置紧急关闭按钮,在乘客不慎坠下站台时使用,联锁系统通过紧急关闭按钮使足够数量的轨道电路发零速度命令,使列车不能进入站台。

第三章

城市轨道交通列车控制系统简介

列车自动控制（ATC：Automatic Train Control）系统是城市轨道交通信号系统中最主要的组成部分，它以技术手段对列车运行方向、运行间隔和运行速度进行控制，保证列车能够安全运行、提高运行效率，简称列控系统。它能实现行车指挥与列车运行自动化，可最大限度地保障列车运行安全，提高运输效率，减轻运营人员劳动强度，充分发挥城市轨道交通的通过能力。列车自动控制系统也有人称之为信号控制系统，但为与传统的信号系统区别，通常在城市轨道交通中都简称为列控系统。

第一节　正线列车自动控制系统的技术特点

列车自动控制系统的技术含量高，运用了许多现代的科技成果。

传统信号系统是通过设置在地面的色灯信号机来传递不同的行车命令的，这种制式基本上是依赖司机进行速度控制和调整，依靠司机保证行车安全。

列车自动控制系统将机车信号作为了主体信号，传递给列车的"信号"是具体的速度或距离信息。列车按调度人员设置的时刻表，即运行图计划发出列车运行指令，在保障列车运行安全的前提下，实现自动运行、自动折返、自动调整停站时分，以及运用程序定位实现列车在车站的停车控制。

一、列车自动控制系统的一般性原理

列车自动控制 ATC 系统的一般原理是：检测列车的位置、速度等信息，并将这些信息汇集到控制中心；控制中心根据线路上列车流的情况，生成对车流中各个列车和地面设备的控制命令；地面设备接收到控制命令后实现动作；列车根据控制命令，结合自身列车的位置信息、速度信息及线路情况、列车状况等信息，对列车各种设备实施具体的控制。

二、列车自动控制系统中的关键性技术

从 ATC 系统的一般原理可见，几乎 ATC 系统中每个子功能的实现，都离不开每个在线列车的位置信息参数。位置信息通常包含两个基本参数：列车当下的位置和速度。

最主要的是这两个参数对于 ATC 控制中心来说是动态的,因此,列车定位技术(位置与速度的测定技术)就成了列车自动控制系统的基本要求及实现对列车自动控制的关键。

列车自动控制系统的另一个关键技术就是,在"车—地"之间(或车与控制中心之间)如何及时地实现信息的安全可靠地传输。

因此,解决列车自动控制系统的关键技术方式或手段的不同,就有了不同 ATC 系统的不同形式或制式。

三、列车定位、测速技术简介

1. 定位技术分类

目前,列车自动控制系统存在多种列车定位、测速技术方法。地铁列车自动控制系统中使用的列车定位方式主要有轨道电路定位、计轴定位、测速定位、查询－应答器定位、交叉感应回线定位、卫星定位(包括 GPS 定位和 GNSS 定位)、扩频无线电定位、惯性定位、信标－极距定位等。按照不同的性质分类可以把它们分为不同的种类。下面是常用的三种分类方式。

(1) 按定位信息的产生分类

①离散信息方式:此类信息在预先排列的一些点上产生,如查询－应答器、信标－极距定位等。

②分段信息方式:信息在某一个分段内产生,如轨道电路定位、计轴定位、交叉感应回线定位等。

③连续信息方式:信息在任何点上都能够连续产生,如卫星定位、扩频无线定位、测速定位和惯性定位等。

(2) 按照产生位置信息的部位分类

①完全主动式定位:不通过外界取得信息,它由列车自主测量自身位置,如惯性定位、测速定位、信标－极距定位等。

②半主动式定位:列车也进行自主测量,当接收到外界发送的信息后再通过判断重新修正自身位置,如卫星定位、扩频无线电定位、交叉感应回线定位、查询－应答器定位等。

③完全被动式定位:列车对自身位置的判断完全由地面发送来的信息决定。如轨道电路定位、计轴定位等。

(3) 按照位置信息的参照来分类

①绝对位置方式:如轨道电路定位、计轴定位、查询－应答器定位。这些定位方式可以向系统提供列车的可靠位置或位置范围而不依靠其他定位方式。

②准绝对定位方式:如卫星定位、无线扩频定位等,之所以称这些定位方式为准绝对定位方式,是因为这些定位方式可以向系统提供列车的绝对位置。但是这种位置信息是不具有故障—安全特性的,在信号系统中这些信息不能作为唯一的位置依据,必须配合其他定位信息或对系统进行改进。

③相对位置方式：如测速定位、惯性定位等，这些定位方式向系统提供列车相对位移。但它同时需要知道列车的初始位置，方能确定列车即时位置。

真正在定位的应用上，通常采用综合手段，并相互校正融合以计算出相对精确的列车位置信息，如图3-1所示。

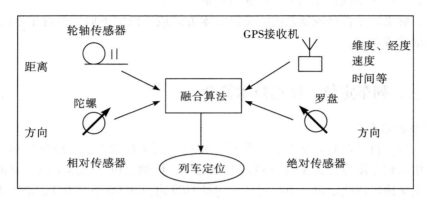

图3-1 列车定位融合示意图

2. ATC系统常用的测速方法

列车自动控制系统常用的定位、测速技术方法主要有脉冲转速传感器方式（里程计）和无线定位测速方式。其中无线测速有雷达测速方式、GPS测速定位方式。

四、ATC系统的"车—地"通信技术

1. 基于感应环线的通信方式

基于感应环线的"车—地"通信设备一般工作原理是通常在站台区域、折返线及出入车辆段的转换轨安装有车—地通信设备。在列车的运行过程中车载的车—地通信控制单元IMU向地面连续发送包括目的地号、车次号、车组号、乘务号的列车信息及屏蔽门开关门指令。其数据传输是以电报的形式进行连续转发的。当列车运行在装有轨旁车—地通信接收设备的铁轨上时，由于电磁感应原理环线将产生感应信号，此信号经轨旁放大单元放大传到室内接受单元PTI（列车识别系统）进行报文识别处理。

2. 基于无线通信的方式

随着无线通信技术的不断发展，其可靠性和安全性有了飞速发展，各种无线通信设备正被广泛地用于CBTC（基于通信的列车控制）信号系统中。

（1）无线通信方式

无线通信系统使列车控制系统可以在轨旁、中央控制中心和车载设备之间通信，该通信使用标准的网际协议（IP）寻址机制。

调度控制中心（DCC）控制多个车站控制中心（SCC），以实现相邻SCC之间的控制交换，SCC通过管辖范围内的多个基站（BS）与覆盖范围内的车载设备（OBE）实

现双向通联，如图 3-2 所示。列车在区段内运行时通过定位技术、查询应答或量程计装置实现对列车位置和速度的测定，OBE 利用无线通过基站 BS 将列车位置、速度信息传送给 SCC；SCC 通过 BS 周期地将目标位置、速度及线路参数发送给后行列车。OBE 在收到信息后根据前行列车的运行状态（位置、速度、工况）、线路参数（弯道、坡度等）及本车运行状态（列车长度、牵引重量、制动性能等），利用车上计算机、地面（SCC）计算机运算，并根据铁路信号故障—安全原则进行比较、判断、选择，得到预期列车在一个信息周期末的状态能否满足列车追踪间隔要求的数据，从而确定合理的驾驶策略，达到列车在区段内高速、平稳地以最优间隔追踪运行。

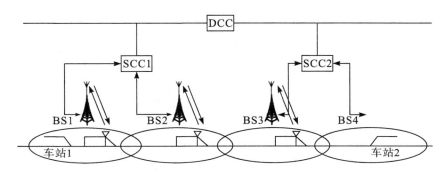

图 3-2　无线通信 CBTC 通信方式构成示意图

（2）实现无线通信方法手段

基于无线通信的 ATC 系统的车—地通信手段有三种：无线电台、漏泄电缆和裂缝波导。

①无线电台：采用自然空间作为车地信息传输的主要媒介。无线信号在空气中自然传播，衰耗相对较大，并且要考虑不同电磁环境下的防干扰问题。但轨旁设备简单，工程投资相对较少，设备可以采用高度通用化模块，直接采用商业现货，维修工作量小，长期运营费用低。

②漏泄电缆：采用漏泄电缆作为车地信息传输的主要媒介。漏泄电缆安装于轨旁或顶部，沿线贯通敷设，无线信号沿漏泄电缆传输。其特点是场强覆盖效果均匀，传输速率高，传输衰耗较小，但漏缆价格较贵，工程投资较大。漏泄电缆系统可提供较宽的带宽，不仅可传输车地双向连续的数据，还可传输音频和视频信号。

③裂缝波导：采用裂缝波导作为车地信息传输的主要媒介。波导管沿线贯通敷设，安装于线路的一侧，无线信号沿波导管传输。其特点是衰耗小，且衰耗均匀，无反射波、邻频干扰、传输死区等情况。微波波导系统具有较宽的带宽，不仅可传输车地双向连续的数据，还可传输语音和视频信号，而且传输衰耗小。裂缝波导还可以实现列车的辅助定位功能，但波导价格贵，工程投资相对大。

（3）无线通信设备组成

无线 CBTC 的数据通信网络由有线骨干网络及无线移动网络两部分组成。网络结构示意图，如图 3-3 所示。整个数据通信系统有三个层次。

①核心层：骨干网络，该网络是数据通信网络系统的中枢，由冗余的光纤网实现，具有带宽高、可靠性高的特点。中央控制系统、区域控制系统直接接入有线光纤骨干网。

②中间层：轨旁网络，该网络实现骨干网与无线网络系统的连接。通过接入骨干网的网络交换机使网络沿线路延伸，构成轨旁网络。该网络连接轨旁无线单元（WRU），从而实现无线接入点（AP）的接入。

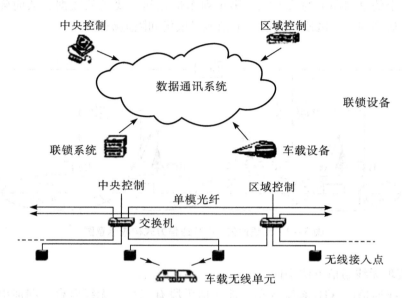

图3-3 CBTC无线接入点通信式网络结构示意图

③移动层：无线网络，该网络实现车—地双向移动通信，轨旁AP与移动列车的车载无线单元（OBRU）通过无线方式通信，建立起地面与移动列车通信的链路。无线链路的一端是AP，而另外一端则在列车上，并连接到车载无线单元（OBRU）。

数据通信网络设备包括光纤骨干网、接入点AP、车载无线设备、联锁集中站和控制中心的交换机、路由器等。

第二节 正线列车自动控制系统组成及其功能

在轨道交通领域中，列控系统分为列控地面子系统和列控车载子系统。在不同的应用场合，列控系统的设备构成有所不同，但功能一样。

一、ATC系统原理功能

ATC系统包括五个原理功能：列车自动监控（ATS）功能、联锁功能、列车检测功能（通常是基于计轴设备实现）、列车自动防护/运行（ATP/ATO）功能和列车定位识别（PTI）功能（该功能实现"列车—地面"的信息传输）。

①ATS功能：可自动或人工控制进路、进行行车调度指挥，并向行车调度员和外部系统提供信息。ATS功能由完全位于控制中心内的设备实现。

②联锁功能：响应来自ATS功能的命令，在随时满足安全准则的前提下，管理进路、道岔和信号的控制，将进路、轨道电路（或计轴）、道岔和信号的状态信息提供给ATS和ATP/ATO功能。联锁功能由分布在轨旁的设备来实现。

③列车检测功能：一般由轨道电路或计轴设备来完成。

④ATP/ATO功能：在联锁功能的约束下，根据ATS的要求实现列车运行的控制。ATP/ATO功能有三个子功能：ATP/ATO轨旁功能、ATP/ATO传输功能和ATP/ATO车载功能。ATP/ATO轨旁功能负责列车间隔和报文生成。ATP/ATO传输功能负责生成感应信号，它包括报文和ATP/ATO车载功能所需的其他数据。ATP/ATO车载功能负责列车的安全运营、列车自动驾驶，且给信号系统和司机提供接口。

⑤PTI功能：通过多种渠道传输和接收各种数据，在特定的位置传给ATS，向ATS报告列车的识别信息、目的号码、乘务组号和列车位置数据，以优化列车运行。

二、ATC系统的组成

列控系统按功能用途划分，除数据通信子系统外，包括4个子系统：列车自动监控（ATS—Automatic Train Supervision）系统、列车超速防护（ATP—Automatic Train Protection）系统、列车自动驾驶（ATO—Automatic Train Operation）系统和计算机联锁（CBI，或称信号联锁系统）系统。其设备组成如图3-4所示。

各子系统间相互渗透，实现地面控制与车上控制结合、现地控制与中央控制结合，构成一个以安全设备为基础，集行车指挥和运行调整等功能为一体的列车自动控制系统。图3-5为正线ATC系统的设备组成框图。

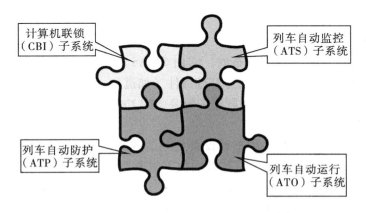

图3-4 ATC系统组成结构示意图

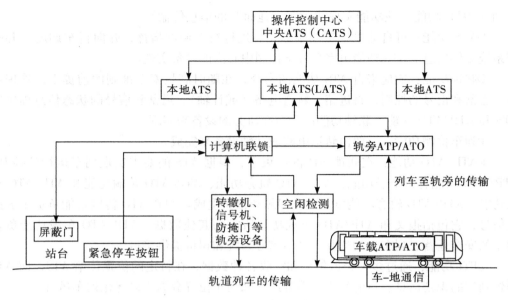

图 3-5 正线 ATC 系统的设备组成框图

三、正线 ATC 系统的层次结构

ATC 系统的四个子系统通常被分配到四个层级,共同实现移动闭塞 ATC 系统的所有功能。我们拿西门子基于无线通信信号系统 TGMT（TRAINGUARD MT）来举例（并参照图 3-5),其层次结构如图 3-6 所示。

（1）集中控制层（或称中央层）

集中控制层处于 ATC 系统的顶层,主要包括控制中心和本地操作员工作站（LOW）,用以实现线路集中控制功能及其备用功能。车站级的线路控制和备用功能可由操作员工作站完成。

（2）轨旁层

轨旁层的设备是沿着线路分布的,它由 SICAS 微机联锁（放置在集中控制的车站）、TGMT 系统（ATP/ATO)、信号基础部件（如道岔、信号机）、计轴设备和应答器部件等组成,它们共同执行所有的联锁和轨旁 ATP 功能。

（3）通信层

通信层用以提供轨旁设备和车载设备之间的连续式通信（CTC 级）或点式通信（ITC 级）功能。可能的通信方式有传统的数字编码轨道电路,或采用无线电台、环线及应答器等,用于实现移动闭塞的连续通信（CTC 级）。采用可变应答器和固定应答器提供点式通信用于固定闭塞的 ATP 防护,作为后备模式（ITC 级）。

（4）车载层

车载层设备包括 TGTM 的车载 ATP 和 ATO 功能模块,及驾驶员的界面设备（LOW）,为列车提供自动列车运行模式（AM）和列车运行监督模式（SM）的功能。

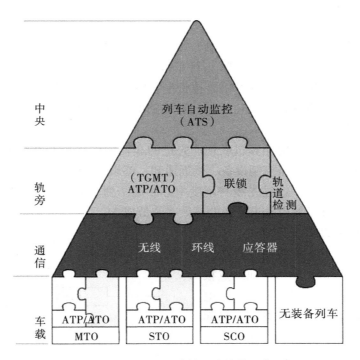

图 3-6 ATC 子系统的层次结构示意图

四、联锁子系统在 ATC 系统中的地位与作用

城市轨道交通列控系统（或称信号系统）设备构成，从大体的功能关系上来区分，可简单地用图 3-7 所示的框图来表达。其联锁设备分为正线联锁系统和车辆段联锁设备。

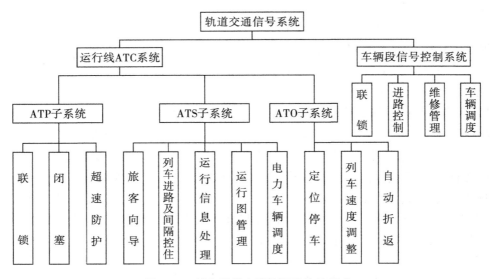

图 3-7 城市轨道交通信号系统的组成

1. 车辆段联锁设备

就目前而言，国内车辆段（停车场）设一套联锁设备，用以实现车辆段的进路控制，并通过设于车辆段内的一台 ATS 与行车指挥中心交换信息，但其只受车辆段值班员人工操作控制。车辆段值班室和信号楼控制台室各设一台终端，与车辆段 ATS 分机相连。车辆段的联锁设备布置及功能与普通铁路的车站结构相似，通常为节省投资多采用国产的联锁系统设备。

车辆段联锁设备均采用计算机联锁。先进的车辆段信号控制系统的特点是信号一体化，包括联锁系统、进路控制设备、接近通知、终端过走防护和车次号传输设备等。这些设备由局域网连接并经过光缆与调度中心相通。列车的整备、维修与运行相互衔接成一个整体，保证了城市轨道交通的高效率和低成本。

车辆段入口处设进段信号机，出口处设出段信号机。存车库线中间进段方向设列车阻挡信号机，段内其他地点根据需要设调车信号机。车辆段内轨道电路通常采用 50Hz 相敏轨道电路，只起到检查列车的占用和空闲的作用。其设备组成框图如图 3-8 所示。

车辆段内试车线可设若干段与正线相同的 ATP 轨道电路和 ATO 地面设备，用于对车载 ATC 设备进行静态、动态试验。

后面在讨论正线 ATC 系统时，提到的联锁系统通常不包含车辆段联锁设备。

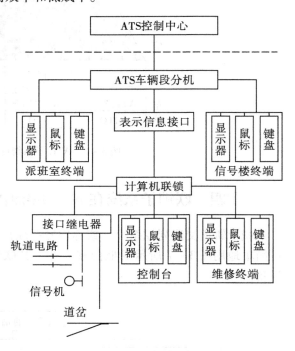

图 3-8 车辆段联锁设备结构框图

2. 正线联锁系统

正线上的计算机联锁系统（CBI），在功能上主要是服务于列车自动防护（ATP）子系统、列车自动监控（ATS）子系统及列车自动运行（ATO）子系统的。比如为 ATS 系统提供信号设备的状态信息，而进路（道岔）的控制又受制于 ATS 系统，而其信号设备（信号机、道岔及区段等）又服务于 ATO 系统等，所以通常人们不将其归列为一个独立的子系统。因为 ATP 从广义上讲，应包括处理列车行车安全逻辑的所有设备，因此其地面设备包括联锁设备，也可以归结为列车自动防护系统范畴，它们与车载设备一起完成对列车的控制和安全防护功能。但就其功能来看，将其另归于一个子系统是合理的，也便于对其进行独立的分析研究与维护。事实上，各子系统之间是相互渗透的，很难严格地加以区分。

信号联锁系统是保证列车运行的基础设施，是行车安全的最基本的保障系统。在 ATC 系统故障的情况下，要实现"联锁列车控制"，列车将不再监督轨旁的移动授权，司机必须按照轨旁信号机的显示信号驾驶。

另外，城轨联锁还新增加了自动信号功能（用于自动排列进路）、自动进路功能（用于正向连续通过的进路）、区间封锁功能（禁止列车进入某区间，用于区间维修作业）等。同时，城轨联锁还具有在站控条件下实现车站值班员的自动进路、自动折返进路以及全自动折返进路控制的功能。

3. 正线联锁子系统的设置

由于城市轨道交通车站的信号轨旁设备（信号机、道岔等）相对较少，很多车站几乎没有道岔，站间的区间相对普通铁路来说也短，所以它不同于普通铁路每个车站都设有独立的联锁设备的情况。因此，城轨联锁子系统根据集中管理、分散控制的原则，依据线路长度、设备数量、控制距离等因素，通常将全线划分为一个或多个联锁区。每个联锁区内的车站按联锁设备配置的不同，分为联锁设备集中站、二级联锁站和非联锁站。其中，二级联锁站内配置数据采集单元与控制单元。数据采集单元负责区域内几个非联锁站的轨旁设备的数据采集，并通过总线将采集到的数据传输给联锁设备集中站，联锁设备集中站内配置联锁数据处理计算机，处理采集到的轨旁设备（主要指道岔、信号机及轨道区段等设备）数据，并通过二级联锁站的控制单元控制轨旁设备的动作。

（1）集中联锁站及轨旁设备

集中联锁站设有 ATS 车站分机、车站联锁设备、ATP/ATO 系统地面设备、电源设备、维修终端、乘客向导显示牌、紧急关闭按钮、信号机、发车指示器、道岔转辙机。

ATP 地面设备包括轨道电路（通常采用音频轨道电路，它不仅用来检测列车是否占用，必要时还负责传输 ATP 信息），ATP 地面编码发码设备及与 ATS、ATO、联锁设备的接口，用于实现列车占用的检测和发送 ATP 信息，实现列车运行超速防护。对于基于无线通信的列控系统可以不设轨道电路，列车的占用可依靠计轴设备完成。

ATO 地面设备包括站台电缆环路、TWC 车—地通信设备及与 ATP、联锁设备的接口设备，以发送 ATO 命令，实现列车最佳控制或列车自动驾驶。

（2）非集中联锁站及轨旁设备

非集中联锁站的设备只有发车指示器、紧急关闭按钮和乘客向导显示牌。无道岔的非集中联锁站轨旁仅有轨道电路的耦合单元等；有道岔的非集中联锁站除了轨旁的耦合单元外，还有防护信号机和转辙机。

4. 城市轨道交通对正线联锁系统的特殊要求

该内容在第二章有介绍。城市轨道交通对计算机联锁系统的控制功能的要求可概括为能实现列车运行的三级控制、多列车进路、追踪进路、折返进路、联锁监控区、保护区段和侧面防护；对屏蔽门、防淹门的控制检查功能及对紧急停车按钮的响应功能等。

三级控制，即控制中心控制、远程控制终端控制和车站工作站控制。控制中心控制为全自动的列车监控模式，在该模式下，列车进路设置命令由自动进路设定系统发出，其信息来源于时刻表和列车运行自动调整系统。控制中心列车调度员也可以人工干预，对列车进行调整、操作非安全相关命令、排列和取消进路。

在控制中心设备故障或控制中心与下级设备的通信线路故障时，计算机联锁系统自动转入远程控制终端控制模式。此时，由司机在车上输入目的地码，通过列车上的车次号发送系统发出的带有列车去向的车次号信息，远程控制终端自动产生进路控制命令，联锁系统根据来自远程控制终端的进路号排列进路。

在站级控制模式下，列车运行的进路由车站工作站控制。多列车进路、追踪进路、折返进路、联锁监控区、保护区段和侧面防护等内容，在后面介绍。

五、ATC系统各子系统的功能概述

1. 列车自动监控ATS（Automatic Train Supervision）系统

该系统为信号系统的顶层，是通过计算机来组织和控制行车的一套完整的行车指挥系统。它利用可靠的网络结构，与列车自动防护（ATP）系统、列车自动驾驶（ATO）系统和计算机联锁子（CBI）系统共同完成对全线列车运营的管理、监督与控制功能。

ATS系统将现场的行车信息及时传输到行车指挥中心，中心将行车信息综合后，适时无误地向现场下达行车指令，以保证指令准确、快速、安全、可靠。它能自动进行列车运行图管理、及时调整运行计划、监控列车进路、自动显示列车运行和设备状态，完成电气集中联锁和自动闭塞的要求，自动绘制列车实际运行图，进行车站旅客导向、车辆检修期的管理、列车的模拟仿真等。

ATS系统的核心功能简单来说就是指挥列车按照预装好的时刻表时间节点运行，具体功能可概括如下。

（1）监督功能

列车自动监控系统的监督功能包括对列车运行情况的监视、跟踪并自动记录列车运行过程和调度员的操作及信号系统设备故障报警等。其监督功能是将列车运营的状态信息，通过控制中心或各车站的调度终端，实时显示出来。控制中心或各车站的调度员可以通过这些调度终端屏幕，实时了解和掌握列车的实际运行情况，以便及时对行车作业进行分析和调整，保证全线运营安全、高效、有序进行。该系统可以显示全线列车的动态运行情况，在线路上出现故障或紧急情况时，可以通过列车自动监控系统对事故进行全面指挥和处理，调配资源，及时排除故障，恢复正常运营作业，提高工作效率。该系统还可以自动生成、显示、修改和优化列车运行图，并动态地对偏离运行图的列车进行调整。

（2）控制功能

其控制功能包括列车自动排列进路、列车追踪间隔调整及道岔控制等。其控制功能是由其系统向列车自动防护系统和列车自动驾驶系统，发出指令办理列车进路，达到控制列车按照列车运行图运行的目的。另外，ATS系统可提供列车运行情况模拟及培训、实现与其他系统的接口等。

（3）控制权限分配

ATS系统由位于控制中心的和位于车站的ATS监控设备构成，二者为备用关系，控制中心ATS系统为主用系统。它们之间可通过专门的数据传输系统，实现通信和数据交换。

正常情况下由控制中心直接对全线列车和设备进行自动控制。控制中心也可以授权给沿线车站,由各车站对列车运行进行控制。控制中心拥有最高管理权限,车站需要向控制中心申请才能取得对本站的控制权限,控制中心可以收回对车站的控制权。

2. 列车超速防护 ATP (Automatic Train Protection) 系统

此系统是整个 ATC 系统的基础:ATO 和 ATS 及 CBI 子系统都依托于 ATP 子系统的工作,它主要为列车行驶提供安全保障。

ATP 系统自动检测列车实际运行位置,通过实时分析和计算,及时地向列车的牵引系统或制动系统发出控制指令,以控制列车的运行速度。另外,在列车停靠站台时,该系统会检测列车的速度和列车所处的位置,保证列车在站台区域内安全停靠,同时控制列车开启靠近站台的车门,确保乘客安全上下车。

(1) 列车间隔自动控制

其系统分为轨旁 ATP 及车载 ATP 两部分。轨旁 ATP 负责与联锁子系统接口,并通过数据传输系统接收车载 ATP 传递来的列车位置信息,然后根据联锁状态和列车位置计算移动授权,再向目标列车发送移动授权,如图 3-9 所示。

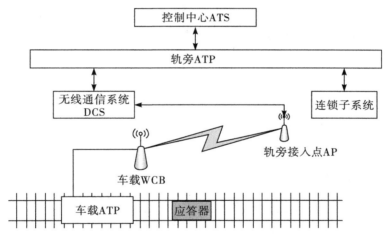

图 3-9 基于无线通信模式下的 ATP 系统工作示意图

列车通过车载设备接收来自 ATP 的控制(限速或定位)信息(由地面感应或无线通信等方式接收),经处理后与实际速度比较,实时地修正列车速度以达到控制间隔的目的。

如果此系统故障,将造成列车自动防护系统失效,全线列车只能采取 RM(人工)驾驶模式运行;列车运行安全、运行速度将由司机把控,包括限速区段的运行;列车本身无法获知地面限速要求,需要司机手动控制速度。

(2) 车门控制

列车车门的控制有自动模式和人工模式两种。无论是哪一种模式,都要对安全条件进行严格的监督。只有在 ATP 系统检查所有的安全条件都符合要求时,给出一个信号,车门才能被打开。这时,ATP系统的功能表现为防止列车在站外打开车门;防止列车在站台内打开非站台侧的车门;防止车门打开时列车启动。

3. 列车自动驾驶ATO(Automatic Train Operation)系统

此系统由车载设备(ATO模块、ATO车载天线、人机界面等)和地面设备(信息接收发送设备)组成。在列车自动监控子系统的监督控制及自动防护子系统提供的可靠的安全保障之下,最终由列车自动运行子系统完成对列车运行的智能化控制,从而共同实现了对列车的自动化控制之目的。其系统的功能可概括为车站发车控制、区间运行控制、精确停站、自动折返及跳停和扣车等。

(1) ATO系统的工作原理

ATO系统根据轨旁ATP给出的移动授权以及从ATS子系统接收到的列车运行等级等信息(其信息可通过轨道电路或轨旁通信器等方式传送到列车上),控制列车自动运行。ATO系统获得有用信息后,结合线路情况开始计算运行速度,得出控制量,并执行控制命令,同时显示有关信息。到站后,开门条件允许后,ATO系统打开车门。停站期间,列车通过车—地通信系统把列车信息传送给地面通信器,然后传到ATS系统。ATS系统根据列车信息,把运行信息传给车载ATO系统。ATO系统的工作原理图如图3-10所示。

当机车上装有列车自动驾驶系统后,列车就可用两种方式运行:手动或自动。在选择自动驾驶方式时,ATO系统通过信号车载设备自动控制列车。

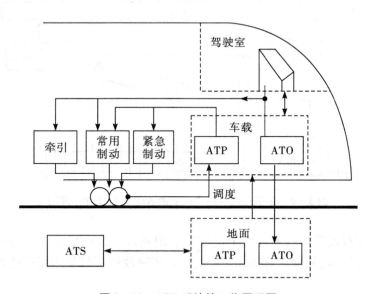

图3-10 ATO系统的工作原理图

(2) ATO系统的主要功能

①停车点的目标制:ATO系统与列车定位系统相配合,采用最适合的制动率使列车准确、平稳地停在规定的目标地点,停车位置的误差在0.5m以下。

②打开车门:列车车门可以自动或手动打开。由ATP系统监督开门条件,当ATP

系统发出开门命令时,可以由司机手动打开正确一侧的车门,也可以按事先设定的 ATO 系统自动地打开车门。

③列车离开车站:用 ATO 系统装备的城市轨道交通的列车,出发应按以下顺序进行:列车停站时间等于或大于预置停站时间—司机根据启动发出命令(通常是自动的或由 ATS 系统给出,该出发命令一般以信号灯的方式给出)关闭车门—检查车门准确关闭并符合发车条件,ATO 系统给出启动显示—司机按(拨)启动按钮,ATO 系统使列车从制动停车状态转为驱动状态。只有当发车安全条件符合时(由 ATP 系统监视),ATO 系统才会给出启动显示;否则,即使按(拨)启动按钮,启动命令无效,列车仍然处在制动停车状态。

④列车加速:列车开出后开始加速。ATO 系统按事前规定的数据提供给机车驱动控制机构,由 ATO 系统给出列车加速命令后,列车平稳地加速到预定速度,然后惰行。

⑤区间内临时停车:由 ATP 系统给出停车位置及制动曲线,经 ATO 系统启动列车制动器,使列车停在目标点前方。此时,车门还是由 ATP 系统锁住的,一旦前方停车目标点取消,ATO 系统能使列车自动启动。

⑥限速区间:临时性限速区间的数据由轨道电路电码传输给 ATP 车载设备,再由 ATP 车载设备将减速命令经 ATO 系统传达给机车驱动、制动控制设备。此时,ATO 系统的功能好比是 ATP 系统与驱动、制动控制设备之间的一个接口。对于长期的限速区间,可提前将数据输入 ATO 系统,在执行自动行驶时,ATO 系统会自动考虑到该限速区间。

⑦手动驾驶与 ATO 驾驶随时转换:手动驾驶时,由 ATP 系统负责安全速度监督;自动驾驶时,由 ATO 给出对驱动以及制动控制设备的命令,ATP 系统仍然负责安全监督。

⑧记录运行信息:ATO 系统的环形缓冲区可以存储一些重要的运行信息,在发生非正常运行时,我们可以调用所记录的信息,进行必要的分析研究。ATO 系统通常可记录 24h 的运行信息。

从本质上看,由 ATO 系统执行的自动驾驶过程是一个闭环反馈的过程,其基本关系框图如图 3-11 所示。

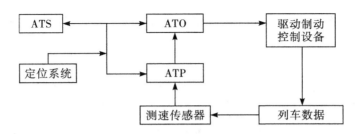

图 3-11 列控系统的逻辑关系图

4. 计算机联锁 CI(Computer Interlocking)系统

为了保证车站行车安全和调车作业安全,需要在信号机与道岔及轨道区段三者之间建立起一种相互制约的关系，即实现行车控制系统对行车进路的控制与管理。它是利用计算机对行车作业的操作命令及现场进路设备的状态信息进行逻辑运算，从而实现对信号机及道岔等进行集中控制，使其达到相互制约的目的的车站联锁设备。它是一种由计算机及其他一些电子、电磁器件组成的具有故障—安全性能的实时控制系统。

联锁子系统的功能可概括如下。

（1）进路控制功能（RC）：排路、进路锁闭与解锁。

（2）道岔控制功能（PC）：道岔锁闭、解锁及道岔位置转换。

（3）信号机控制功能（SC）：决定轨旁信号机的显示。

（4）接口功能：与连续式列车自动控制系统的接口；与4个主要的非信号系统的接口（屏蔽门、防淹门、紧急停车按钮、无人驾驶折返按钮）；与其他联锁的接口（与车辆段的联络线及其他线路的联络线）。如图3-12所示。

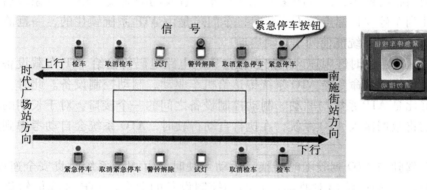

图3-12　IBP盘与站台上的"紧急停车按钮"

第三节　城市轨道交通正线ATC系统的分类及特点

对列车控制系统的分类从实际情况来看比较模糊，至少站在不同的角度和位置上分类形式很多。

按闭塞制式，城市轨道交通列车自动控制系统可分为：固定闭塞式和移动闭塞式。其中固定闭塞方式中按控制方式，又可分为速度码模式（台阶式）和目标距离码模式（曲线式）；移动闭塞式从车—地信息传输方式上看又有感应式（电缆环线）和基于无线通信（直接序列扩频和跳变扩频）及数据传输媒介的传输（无线电台、裂缝波导管和漏缆）方式。

按机车信号传输方式列车自动控制系统又可分为连续式和点式。

按各系统设备所处地域ATC可分为控制中心子系统、车站及轨旁子系统、车载设备子系统、车场子系统。ATC系统还可以按不同生产厂家来划分，这些分类很难找准它们之间的关系。现在我们依据从它的控制方式来划分，应该比较明晰。

一、列车控制系统的控制方式

对列车的运行控制，说到底就是对列车的进路控制和速度控制。如果将联锁系统于功能上从 ATC 系统中分离出来，那么列车的进路控制实际是由联锁设备实现的（这也是我主张将联锁子系统从 ATC 系统中分离出来的理由），而列车的速度控制是通过 ATP 系统得到联锁系统传来的进路信息（或参与联锁条件运算的信号设备状态信息等），及列车送来的列车运行信息（如位置、现行速度、线路信息及前后列车的距离信息）等，通过车载 ATO 系统具体实行对列车的实时控制实现的。

从以上角度出发，再加入车—地之间信息的传输形式，以及列控系统（或信号系统）实现对列车控制的三种方式：车地信息传输方式（点式和连续式）、列车速度曲线控制实现方式（阶梯式速度曲线和速度距离式曲线）和闭塞方式（即所授权的追踪间隔距离的定义不同：固定闭塞、准移动闭塞及移动闭塞），如此，对一个具体的 ATC 系统控制而言，就是这三种方式的组合形式。比如 CBTC（基于通信的 ATC）多是在"连续式移动闭塞速度距离曲线"控制模式下的。同样，不同的 ATC 系统其差别也是在这三者之间的不同。控制方式概括为如图 3-13 所示。当然，由于控制模式通常保留后备控制层级，其系统的控制方式可能存在另一种组合形式，比如 CBTC 系统在"连续通信"方式故障的情况下，可变换为"点式"通信方式。

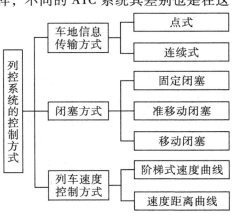

图 3-13　列车控制系统控制方式分类

"连续通信"和"点式"通信方式的差别，从名称上便可以理解，信息的传输前者是连续的，即能在车—地间实现不间断的双向通信；后者是断续的，在一定的时间间隔后才能实现信息传递，且通信的时间也是有限的。下面简单介绍一下两种速度控制方式的概念。

二、两种速度控制方式的概念

列车自动防护系统对列车的运行速度有两种控制方式：阶梯式速度曲线（或称点式叠加方式或速度码模式）和速度距离曲线模式（或称目标距离码模式）。

1. 阶梯曲线速度控制模式

这种速度控制模式，表现在速度与时间的关系是阶梯式变化的，所以又被形象地称为台阶式，如图 3-14（a）所示。速度从 O 点起在（O-D1）、（D1-D2）和（D2-D3）区段内分别以不能超过 S1、S2 和 S3 的速度运行，且要保证在 D3 点处可靠停车（相当于 D3 处的信号灯是红灯）。这种控制模式规定了列车在某区段内的最高速度，速度的变化是跳变的，当列车在某区段内超过了最高限速时，自动防护系统则向列车发出制动命令。如果列车速度持续超过限速一定时间后（系统设定的时间），自动防护系统就会发出紧急制动命令，强行停车，以防意外事故发生。

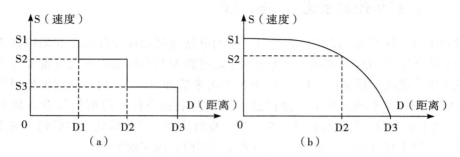

图 3-14 列车两种速度控制方式示意图

阶梯曲线控制速度的方式所需的硬件结构设备简单，易实现，地面向车辆所需传输的信息量少，它主要用于固定闭塞行车模式下（区间划分出固定的长度。图中的 D1、D2 及 D3 处相当于防护信号机点，D3 处的信号灯相当于红灯，或其前方有障碍物等）。但在这种控制形式下，列车的速度常出现突变的情况，有冲击感，这对于乘客而言是难以接受的。

2. 速度距离曲线模式

如图 3-14（b）所示，在这种曲线控制模式下，列车的速度变化是连续的、平滑的，但其前提需要车—地间有较大的信息传输量和较强的抗干扰能力，即需要比较复杂的硬件和软件的支持，且系统调试过程比较复杂。但对乘客而言，这种列车运行模式，列车平稳，乘坐比较舒适，所以它是目前速度控制下的主要应用模式。

这个曲线由列车自动控制系统根据列车的目标速度、目标距离、线路状态（曲线半径、坡道等数据）等信息即时计算出来，并传送给车载设备，在整个控制过程中自动防护系统能实时地对车速进行监督与控制。同样，如果列车速度持续超过曲线所规定的限速一定时间后（系统设定的时间），自动防护系统也会发出紧急制动命令，强制停车。

三、城市轨道交通闭塞的实现手段

闭塞的概念是从普通铁路运输中引入的。在两车站之间的线路称为区间，再将区间分割为若干个分区间（简称闭塞分区）。列车在区间运行时必须保证其前方一定的闭塞分区空闲，而且必须杜绝其他列车同时（对向或同向）运行的可能，即必须同时从列车的头部和尾部进行防护。这种为确保列车在区间内安全运行所采取的措施或方法称为行车闭塞法，简称闭塞。

普通铁路中传统的闭塞实现通常是以区间信号机的显示反映该分区或前方分区是否被列车占用的信息，列车则根据信号显示运行。不论采取何种信号显示制式，列车间都必须有一定数量的空闲分区作为列车安全间隔。地铁的信号原理也基于此。

由于城市轨道交通的运营线路封闭，运营线路相对普通铁路不长，且站与站之间的距离即区间较短。因此，在普通铁路中，有专门的设备来完成闭塞功能，但在城市轨道交通中闭塞的功能是依靠列车自动控制系统（具体由 ATC 系统中的 ATP 子系统负责），通过列车的运行过程自动完成的，故称为自动闭塞。由于采用了 ATC 系统，各轨道电路（闭塞分区）均不再像普通铁路一样设通过信号机，而由车载 ATP 子系统给予显示和保证列车的安全。

ATP 系统通过列车间的安全间隔、超速防护及车门控制来保证列车运行的安全畅通。城市轨道交通列车自动控制系统，针对不同形式的闭塞手段，其实现方式是有差别的。同时，由于城市轨道交通的运营线路相对普通铁路不长，且站与站之间的距离即区间较短，因此，在具体的列车运行自动控制过程中，"车站"也被纳入到了"正线"之中。也就是说，对城市轨道交通列车的运行而言，不再有严格意义上区间与车站的概念，而是统一纳入"线路"之中，车站也可视为区间，只是可以停车供旅客上下车而已（事实上有些车站就没有道岔）。

四、固定闭塞 ATC 系统

固定闭塞是将线路划分为固定的分区，在固定划分的闭塞分区中，每一个分区均有最大速度限制。若列车进入了某限速为零或被占用的分区，或者列车当前速度高于该分区限速，ATP 系统便会实施紧急制动。ATP 地面设备以一定间隔或连续地向列车传递速度控制信息。该信息至少包含两部分：分区最高限速和目标速度（下一分区的限速）。列车根据接收到的信息和车载信息等进行计算并合理动作。速度控制代码可通过轨道电路、轨间应答器、感应环线或无线通信等传输，不同的传递方式和介质也决定了不同列车控制系统的特点。为了保证安全，地铁 ATP 在两列车之间还增加了一个防护区段，即双红灯区段防护，如图 3-15 所示。后续列车必须停在第二个红灯的外方，即保证两列车之间至少间隔一个闭塞分区。

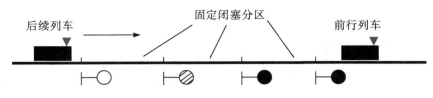

图 3-15　地铁 ATP 系统双红灯防护下的固定闭塞示意图

固定闭塞由于线路被分割了固定的分区，无论前后列车的位置还是它们的间距，都是以固定的地面设备（如轨道电路等）来测量和表示的，因此，线路的条件（如转弯半径及坡度等）及列车参数（如牵引力及制动能力等）要在闭塞设计过程中加以考虑，并体现在地面固定区段的划分中（一旦划定将固定不变）。由于列车的定位是以固定长度的区段为单位（系统只能通过轨道区段的占用情况判断列车在哪个区段，而不知道其在区段中的具体位置），所以对列车的速度控制模式只能是分级的（即阶梯式的），当然，此时列控系统只需要向被控列车传递较少的速度级所以可以，所以可以由轨道电路来传递信息。

由于这种控制列车运行的闭塞方式，主要依赖轨道电路（判断列车位置及向列车传递速度信息），所以存在很多问题，如受环境影响大，易受道床电阻、牵引电流等干扰，且所承担的信息传输量少等。再加之区段长度固定且为保证安全两列车间必须增加一防护区段，加大了间距，影响了线路运量的效率。另外，这种闭塞方式需要大量的轨旁设备，维护工作量较大，存在较多缺点，无法满足提高系统能力、安全性和互用性的要求。因此这种制式有渐渐退出轨道运输舞台的趋势。

1. 速度码模式（台阶式）

速度码模式基于普通音频轨道电路，对应每个闭塞分区只能传送一个信息代码，就是说列车在某一固定的闭塞分区内只能以一种规定的最高速度运行。

从速度的控制方式来看，这种模式可分成入口控制和出口控制两种；从轨道电路类型划分，又可分为有绝缘和无绝缘轨道电路两种。

以出口防护方式为例，轨道电路传输的信息即该区段所规定的出口速度命令码，当列车运行的出口速度大于本区段的出口命令码所规定的速度时，车载设备便对列车实施惩罚性制动，以保证列车运行的安全。由于列车监控采用出口检查方式，为保证列车安全追踪运行，就需要一个完整的闭塞分区作为列车的安全保护距离，这就限制了线路通过能力的进一步提高和发挥。

2. 目标距离码模式（曲线式）

目标距离码模式一般采用音频数字轨道电路或音频轨道电路加电缆环线或音频轨道电路加应答器，具有较大的信息传输量和较强的抗干扰能力。音频数字轨道电路发送设备或应答器向车载设备提供目标速度、目标距离、线路状态（曲线半径、坡道等数据）等信息，车载设备结合固定的车辆性能数据计算出适合于列车运行的目标距离速度模式曲线（最终形成一段曲线控制方式），保证列车在目标距离速度模式曲线下有序运行。这不仅增强了列车运行的舒适度，而且使列车追踪运行的最小安全间隔缩短为安全保护距离，有利于提高线路的通过能力。

五、准移动闭塞 ATC 系统

准移动闭塞是介于固定闭塞和移动闭塞之间的闭塞方式，例如基于数字无绝缘轨道电路的 FZL100 型准移动闭塞 ATC 系统，如图 3-16 所示。此种闭塞在控制列车的安全间隔上比固定闭塞进了一步。它对前后列车的定位方式是不同的，前行列车的定位仍沿用固定闭塞的方式，而后续列车的定位则采用连续的或称为移动的方式。准移动闭塞方式的速度控制模式，既具有无级（连续）的特点，又具有分级（台阶）的性质。当前行列车不动而后续列车前进时，其最大允许速度是连续变化的；而当前行列车前进，其尾部驶过固定区段的分界点时，后续列车的最大速度将按"台阶"跳跃上升。

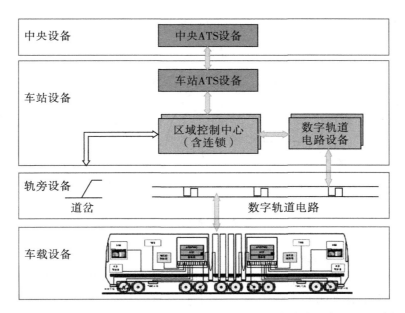

图 3-16　基于数字无绝缘轨道电路的 FZL100 型准移动闭塞 ATC 系统

准移动闭塞通过报文式轨道电路辅之环线或应答器来判断分区占用并传输信息，具有较大的信息传输量，可以告知后续列车继续前行的距离，后续列车可根据这一距离合理地采取减速或制动，列车制动的起点可延伸至保证其安全制动的地点，从而可改善列车速度控制，缩小列车安全间隔，提高线路利用效率。但在准移动闭塞中后续列车的最大目标制动点仍必须在先行列车占用分区的外方，因此它并没有完全突破轨道电路的限制。准移动闭塞作为固定闭塞到移动闭塞的过渡形式，目前已逐渐被移动闭塞所取代。

六、移动闭塞 ATC 系统

1. 移动闭塞 ATC 系统及其工作特点

移动闭塞是一种新型的闭塞制式，它克服了固定闭塞的缺点，不设固定闭塞区段（无需轨道电路装置判别闭塞分区列车占用与否），前后两列车都采用移动式的定位方式。移动闭塞可解释为"列车安全追踪间隔距离不预先设定，而随列车的移动不断移动并变化的闭塞方式"。其特点体现在前后列车之间的间距随着列车的相对运行不断地移动，且随它们的相对速度的不同而变化着，完全摆脱了固定分区长度的限制。理论上说，只要保证制动的有效，前后列车之间的追踪间隔可以达到非常之小，所以能极大地发挥线路的运行效率。

在实际应用中，列车安全间隔距离是根据最大允许车速、当前停车点位置、线路等信息计算得出的，且信息被循环更新，以保证列车不间断收到即时信息。通过车载设备和轨旁设备不间断的双向通信，控制中心可以根据列车实时的速度和位置动态计算列车的最大制动距离。列车的长度加上这一最大制动距离并在列车后方加上一定的防护距离，便组成了一个与列车同步移动的虚拟分区（见图3-17）。

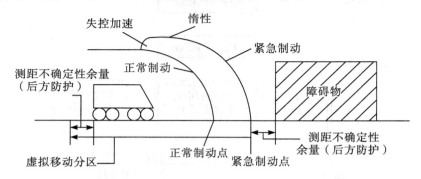

图3-17 移动闭塞系统的安全行车间隔

2. 移动闭塞ATC系统的通信方式

移动闭塞可借助无线通信、地面交叉感应环线、波导等媒体方式实现各种控制信息的传输。早期的移动闭塞系统大部分采用感应环线技术，即通过在轨间布置感应环线来定位列车及实现车—地通信（TWC），如图3-18所示为FZL200型基于交叉感应环线双向通信的移动闭塞列车自动控制系统的框图。如武汉轻轨一期和广州地铁三号线等大多采用基于感应环线的移动闭塞技术。现今大多数先进的移动闭塞系统已采用无线通信系统实现各子系统间的通信，构成基于无线通信技术的移动闭塞。

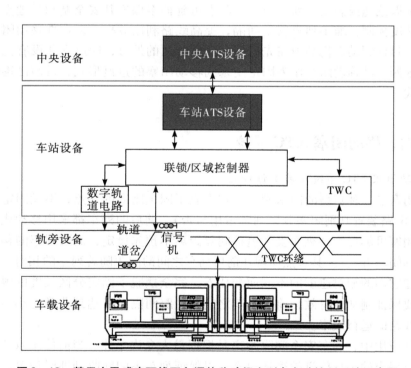

图3-18 基于交叉感应环线双向通信移动闭塞列车自动控制系统示意图

3. 移动闭塞 ATC 系统的区域控制方式

在典型的基于无线通信技术的移动闭塞线路中,线路被划分为若干个区域,每一个区域由若干个通过数据库预先定义的线路单元组成。每个单元长度为几米到十几米之间(单元的数目可随着列车的速度和位置而变化,分区的长度也是动态变化的)。线路单元以数字地图的矢量表示。如图 3-19 所示,线路拓扑结构的示意图由一系列的节点和边线表示。任何轨道的分叉、汇合、走行方向的变更以及线路的尽头等位置均由节点(Node)表示,任何连接两个节点的线路称为边线(Edge)。每一条边线有一个从起始节点至终止节点的默认运行方向。一条边线上的任何一点均由它与起点的距离表示,称为偏移(Offset)。因此,所有线路上的位置均可由[边线,偏移]矢量来定义,包括车站站台、道岔、应答器、速度区域边界、不同坡度的线路段等,且标识是唯一的。

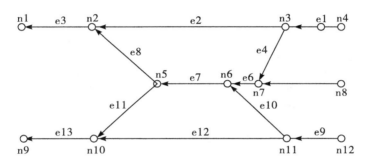

图 3-19 线路拓扑结构示意图

每一个区域均由本地控制器和通信系统控制(区域控制器工作情况,下文有简介)。本地控制器和区域内的列车及联锁等子系统保持连续的双向通信,控制本区域内的列车运行。列车从一个控制区域进入到下一个区域的移交是通过相邻区域控制器之间的无线通信实现的。当列车到达区域边界,后方控制器将列车到达信息传递给前方控制器,同时命令列车调整其通话频率;前方控制器在接收并确认列车身份后发出公告,移交便告完成。两个相邻的控制区域有一定的重叠,保证了列车移交时无线通信不中断(见图 3-20)。图中虚线表示了无线蜂窝信号的重叠,车载无线电根据信号强度决定与哪一个轨旁基站进行通信。

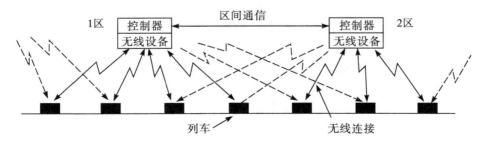

图 3-20 分布移动闭塞技术的无线传输示意图

这些距离信息对于列车定位至关重要，因此这种方式的 CBTC 在轨旁，还设有用于定位校正的信标。

七、移动闭塞与固定闭塞的原理比较

如图 3-21 所示，图（a）表示固定闭塞形式，这个系统用信号机分隔为多个固定的分区，系统规定前后列车间要间隔一定的分区距离，如 Train 2 只有进入 Block 3 以后，Signal 1 才变为绿灯，允许 Train 1 进入 Block 1，也就是说 Train 2 不出清 Block 3 分区，Train 1 停车目标点是 Signal 3，只有当 Train 2 出清 Block 3 时 Train 1 停车目标点才能变为前一信号机。可见在固定闭塞形式下，后车的停车位是跳变的。前后列车之间的间隔总是固定的，如果分区越长那么线路的运行效率越低。事实上为了保证安全，地铁 ATP 在两列车之间还增加了一个防护区段，即双红灯区段防护，如此线路的行车效率就更低了。

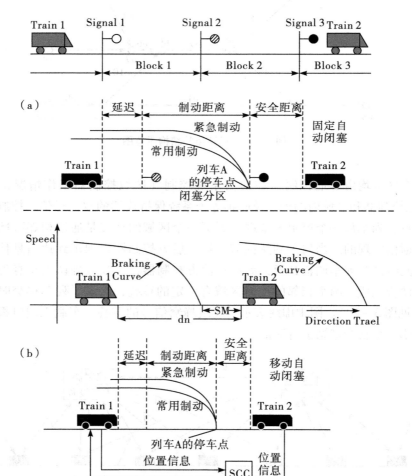

图 3-21　移动闭塞与固定闭塞的原理比较

而在移动闭塞系统图（b）中，每列车根据自己的时速会有一个距离前车的安全距离 dn，这个距离包括列车时速降为零的刹车距离，加上一个额外的安全距离 SM（且 dn 不是固定量，与两车的时速有关，也是动态变化的）。前后列车的间隔是随着前一列车的运行不断连续变化、移动的。很显然移动闭塞可以在不铺设额外铁轨的情况下缩短列车间隔，从而增加旅客吞吐量，提高运输能力。

第四节　基于无线通信的列控系统（RF CBTC）

在列车自动控制系统中，若"车—地"之间双向的信息传递是借助"通信"实现的，不再依赖于轨道电路，则这类列车自动控制模式即称为基于通信的 CBTC（Communication Based Train Control）系统。它是在采用移动闭塞制式基础之上，利用双向连续、大容量的车—地数据通信以及车载、地面的安全功能处理器，实现连续自动列车控制的一种系统。其系统又分为采用轨间交叉感应电缆环线为传输通道的 CBTC（称为 IL CBTC，也有标称为 CBTC – IL）和采用无线数据通信的 CBTC（称为 RF CBTC）。

近年来随着无线通信技术、计算机网路技术、安全处理技术的飞速发展，以及设备国产化率逐步的提高，基于无线通信技术的 ATC 系统（RF CBTC）在我国轨道交通中已经进入了实用阶段，并成为 ATC 系统发展的主要方向。

前面虽也提及 CBTC，这里单独提出，是为读者便于分类理解。

一、基于通信的 ATC 概述

基于通信的列车控制系统，无论是基于电缆为传输通道的 IL CBTC（全线路敷设感应环线），还是基于无线通信的 RF CBTC（波导方式、漏缆方式和无线电台方式），都是基于实现"列车不间断地向控制中心传输其位置、方向和速度等信息；控制中心根据列车信息再计算其最大制动距离后发送给列车"这种通信目的之上的。所以，两者的分别，只是在通信实现手段的不同。

基于通信的列车控制系统，无论基于什么样的通信方式，从功能上主要有五个子系统构成：ATS 子系统（控制中心和车站的）、ATP 子系统（车站及轨旁设备）、ATO 子系统（车载设备）和联锁子系统（车站及轨旁设备）及通信子系统（TCS 及 TWC 设备）。如图 3 – 22 所示。可见无论哪种 ATC 系统，其设备模块功能上的构成都是一样的，其实质上的主要区别在于实现数据通信的手段。

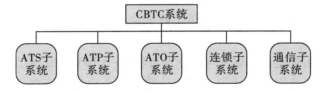

图 3 – 22　CBTC 下子系统设备构成框图

二、基于无线通信的 CBTC 设备构成

基于无线通信的 CBTC 系统是指通过无线通信方式（而不是轨道电路），来确定列车位置和实现车—地双向实时通信。列车（车载控制器）通过轨道上的应答器，查找它们在数据库中的方位，确定列车绝对位置，并且列车自动测量、计算自前一个所探测到的应答器起已走过的距离，确定出列车的相对位置。列车（车载控制器）通过与轨旁设备的双向无线通信，向轨旁 CBTC 设备报告自身的精确位置。轨旁 CBTC 设备，根据各列车的当前位置、运行方向、速度等要素，同时考虑运行的进路、道岔状态、限速以及其他障碍物的条件，向所管辖的列车发送"移动授权条件"，即向列车传送运行的距离、最高的运行速度，从而保证列车间的安全间隔距离。

从结构上看，其整个系统由联锁设备（在联锁集中控制车站增设区域控制器，直接与联锁设备通信）、CBTC – RF 车载及地面设备、无线通信网络等组成，如图 3 – 23 所示。

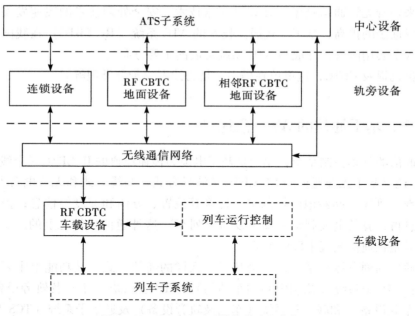

图 3 – 23 RF CBTC 系统的基本设备框图

整个设备如果依照地理位置划分，可分为控制中心设备、轨旁设备（或称地面设备）和车载设备。而数据通信设备分布于各子设备之间，是实现彼此信息交换与传递的通道。

控制中心设备实现监督、管理与命令发布功能；CBTC – RF 地面设备实现地面轨旁 ATP 功能；车载设备实现车载 ATP、ATO 功能。整个控制系统在 ATP、ATO 子系统及联锁设备的支持下完成对全线列车运行的自动管理和监控。

1. 控制中心 ATS 设备组成

列车自动监控（ATS）子系统是一个非安全子系统，它为控制中心调度员提供人机界面。控制中心 ATS 的主要设备有 2 套冗余 ATS 服务器；1 台网络时钟服务器；3 台调度员工作站（每个工作站配有 2 台 LCD 显示器；1 台调度员工作站用于车辆段监控）；2 台冗余配置的数据日志记录器；1 台绘图机以及运行图编辑器和各种用途的打印机。控制中心设备还包括数据存储单元 DSU，这是一个安全设备，它具有 3 台处理器，为冗余的三取二配置。

2. 分布式轨旁设备组成

在具有联锁功能的车站，配有区域控制器（ZC）和其他相关设备。

区域控制器具有 3 台处理单元，为冗余的三取二配置。而且区域控制器是模块化结构，具有可再配置、可再编程和可扩展性。所有区域控制器设备和数据通信系统骨干网的连接都是冗余（双）连接。

每个联锁车站设有一个 ATS 工作站，该工作站与数据通信系统冗余连接。在中央 ATS 故障时，联锁车站可以进行本地控制。每个联锁车站都有一台数据记录器，记录区域控制器之间传送和接收的网络信息。

3. 车载设备组成

列车上的设备包括一个车载控制器（VOBC），两个移动无线设备和两个司机显示器（TOD）（两端机车内各一套）。车载控制器具有 3 台处理单元（冗余的三取二配置）。车载控制器也是模块化结构，具有可再配置、可再编程和可扩展性。

司机显示器与车载控制器接口，给出以下显示信息：最大允许速度、当前运行速度、到站距离、列车运行模式、停站时间倒计时、系统出错信息等。司机可输入的信息包括司机身份、列车运行模式、及其它开关、按钮的输入。

4. 数据通信设备

所有设备都和数据通信系统（DCS）相连。DCS 设备包括轨旁光纤骨干网，轨旁无线设备接入点（AP），车载无线设备，联锁站和控制中心室的网络和交换机等。

三、RF CBTC 的系统结构

RF CBTC 系统结构概念示意图，如图 3-24 所示。从此图可以看出，CBTC 的主要组成部分有 ATS—列车自动监控子系统；DSU—数据库存储单元；ZC—区域控制器；VOBC—车载控制器；DCS—数据通信系统（包括骨干网、网络交换机、无线接入点及车载移动无线设备）。系统的安全性组成部分，是列车上的车载控制器（VOBC），轨旁区域控制器（ZC）和位于中央的数据库存储单元（DSU）。如图 3-25 所示为系统之间的逻辑接口示意图（图中联锁及联锁对象的状态信息主要包括道岔状态、轨道电路和信号机状态、屏蔽门状态、防淹门状态、防护隔断门状态及车站紧急停车按钮状态）。

各系统之间的逻辑接口有以下两类。

（1）各子系统之间：列车自动监控（ATS）与区域控制器；数据库存贮单元和区域控制器；ATS 与车载控制器；ATS 与司机显示器；ATS 与数据库存贮单元；数据库存

贮单元和车载控制器；区域控制器与车载控制器（本区域内的列车）；区域控制器与区域控制器。

（2）车载内部：车载控制器与司机显示器；车载控制器与车载控制器（同一列车）。

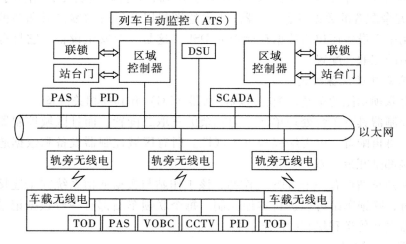

图 3－24　RF CBTC 系统结构概念示意图

CCTV—闭路电视　PAS—乘客广播系统　PID—乘客向导系统　SCADA—电力监控系统
TOD—司机显示　VOBC—车载控制器　DSU—数据库存储单元

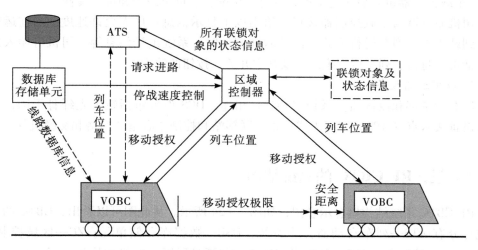

图 3－25　RF CBTC 系统设备间的逻辑接口示意图

四、RF CBTC 系统主要设备的功能

这里主要简单介绍一下 RF CBTC 系统中的各子设备的主要功能（参照图 3－24）。

1. 区域控制器（ZC）的功能

区域控制器（ZC）即区域的本地计算机，它与联锁区一一对应，并通过数据通信系统保持与控制区域内所有列车的安全信息通信，发送移动授权。区域控制器接收其控制范围内列车发出的所有位置信息；根据控制中心列车自动监控子系统 ATS 的进路请求，控制道岔、信号机，并完成联锁功能；根据所管辖区域内轨道上障碍物位置（所谓"障碍物"包括列车、关闭区域、失去位置表示的道岔以及任何外部产生的因素，如紧急停车按钮、站台屏蔽门、防淹门和隔离保护门的动作等），向所管辖区域的所有列车提供各自的移动授权。区域控制器还负责对相邻 ZC 的移动授权请求做出响应，完成列车从一个区域到另一个区域的交接。

其逻辑功能在如图 3-26 所示。其具体功能可概述如下。

（1）跟踪列车和发出移动授权：区域控制器基于来自列车的位置报告而跟踪列车，从而为所控制区域内的每列列车确定移动授权。列车在 3 秒内接收不到移动授权信息，也即连续 6 次失去安全通信，则会紧急制动。

（2）排列进路：由 ATS 完成选路，区域控制器对道岔实施控制和状态监视，当列车通过和接近道岔时，防止道岔的转换，而且在确保道岔转到正确的位置、锁闭之后，才允许列车进入道岔区域。

（3）实现与 ATS 通信：处理来自 ATS 的列车进路命令，向 ATS 报告道岔状态和轨道占用情况以及告警、出错信息。

（4）实现站台屏蔽门的控制和状态监视。

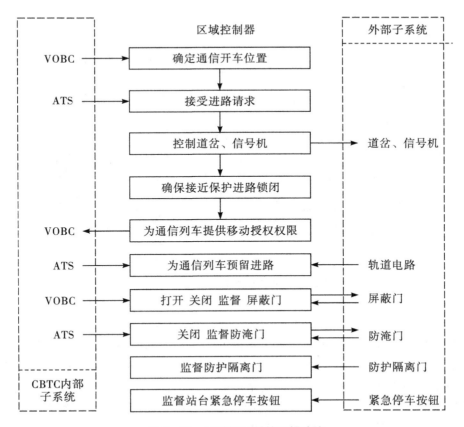

图 3-26 区域控制器的逻辑功能

(5)完成侵入轨道的障碍物的监视和检出。

(6)实现与相邻区域控制器的通信,完成列车在两个相邻区域控制器间的信息传递交接,并将列车移动授权由一个控制管辖区延伸到相邻控制器。

2. 车载控制器(VOBC)的功能

车载控制器(VOBC)与列车一一对应,实现列车自动保护(ATP)和列车自动运行(ATO)的功能。车载控制器通过检测轨道上的应答器,从数据库中检索所收到的数据信息(数据库包括了所有相关的轨道信息,包括道岔位置、线路坡度、限速、停站地点等),以建立列车的绝对位置;车载应答器、查询器和天线与地面的应答器(信标)进行列车定位,测速发电机用于测速和对列车定位进行校正。

车载控制器具备列车自动防护(ATP)子系统和列车自动运行(ATO)子系统的所有功能。车载控制器主动开始与区域控制器(ZC)的通信,这意味着当列车进入区域控制器的控制区域时,无论是刚刚进入系统,还是从一个区域控制器区域转移至另一个区域,列车会向区域控制器发送信息,表示列车已经进入该区域控制器的管辖区域。车载控制器,通过数据通信系统与控制中心 ATS 直接通信。ATS 周期性地接收到从各列列车发来的列车所在位置和列车状态报告。车载信号设备构成框图如图 3-27 所示。

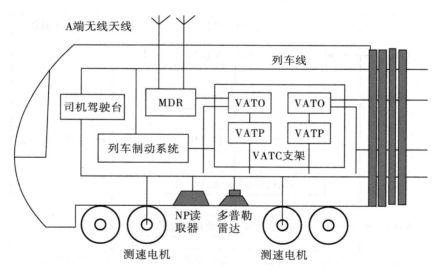

图 3-27 典型的车载信号设备示意图

车载控制器的功能示意图如图 3-28 所示。其具体功能如下。

(1)确定列车位置:列车在线路上检测到两个相邻的应答器,便实现列车位置定位的初始化。然后,列车根据测速传感器和加速度计,对运行过程的距离进一步细化定位。由于线路数据库唯一地定义了线路上的所有位置,所以运行过程中车载控制器检测到轨道应答器(信标)所提供的同步点信息,以实现列车的定位校正。而列车实际定位位置,应根据列车向区域控制器报告的列车车头和车尾位置,加上车头、车尾的不确定误差和在报告传输过程中的运行距离(估计)计算,还应该考虑先行列车尾部潜在的倒溜距离。所以真正的列车"定位"原理示意,如图 3-29 所示。

（2）强制执行移动授权控制：根据区域控制器对列车的移动授权命令，由车载控制器执行移动授权控制，动态计算安全距离以确定列车目标运行速度，监督由测速传感器测得的实际速度不超过到达目标点的目标速度；进行防倒溜监督和障碍移动监督（在自动模式下）；在安全运行速度限制范围，调整列车速度。

（3）车门控制和安全联锁：只有当列车到达定位停车点，才允许相应侧的车门开启。

（4）列车完整性的检测和根据乘客舒适标准控制列车移动。

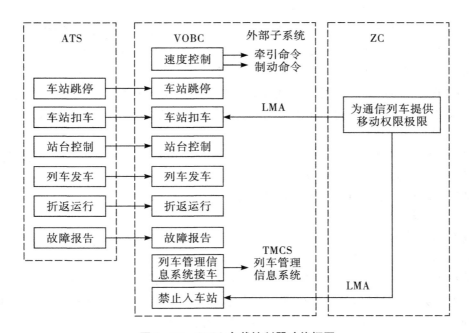

图 3-28 CBTC 车载控制器功能框图

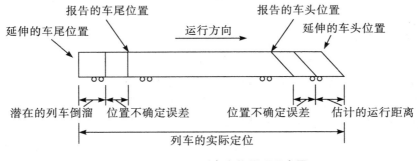

图 3-29 CBTC 列车定位原理示意图

3. 列车自动监控（ATS）子系统的功能

列车自动监控系统首先能为控制中心调度员提供人机界面，在 ATS 的线路显示屏上显示线路状态、信号设备状态、各列车位置、列车工作状态；其次能提供调度员的各种调度命令发布功能,如临时限速、车站"跳停"、关闭区域等。ATS 还具有远程控制系统所具有的设备诊断功能,包括列车的车载 ATC 设备的状态检测。

ATS 可以发出排列列车进路指令。它向区域控制器发送对应于每列车的排列进路指令,排列进路的指令必须和列车所接收的进路相一致。如果排列的进路不正确(如列车 A 分配到列车 B 的进路),相应的车载控制器将会检测到道岔设置和本列车的运行进路不符,从而阻止列车通过该道岔。

中央 ATS(CATS)设备,位于控制中心。车站 ATS(LATS)设备,位于区域控制器所在的联锁集中站的信号设备室。

4. 数据库存贮单元(DSU)作用

数据库存贮单元,是一个安全型设备,它存贮着列车控制子系统所能使用到的所有数据和配置文件。区域控制器和车载控制器之间,使用一个安全的通信协议,从数据库存贮单元下载线路数据库。线路数据库都有一个版本号,在每个区域控制器和数据库存贮单元之间每隔一定时间,就会对版本号进行交叉检测。当列车第一次进入系统时以及之后每隔一定时间,在车载控制器和区域控制器之间也会进行相同的检测。

5. 线路示意图的数据库表示

基于无线通信的 CBTC 系统,轨旁定向天线与车载天线之间,通过无线基站蜂窝网进行信息交换。无线蜂窝网采用重叠方式布置,保证信息的不间断交换。

轨旁区域控制器向列车发送的数据信息主要是至目标停车点的"进路地图"信息,即线路的拓扑结构。列车位置信息通过"节点"位置量和"偏移"矢量确定。

此介绍的具体内容,请参看本章第二节的相关内容。

6. 数据通信系统(DCS)

数据通信系统开放性的系统设计原则是对所有列车控制子系统提供 IEEE 802.3(以太网)接口;对列车控制子系统是透明的;符合实时和吞吐量要求。列车控制子系统之间发送和接受 IP 报文,其中大多数列车控制子系统之间的通信是移动的。

数据通信系统传送的是安全控制信息,但它本身不是一个安全系统。IEEE 802.3 以太网标准用于整个局域网(LAN);IEEE 802.11 跳频、扩频技术的无线标准,用于网络内的所有无线移动通信。

(1)数据通信系统(DCS)结构

数据通信系统,对所有的列车子系统都是透明的,子系统之间的通信采用 UDP/IP 协议,数据通信系统完成报文通路。由于列车控制数据只占用不到 10% 的数据通信系统带宽,所以允许系统实现其他附加功能,如旅客广播系统(站台和车内)、旅客向导系统(站台和车内)、远程 SCADA 设备以及车载视频监视系统等。

数据通信系统的系统结构可参看图 3-3:CBTC 无线接入点通信式网络结构示意图。

(2)如何确保通信安全

采用无线通信,使数据通信公开化,如何保证数据通信的安全是个难题,为此我们可以采用以下解决方案。

DCS 安全系统使用标准的通信协议和动态的密钥管理,确保报文认证和编码的保密性，认证授权支持 IKE 协议，以管理所有的密钥（证书）信息，也即所有对数据通信系统的接入，都要经过一个保安器件，所有收到的无效报文都由保安器件识别抛弃；中央认证机构，向保安器件发布认证授权证书，如图 3-30 所示。

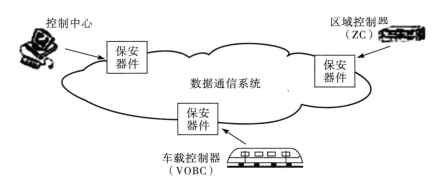

图 3-30　无线 CBTC 数据通信系统安全结构示意图

通信协议由三个核心部分组成：真实性报头（AH）——证实一个信息包的发送身份，并证实该信息包的真实性；封装的保安有效报文（ESP）——在传输前将一个包加密和证实；因特网密钥交换（IKE）——管理发送器和接收者保安密钥的传送（动态密钥，不断更新）。所以一个基于开放标准的数据通信系统，提供了单一无缝隙的 IP 网络，有良好的 IEEE 802.3 接口功能；一个符合 IEEE 802.11 接口标准的无线局域网，并向下兼容，有充裕的带宽，可用于先进的列车控制和辅助车载性能。

五、无线 CBTC"虚拟闭塞"的概念

为进一步区别感应环线通信模式下的移动闭塞，基于无线通信的列车控制系统 CBTC 提出了"虚拟闭塞"的概念。

基于 Radio 通信的 CBTC 与基于感应环线通信的 CBTC 移动闭塞方式，区别在于通信方式的不同。后者（基于感应环线通信的 CBTC 移动闭塞），前后两个列车的间隔虽然也是动态的，可这与感应环线的长度及交叉点的物理结构相关，在一定程度上受硬件设备的物理限制；而无线 CBTC 可以理解为虚拟闭塞系统，它不是由物理上的闭塞分区定义的，而是由区域控制器内数据库来定义的。虚拟闭塞分区的设计根据对行车间隔的需要而进行划分，而且没有实际硬件设备来限制边界，虚拟闭塞分区的边界很容易进行动态调整。当然其虚拟闭塞分区的数量和长度也不受硬件的物理限制，如图 3-31 所示。

区域控制器根据占用虚拟分区的前行列车位置，对后续列车发出移动授权，允许运行至虚拟闭塞分区的边界点，这一点便是后续列车的运行的目标点。我们把这一目标点，称为正常运行停车点。该目标点与前行列车尾部还留有安全距离（Safety Distance），参见图 3-20（b）。它包括在最不利情况下，列车启动紧急制动所需的安全距离和附加的防护距离。防护距离是后续列车在最不利情况下的运行距离，在车上通过

计算而得。其中还包括列车的不确定因素，如打滑、空转、轮径补偿等。因而这个防护距离，既是固定的也是动态的。移动授权极限点，由区域控制器传给车载控制器。当列车接近移动授权极限点时，降低速度，缩短安全距离。

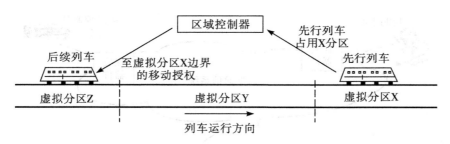

图 3-31　无线 CBTC 的虚拟闭塞示意图

六、无线 CBTC 的三种控制层级

通常为防止设备故障，造成无线通信模式不能正常工作（如无线中断或者 ZC 故障），保证列车的正常运行，我们对无线 CBTC 也保留了多种后备控制模式，即能实行不同等级下的行车控制模式。通常有如下三层控制级别。

1. 第一层：联锁级控制（IXLC）

联锁级控制为连续式通信或点式通信级列车控制设备故障的底层后备，由地面信号系统为列车运行提供全面的联锁防护。

2. 第二层：点式通信级列车控制（ITC）

点式通信级列车控制为 CBTC 的降级系统，在轨旁 ATP 设备、车地无线通信设备故障等状况下，能够为运营提供一种降级运营的手段，保证全线运营不受大的影响。点式 ATC 系统也可以独立成为一套完整的系统，为开通初期提供独立点式 ATC 系统的解决方案。

3. 第三层：连续式通信级列车控制（CTC）

在连续式通信级列车控制中，CBTC 系统通过车地双向通信，使地面信号设备可以得到每一列列车连续的位置信息和列车其他运行信息，并据此计算出每一列列车的移动授权，且动态更新，实时发送给列车，这样后行列车追踪目标点就可以是前行列车的尾部，从而可以实现移动闭塞，使系统能够获得更小的列车运行间隔。

第二篇
信号联锁系统基本知识

这里，我们抛开具体的联锁设备，从轨道交通信号中进路、联锁的概念引入，介绍城市轨道交通对进路控制的特殊要求，以及联锁设备的基本构成与基本功能、联锁软件等知识，并重点讲述计算机联锁系统在可靠性与安全性上的技术应用，及具体的故障—安全输入/输出接口电路等。

第四章

进路及联锁的概念

从文义上解说，进路就是一个对象所经过的路径；联锁是指在几个相关的对象之间建立一种比较紧密的联系，且这种联系在各对象之间互为条件又相互制约。进路及联锁引入到铁路信号概念之后，演变成了轨道运输中最基本的也是重要的概念之一，并有了特定的指向：进路即列车（或车列）在车站内将要经过的一段轨道线路的路径，且此路径的入口设信号机防护（开放或关闭，即是准许还是禁止列车进入）。另外，由于此进路中有道岔（决定列车的走向，并且要确保列车不掉道，即要保证其位置正确且被锁住不动），同时又因列车只能在线路走（不会让路），这就需要保证此线路中没有其他列车存在（路径上要空闲，即区段内无其他车占用），因此要使列车能安全地经过此路径，必须在进路（包括防护进路）范围内让"信号机的开放与关闭、区段的空闲与占用、道岔位置的正确与锁闭"三者之间建立相互制约的关系。这种为确保列车在进路上的安全，建立在信号、道岔与区段之间的相互制约关系就称为联锁，它是确保行车安全的重要技术措施。

但是，由于进路与联锁概念的提出是出自于铁路运输的，对于我们今天的城市轨道交通而言，此概念已经不够严密了。首先，城市轨道交通的"进路"已不再局限于车站之内，已延伸到整个正线之上（在城市轨道交通中，"车站"包括正线车站和车辆段/停车场，有时正线车站在行车管理中被纳入了"区间"），甚至不再设信号机（除正线道岔外，一般不设地面信号机）；其次，"联锁"的对象也不仅仅只是信号、道岔和区段，加入了更多的对象，如站台安全门的状态、防淹门是否是开门、紧急停车按钮是否被按压过等，而且此概念也已扩展到列车的整个运行的过程之中，所以它比传统概念中的内涵有了更多的拓展。城市轨道交通对联锁系统的控制精度要求更高、安全性要求也更苛刻，对于线路控制的灵活性也更大。因此，我们在学习时要加以区别。当然对于车辆段的停车场车站而言，这些概念与铁路是相似的。我们在后面的概念讲述时，不同地方也会做些说明。

第一节　传统的进路及联锁概念

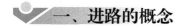

一、进路的概念

传统的进路概念，开始是针对列车或车列（调车时称车列）在铁路车站内的运行而言的，其概念为列车或调车车列在站内运行时所经由的路径。其内涵包括两点：一是车在站内运行，二是进路的始端都有一架信号机来防护。

如图 4-1 所示（一个车站的咽喉），列车欲从北京方向过来进入Ⅰ股道（X→ⅠG）只能建立一条列车进路：X 为始端信号机，X_1 为其进路的终端信号机，X 与 X_1 之间就是列车进入Ⅰ股道的进路。再比如，一车辆欲于ⅡAG 内进入Ⅱ股道（D_1→ⅡG）有两条进路可建立，一条是由 D_1 做始端走直线经过 1/3、17/19 和 27/29 道岔定位到达ⅡG 的进路；另一条是由 D_1 做始端经过 1/3、17/19 反位和 27/29 道岔定位到达ⅡG 的进路。

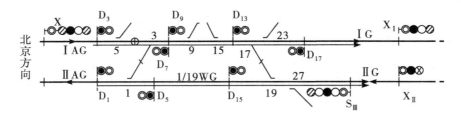

图 4-1　举例站场图

进路按照作业性质可分为列车进路（列车经过的路径）和调车进路（车列经过的路径）两类。

1. 列车进路

列车进路又可具体分为接车进路、发车进路、通过进路和转场进路。接车进路指列车从站外（区间）进入站内所经由的路径，它由进站信号机防护；发车进路是指列车从站内发往站外（区间）所经由的路径，它由出站信号机防护；通过进路是指列车正线通过车站时所经由的路径，它由进站信号机和出站信号机防护；转场进路是指列车由一个车场开往另一个车场时所经由的路径，可以由进路信号机防护。如图 4-1 中的"X→ⅠG"进路就是一条列车接车进路。

在接车进路中，存在一种特别的进路形式：引导进路。它是在信号设备故障后，由于无法建立正常的列车接车进路使进站信号机开放而办理的接车进路形式。

2. 调车进路

调车进路由调车信号机防护，其作业一般不会走出站外。从进路的构成形式上看，调车进路分为短调车进路（又称基本调车进路，因只有一架调车信号机防护）和长调车进路（又称复合进路）。如图 4-1 说到的"D_1→ⅡG"调车进路就是一个长调车进路，它由"D_1→D_5"和"D_{15}→ⅡG"两个短调车进路构成。

在调车作业中，我们将调车进路又分为牵出进路和折返进路。比如，在ⅠG 上的车列想转到ⅡG 上，那么首先要建立"ⅠG→D_9"牵出进路，之后再建立"D_{13}→ⅡG"的折返进路，此时的 D_{13} 就称为它的折返信号机。

在信号的概念中，为区别进路的级别，进路又可分为基本进路和变通进路。如图 4-1 中"D_1→ⅡG"的调车进路，存在两条进路，其中走直线的（经过 1/3、17/19 道岔的定位）进路，就是基本进路；另一条经过 1/3、17/19 道岔的反位的，就称为变通进路。列车进路也有变通进路与基本进路的概念。我们通常将对车站作业影响小的进路规定为基本进路。

二、敌对进路的概念

在同时行车时会危及行车安全的任意两条进路，相互称为敌对进路。敌对进路包括如下几种情况。

（1）同一线路上对向的进路（不包括两个咽喉向同一股道调车的进路）。此种情况也称为"迎面敌对进路"。

（2）有重叠区段的进路（不论是列车还是调车进路，也不论进路的方向）。

（3）因防护进路的信号机设在侵限绝缘处，而禁止同时开通的进路。

侵限绝缘即其绝缘节的位置距离道岔警冲标不足 3.5m。当其绝缘节一则的线路上停有车辆时，若另一则有车通过时有可能发生侧面冲撞，因此要进行条件检查。

三、进路的锁闭与解锁概念

联锁是实现行车保障的重要手段，它指的是信号设备及其相关因素之间所建立的一种严密的制约关系。传统的联锁概念专指车站范围内进路、信号、道岔之间的相互制约关系。

由于进路的防护最终是由信号机来体现的，比如当道岔位置错误或位置正确但不能被锁死在正确位置上时、进路中某些区段内不空闲时、敌对信号已经开放时或其他相关安全的因素条件不具备时等，信号都不能开放。信号一旦开放后，道岔就不准再转换位置、敌对进路就不准再建立，即进路被封锁（通常称之为锁闭）；而且所有影响行车安全的相关因素必须不间断地保持在检查状态，任一条件失去后，信号将立即关闭；只有当进路不需要时，并在保证安全的前提下，才允许解除封锁（通常称之为解锁）。

1. 进路的锁闭

广义上说进路的锁闭就是指与进路有关联的对象，被锁在一个特定的状态条件之下，且不能被轻易地改变，这种对进路的强制性限制就称为进路锁闭。

但由于进路中道岔位置（它决定着列车走向）是锁闭的主要目标，而对道岔的锁闭主要表现在对其所处区段的锁闭，所以，进路锁闭的主要联锁对象就是道岔区段，或者说进路的锁闭是由构成该进路的道岔区段的锁闭组成。因此，解锁的对象主要就是对道岔区段的解锁。这就是狭义的进路锁闭的概念。后面再提到进路解锁时，在没有明确的说明之下就是狭义的，即是对道岔区段的解锁而言的。

这样一来，如果我们站在道岔区段的角度上来说，有三种情况会造成对该道岔区段锁闭。

（1）进路锁闭：因其被某一进路征用（即在已建立的进路中）而造成的锁闭。

（2）区段锁闭：因该区段内有车占用，使道岔在规定位置不能转换的锁闭。

（3）人工锁闭：因人工方式切断了道岔控制电路使其不能转换的锁闭。

（4）故障锁闭：因设备或电气故障而造成的道岔不能转换时的情形。严格讲这不算一种锁闭形式，是为了保证"故障—安全"而实行的一种保护性手段。

由于对道岔区段的锁闭形式不同，对其解锁的方式也将有所不同。

2. 接近锁闭

在进路建立好后，为保证列车的足够安全，依据列车进入前的时机（或位置）决定联锁的级别。进路建立信号开放后，若列车或车列已进入其接近区段，为防止在信号的突然关闭又不能及时停车冒进了信号时，道岔转换而造成挤岔或进入异线危及行车安全，所以，我们把列车进入进路的接近区段后的锁闭称为接近锁闭（又称完全锁闭），以示分别。

接近区段的规定与确认，依据进路的性质或站场结构的不同而有所区别。

3. 进路的解锁

进路的解锁，就是指解除对进路的锁闭。依照不同的解锁方式，进路的解锁可区分为正常解锁、取消解锁、人工解锁、调车中途返回解锁和故障解锁等情况。

不同情况下的解锁，其条件手段可能不同，但本质结果是一致的，就是对构成该进路上的各个道岔区段的解锁（在电路的构成上也包括无岔区段，特别是在继电器联锁中，为保证正常解锁电路的连续性，将无岔区段做有岔区段来处理），使所有电路恢复到正常状态。

四、进路解锁的条件与方式

为保证安全，进路的解锁是有严格条件规定的。而且在不同情况下，实现解锁的方式或操作手段也不相同。实现解锁的条件与要求有如下几点。

（1）任何操作都不得使占用的区段解锁，也不得使列车、车列运行前方的区段解锁。

（2）所有进路的解锁都必须在信号关闭后进行。

（3）锁闭的进路应能随列车车列的正常运行而自动逐段解锁（包括中途折返的调车进路）。解锁时必须满足三点检查（接近、占用和出清）条件，（对无岔区段内停有车辆时的调车进路至少满足两点检查），延时 3s 自动解锁。

（4）已锁闭的进路不能因轨道电路的瞬时分路不良，或轨道电路停电恢复后而错误地解锁。

（5）对未处于接近锁闭的进路，可以通过人工取消方式（简称取消解锁）解锁进路。对已处于接近锁闭的进路，可通过人工办理方式（简称人工解锁）关闭信号并延时后解锁（铁路运输延时 3 min，城市轨道信号可以适当缩短延时时间）。

（6）除已被占用的区段和处于列车（车列）走行前方的区段外，其他区段均可采用区段故障解锁方式让其解锁。

（7）对已建立的引导进路，必须经人工确认后再办理引导进路解锁。

（8）调车中途返回进路，能随着车列的运行而自动解锁。

各种进路的取消与人工解锁的办理操作方法这里不再介绍了,因不同的联锁设备其具体的操作方法会有不同,这可在后续的实践课中学习,或通过现场培训学习。

五、车站联锁内容及联锁表简介

前面说过,联锁是多个对象之间的一种相互制约关系,多个对象之间的关系在具体表述时体现在两个对象之间。联锁表是用表格的形式表达出来的联锁关系。下面就车站信号(道岔、进路和信号机)的联锁关系简述如下。

1. 道岔与进路之间的联锁

道岔有定位和反位两个工作位置,进路则可分锁闭与解锁两种状态。道岔位置处在进路所需要的正确位置,进路才能锁闭;进路锁闭后道岔不能改变位置,即道岔也被锁闭;只有当进路解锁后,道岔才能改变工作位置。这就是道岔与进路之间的基本联锁关系。这种联锁关系用图表的方式表达,就是联锁表。如图4-2所示。

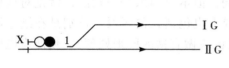

进路号	进路名称	道岔
1	Ⅰ道下行接车进路	(1)
2	Ⅱ道下行接车进路	1

图4-2 进路表(道岔与进路)

如对"Ⅰ股道下行接车进路"(X→ⅠG)而言,需要1号道岔在反位(表中用括号表示)(否则该进路不能建立即不能锁闭),一旦进路建立后1号道岔将被锁在反位;同样,对于"Ⅱ股道下行接车进路"(X→ⅡG)而言,需要1号道岔在定位。

还有一种防护道岔位置情况。如图4-4所示站场,在下行进站信号机前方有6‰的下坡道(所以设计了安全线),若下行列车因停不住车时,就有可能经过4/6道岔的反位与上3股道的接车进路上的列车发生侧面冲突。为防止这一情况的发生,所以在建立"S→3G"的接车进路时,要将4/6道岔锁定在定位位置,即在联锁表中需要将4/6道岔条件,作为"S→3G"的接车进路的联锁条件加入其中,记作[4/6](若要求其反位则记作"[(4/6)]")。

2. 道岔与信号机之间的联锁

由于进路最终是由信号机来防护的,所以道岔与进路之间的联锁关系,也可表述为与信号机之间的关系,如图4-3所示。

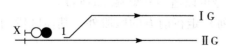

信号机	进路名称	道岔
X	Ⅰ道下行接车进路	1(1)

图4-3 进路联锁图表(道岔与信号机)

信号机 X 可防护两条进路:"Ⅰ股道下行接车进路"要求 1 号道岔在反位;"Ⅱ股道下行接车进路"要求 1 号道岔在定位。因此,信号机 X 与 1 号道岔之间的联锁关系,既有定位锁闭关系又有反位锁闭关系,叫作定、反位锁闭,在表中记作"1,(1)"。

定、反位锁闭意味着 1 号道岔在定、反两个位置时都允许 X 信号机开放,那是否可以不锁闭该道岔呢?这是不行的,因为道岔事实上还存在一种状态:既不在定位也不在反位,即道岔在"不密贴"或"挤岔"状态。就是说,道岔在正常状态时信号机将禁止开放。

3. 进路与进路之间的联锁

进路与进路之间存在两种不同性质的关系:敌对进路和抵触进路。

(1) 抵触进路

能够用道岔位置加以区分的两条进路叫抵触进路。如图 4-4 所示,下行接车进路有三条,即表中进路编号为 1、2、3 的进路。此三条进路同时只能建立起一条进路,当其中之一的进路建立后,为了安全需要对进路道岔锁闭,造成了其他进路(非敌对的进路)无法建立,即对其他进路的抵触。然而,由于抵触进路不能同时建立,所以他们之间无需采用锁闭措施,即不需要列在联锁表内。

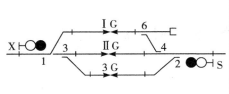

进路号	进路名称	敌对进路	抵触进路
1	下行1道接车进路	6	2,3
2	下行Ⅱ道接车进路	4,5,6	1,3
3	下行3道接车进路	4,5,6	1,2
4	上行3道接车进路	2,3	5,6
5	上行Ⅱ道接车进路	2,3	4,6
6	上行Ⅰ道接车进路	1,2,3	4,5

图 4-4 进路联锁图表(抵触进路 敌对进路)

但有一种情况例外,若信号机与道岔是由扳道员在两咽喉区分别由人工操纵的,这时为保证安全,需要在值班员室内的设备上对抵触进路之间采取一定的联锁措施,实现他们之间的联锁关系。这时在联锁表中必须把抵触进路一并列出。

(2) 敌对进路

用道岔位置不能间接控制的两条进路,而这两条进路又存在着敌对关系,这两个进路在同一时间内是不允许同时建立的。如图 4-4 中,进路 2(下行Ⅱ股道接车)与进路 5(上行Ⅱ股道接车),他们是向同一股道接车的进路(即为迎面敌对进路),所以是不能同时建立的。

进路 5(上行Ⅱ股道接车)与进路 3(下行 3 股道接车),两者虽不是通常意义上的敌对进路,但下行进站是下坡道(从站场上所建设的安全线可知),为防止下行车不能安全停车,可能在 2 号道岔处与上行车发生侧面冲撞,故他们之间也视为敌对进路,为区别起见通常称之为有条件敌对进路。

4. 进路与信号机之间的联锁

进路与进路之间的联锁关系，可用进路与信号机之间的联锁来描述，在实际做联锁表时通常就是这样处理的。因为当进路较多时，这样描述较明显，不需要从较多的进路号码中查找进路名称。

如图4-5所示，在进路1（D21→W无岔股调车）中，D23信号机所防护的进路是敌对进路，所以，在进路1中敌对信号栏记"D23"；D33信号机所防护的进路有两条：分别经过19道岔的定位和反位，而只有走19号反位向W调车的进路才与之构成敌对进路（属于有条件敌对进路，条件是<19>），故在敌对信号栏记"<19>D33"。进路2同理。

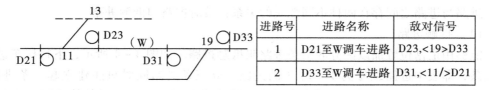

图4-5 进路与信号机之间的联锁图表

既然，进路与进路之间联锁可用进路与信号机之间的联锁关系描述，自然也可用信号机与信号机之间的关系来描述进路与进路之间的联锁关系。这里就不再介绍了。

第二节 城市轨道交通对进路的控制

在城市轨道交通中，列车的运行一般采用上下行双线、列车间隔运行模式，加之其线路短、站间距小、运营密度大、线路条件差（多隧道多弯道），在系统设计中对其做了改进、更新和发展，所以不能完全套用普通铁路信号的概念、设施和手段。另外，列车运行的进路已延伸到了整个正线，除了车辆段和有道岔的正线车站外，其他地方一般不设地面信号机，车载信号是其"主体信号"（地面信号即便有，也只是起辅助作用），并且列车的运行安全由ATP负责，这也为高密度行车提供了保障。同时，在信号系统的设计中，ATP与计算机联锁功能的结合也使计算机联锁的功能得到了进一步加强与拓展。由此，信号中的有些概念与传统普通铁路有了一定的区别。

一、城市轨道交通进路的特殊要求

城市轨道交通因运营的特殊性，其进路具有与普通铁路不同的情况，对计算机联锁系统提出了更多新需求，如多列车进路、追踪进路、折返进路、联锁监控区段、保护区段、侧面防护等。

1. 进路的组成

一条列车进路，一般由三部分组成，分别为主进路、保护区段及侧面防护。有时进路可以不包含侧面防护的条件，这要视车站情况而定。

(1) 主进路

主进路是指进路上从始端信号机至终端信号机的路径，包括监控区段（含道岔区段）、非监控区段。如下图4-6所示，防护信号机S1→S2之间即为主进路，它包含TC2和TC3两个监控区、TC4~TC6三个非监控区。

所谓监控区段，就是指在信号系统建立进路的过程中，需要检查其空闲条件的区段。如图4-6中的进路，在开放S1信号时，必须要检查TC2和TC3是否空闲，否则进路不能建立，S1信号也不能开放。监控区段一般为信号机内方两个区段，若监控区内设有道岔，则需要在其后再增加一个区段，一并纳入监控区段（即最后一个监控区段必须为非道岔区段）。

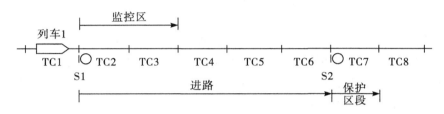

图4-6　列车进路构成示意图

(2) 保护区段

在图4-6所示的进路中，S2信号机后方TC7即为其进路的保护区段。为避免列车不能在信号机前停下，为保证安全在充分考虑列车的制动距离及线路等因素下，在停车点后设置保护区段。如图4-6，列车的终端停车点为S2，故在其信号机后方的一至两个区段就定义为保护区段。

对于"多列车进路"（如图4-8中的情况），这里"列车2"与"列车1"之间的进路（即列车2的行车进路），其中TC4即为该进路此时的保护区段，因为此时列车1的后方即为其能可靠停车的极点，为保证列车1能在这个极点可靠停下，列车运行的车载系统在计算其速度曲线时，需要一个保护距离，这个保护距离即为其保护区段。

进路可以带保护区段排出也可以不带保护区段排出。对于"单列车进路"保护区段与进路同时建立；为了不妨碍其他列车运行，对于允许多列车的进路，可以通过"目的区段"（根据线路情况定义）的占用来触发，使保护区段延时设置。就是说，只要需要被检查的"监控区段"空闲，就可以先建立进路，开放信号。

由此可见，城市轨道交通中列车进路的建立，与传统铁路在站内建立进路时相比较，所检查的联锁条件是有所不同的。

(3) 侧面防护（侧防）

城市轨道交通的道岔控制全部为单动控制，不设双动道岔（所有的渡线道岔均按单动处理），也不设带动道岔。这样在排列进路时就要通过"侧面防护"把相关的道岔及信号机锁闭在联锁要求的位置，以避免其他列车从侧面进入进路，以确保安全（类似铁路的双动道岔和带动道岔的处理），这种信号联锁措施就称为侧面防护。侧面防护也包括侵限绝缘的检查，包括主进路的侧面防护和保护区段的侧面防护，如图4-7

所示。

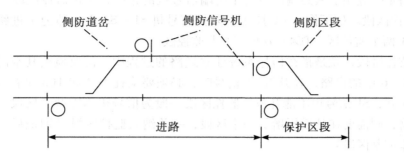

图4-7 进路侧面防护示意图

排列进路时除检查始端信号机外,还要检查终端信号机和侧防信号机的红灯灯丝,只有这两种信号机的红灯功能完好,进路防护信号机才能开放(在普通铁路中,信号开放前只检查本信号机的红灯灯丝是否完好)。当要求侧面防护的运行的进路解锁时,运行进路侧面防护区域也将同时解锁。

在联锁条件检查的软件设计中定义道岔为一级侧面防护,信号机为二级侧面防护。排列进路时先找一级侧防,再找二级侧防,无一级侧防时,则将信号机作为侧防。

2. 多列车进路

为区别常规的一条进路只能有单个列车运行的情况,我们把一条进路允许多个列车运行的进路称为多列车进路。在城市轨道交通中,由于运行间隔小、车流密度大,所以,为提高线路的运输能力,在列车自动控制系统设计中允许一条进路内可以有多个列车运行(因为此时列车运行的安全,能得到ATP系统的有效保护)。

如图4-8所示,S1→S2为多列车进路。只要在列车1出清监控区(TC2、TC3)后就可排出以S1为始端(S2为终端)的进路,S1可以开放。但多进路建立后,此时列车1继续前行,即便出清了TC5和TC6区段,该区段也不能解锁,只有在列车2经过后才能解锁。

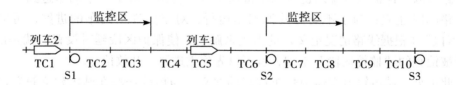

图4-8 多列车进路示意图

多列车进路排出后,如果进路中有列车运行,则人工取消进路时只能取消最后一次排列的进路至前行列车所在位置的部分,其余部分随前行列车通过后自动解锁。

3. 追踪进路

追踪进路是为联锁系统本身所设置的一种自动排列进路功能。当列车接近信号机并占用其前方的"触发区段"(第1个接近区段,也可能是第2个接近区段)时,列车运行所要通过的进路便会自动排出。"触发区段"根据线路布置和通过能力而设定。

如图 4-9 所示，假设 S3、S5 具备追踪功能，TC1、TC5 分别是以 S3、S5 为始端的进路的触发区段，那么，当列车占用 TC1 时，则 S3→S5 进路自动排出，S3 开放；当列车占用 TC5 时，则 S5→S7 进路自动排出，S5 开放。

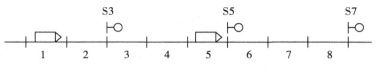

图 4-9 列车追踪进路示意图

追踪进路从严格意义上说，不属于进路的形式，它只是依靠列车的运行而实现自动排列进路的一种技术手段。

4. 折返进路

在地铁终端站（或规定需要折返的车站），为使列车换向运行（因上下行是分开运营的，换向就必须从一条线路转移到另一线路上），而需要建立的列车进路（在普通铁路中只有调车才有折返进路）叫折返进路，在技术上它也是作为一般进路被纳入进路表中。

简单地说，折返进路就是指在列车由上行（下行）到达到"折返线"后，为使列车折回到下行（上行）线，需要建立的进路。此进路可以人工办理，也可通过"列车自动选路"或"追踪进路"方式自动建立。该进路的自动解锁形式或技术手段与调车中途返回解锁相同。

列车的折返方式最常见的有两种：站前折返和站后折返。

（1）站前折返

图 4-10 所示为站前折返示意图。用于列车折返的渡线，布置在接车方向的一侧：列车在接入车站的同时就完成了变线的工作（a 图）；列车出发的时候才完成变线的工作（b 图）。

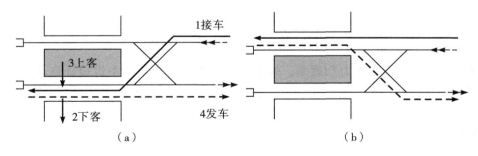

图 4-10 站前折返示意图

站前折返的优点是列车没有多余的走行，减少了一个专门用于折返的时间，上下客可以连续进行。但缺点是容易造成乘客的混乱（两侧门都要打开，乘客可能分不清上下车门）；站台也要建成一岛两侧两线的布置，将导致车站的规模较大，因此使用并不多。由于此形式要切割正线，对于压缩间隔也不利。站前折返还有一个致命的弱点，就是接发车有交叉干扰，如图 4-11 所示。

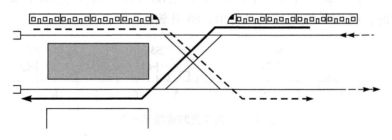

图 4-11　站前折返交叉干扰示意图

虚线的箭头（图中箭头向右的）代表即将要出发的列车，但是由于与即将要接入车站下面股道的实线（图中箭头向左的）列车有交叉，所以虚线列车必须要等到实线列车接入车站，出清道岔区段之后才能出发。这种交叉干扰在列车接发繁忙的时段，对于通过能力的影响是非常大的。

（2）站后折返

站后折返指的是把用于折返的渡线设置在车站接车方向的另一侧，如图 4-12 所示。这样，列车在原来运行的一侧线路上完成下客之后，通过折返渡线转移到另一条线路上，再驶入站台，在另一侧完成上客，然后出发。站后折返的缺点是走行距离长（站场长），时间长，且要对下车的乘客清客。

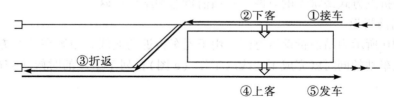

图 4-12　站后折返示意图

5. 连续通过进路

为了提高列车通过能力和效率，城市轨道交通在联锁系统中可设计自动建立连续通过进路的功能（这不是进路的形式，是自动建立进路的一种技术手段）。当信号机被设计为"连续通过信号"时，其防护的进路平时处在锁闭状态，信号开放。当列车进入信号机内方时自动关闭，一旦列车出清进路时，进路重新锁闭并开放信号。

二、城市轨道交通进路建立的联锁条件

普通铁路中信号所规定的进路联锁条件大部分是适合城市轨道的，只是城市轨道对进路联锁条件有一些特殊要求。除特殊要求之外，进路的联锁与解锁条件的检查二

者是相同的。为表述清楚，这里集中罗列出下面几条有关城市轨道交通进路建立时的联锁要求。

（1）进路中的道岔没有被征用在相反的位置上。

（2）进路中的道岔没有被人工锁定在相反的位置上。

（3）进路中的道岔区段、轨道区段没有被封锁。

（4）进路中的信号机没有被反方向进路征用。

（5）进路中的监控区段没有被进路征用。如列车正在通过进路的监控区段或列车通过进路后，监控区段不能正常解锁，出现绿光带现象，则进路不能排列。

（6）进路的非监控区段没有被其他方向进路征用。如要排列进路的轨道区段（含保护区段），被其他方向的进路征用，或其他方向进路的轨道区段在解锁时出现非正常解锁，且这些区段刚好属于要排列的进路的某些区段，则进路不能排列。但如果进路的非监控区段是被同方向的进路征用，则可以再次征用。

（7）从洗车厂接收到一个允许洗车的信号（只适用于排列进洗车线的进路）。

（8）与相邻联锁通信正常（只适用于排列跨联锁区的进路）。

（9）防淹门打开且未请求关闭（只适用于排列通过防淹门的进路）。

（10）与车厂的照查功能正常（只适用于排列进车厂的进路）。

（11）在进站（出站）时站台安全门关闭且被锁时（适用于有安全门的车站）

（12）防护进路的信号机、终端信号机和侧防信号机红灯丝完好（普通铁路中只检查本信号机的红灯灯丝）。

符合以上条件，进路能排列。进路在排列过程中，进路的道岔（含侧防道岔）能自动转换至进路所需要的正确位置。

解锁情况与普通铁路相同。城市轨道交通中特殊的进路其解锁条件、手段，在前面进路的表述中也做过描述，加之不同的联锁设备，具体操作方法也有所不同，故在此就不做具体的讲解了。

三、城市轨道交通列车进路的三级控制

城市轨道交通列车运行进路及运行控制，通常由控制中心集中监控（ATS自动控制），此为全自动的列车监控模式。在该模式下，列车进路设置命令由自动进路设定系统发出，其信息来源于时刻表和列车运行自动调整系统。控制中心列车调度员也可以人工干预，对列车进行调整，操作非安全相关命令、排列和取消进路。

在全自动的列车监控模式下，进路由信号机负责防护，而列车在进路上的运行安全则由ATP（列车自动防护）系统负责保障，两者的共同作用为城市轨道交通高密度的行车提供了前提和安全保障。在系统设计时将ATP与计算机联锁功能相结合，更使其联锁功能得到完善与加强。

为在控制中心设备故障或控制中心与下级设备的通信线路故障时，能保证运输的可靠性与安全性，城市轨道交通列车运行的进路控制通常采用三级控制，即控制中心

控制、远程控制终端控制和车站工作站控制,如图4-13所示。

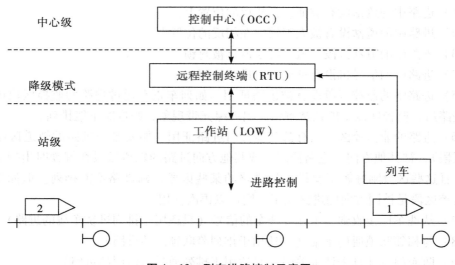

图4-13 列车进路控制示意图

1. 控制中心控制

控制中心控制即指中心级控制,此为全自动的列车监控模式,其建立进路的选路命令是由中心自动发出的(ATS功能之一),信号联锁设备接到命令后负责完成进路的建立(当然,这需要联锁系统的操作单元具备自动操作功能。)联锁系统接受到ATS选路指令后首先要进行校核,校核结果正确时建立进路;如果结果否定,则向ATS给出反馈信息,ATS会重复发来相同的命令,直至命令正确执行或达到规定的次数和时间为止。

2. 远程控制终端控制

在控制中心设备或通信故障的情况下,控制中心将无法对远程控制终端进行控制,此时系统能自动转入远程控制终端控制的降级模式。这时,由司机在车上输入目的地码,通过列车上的车次号发送系统发出的带有列车去向的车次号信息,远程控制终端自动产生进路控制命令,联锁系统根据来自远程控制终端的进路号排列进路。这时,系统虽不具备列车运行的自动调整功能,但对于高密度的列车运行,此功能可以节省车站操作人员的精力。

3. 车站工作站控制

当远程控制终端设备故障或其与车站的通信故障,无法实现自动远程控制时,进路的控制将转为站级控制模式。在此模式下,列车进路的设定完全由车站值班员的意图决定(通常值班员会根据运行图选择预期的进路)。信号联锁系统接收值班员的操作命令后,检查建立进路的联锁条件并排列、锁闭进路,开放地面信号机。

第五章 联锁系统的基本知识

车站信号联锁系统是一个很复杂的自动控制系统,它提供保证行车安全、协调列车运行、提高运输效率等功能。铁路或地铁车站以及车辆段都有很多线路,线路的两端以道岔连接,根据道岔的不同位置组成列车的不同进路,每条进路只允许一列列车使用。列车能否进入某进路,是否会发生进路冲突,这些都是由联锁系统来控制和协调的。

像其他技术一样,车站联锁系统也是随着科学技术的进步以及轨道运输发展的需要,而不断更新和发展的,其发展过程已经经历了机械化联锁、机电联锁和电气集中联锁几个阶段,目前新开线路或车站主要采用了计算机联锁。

第一节 联锁设备构成及基本功能

联锁是通过技术方法,使信号、道岔和进路必须按照一定程序并满足一定条件,才能动作或建立起来的相互关系。也就是说,为了保证车站行车安全,必须制定一系列联锁规则以制约信号的开放与关闭、道岔位置的转换及锁闭最终完成进路的建立,且必须以技术手段来实现这些联锁规则。联锁系统以电气设备或电子设备实现联锁功能,以信号机、动力转辙机和轨道电路室外三大件来体现联锁功能。

一、联锁设备的基本构成

根据系统内各设备在功能上的分工和所在的位置,联锁系统可分解成联锁层(联锁机构)、人机会话层和监控层。联锁层、监控层都必须符合故障—安全原则,其设备设在车站信号楼的机械室内;人机会话层设在车站值班室。图5-1是联锁系统的层次结构示意图。

联锁机构是联锁系统的核心,它除了接收来自人机会话层的操纵信息

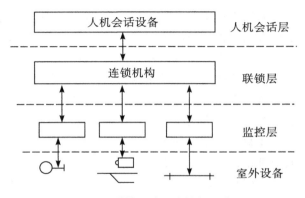

图5-1 联锁系统层次结构示意图

外，还接收来自监控层所反映的室外信号机、转辙机和轨道电路状态的信息，并根据联锁条件，对这些控制信息和状态信息进行处理，产生相应的信号控制命令和道岔控制命令。

二、联锁设备的基本功能

1. 人机会话层

人机会话层的主要功能是操作人员在该层向联锁机构输入操作信息，接收联锁机构反馈的设备状态信息和行车作业情况信息。

2. 联锁层

联锁层的联锁设备具有以下基本功能：轨道区段的处理、进路控制、道岔控制、信号控制等。

（1）轨道电路处理功能

轨道电路处理功能是接收和处理轨道区段的"空闲、占用"状态信息，并把该状态信息转发给联锁机，同时也对列车的完整性进行判断。在城市轨道交通中，也可通过计轴设备完成空闲与占用的分析检查。

（2）进路控制功能

该功能能实现对所有进路的排列、锁闭、保持和解锁。建立进路的过程就是从开始办理进路到防护该进路的信号开放的过程。解锁进路的过程就是从列车驶入进路到越过进路中全部轨道区段的过程，或是操作人员解除已建立的进路的过程。在城市轨道交通中对进路控制的执行，还表现为对来自ATS系统命令的响应，当命令不符合安全条件时，它也能拒绝执行。具体功能表述如下。

①建立进路：进路建立的过程有四个阶段，即进路选择、道岔控制、进路锁闭和信号控制。进路建立后，一直保持锁闭状态；当发出取消进路命令或有车正常占用又出清后，进路才能取消。

②进路选择：进路选择的检查条件是操作手续符合操作规范；所选进路处于空闲状态；进路始端信号机灯丝完好；对进路有侧向防护要求的所有轨道区段都处于空闲状态；在进路中没有轨道区段被占用。

如果进路检查的条件成立，那么联锁设备开始转换道岔、锁闭道岔、开放信号。如果进路检查的条件不成立，或没有在指定点检测到道岔位置，联锁设备则向控制中心回送一个无效命令，停止建立进路的操作。

③进路锁闭：当进路内有关道岔的位置符合进路要求，而且进路在空闲状态没有建立敌对进路等条件得到满足时，实现进路锁闭。进路锁闭后，进路内的道岔不能再被操纵，与该进路敌对的其他进路就不能再建立了。

④解锁进路：如果进路和进路的接近轨道区段处于空闲状态，那么控制中心发出取消进路指令，进路立即取消。

当列车接近进路时，若此时由于某种原因需取消进路，则取消进路的操作需延时生效，以确保即使列车冒进，此时进路仍处于锁闭状态，道岔不会转换，以保证列车安全。

(3) 道岔控制功能

实现对道岔的解锁、转换和锁闭。这些动作是联锁系统通过接口模块输出的,是对单操道岔或进路排列命令的响应。这些命令可能来自于值班员在人机对话机的操作,也可以是来自列车自动监控系统。若命令不符合安全条件它可以拒绝执行。具体而言其功能如下。

①监测：全天候监控所有道岔的状态,并将道岔的状态信息反馈到人机会话层。当发生列车挤岔等不正常情况时,可由道岔检测设备反映到控制室,并给出声光报警。

②锁闭：道岔锁闭电路在接收到控制中心送来的锁定道岔指令时,对道岔进行锁闭操作,并返回一个锁闭成功或者锁闭失败的状态信息给控制中心。根据需要,系统还可以对每组道岔进行单独锁闭。

③错开道岔动作时间：只有当道岔区段空闲、道岔不在指定位置且并未被锁定时,才能也才需要对道岔进行转换操作。为了消除操作多组道岔时瞬间电流过大的现象,联锁设备需要错开各转辙机转动的时间。

(4) 信号控制功能

信号控制功能负责监视轨旁信号状态,并依据进路、轨道区段、道岔和其他轨旁信号状态信息对联锁设备进行自动控制。开放信号时,联锁设备也将执行结果作为命令输出至 ATC（列车自动控制）系统, ATC 系统以此来授权列车从一个进路行驶到另一个进路。联锁设备也可以根据来自 ATS 的命令设置信号机为停车信号（即信号开放后,除了不间断地检查联锁条件外,也能随时接受 ATS 发来的关闭信号命令）。如果信号开放后,由于某种原因,条件又不能满足时,则信号自动关闭。直到条件满足后,在收到信号重新开放指令时,联锁设备才能重新点亮允许灯光。

(5) 安全门、防淹门的控制功能

在城市轨道交通中,当车站设有安全门（或称屏蔽门）设备时,联锁系统还负责具体实现对安全门的控制：发布开门、关门命令及状态检查；在设有防淹门的线路,对防淹门的状态进行实时检查,当接收到"关闭防淹门"信号后,通过轨旁设备转给 ATP（列车自动防护）系统,并将来自 ATS 系统的"允许关门"命令传达到防淹门控制系统。

3. 监控层

监控层相当于具体执行对联锁机构控制的接口,主要功能是接收联锁机构的控制命令,通过信号控制电路来改变信号机显示；接收联锁机构的道岔控制命令,驱动道岔转换；向联锁机构反馈信号机状态、道岔状态及轨道电路状态等信息。

三、联锁设备的分类

目前联锁设备主要是集中联锁,它目前主要存在继电式电气集中联锁和计算机联锁两大类型。城市轨道交通联锁设备早期采用继电集中联锁,现在多采用了计算机联锁。城市轨道交通运输中的信号联锁系统,是在普通铁路基础上的改进,其基本的实现思路是一样的，只是具体的联锁条件或控制过程存在一些差异而已。

继电式电气集中联锁，是用继电器电路构成的逻辑电路实现联锁运算的。它通过继电器的两种状态（吸起和落下）来表达某一条件的是否满足，并以其前、后接点（对应其状态的吸起和落下）接通（或切断）检验其条件的另一个继电器电路，从而决定另一个继电器的状态……如此推衍，最终在完成所有联锁条件后，使控制信号机能否开放的信号继电器吸起实现开放信号，或者在条件丧失后，使其落下而关闭信号。

计算机联锁是以计算机为主要技术手段，来实现车站联锁的系统。它是利用微型计算机和其他一些电子、继电器件组成的具有"故障—安全"性能的实时控制系统。它采用运行于计算机中的软件程序实现逻辑运算，从而达到控制并实现道岔、进路和信号机之间联锁的目的，是具有智能化的系统机构。

（一）继电集中联锁简述

继电集中联锁即通常所说的电气集中联锁，简称为继电联锁。它由继电器及其电路构成，集中控制和监督全站的道岔、进路和信号，实现车站的联锁关系和对室外设备的控制。操作人员能通过控制台实现集中操纵和全站信号设备的监督。控制台盘面上标有站场布置图。电气集中联锁系统的联锁机构及监控层的控制电路都由继电器电路构成，继电器电路除能够较好地实现逻辑运算外，还能控制信号灯泡和转辙机内电动机的动作电源。继电联锁用继电器断电失磁或后接点闭合来表达安全侧信息，具有故障—安全性能。设备组成框图如图 5-2 所示。6502 电气集中联锁是继电集中联锁设备的突出代表。它是我国铁路上使用最广、最具有代表性的联锁设备。

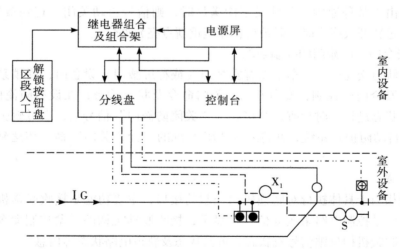

图 5-2 6502 电气集中设备组成示意图

1. 6502 电气集中联锁主要设备简介

（1）控制台

控制台用于控制和监督道岔、进路和信号机。设有控制台的信号楼或行车室就是车站的控制中心。

它按照每个车站站场的实际情况布置，盘面上的模拟站场线路、接发车进路方向、道岔和信号机位置均与站场实际位置相对应的，值班员由各种标准单元块拼装而成。值班员在其上的操作都是通过操纵按钮完成，并通过其上的表示灯了解设备状态。图5-3为6502控制台实物图。

图5-3 电气集中联锁控制台

（2）区段人工解锁按钮盘

区段人工解锁按钮盘是辅助设备，通常设置在车站值班员室内墙上，离开控制台一定距离。

其主要功能是在更换继电器或停电后，用它使设备恢复正常状态；另外，在道岔区段因故障不能解锁时，用它办理区段故障人工解锁；或是在用取消进路或人工解锁方式不能关闭信号时，用它关闭信号。办理这些操作时需要破封和登记，并要求两人协同操纵：一人在控制台上按下相应咽喉的总人工解锁按钮，另一个人在区段人工解锁按钮盘上按下故障区段的事故按钮，如图5-4所示。

（3）继电器组合及组合架

所谓继电器组合实质是针对各控制设备，或实现对应控制，所设计的定型继电器电路的集合。每个定型电路包含若干个固定的继电器，完成特定的工作任务。各继电器组合，按一定的规则安放在组合架上。

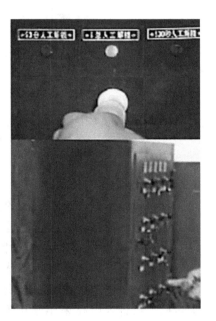

图5-4 区段人工解锁的办理

一个组合架共设有11层，1~10层对应安放一个组合，每个组合最多10个继电器，如图5-5所示。

（4）电源屏

电源屏能不间断地供给整个电气集中联锁用的各种交流电源和直流电源，并且不受外电网电压被动的影响。在大站上，一般要求有两路可靠的独立电源——主电源和副电源。主副电源在信号楼内要能够自动或手动互相切换,如图 5-6 所示。

图 5-5 继电器组合架

图 5-6 6502 大站电源屏

(5) 分线盘

分线盘是室内外电缆连接的接口。继电器联锁的室外所有设备与室内的电缆连线都是通过分线盘接入的,它也是室内与室外联锁设备的分界点。

2. 继电器集中联锁的主要特点

继电器集中联锁具有以下优点:逐段解锁,提高了咽喉道岔使用率;对进路操纵只需按压两个进路按钮就能转换道岔、开放信号,而且不论进路中有多少道岔均能依次转换;组合式电路采用站场型,单元式电气集中电路是定型化组合,接插件连接,可适应批量化生产;简化设计、加速施工、加速工厂预制和便于使用等。

但是继电集中联锁也存在如下缺点:控制台是专用产品,造价较高,兼容性差;无自诊断功能;设计、施工量大,且不利于维护;不利于增加新功能,并且信号设备室建筑面积大;无进路自动设置等功能。

3. 继电器联锁在城市轨道交通中的应用

因为继电器联锁开始是基于铁路运输而开发的信号联锁设备,但城市轨道交通运输有它特有的专门要求，故6502电气集中设备不能直接在地铁运营中使用，必须针对地铁的运营要求做适当的修改。比如，上海地铁1号线正线的道岔联锁区段，就是在原定型的6502电气集中设备基础之上的改进。其采用了美国通用铁路信号有限公司的控制台，在原电路的基础上设计了与ATP子系统的接口电路，并根据需要增加了一些新的功能电路。其新功能主要体现在以下几点。

（1）自动信号：用于自动排列列车进路。

（2）自动进路：用于正向连续通过进路。

（3）区间封锁：禁止列车进入某区间，用于区间维修作业等。

（4）区间限速：实现对列车的最高限速（45m/h）。

（5）站台紧急关闭：当站台区出现危险时，如乘客坠下站台等，可通过按压站台侧的紧急关闭按钮向足够数量的轨道电器发出"零速度"命令（通过它再传送给列车控制系统），以阻止列车进站。

（6）扣车：控制列车停站时间。

（7）发车表示器：发车5s前闪白光，白光稳定时发车，车出站后灭灯。

（二）计算机联锁简述

采用继电器联锁设备固然有很高的安全性和可靠性，但是它造价高、体积大，且能够呈现的或传送的信息量少，更不便于与其他自动控制系统进行信息交换。而另一方面，随着计算机技术的不断发展，世界各国正采用计算机设备来实现对车站联锁的控制，即计算机联锁。从目前的趋势看，计算机联锁系统必将成为继电器联锁的替代设备，它已成为铁路信号技术设备的自动化、信息化的标志，是保证铁路运输安全高效的关键设备。在我国目前的城市轨道运输中，除了在某些城市地铁的车辆段运用6502电气集中外，正线上均采用了计算机联锁设备。

但不论是计算机联锁还是继电器集中联锁，它们实现联锁的要求和基本功能是完全相同的。所以，了解电气集中联锁的工作原理对于学习计算机联锁是有很大帮助的。

计算机联锁是利用计算机的智能运算能力来实现车站的联锁关系的，不过目前，它主要还是得利用电子、继电器器件电路做为计算机主机与室外信号机、转辙机、轨道电路的接口设备。但操作人员可以通过通用计算机人机接口设备，如鼠标器、图形输入板、键盘等实现对系统的控制，与电气集中的控制台相比，它价格便宜、使用灵活。当然，由于显示器的幅面毕竟有限，我们可根据需要分设控制台（实则为显示器、键盘等），每个控制台既可分区控制也可统一集中操作。计算机联锁的基本结构框图如图5-7所示。

计算机联锁不仅保持了继电集中联锁的

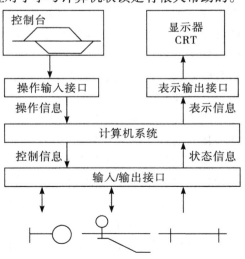

图5-7 计算机联锁的基本结构框图

优点，还严密地继承了继电集中联锁的信号逻辑关系，而且对其不足之处做了改进，减少了继电器检修工作量和系统设计，同时便于和列车自动防护（ATP）设备及列车自动驾驶（ATO）设备接口，且便于对整个进路进行监督和管理。通常，该系统还设有维修机，其可以自动储存长达一个月的站场信息、值班员操作信息、联锁系统提供的提示信息、诊断信息等，并可在线以图像的方式再现，更便于维修。

1. 计算机联锁机构

计算机联锁系统的联锁机构由计算机（又称主机）、接口和系统软件构成。主机是计算机联锁系统的核心，它要完成所有信息的处理、接口管理及与外部设备的信息交换。由于计算机联锁系统接收和处理的信息很多，并且许多信息在时间上有重叠，所以，为了避免信息丢失、提高系统的运行速度，目前实际应用的各种型号的计算机联锁设备，均采用多主机系统，即通常将人机对话、联锁运算、系统监测（或电务维修机）等功能分别使用不同的主机来处理。

2. 人机会话设备

目前使用的计算机联锁系统，人机会话设备均采用操纵与表示分离的方式，操纵设备主要有按钮盘或数字化仪、鼠标等；表示设备有大屏幕显示器及大屏幕表示盘。此外，人机会话设备还有供电务维修人员维护监测使用的键盘、鼠标及显示器等。

3. 输入/输出接口

接口是连接主机与外部设备的纽带，联锁机构通过室内外设备的接口，实现它与监控对象之间的信息交换。一方面经过输入接口，采集接收现场设备的状态信息；另一方面通过输出接口，将联锁机构形成的控制命令，转换为对现场信号设备的操控。

由于铁路信号对系统的安全性要求非常高，目前国内的计算机联锁系统受到软硬件等技术水平的限制，还不能完全取消继电器（目前也有全电子的联锁设备在试用，但毕竟没有普及），控制、监督室外信号设备的最后一级执行部件仍然保留了6502继电器联锁设备的继电器组合电路，如道岔启动电路、信号机点灯电路、轨道电路继电器电路（当现场设备为计轴设备时，可不用轨道电路，但通常作为后备设备，有的地铁线路也有保留；在车辆段的设备中，通常还是使用轨道电路的为多）等。其保留的继电器主要有对应轨道区段的轨道继电器（GJ）；对应信号机的信号继电器（XJ）和灯丝继电器（DJ）等；对应道岔控制电路的道岔启动继电器（1DQJ、2DQJ）和表示继电器（DBJ、FBJ）等。

当室外设备与主机相连时，输入通道需要将继电器接点的开关状态变换成计算机能够接收的数字信号（数据），才能经由接口送入计算机。同样，计算机输出的控制命令也需要通过输出通道的变换和传送，才能实现对继电器的驱动功能。因此，现今接口设备还多采用输入/输出接口继电器来实现与现场设备的连接，以完成信息采集和控制命令输出任务。随着电子技术的发展，用电子模块代替继电器的趋势逐渐显现出来。

4. 计算机联锁系统的扩展功能

计算机联锁系统除完成电气集中联锁所能实现的全部功能外，还可根据需要扩展更多的功能。如在选用了大屏幕显示器后，屏幕上除了能显示所有表示信息之外，还增加了时间显示、音响信号、语音报警及汉字提示等信息；计算机联锁系统更有继电器联锁所不能做到的系统检错、诊断、储存记录等功能，计算机联锁系统对故障的诊断可及至板级，从而使维护维修更加便捷和高效；由于计算机联锁系统可以与调度监督、调度集中等远程自动化系统直接进行数据交换和信息传送，因此可以灵活地与其他系统结合，以实现多网合一，节省设备。

实践证明，计算机联锁设备与继电器联锁设备相比，有较强的优越性。在技术上，计算机联锁系统功能完善，设备可靠性强、安全性高、灵活性大、便于维护；在经济上，设备投资成本低、占地面积小、可节省基建费用。由于计算机联锁设备具有较高的性能价格比，所以，计算机联锁无论是在铁路还是城市轨道交通领域都得到了广泛的应用。

5. 区域联锁控制

计算机联锁的应用为实现区域联锁控制提供了极大的便利。整个控制区域只要在中心站设一套联锁主机，控制操作与联锁逻辑运算集中在中心站完成，其他车站不设联锁机和控制台，只设输入/输出接口设备。各站间采用光纤构成安全局域网的连接，使信息传输高速、安全，而且无需另设专用传输设备。特别是在城市轨道交通中，由于车站规模相对较小，信号设备少（有的车站就没有道岔），线路相对也较短，区域计算机联锁更利于实现区域控制。

区域计算机联锁能在整个控制区域内实现集中控制和调度，全面掌握全线列车运行和车站应用状态，合理指挥行车，提高了行车组织的工作效率和设备的远程维护能力，为中小车站信号系统的数字化、网络化、综合化奠定了基础，有利于提高铁路的管理水平，是铁路运输指挥系统实行综合现代化、实现减员增效目标的根本性措施之一。使用区域计算机联锁因平时车站不需要办理行车作业从而节省了人力。另外，区域联锁控制可节省大量室外电缆，降低工程总投资。

区域联锁控制配备上设备集中监视装置，在中心站能自动监测、记录全线内设备的运用情况，能完成故障定位和故障排除，可见区域联锁控制，具有无比的优越性。

6. 计算机联锁的实时控制

计算机联锁系统是计算机实时控制系统的一个实例。实时控制是指在限定的时间内对外来事件做出即时反应。计算机实时控制系统要求采用实时工业控制计算机，即为工业现场监测与控制用的计算机。实时工业控制计算机是依赖于某种标准总线，按工业化标准设计，由包括主机板在内的各种I/O接口功能模板而组成的计算机。普通的商用计算机是不能直接用于工业控制计算机的。

（1）实时工业控制计算机系统具备的特点

①实时性强：在按一定的周期对所有的事件进行巡检的同时，可以随时响应中断请求。

②具有充分的过程输入和控制输出能力：具有完善的输入/输出设备或其他外部设备，以直接从现场采集各种信号；能对这些信号变量进行及时处理，并很快将结果输出到执行机构。

③具有通信与联网能力：不需要构成分布式系统时，要求系统具备便捷的通信能力与构建局域网的能力。

④高可靠性：由于系统直接控制着工业过程，要求系统能够在工业环境中长时间的连续工作，如果没有相应的冗余措施，一旦计算机系统发生故障会造成重大损失。

⑤可维护性：系统故障会影响工业过程的正常操作，在系统设计时一定要考虑易于维护。可维护性还有一层意思是系统的部分改变，就可以适应工业现场的变化，而不是改变整个系统。

⑥标准化、系列化：应尽量采用国家推荐的标准和优选机型，以提高成功的概率，求得较高的性价比。

⑦模块化：组合化的设计方法、模块化的系统结构，可以大大减少二次开发的工作量，缩短开发周期，提高系统质量。

此外，该系统需要尽可能方便的系统开发环境、良好的产品质量保障体系和服务保障体系。该系统一般能够在比较恶劣的工作环境下工作，如温度高、湿度大、冲击强、震动性强等。

（2）工业控制计算机系统支持的功能

①监控定时器：俗称"看门狗"（Watchdog）。其主要作用是当系统因干扰或软件故障等原因出现异常，如"飞程序"或程序进入死循环时，可以使系统自动恢复运行，从而提高系统的可靠性。

②电源掉电检测：在工业现场运行过程中如出现电源掉电故障，工业控制计算机能及时发现并保护当时的重要数据和计算机各寄存器的状态，一旦上电后，工业控制计算机能从断电处继续运行。

③保护重要数据的后备存储器：监控定时器和掉电检测功能均要有能保存重要数据的后备存储器。为了保证掉电后所存数据不丢失，故通常采用后备电池的存储器。为了保护数据不丢失，在系统的存储器工作期间，后备存储器应处于上锁状态。

④实时日历时钟：在实际控制中系统往往要有事件驱动和时间驱动的能力。一种情况是在某时刻设置某些控制功能，届时工业控制计算机自动执行；另一种情况是工业控制计算机自动记录某个动作是在何时发生的。这些都要求工业控制计算机必须配备实时时钟，才能在掉电后正常工作。

典型的实时工业控制计算机系统的结构如图 5-8 所示。在工业控制计算机系统的设计中，最基本的问题是计算机接口技术和人机接口技术。计算机接口技术根据信号的流向分为输入接口和输出接口；人机接口技术包括输入技术、显示技术、打印技术等。

目前，在计算机联锁系统中应用最广的工业控制计算机有 PC 总线工业控制计算机、STD 总线工业控制计算机。

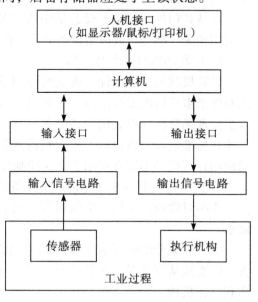

图5-8 实时工业控制计算机系统示意图

第二节　计算机联锁在城市轨道交通中的应用

城市轨道交通的正线车站几乎都采用了计算机联锁系统，车辆段/停车场目前也多采用计算机联锁系统（部分城市的老线路也有采用6502电气集中设备的）。

对于正线上的计算机联锁设备，将其纳入列车自动运行的控制系统之中，以构成更高一级的测控系统，如调度集中系统（CTC）或调度信息管理系统（DMIS），以实现对列车运营的高效控制。每个车辆段/停车场都必须设一套计算机联锁设备。

对每个正线有岔站可设一套计算机联锁，但通常都采用区域计算机联锁控制模式，即将正线划分为几个联锁区，每个联锁区管辖几个有岔站，其中设计一个车站为中心站，并在中心站设一套计算机联锁主机，其他各站只设输入/输出接口设备。

一、城市轨道交通对计算机联锁系统提出的新需求

这里就城市轨道交通与铁路交通，在联锁系统的功能或设计要求上的不同之处，做一简单的描述。

1. 区域一体化控制

城市轨道交通由于运行线路短，车站信号设备少，各个车站需要控制的点数有限，联锁系统可以将几个车站作为一个联锁控制区，仅设置一套联锁设备来实现整个联锁区域内轨旁信号设备的联锁控制功能。

（1）区域计算机联锁系统的特点

区域计算机联锁系统在车站计算机联锁基础之上，结合了网络安全传输等技术发展的优势，是集网络化、智能化、集成化为一体的信号控制系统，它虚拟地将整个控制区域视为一个大车站看待，使用一套联锁机完成对多个车站的联锁逻辑运算和集中控制，实现车站联锁、区间闭塞和站间联系的一体化控制。其基本结构具有以下特性。

①仅在中心站设置联锁机（一般采用二乘二取二或者三取二的安全计算机作为控制平台），控制范围囊括整个控制区域内的所有信号设备。

②安全局域网采用冗余连接方式，以实现中心站联锁机与各被控站执表机之间的安全控制信息的传输，包括各车站执表机的输入采集和输出控制等。

③各车站设置应急盘，当中心站联锁系统或安全信息通道完全故障时，各站值班员使用应急盘控制各自车站的转辙机，开放引导信号。

（2）区域计算机联锁系统的优点

①设备集中设置，优化了配置，能充分共享资源，同时现场占用房屋面积小、联锁设备减少，设备的资金投入降低了。

②只在联锁集中站设联锁操作人员，故需要配备的定员少，从而可以节省人力，降低运营成本。

③利用集中控制和调度行车，便于掌握区域内列车运行及车站的使用状态，能做到统筹规划、合理指挥行车，保证列车安全、正点运行，提高车站的通过能力。

区域计算机联锁也有一些不足之处：集中控制对于安全通信的要求提高了，且线缆长度增加，线缆的投资成本加大。

不过，即便如此，随着安全通信技术的发展，满足地铁信号的通信要求对于最新的通信技术来说毫无问题。同时，线缆的投资成本也远比设备的成本低，况且采用无线传输也将是一个不错的选择。所以，区域计算机联锁总的说来还是利大于弊，所以它在城市轨道交通信号领域中得到了广泛应用。

2. 特殊的进路办理需求

（1）自动进路：进路保持锁闭，信号机随着列车的运行自动变换显示。当按下自动进路按钮后，可使相应的进路完全自动处理。

（2）自动折返进路：办理自动折返进路时，进入折返线的进路先行办理，列车按照信号显示运行，当驶出折返线的进路满足条件时自动办理，并开放折返进路的防护信号灯，列车可以进行折返作业。

3. 特殊的命令操作

（1）跳停功能：当联锁系统接收到来自 ATS 子系统的跳停命令时，应立即办理相关车站的发车进路，并根据发车信号灯的显示改变进站信号机显示，实现车站的跳停功能（与普通铁路中的通过进路相似）；同时，ATP 子系统通过车—地通信设备向列车发送相应的列车控制命令信息，使列车直接从车站通过。

（2）扣车功能：顾名思义就是扣住列车使其不准出站。此命令可由 ATS 遥控发出（即为遥控模式），也可以由车站本地联锁系统的执表机发出（即为站控模式）。

①遥控模式：当联锁设备接收到扣车命令时，关闭出站信号机，但进路仍处于锁闭状态；同时 ATP 子系统通过车—地通信设备，向列车发送相应的列车控制命令信息。在列车进站过程中，扣车功能的执行不应引起列车的紧急制动。

②站控模式：在每个车站的上行、下行出站方向和车辆段与正线的联络线处，各设 1 个扣车按钮（二位非自复式）及 1 个扣车状态表示灯（红色），用来实现车站正方向出站（或出站兼防护）信号机的人工关闭（当信号机内方有进路时，所防护的进路继续保持进路的锁闭），对应每一个出站（或出站兼防护）信号机均要能办理扣车作业。

（3）强扳道岔功能：普通铁路现有的计算机联锁系统，在道岔区段的轨道电路故障时，道岔是不能自动扳动的，只能由人现场确认道岔区段确实安全，然后人工现场手动扳动道岔实现转换。而在城市轨道交通中，由于线路的实际状况，人工现场操纵道岔不太现实，所以增加了强制扳动道岔的功能。当区段故障、扣车操作、紧急关闭之后，只要确认道岔区段确实无列车占用、区段已经解除锁闭、道岔位置表示正常等，则可以通过特殊的破铅封操作来电动转换道岔，此时不再检查单操道岔时需要检查的其他联锁条件。

二、城市轨道交通计算机联锁系统对外围设备增加新接口

1. 与门设备的接口

计算机联锁系统与防淹门和屏蔽门的接口信号都为安全信号，接口电路为安全电路，都使用符合故障—安全原则的继电接口。两系统之间的接口电缆实行上/下行分开、命令/信息分开的原则。"门关闭且锁紧"命令由PSD（站台屏蔽门控制）系统的安全回路继电器整合并发送；"互锁解除"命令由自复位钥匙开关发出。而且，这两个关键命令相互独立，互不干扰。

2. 与紧急关闭按钮的接口

在设备集中站的控制台后备盘（IBP）及地铁线路各车站的站台上，都设置了上行和下行紧急关闭按钮（非自复式）。站务工作人员和乘客随时通过按下紧急关闭按钮，使已经开放的信号机紧急关闭，在紧急关闭解除之前，该信号机不能再开放。紧急关闭按钮和联锁设备的接口采用安全继电接口。

三、城市轨道交通计算机联锁系统核心联锁逻辑的新变化

根据城市轨道交通的特点，城市轨道交通计算机联锁系统增加了与门设备和紧急关闭按钮之间的继电接口，以及一些普通铁路计算机联锁系统所不具备的功能（如上文所述）。由于增加了这些接口以及特殊功能，相应的联锁逻辑判断也产生了变化，需做出相应调整。

1. 办理进路过程中联锁逻辑的变化

（1）关于防淹门的联锁逻辑判断

防淹门与联锁机的继电接口信息按照功能分为2种：防淹门提供给联锁机的防淹门状态信息；防淹门申请关门后与联锁机的交互信息。这2种信息对于进路办理的影响是不同的。联锁机在进路处理的各个环节都要实时检测防淹门的相关信息，出现异常立即处理。

（2）关于屏蔽门的联锁逻辑判断

屏蔽门和联锁机的交互信息也分为2种：屏蔽门给联锁机的屏蔽门状态信息和是否"互锁解除"的关联信息；联锁机发给屏蔽门的使能和开/关门的命令信息。后者只是作为ATP控制屏蔽门的通道，不参与联锁逻辑运算。只有来自屏蔽门的状态信息和"互锁解除"信息参与联锁运算，并且只有接车和发车进路的办理需要检查屏蔽门的联锁条件。

（3）关于紧急关闭按钮的联锁逻辑判断

与紧急关闭按钮相关的进路在办理过程中，需要对紧急关闭信息进行实时监测，但对于是在进路预选阶段就作为一般联锁条件参与判断，还是只在开放信号的环节进行判断，目前有不同的意见，处理方式上也略有不同。

2. 特殊功能联锁逻辑的变化

（1）强扳道岔的联锁逻辑条件：道岔所在区段无列车占用（人工确认）；道岔无锁

闭信息（包括道岔单独锁闭、进路锁闭），道岔有定/反位的表示信息。

（2）跳停的联锁逻辑条件：接车进路尚未进入接近锁闭阶段；发车进路未被占用；跳停操作后，接车进路的信号机显示应根据发车进路进行相应的改变；不满足跳停操作时，接/发车进路互不关联，各自进行相应的进路处理；提示跳停操作办理失败。

（3）自动进路的联锁逻辑条件：进路预选、锁闭、信号保持阶段的处理与一般进路相同；信号关闭后，进路不进入解锁阶段；列车出清进路一定区段后（具体区段数目由区段长度和列车制动性能决定）信号机重新开放；信号机的显示根据列车的运行位置进行变化；收到取消自动进路命令后，自动功能消失，变为正常进路。

用户的需求，科技的进步，促进了城市轨道交通计算机联锁系统的逐步完善。基于无线数字接口的车—地一体化的列车运行控制系统，将是地铁信号系统发展的方向，必将随着通信、网络、计算机技术的进步而继续发展。

第三节　计算机联锁与继电联锁的比较

计算机联锁的控制逻辑的核心思想虽然是源自继电器联锁（如6502电气集中），但由于使用逻辑运算的手段不同，所以在保证安全的前提下它们于某些方面还是有差别的。总地来说，计算机联锁要比继电器联锁在逻辑运算上更灵活些，效率也更高，且也克服了继电联锁中无法解除的一些缺陷与不足。对已经习惯了6502电气集中的老用户来说，清楚这些差别更有利于对计算机联锁的操作与维护。

一、解锁方式的区别

1. 列车迎面解锁

（1）共同点：严禁采取任何操作时列车迎面解锁；区段正常解锁采用"三点检查"（出清前区段，占用并出清本区段，进入下一区段）。

（2）不同点：由于6502电路是静态的，在下面的3种情况下它无法满足"严禁采取任何操作时列车迎面解锁"的技术条件。

①情况1：列车运行前方瞬间红光带而后恢复，此时由于红光带区段的反道轨继电器吸起，使区段锁闭继电器落下（FDGJ↑→QJJ↓），所以该区段可以进行人工解锁。

②情况2：进路在人工解锁计时期间，若接近区段瞬间分路不良使接近预告继电器吸起（JYJ↑），12线立即得以供电，进路错误解锁。

③情况3：当因某区段红光带，而开放了引导信号之后（红光带区段的QJJ↓→LJ↑→CJ↑），如果列车完全进入原红光带区段，就能立即取消该引导进路，于是可能会出现列车运行在已解锁的进路上，危及安全。

而对计算机联锁，利用软件的优势就能克服以上继电联锁的缺陷。

针对情况1，可利用技术手段通过在一段时间内检验车辆的活动情况，以区别对待。例如，选定一个时间段，在其初就记录下进路中各区段当时的现状，在其时间段结束时，再次记录各区段状态，然后将前后两次的状态进行比较。若结果一致说明无车辆运动，可以按故障方式解锁进路；若结果不一致，再次验证，直至无车辆运动时，再允许解锁。

对于情况2，可在计算机联锁中新增接近记忆功能。当信号开放后，信号机即为接近锁闭状态，此时即便接近区段瞬间分路不良也不能使接近预告继电器吸起（即JYJ↓保持），从而确保了人工解锁的延时时间。

针对情况3的引导进路解锁，计算机联锁无论在什么情况下，只有在检查到列车确实全部进入股道后，才能取消引导信号，并延时解锁。

2. 延时解锁

（1）共同点：信号开放，列车进入接近区段后，若因故需要取消进路时，为防止列车闯入已解锁的区段，进路必须延时解锁（接车进路和正线发车进路延时3min，其他进路延时30s）。

（2）不同点：对6502电路，若已开放的信号接近区段瞬间分路不良，可以立即取消已经接近锁闭的进路；对计算机联锁而言，为保证安全只要接近区段占用过（能记录占用历史，瞬间分路不良效果同占用过一样），列车进路都必须延时解锁；列车接近接车进路后，信号因故关闭直接开放引导信号时，6502电路办理引导进路解锁时不延时，而计算机联锁必须延时3min。

3. 中途返回解锁

（1）相同点：调车转线作业中未走完牵出进路，后根据反向信号机折返了，原没有解锁完的牵出进路都必须依照调车中途返回解锁条件（以反向调车信号机折返；退清原进路；反向调车信号已关闭并出清其接近区段）使其解锁。

（2）不同点：若开始开放了列车出发信号，车出发后于咽喉区又按反方向的调车信号折返（严格讲这种操作是不允许的），那么，未解锁的出发进路部分，对6502电路来说，能按中途返回解锁；但对于计算机联锁就不能按中途返回解锁，因为它能严格区分进路的性质。

4. 人工解锁

（1）相同点：信号开放，接近区段有车，此时若取消进路需要同时按压"总人工解锁"按钮和"进路始端"按钮，并延时解锁。

（2）不同点：因6502电路一个咽喉共用一个KZ-RJ-H条件电源，因此一个咽喉同时只能人工解锁一条进路；计算机联锁没有这个限制，因为不同进路的人工解锁延时时间是各自计时互不影响的，这样就提高了咽喉区的作业效率。

5. 事故解锁

（1））相同点：为使已开放的信号（进路）能随时关闭或解锁，对因故不能正常解锁的区段，增加按压"总人工解锁"按钮和"区段事故"按钮的方法关闭信号和解锁区段。

（2）不同点：对已处于接近锁闭的进路，若办理事故解锁，6502电路只能关闭信号，而区段不能解锁，只有办理一次取消后再办理事故解锁才可解锁，而计算机联锁在第一次事故解锁时关闭信号，3min后即可办理事故解锁（如果第一次办理事故解锁信号关闭后,接着又办理了事故解锁,则区段必须延时3min解锁,之后其他区段不需要再延时);对6502继电联锁而言,若列车驶过进路时,A区段的前方区段B列车正常占用、出清,但因A区段红光带的保留,B区段不能正常解锁,但可以采用区段事故解锁方式解锁,而计算机联锁为防止列车运行前方区段故障解锁,需要证明列车确实进入股道后,才允许B区段解锁。

二、带动道岔的区别

(1)共同点:为提高车站作业效率,在确保安全的前提下,排列进路时,把不在进路内且能平行作业的道岔带动到规定位置并锁闭。

(2)不同点:由于6502电路设计的带动道岔控制条件是在被带动道岔的启动电路中,在有些情况下本不需要带动也带动了;而计算机联锁带动道岔的控制条件,设置在了被带动道岔的DCJ(FCJ)驱动电路里,只有在需要时才驱动DCJ(FCJ)将带动道岔带到规定的位置上。

例如,在图5-9站场图中,只有经过"1/3"反位,即由D1→D5的调车进路时才需要将"15/17"号道岔带动到定位,以便再开放D5。而经过"1/3"反位的列车进路或经"1/3"和"5"号道岔反位的调车进路,因不存在平行作业的情况,为提高效率"15/17"号道岔无需带动。可6502电路中这种情况下,只要经过"1/3"反位,就要带动"15/17"号道岔到定位。那么,在计算机联锁中,就容易做到只有在由D1→D5的调车进路时才带动"15/17"号道岔。

另外,6502电路在道岔位置与选排位置一致时,DCJ或FCJ也要被吸起。计算机联锁在道岔位置与选排位置一致时,则DCJ或FCJ将不会动作。

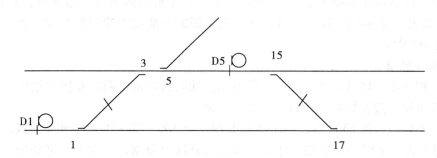

图5-9 带动道岔时的举例站场图

三、其他的区别简介

1. 对调车进路

在机车压入进路内方调车白灯保留时,由于此时6502网络电路DXJ脱离了8线不在检查区段空闲;而计算机联锁可做到始终检查区段空闲及道岔表示状况。

2. 办理正线接车

6502在办理正线接车后，若因故ZXJ（正线继电器）落下，控制台显示正线接车状态不变，而室外信号则显示UU（双黄灯，即指示为站线停车），一方面与实际开通的进路指示意义不一致，另一方面也失去了联锁逻辑性；而对计算机联锁来说，若此时ZXJ↓，则信号会直接关闭（显示红灯）。

当然，电气继电联锁与计算机联锁还存在其他一些细节上的差别，这主要是因为计算机联锁是通过软件编程实现逻辑运算的，联锁条件相较于继电联锁容易实现，可以克服原存在于继电联锁中的一些不够严密的条件关系，因此说计算机联锁的逻辑性更严密。

第四节　计算机联锁系统硬件结构

计算机联锁系统由硬件和软件两部分构成。计算机联锁系统由于控制规模、功能完备程度、经济因素、技术实现以及技术背景和历史背景的不同而存在多种体系结构形式。各国的计算机联锁系统的体系结构不仅与上面各因素有关，而且还涉及运输组织和规章制度等方面。

一、硬件体系结构

就功能而言，计算机联锁系统要完成多项任务：人机对话、联锁运算、现场设备的监控等，以及向其他子系统传递各类信息。可想，所有的任务如果由一台计算机完成，不仅困难而且也不省时。就控制规模而论，一台计算机所能控制的设备总有个限度，特别是室外设备数量超过一定的限度后，一台计算机已无能为力，即便可以完成任务，但势必要牺牲许多时间，从而影响作业效率，甚至因执行时间的延时造成事故。这就需要两台或多台计算机参与协同工作，事实上也是这样做的。就可靠性和故障—安全性来说，计算机系统在设计上必须采用硬件冗余结构，这也需要多台计算机来实现。

因此实际应用中的联锁系统一般是由多个计算机构成的，若把每台计算机看成是系统的一个模块，则联锁系统就是多模块结构。且多模块结构对于设计、生产维护和扩充都有其优越性。但由于系统功能划分的方法并不唯一，模块之间的联系方式就有了多样性，因此目前国内外的联锁系统体系就存在着多种结构形式。这也使得计算机联锁设备不能像6502电气集中设备那样定型化，而是存在多样性，从而也使得信号维修人员需要了解更多型号的计算机联锁设备，技术的普及较困难。不过好在计算机联锁的设备、设计思路基本相同，也有其共通性。按执行功能的计算机数量划分，计算机联锁设备可分为单模块和多模块系统大两类。

1. 单模块结构

只有当系统的功能比较简单时才可使用这种结构，其结构示意图如图5-10（左图）所示。此结构需要具有一个或几个串行数据接口，以便与其他系统（如ATS、微机监测等）相联系。

2. 多模块结构

实际应用中大多采用这种结构形式，但其中的各计算机的功能及它们之间的联系是不尽相同的。它们在整个系统中被划分为若干个相对独立的功能模块，分别由各自的计算机完成任务处理。之所以按功能来划分模块，是因为它更便于设计、修改和功能扩展，且各模块承担相对独立的处理功能，也可提高整个系统的工作速度。

图5-10（右图）所示的是一种典型的多模块式的计算机联锁系统结构示意图。该系统配备了联锁计算机、人机对话计算机和执行表示计算机及电务维修计算机等，它们将分别完成对应的人机对话、联锁运算、执行控制与状态信息采集和为电务维修人员提供系统信息查询、故障诊断等服务。

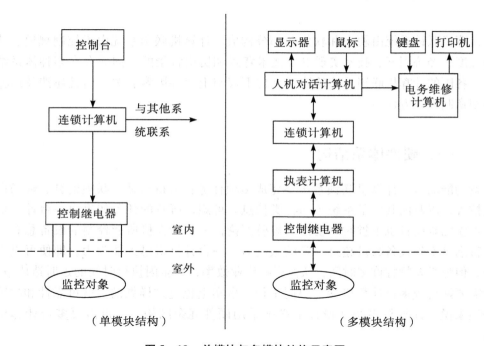

图5-10 单模块与多模块结构示意图

二、硬件层次结构

城市轨道运输对联锁系统的功能与性能要求都较高，既要求具有友好而准确的人机界面，同时又要求具有高可靠性与高安全性，因而只采用单层结构难以全面完成各项技术要求，所以需要采用多层次的分布结构。计算机联锁系统最基本的层次结构形式如图5-11所示。

1. 人机对话计算机（或称上位机）

人机对话计算机一方面接收来自控制台的操作输入，并判明操作能否构成有效命令，同时将有效的操作转换成约定的格式，送入联锁计算机；另一方面接收来自联锁机的表示信息，并将其转换为显示设备（如显示盘或屏幕显示器）能够接受的格式。

采用人机对话计算机，可以减轻联锁计算机的工作量，提高系统运行效率，加快人机对话的响应速度，也可以提供更为丰富的表示信息，同时为联锁计算机的硬件结构标准化提供可能。表面上看系统增加

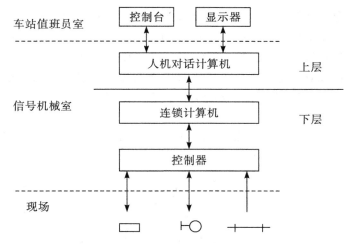

图 5-11　计算机联锁系统整体层次结构示意图

了一台计算机，但当车站规模或所控制的设备较多时，采用人机对话计算机总体核算也是经济的。

由于人机对话计算机所处理的信息不涉及行车安全，所以不要求它具有"故障—安全"功能，但它必须十分可靠。人机对话计算机一般采用动态冗余的计算机结构。为简单起见，可用人工方式控制其主备机的切换。

在城市轨道交通中，通常将它作为联锁计算机与 ATS（列车自动监控）系统的联系机构，以实现行车控制中心对车站的自动控制。

2. 联锁计算机（或称下位机）

其为系统的核心部分，实现高可靠与高安全的联锁功能。它接受人机对话机的操作命令，同时接收室外监控设备的状态信息，并进行联锁逻辑运算，最终发出控制道岔转换和信号机的开放等命令。

它与人机对话层的联系一般经由串行接口实现。与执行层的联系有两种：专线或总线方式。

3. 控制器

控制器用来实现对象群与室内联锁计算机之间的联系。这样设计的主要目的是为了节省干线电缆。控制器设于对象群的附近，并用专线方式与联锁计算机相联系。同时由于电缆短，能防止或减少电缆芯线之间的串音干扰。

控制器是控制命令和状态信息的转送站，它接收联锁机的控制码，经过变换形成控制命令，以驱动相应的控制电路；同时又接收监控对象的状态信息编码，后再传送给联锁计算机。控制器是数传终端，不具有联锁功能，但它所处理的信息均属于涉安信息，因此它在保证十分可靠的前提下，还应具备"故障—安全"性能，其本身故障时能自动地及时通知联锁机，以便及时处理。

然而，在目前的实际使用中，基本上没有设置控制器（主要是其电子产品的可靠性的限制），而是多采用输入/输出接口继电器实现与现场设备的联接。

图 5-12 所示是普通铁路中车站信号计算机联锁系统的最基本的硬件结构形式框

图。在图中,人机对话机或上位机包含了"操作表示机"(或称控制显示机)和"电务维修机"(或称监视控制机);联锁计算机或下位机即是图中的"联锁处理机";T/O接口板、光电隔离板及继电器组合共同构成了"控制器"。而且,为了提高系统的可靠性和安全性,上位机采用双机冗余控制,联锁机采用双机热备、三机表决或二乘二取二控制等(冗余控制相关知识后面介绍)。

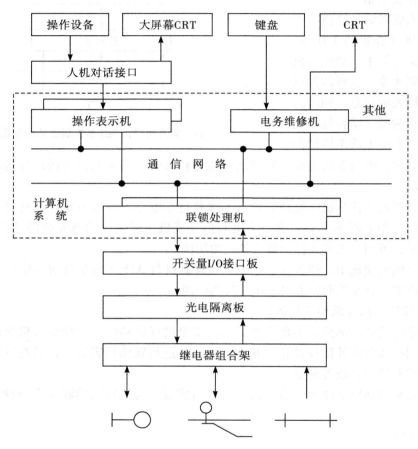

图5-12 计算机联锁系统硬件结构形式框图

电务维修机,是专门为电务维修人员配备的。它不参与联锁系统的控制任务,其主要功用是接收操作表示机发来的状态信息、操作信息、提示信息和报警信息等,并通过显示器及时显示信息,便于监督设备工作情况及系统故障时的分析与判断,同时还将各种信息的数据储存记忆,以便查询。

三、室内外的联系方式

计算机联锁控制系统室内外联系方式,即室内设备和室外监控对象的联系方式,有专线方式和总线方式两种。

1. 专线方式

专线方式即对应每一监控对象都有专门的控制命令输出口和状态信息的输入口（对轨道电路来说只有状态信息输入口）相对应。专线方式像继电集中联锁一样，室外各监控对象（信号机、道岔、轨道电路）直接用专用的电缆芯线与室内设备相联系，或者说，基本上保留了继电集中联锁系统的道岔控制电路和信号控制电路。其特点是在采用计算机联锁代替继电集中联锁的室内设备时，室外设备不需改造。专线方式可用于既有继电集中联锁车站的改造。

目前，绝大多数计算机联锁均采用专线方式。图5-13（a）所示是星型网式专线联系方式。联锁机与各个控制器之间采用了专用通道，如此有利于采用光缆通信，而且一条通道坏了之后，不致造成整个系统的瘫痪。但这种结构要求联锁机必须具有多个串行接口。

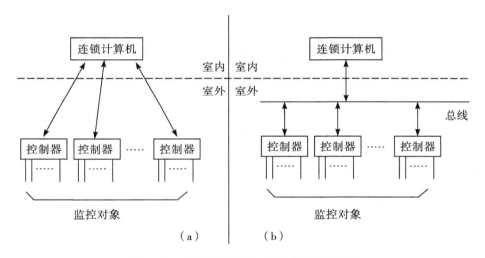

图5-13　计算机联锁室内外联系方式示意图

2. 总线方式

总线方式的特点是把室外的监控对象按它们的地理位置划分为若干群，也可以把一个咽喉设备划为一群。对于每一对象群，在其附近设置一个由计算机构成的现场控制器（集中器）。各控制器可分别与室内联锁机联系，也可通过总线相联，由它做中介，实现联锁计算机与监控对象间的联系。在这种情况下，联锁计算机与控制器之间以串行通信方式交换数据（控制命令和状态信息），可以节省干线电缆，而且为使用光缆创造了条件，有利于提高系统抗干扰能力和安全可靠性。

图5-13（b）是一种总线网联系方式示意图。此方式中的多个控制器都挂接在数据总线上，再与联锁机相联系。当控制器的控制规模较小，且距信号楼较远时，这种结构由于节省通道而比较经济。总线方式特别适用于新建车站。尤其在城市轨道交通中，当采用区域联锁控制形式时，这种形式更加合理。

图5-14为联锁机与控制器的另一种联系框图。其特点是车站的一个咽喉的监控

对象以专线方式与联锁机联系，另一咽喉的对象通过控制器与联锁机联系。这种结构适用于信号楼靠近一个咽喉，而另一咽喉离信号楼较远的情况。

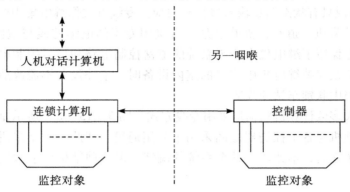

图 5-14　计算机联锁室内外对象联系方式又一形式

四、分布式控制系统结构举例

当计算机联锁控制系统所要控制的对象数量很多，或者控制对象所分布的地理范围非常广（如铁路运输）时，就需要多台计算机完成输入/输出功能，并在此基础上进行功能上的细致划分。图 5-15 是多台计算机参与分布式计算机联锁控制系统的结构框图。其中的联锁机与多台检测控制机笼之间通过串行通信网络连接，实现集中监视、操作和分散控制，并由此构成一套完整的系统。

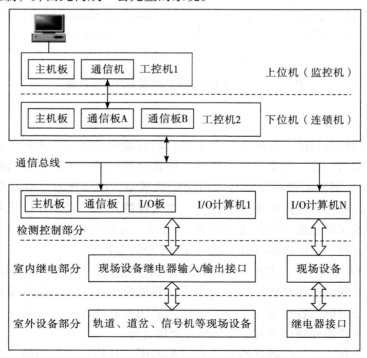

图 5-15　分布式计算机联锁控制系统的结构框图

该系统的应用软件分别在多台计算机内运行。上位机的操作及显示软件在工控机 1 内运行；联锁机的核心联锁软件在工控机 2 内运行；输入/输出软件分别在各个 I/O 机笼的计算机内运行；通信软件运行在所有的计算机中。该系统通过高速数据通道（通信总线形式），可扩展更多的能实现输入/输出功能的 I/O 机笼，以实现对较大规模车站信号系统的控制，并可实现区域计算机联锁。

在城市轨道交通运输中，通常采用区域计算机联锁控制形式，此种结构有利于行车的集中调度控制和维护，且能节省人力资源。

第五节　联锁系统的软件结构及功能简介

计算机联锁系统中的软件构成同一般商用计算机一样，概括地说由系统软件和应用软件，以及用于参与联锁运算的联锁数据构成。在计算机联锁系统中，每一计算机都应有相对独立的软件；为使计算机之间能够协调工作，还必须有类似操作系统的调度软件。当然，所有软件都必须是可靠的、高标准的和易于扩展的。各种型号的计算机联锁系统最大的区别就是软件的不同，而且各家公司对其软件均采取保密措施，具体程序均不对外公布。

当然，维修单位也没有必要掌握具体的程序，所以这里只对其做简单的介绍。

系统软件包括标准程序库、语言处理程序、操作系统、服务性程序、数据库管理系统、网络软件及设备管理软件和调试软件等。它们主要用来管理整个计算机系统、监视服务，使系统资源得到合理调度，以确保系统高效协作运行。

应用软件是根据任务需要所编制的各种程序。由于联锁系统的最核心的任务目标是联锁运算，所以人们常称应用软件为联锁程序。其程序大多采用 C 语言编写，设计时将程序分为若干个程序模块（软件包），一般包括联锁控制软件包、输入/输出软件包、监测软件包及网络通信软件包等，每个程序模块又分为若干个子模块。各个程序模块相互独立，同时在主程序的调度下又可协调工作。

一、系统软件功能及其构成

一般来说，计算机联锁系统依据所要完成的任务，其软件应具有以下功能。

1. 操作表示功能

操作表示功能包括操作信息的处理和表示信息的处理，还包括信息的维护与管理功能，以及相关信息的自动记录功能等。

2. 联锁控制功能

联锁控制功能在进路建立阶段包括进路选择、进路锁闭、信号开放、信号保持四个部分；在进路解锁阶段包括自动解锁方式和非自动解锁方式，前者分为正常通过解锁和调车中途返回解锁，后者分为取消进路、人工延时解锁、故障解锁等。

3. 设备控制功能

此功能包括信号操作功能、道岔操作功能、引导操作功能、非进路调车控制、平面调车溜放、站内道口控制等。

4. 设备信息采集与驱动功能

此功能包括信息采集的输入和驱动控制信息的输出。

5. 接口预留功能

此功能包括与调度集中系统联系的功能、与调度监督系统联系的功能、自动检测与诊断功能等。

由以上的功能划分规则，以及完好的软件所必备的层次化、结构化、模块化、标准化特点，要求信号计算机联锁控制系统也应划分为多个层次结构形式，包括操作表示层、联锁运算层和I/O控制层。对应每层结构都有相应的控制软件。因此，在只考虑功能的情况下，一套完整的计算机联锁控制软件系统，应该包含以下几个功能模块：操作显示软件模块、联锁运算软件模块、采集驱动（输入/输出）软件模块和通信功能模块。通常各软件模块中又由各个子模块构成。各个模块的功能不同，相应的软件安全性要求也不尽相同，需要不同的对待和处理。如图5-16所示为系统软件的层次结构形式框图（各家编程的思路不同，其软件模块的划分形式可能不同，但思想是一样的）。

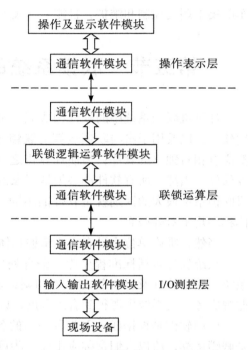

图5-16 系统软件的层次结构形式框图

二、各软件模块的任务简介

在系统软件模块层次化的结构形式下，各模块往往依据功能的不同，或任务的多少不等，通常包含多个子模块。这种软件模块化、标准化处理，其目的主要是为便于软件功能的变更，或在不同站场的改造时实现最简单化、最便利的修改，即让软件具备更宽泛的通用性。

1. 操作显示软件模块

其软件一般包含人机接口模块和信息提示模块。人机接口模块主要完成按钮命令的发送任务；信息提示模块实现信息显示任务。

（1）按钮命令发送任务：将车站值班员的按钮操作命令通知给联锁机，使联锁机可根据车站值班员的操作意图，实现联锁运算。

计算机联锁系统会用到各种按钮。每个按钮都有一个唯一的编号，各个按钮排布在显示器屏幕（或数字化仪彩图）上，并有唯一的位置范围。通过持续不断扫描鼠标（或数字化仪）的动作及其在显示器屏幕（或数字化仪彩图）上的物理位置；通过分析鼠标（或数字化仪）被按下时其所处的位置属于哪个按钮所辖的位置范围，我们就可知道哪个按钮被按下了（就如人们在电脑屏幕上使用鼠标的操作一样）。人机会话计算机将此按钮的编号送到联锁机，由联锁机进行后续处理。

（2）信息显示任务：将车站设备的状态、车站值班员当前的操作状态，以及计算机联锁系统的系统状态等，实时地通知给车站值班员，使他能完全地了解现场状态、操作状态和系统状态，安全有效地完成各种作业。

2. 联锁运算软件模块

按照联锁数据的组织形式的不同，联锁运算软件的结构通常有两形式：联锁图表式软件结构和进路控制式软件结构。前者适用于小站规模，后者适用于大站规模。但目前各类联锁系统大多都采用进路控制式软件结构（逻辑结构比较清晰）。当采用进路控制式软件结构时，无论车站规模的大小、站场结构的繁简等，各条进路的控制过程基本上是一样的，主要区别在于影响进路的数量不同，这是由安全作业的要求所决定的。一条进路从办理到解锁，需经历一个过程，这个过程包括操作、选路、道岔动作、选排一致性检查、进路锁闭、信号开放，以及进路解锁阶段。这些阶段的划分与车站结构无关。因此，进路控制过程很自然地就作为设计联锁程序的依据，这也使它能为各条进路所共用，也就是说，这样能使联锁程序标准化，可为各个车站所通用。

联锁运算软件模块通常包含操作命令形成模块、操作命令执行模块、进路处理模块和表示输出模块等子模块。

（1）操作命令形成模块：将人机会话计算机所形成的操作任务，经由串行数据通信接收后，形成联锁机合法的操作命令，并储在一个操作命令表中。

（2）操作命令执行模块：根据不同的操作命令，执行相应功能的程序模块。该模块中又包括许多子模块。实际上，有多少种操作命令就有多少个子模块。每个子模块执行时间很短，编程时不需考虑它们的优先级别，故在执行顺序上不受限制。在执行该模块时，软件根据操作命令表的每一条现在的命令，从操作命令执行模块中找出相应的子模块予以执行。如果执行结果达到预期目的，则从操作命令表中删去相应的操作命令；否则软件应给出表示信息，提醒车站值班员采取其他相应的措施。

（3）进路处理模块：该模块是在执行了进路搜索子模块对所办进路已形成进路表之后，对进路进行处理的模块。进路处理分为五个阶段，进路处理程序也相应地分为五个子模块。

①进路选排一致性检查及道岔控制命令形成子模块：首先检查道岔位置是否符合进路要求，如果不符则再形成道岔控制命令。

②进路锁闭模块：检查进路的锁闭条件是否满足，若满足时给出进路锁闭变量及提示信息（如白光带等）。

③信号开放与保持子模块：检查进路信号开放条件是否满足，若满足时形成防护该进路信号机的开放命令。在信号开放后，不间断地检查信号开放条件，条件满足时使信号保持开放，否则使信号关闭。

④进路正常解锁子模块：实现进路正常解锁和调车进路的中途返回解锁。

⑤取消进路子模块：用于取消已建立的进路，或解除发生故障又恢复的进路的锁闭。

（4）表示输出模块：将已形成的各种表示信息，通过相应的接口上传给上位机，以驱动表示灯或使 CRT 工作。

3. 输入/输出软件模块

该软件模块通常包括状态输入子模块和控制命令输出子模块。

（1）状态信息输入模块：将道岔、信号和轨道电路等设备的状态信息，输入到联锁计算机中。

（2）控制命令输出模块：将已形成的道岔控制命令和信号控制命令，通过相应的输出通道，实现对道岔控制电路和信号控制电路的控制。

三、联锁数据与数据结构

在计算机联锁系统中，所有的信息进入计算机后均变为数据，计算机只能对这些数据进行运算与处理，凡参与联锁运算的有关数据都被统称为联锁数据。在联锁运算中有些数据是固定不变的，如表示设备的编号或位置的数据，这些在联锁运算中不发生变化的数据被称为静态数据，也称常量；而在联锁运算中发生变化的数据，如表示状态输入信息、操作输入信息的数据，被称为动态数据，也称作逻辑变量。在联锁程序运行的过程中有大量的静态和动态数据参与联锁运算，各种数据存放在存储器中，数据在存储器中的组成方法被称为数据结构。

1. 数据编码

代表信号设备状态或控制命令的开关量，只有两个状态，被称为二值逻辑变量。为了实现对这种二值变量的"故障—安全"原则，通常会用多位二进制数来表示一个二值逻辑变量，即用码长为 n 的二进制代码，从中取其两个码距最大的码字与二值逻辑量对应，其他 $2n-2$ 个代码均定义为非法码。两个有效码中一个对应安全侧，另一个对应危险侧（次安全侧）。在信息受到干扰，而产生非法码时，计算机将其作为安全侧信息处理，从而实现故障导向安全。这种数据处理方式称为信息冗余。

实践证明，在数据编码时，取 1、0 相间的代码对应危险侧，则安全性更高。在数据存储时，将同一数据存入不同的单元，在数据输出时再采用比较法和多数表决法，还可进一步提高系统的安全性。

2. 静态数据

在静态数据库中，将进路的特性及与该进路有关的监控对象的特征，用一组数据表示出来，这组数据与联锁表相似，在这里被称为进路表。

一般的系统进路表均采用站场形数据结构。其构成方法是先将信号平面布置图上各监控对象及操作按钮的位置数据化，并将这些数据存放在只读存储器中，即每一个信号设备对应有一个数据块，各设备的数据合起来形成一个小型静态数据库，即站形数据库；然后由进路表生成软件在建立进路时，根据站形数据库，将进路中各监控对象对应的数据块链接起来,自动生成一个进路表,存于读写存储器中。这样,就不必将每一条进路的进路表预先存于机器内,可以节省大量的存储空间。

3. 动态数据

动态数据主要包括以下四部分。

(1) 操作输入数据——表示操作的输入数据

操作数据的首地址与输入通道的地址相对应。只有两个及两个以上操作才能形成操作命令。在一般的计算机联锁系统中,操作数据存放在上位机中,而且应复制到系统的电务维修机中。

(2) 状态输入数据——反映信号设备状态的数据

为了提高系统的可靠性,一般的计算机联锁系统状态数据,均采用两个通道输入,进入机器后比较两者一致才可被接收。在系统运行的过程中状态数据周期性刷新,其扫描周期一般为100ms~200ms。状态数据可集中放在变量表中,也可分散存放,建立一个与静态模块一一对应的动态数据模块。

(3) 表示输出数据——用于提供各种显示的变量

表示输出数据受状态数据、操作数据、控制数据的控制。

(4) 控制输出数据——控制信号显示及道岔转换的变量

这些数据将控制命令的信息存放在命令表中,并将逻辑地址与输出通道对应起来。

四、计算机联锁软件的设计特点

由于计算机联锁的软件直接影响着车站联锁设备的可靠性和安全性,关系着行车安全,故此软件设计不同于其他通用的工业控制软件,必须充分考虑其可靠性以保证其"故障—安全"的要求。软件的缺陷或故障,是由于在开发设计阶段考虑不周造成的。软件在投入使用前,尽管经过检验和调试,也可能有潜在的错误而不能被发现。提高软件可靠性的措施,类似于提高硬件可靠性的措施,也是从避错、检测和屏蔽三方面来考虑的。在设计联锁处理程序时,参考设计继电集中联锁的经验、采用结构化设计方法、利用车站模拟系统对软件进行检验,都是避免错误的重要措施。一般的联锁程序均具有以下的特点。

1. 双套程序比较

在计算机联锁系统中,检测软件故障的技术多采用双软件技术(软件冗余),即针对同样的联锁条件,由不同设计者,采用不同的数据结构、不同的程序结构甚至不同的语言设计成两套程序。应用中,两套程序都参与计算,将其运算的中间结果和最终结果进行比较,当比较一致时才能控制输出,否则不输出。

在现实的计算机联锁系统中,有的将两套程序由一台计算机执行,有的将两套程序在两台计算机上分开执行,甚至有的由两台计算机各执行两套程序,经过两次比较来检验运算结果的正确性,以提高系统的安全性与可靠性。

2. 软件故障屏蔽技术

此技术主要是采用三个功能相同的软件(三台计算机分别执行一套程序或单机执

行三套程序），并就其运算结果进行多数表决。只要任何两个运算结果相同，表决的输出即视为是可信的。但在目前的计算机联锁系统中，还没有采用单机执行三个软件的系统设计，因为当此单机故障时，就可能出现无输出的情况。

3. 程序的数据模块化

对应每一信号设备均有一个相对独立的数据模块，站场改造时，便于软件修改。

4. 程序结构分层次

借鉴 6502 网状电路结构的设计思路，联锁程序分层次运行，便于联锁条件的检查和发现程序运行错误发生的节点。

5. 采用信息冗余技术

此技术用多位二进制代码表示一个信息，即增加信息的冗余度，减少危险侧信息的输出概率，防止在发生信息干扰故障时，产生危险侧的输出结果。

6. 完善的自诊断功能

除了联锁程序之外，系统还有自诊断程序，随时监督系统的硬件和软件运行故障，发生故障时，停止危险侧输出，并及时提供报警信息。

五、计算机联锁系统的信息传输

由于计算机联锁系统在硬件设计上均采用多主机系统，子系统内部及各子系统之间要进行大量的信息传输，实现信息共享，信息传输的速度和质量直接影响计算机联锁系统的安全性和可靠性。下面简要介绍一下计算机联锁系统的几种信息传输方式。

（一）总线传输

1. 总线及总线标准

所谓总线是指计算机系统各部件连接到一组公共信息的传输线。通过总线传输信息，可以方便快捷地实现计算机控制系统各模块，或各子系统之间的信息共享与交换。为了保证信息传输的安全和规范，必须对总线信号、传输规则、物理介质和机械结构等制定统一的标准，各系统共同遵守。这一标准被称为总线标准，一般由计算机标准化国际组织批准。

2. 总线的类型

（1）片总线：由微处理器芯片内部引出的总线，被称为片总线。片总线由地址总线、数据总线和控制总线三部分组成。

①地址总线：在指令操作时，通过地址总线选择 CPU 要操作的数据存储器单元，或 I/O 设备。它是单向传输信息的总线。微处理器的档次不同，地址总线的数目也不同，一般 16 位机有 20 条或 24 条地址总线。

②数据总线：数据总线用来实现从 CPU 读出或向 CPU 写入数据，它是双向传输的总线。微处理器的档次不同，数据总线的数目也不同。16 位机有 16 条数据总线，32 位机有 32 条数据总线，64 位机有 64 条数据总线等。

③控制总线：控制总线用来传送保证计算机同步和协调工作的定时信号和控制信号，从而保证通过数据总线正确地传送各项信息的操作。不同型号的微处理器有不同

数目的控制总线，且其方向和用途也不一样，但几乎所有的控制总线都与系统的同步有关。一般的微处理器都有读出线和写入线、中断请求线和中断响应线、同步（选通或时钟）信号线、保持及等待就绪线等。

（2）内总线（I-BUS）：内总线又称"系统总线"或"板级总线"，在工控机的机箱内用来实现各模板插件之间的信息传输。系统总线是最重要的总线，常用的系统总线标准有 STD 总线、ISA/PCI 总线、VME 总线等。

（3）外总线（E-BUS）：外总线也称通信总线，用来实现计算机系统之间或计算机系统与其他系统（如仪器、仪表、控制装置）之间的信息传输。它往往借用电子工业已有的总线标准。通信总线有并行总线和串行总线两类。

①并行通信总线：并行总线即在信息传输过程中，每次同时传送一个数据字节。并行总线传输速度高，但抗干扰能力差。一般是用于短距离（数十米）的快速传输。

②串行通信总线：串行总线即在信息传输过程中，每次传送一个比特（1 bit）的信息。串行总线传输速度低，但使用的电缆少，且抗干扰能力强。一般是用于较远距离的数据传输。

3. 嵌入式 PC 机及 PC/104 栈接式总线标准

嵌入式 PC 机，即 PC 机的 CPU 和标准的 PC 机芯片组装在一个面积很小的印刷电路板上，制作成嵌入式计算机模块。选择适当的模块组装起来即可形成一套体积很小的计算机控制系统，这样的系统靠自然通风可正常工作，一般不需要在机箱增加电风扇。

PC/104 栈接式总线标准采用 104 根信号线，它没有总线母板，不用插槽滑道，模块采用层叠式封装结构，模块之间采用栈接方式，它与 ISA 总线完全兼容，只比 ISA 总线增加了 6 根电源线。

（二）局域网传输

局域网也称以太网、CAN 网（Controller Area network 的简称），自动控制系统中所有的计算机通过各自的网络接口板（网卡）直接连到局域网上。每一网卡均有不同的网络地址，通过网络集线器完成信息交换。许多计算机联锁系统的子系统之间均采用双冗余网络并联的通信方式，即每一子系统均设置两块网卡，每一网卡均采用不同的节点地址，分别与 A 网、B 网相连，两网同时传输数据，保证在有一个网卡或一条网络故障时，不影响系统的通信。

（三）光纤信息传输

光纤信息传输即用光纤作为网线，每一子系统设置两块光通信卡，完成光电信号的转换，用光集线器完成信息交换。由于光纤的信息传输速度快、抗干扰能力强，因此这种信息的传输方式更加迅速、安全、可靠。计算机联锁系统的信息传输特别是远距离传输时均采用光纤传输方式。

第六章

计算机联锁系统可靠性与安全性结构

前面主要从完成功能的角度讨论了无故障的情况下，计算机联锁系统实现联锁控制的功能与原理。但是任何设备和装置的故障是不可避免的，由此就必须对系统的可靠性进行研究，减小不可预知的故障发生概率，从而最大限度地提高系统的安全性。本章将重点讨论这方面的内容。

第一节 系统的可靠性与安全性概述

轨道运输既要求计算机联锁系统具有较高的可靠性，又要求其具有较高的安全性，因为此系统不仅要昼夜不停地连续运转，而且一旦出现故障，就有可能导致重大的损失。所以就需要对此系统采取必要的技术手段，保证其工作安全可靠。

一、安全性与可靠性概念

安全性是指系统工作时不发生事故的能力，它表达了在系统规定的条件下，于规定的时间内不发生事故，并能完成规定功能的一种能力或性能。其中的事故是指，使一项正常进行的活动中断，并由此造成一定的不良后果的意外事件。度量系统安全性的技术指标是系统产生不安全性输出的平均间隔时间。

可靠性是指系统在规定的条件下，在规定的时间内完成规定功能的能力。系统或系统中的一部分不能完成预定功能的事件或状态称为故障或失效。它也是评价系统性能的一个重要指标，只是不像安全性指标那样强调造成不良后果。当然，系统的可靠性越高发生故障的可能性越小，完成规定功能的可能性就越大。若系统容易发生故障，自然也就不可靠。度量可靠性的定量标准是可靠度，可靠度常用平均故障间隔时间MTBF来表征。

安全性与可靠性确实是有关联的，但是它们并不等同：可靠性着眼于维持系统功能的发挥，实现系统目标；安全性着眼于防止事故发生，避免设备损坏甚至是人员伤亡。可靠性是研究故障发生之前，直到故障发生为止的系统状态；安全性则侧重于故障发生后，故障对系统的影响。在多数情况下，系统的不可靠往往会导致系统不安全，系统故障或失效后不仅系统功能不能实现，有时还会导致事故发生或财产损失。例如飞机发动机故障，不仅影响正常飞行，而且有可能使飞机失去动力而坠落造成机毁人亡的严重后果。

故障是可靠性与安全性的联结点，在防止故障发生这一点上，可靠性与安全性研究的出发点是一致的。因此，采取提高系统的可靠性措施，既可以保证实现系统的功能，又可以提高系统的安全性。基于此，在系统安全性研究中可以广泛利用、借鉴可靠性研究中的一些理论和方法。可见，系统的安全性是以系统可靠性分析为基础的。

二、"故障—安全"型设备的体系结构

欧洲铁路标准 EN50129 对铁路安全电子系统推荐了三种"故障—安全"型设备的体系结构，简述如下。

1. "反应故障—安全"

这种体系结构允许一个安全性相关功能，由单一的硬件执行，且两个硬件功能不同，运行的软件也不相同（也就是说它的控制和防护部分是完全独立的）。其安全保证的前提是，由快速的故障检测和对任何危险或失效进行避错，使安全操作（例如通过编码、多版软件比较或通过连续的测试）得以实现，如图 6-1（a）所示。

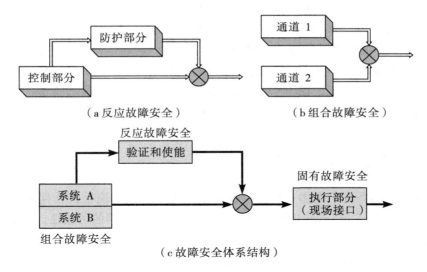

图 6-1　"故障—安全"型设备的体系结构

2. "组合故障—安全"

"组合故障—安全"系统有二取二、三取二等结构形式。使用这种技术时，每个安全性相关功能必须至少由两个部件执行，每个部件应当独立于其他的部件，以避免共模故障。只有当大多数部件一致时，才允许进行非限制性输出，如图 6-1（b）所示。

3. "固有故障—安全"

这种技术假定单个部件所有可信的失效模式都是非危险的，允许一个安全性功能由一个单独部件来执行。具体地说，固有安全性是指为了保证系统的安全，对系统的每一个部件（元器件）在生产、制造过程中，都已经考虑到产品的安全性能，并且有

一定的安全技术指标特征。简单地说,一个部件或元器件,在出厂时就具备"故障—安全"的固有特性。由于固有安全性同具体系统、产品有密切关系,因此无法提出统一的标准或解决方案。

"固有故障—安全"可用在组合故障—安全系统和反应故障—安全系统的某些功能中。例如用来确保部件之间的独立性,或当检测到一个危险侧失效时用以强制停止运转。

计算机联锁系统在设计时通常是这些安全技术的综合运用。根据 EN50129 标准的定义,如图 6-1(C)所示,全系统就综合运用了"组合故障—安全""反应故障—安全"和"固有故障—安全"三种技术。

三、计算机联锁系统的可靠性与安全性要求

轨道运输对联锁系统的可靠性与安全性的要求有以下两点:平均故障间隔时间 MTBF 值达到 106h;"故障—安全"系统的安全度等级,必须达到 SⅡ4 级,即按此要求标准,计算机联锁系统的不安全性输出平均间隔时间要达到 10^{11}h 以上。

对于一般的电子产品,其 OEM(Original Equipment Manufacturer 的缩写,义为:初始设备制造厂家,或理解为"市场级产品")板级产品的 MTBF 值约为 10^5h,计算机系统是若干块 OEM 板级产品的组合,其 MTBF 值约为 10^4h。可见,仅依靠"市场级产品"要达到计算机联锁系统 10^{11}h 的安全性要求,是远远不够的。就是说,单单依靠单个计算机构成的单机系统,根本不可能满足轨道运输对联锁系统的要求。所以,联锁系统通常需要导入冗余资源以构成冗余系统,以确保系统的可靠性与安全性。

四、避错技术与容错技术

计算机构成的系统不论多么可靠,技术多么先进,从理论上讲任何的计算机由于其所处理信息"0""1"逻辑的对称性,及系统瞬间运算出错的可能性,决定了普通计算机系统并不具备"故障—安全"特性,即仅仅依靠自检的系统是不能用于铁路信号安全系统的。系统出现偶发的、不能再现的误动是完全可能的,且一旦问题出现也很难查找和定位事故发生的原因及部位,因此必须采用相关的安全技术设计来保证安全。

为了提高系统的可靠性与安全性指标,人们在长期的研究中发展了两类技术。一类是防止和减少故障发生的技术,叫作避错技术;另一类是当系统的某部分发生故障时,系统仍能保持正常工作的技术,称之为容错技术。与其他电子系统类似,计算机联锁控制系统主要也是通过避错技术和容错技术来提高系统的可靠性的。表 6-1 给出了计算机联锁控制系统的避错技术和容错技术的研究范畴及研究方法。

1. 避错技术

避错技术是通过对系统进行完善的设计,力求使系统避免发生故障的一种技术。它开始于计算机问世,其基本思想是试图构造出一个不包含任何故障可能性的完善系统。避错技术采用正确的设计尽量避免把故障引入系统,用质量控制、减载使用等方

法避免故障的发生，以减少系统失效的可能性。随着计算机技术的发展，避错技术一直是提高计算机系统可靠性的基本方法。

表6-1 避错技术和容错技术研究范畴及研究方法对照表

分类	研究范畴	相关技术
避错技术	硬件避错技术	高可靠性元部件；环境防护；质量控制
	软件避错技术	可靠性程序设计；程序验证避错技术
容错技术	系统级保障技术	屏蔽冗余；动态冗余
	设备级保障技术	硬件保障；软件保障；数据保障
	网络通信保障技术	硬件信道冗余；软件重发；数据编码；抗干扰设计

在实际应用中，避错技术主要从硬件避错和软件避错两个方向来解决问题。前者主要是选择并使用高可靠性的元部件来组成计算机联锁控制系统，并充分考虑到环境的因素，从而提高系统整体的可靠性；而软件避错技术是最基本的，它尽量减少软件中的缺陷，确保软件不出错或者少出错。常用的软件避错技术有开展软件工程、加强软件可靠性管理、优化程序设计、强化程序验证等。

总之，避错技术就是在承认系统不可能百分之百不出错的前提下，如何设法提升系统硬件或软件自身的可靠性，尽可能地保证少出错。避错技术有相当的局限性，这是因为系统故障概率的减少是有限度的，一个系统不发生任何故障是不可能的，因此还必须采用容错技术来确保系统安全。

2. 容错技术

容错，即当系统出现硬件或软件故障时，程序不会因系统的故障而终止或被修改，并保证结果不会因故障而引起差错。也就是说，它容许某种失效或错误的出现，但错误出现后要保证结果正确，或能够及时发现而缩短其修复时间。容错技术的基本思想是在系统的体系结构上进行优化设计，达到掩蔽故障影响的目的，从而能自动恢复系统或安全停机。

概括来说，容错技术就是对一个系统容忍其出错，但设法保证结果正确或安全。容错技术主要依靠外加资源的方法来换取可靠性。外加资源有硬件、软件、时间和信息，因此容错技术的主要手段有如下几种。

（1）硬件冗余：通过硬件的堆积冗余或待命储备冗余来实现。硬件的堆积冗余可以体现在物理级元件的重复上，也可以体现在逻辑域的多数表决上。待命储备冗余体现在具有 N+1 个模块，并带有检错和切换装置的计算机系统中。

（2）软件冗余：提高软件可靠性有两种方法，一是研究无错软件；二是研究容错软件。后者将具有设计差异的、完成同一任务的不同软件，组成一个有机整体，完成错误检测、程序系统及系统恢复等功能。

（3）时间冗余：通过消耗时间来达到容错，如软件重算或数据信息重发等。

（4）信息冗余：靠增加信息的多余度来提高可靠性，比如增加检错码、纠错码。信息码附加位越多检错与纠错的能力就越强。

对于计算机联锁控制系统的容错技术，主要是通过系统各部分的冗余来实现的。

根据对故障处理的不同方式，可以把容错技术区分为动态冗余和屏蔽冗余（也有人称之为静态冗余）两种。

动态冗余指主机故障时备机（热备）自动代替，前提是系统需要具有可靠的故障检测和动态切换功能。屏蔽冗余是将故障模块对系统的影响屏蔽掉，前提是系统需要具有可靠的表决功能。因此，从二者的要求上来看，系统的冗余结构形式上也可区分为"故障切换结构"和"故障表决结构"两大类。

五、安全性与可靠性冗余结构形式

从系统冗余结构的目的性或出发点来理解，若是以提高系统可靠性为主观愿望的可称为可靠性冗余结构；如果是从安全性要求角度出发的可称为安全性冗余结构。

1. 安全性冗余结构

为了减少系统故障时产生危险的可能性，可采用两系统同时工作，将它们的输出结果进行比较（对于计算机系统可利用逻辑"与"运算的方法实现），比较结果一致时输出，否则将结果屏蔽掉，或是让系统重复计算，直到结果一致或达到规定次数后给出故障报警。其结构原理如图6-2（a）所示。在此结构下，除非两个系统同时出错，且错误的结果又完全相同（即出现共模故障），才有可能造成错误的输出，但这种可能性几乎为零，所以系统是安全的。这里为防止出现共模故障，可对两者采用硬件与软件上的不同设计，因为出现共模故障的主要原因之一，是两个子系统在硬件和软件的设计上的完全相同，且存在共同的设计错误所致。

这种结构的思路相当于从两个相同的系统中取用两者都相同的结果作为输出，可简单理解为"二取二"系统。这种结构对"比较模块"的要求是，必须满足故障—安全的原则。

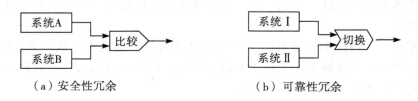

（a）安全性冗余　　　　　　　　（b）可靠性冗余

图6-2　安全性与可靠性冗余结构示意图

2. 可靠性冗余结构

为了减少出现故障时系统停止工作的概率，可采用互为备用的二重结构，当一系统出现故障或失效时，切换为备用系统工作。两者可冷备也可热备，这要视对系统的要求程度而定。计算机联锁系统中多为热备。其结构原理如图6-2（b）所示。在此结构下，除非两个系统同时故障或停机（这种概率是极其微小的），否则系统是可靠的。

当然，这种结构的可信赖度，在很大程度上取决于实现主机故障后，向备机切换时的可靠性。一方面它是否能及时、可靠地完成切换；另一方面，在切换前还要判断是否具备切换的条件，或切换后能否保证备机的程序进程和数据与主机一致等问题。为此，系统必须要时常监督备机的工作情况，这也是要求热备的一个原因。同时，系统要求主备机两模块本身要具备故障自检的功能。

主机故障时，只有备机处在无故障的热备状态下，才能允许替代主机工作，或者说才允许切换，否则就有危险的可能。在不允许切换时，除非主机的 CPU 故障，否则应坚持工作，以免造成全站作业的瘫痪。另外，故障修复后，联锁机内的程序进程和数据，必须与主机取得一致时方可作为热备机使用，否则也是危险的。可见，故障切换系统的切换机理既影响可靠性也涉及安全性，其自身也必须满足故障—安全的原则，因此，在人工参与切换时就要特别注意这一点。

第二节　计算机联锁系统安全性技术应用

前面说过，计算机联锁系统的安全性技术主要是冗余技术，无论是对硬件系统还是软件系统。不论是从哪个角度考虑冗余结构，都是以保证系统安全为最终目的的，所以，在后面研究计算机联锁系统的冗余设计时，我们不再去严格区分它是可靠性冗余还是安全性冗余。事实上，在设计计算机联锁系统的结构时，通常是这两种冗余结构的组合。

一、常用的冗余形式

1. 二乘二取二冗余结构

由于运输安全对联锁系统提出了更高的安全性要求，因此很多生产厂家在系统架构时通常采用安全性冗余与可靠性冗余两者的结合形式，比如将两个相同的安全性冗余结构系统（系统Ⅰ和系统Ⅱ），再按照可靠性冗余的形式进行组合，便构成了所谓的二乘二取二系统，即双二取二热备系统，也有人称之为"四机结构"系统。其结构形式如图 6-3 所示。

对于二乘二取二冗余系统，如果其中一个二取二系统中的计算机出现故障，则系统切换到另一个二取二计算机系统，并不影响系统使用；若两台计算机都故障，系统就锁住控制命令，切断控制电流，从而实现故障—安全。

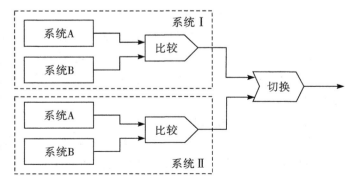

图 6-3　二乘二取二冗余结构示意图

2. 三取二冗余结构

所谓的三取二冗余结构，是二乘二取二冗余结构的一种变型。它取用三个功能相同的模块（模块 A、模块 B 和模块 C）同时对一个相同的输入进程进行处理，对三者的输出结果进行两两比较，当有两个以上结果相同时，认为结果无误，并将相同的结果输出。由于它由三个计算机模块构成，故也有人称其为"三机结构"（在三机冗余结构中，也可以将一个模块设计为热备，当两个工作模块中的一个出现故障时将其顶替上去）。其结构形式如图6-4所示。

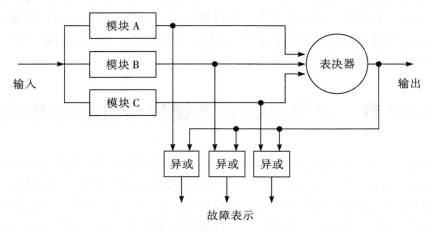

图6-4 三取二冗余结构示意图

表决器实现多数表决，当三个结果中出现两个相同时，便取相同的结果，并将一个不同的结果屏蔽掉。同时对每个模块的输出与表决后的结果进行对比，从而能判断出故障的模块，以便对故障模块及时修复。

这一系统结构除需要解决表决的技术问题外，还要解决同步问题。设计时可以采用共同时钟方式、时钟反馈调节方式、事件调节同步方式等技术手段加以实现。

对于三取二表决系统，如果一台计算机出现故障，则整个系统就成为了二取二系统，不会影响系统正常运行；若两台或两台以上计算机出现故障，则系统就锁住控制命令，并切断控制电流，从而实现故障—安全。

3. 二软件"双机热备"冗余结构

这种形式有人称为"双机模式"或"双机储备模式"，但单从硬件结构上来看它与"双机热备"冗余相同，因此多数人也习惯地叫它"双机热备"。但从设计本质上来说它与传统双机热备的设计理念不同，其设计思路是在"二乘二取二"冗余结构基础上的一种改进。在二乘二取二冗余结构中，我们知道两个互为备用的系统（参看图6-3）：系统Ⅰ或系统Ⅱ中的两主机各运行一个软件，分别输出一个结果，然后在外部进行比较，一致时输出。现在我们让双份软件（软件编写方式不同但功能相同）在同一个主机内运行，并将两者的结果在主机内部比较，相同时再输出。若在某一进程中，比较结果不同，则通过程序卷回（再重复执行1~2次），这可以避免瞬时故障的出现；若卷回故障仍然存在，则认为发生了不可克服的故障，就停止输出，同时产生故障报警信号用以控制切换装置，转为备机工作。其基本框图如图6-5所示（注：图中用切换开关框图,合并表达了切换逻辑控制和开关电路部分)。

这种方法从结果上来看效果与二乘二取二冗余手段是一样的,也达到了安全冗余的目的。只是此结构主要是借助了软件来检测故障,因此它需要占据主机的存储空间和运行时间,这就要求主机有较大的存储容量和较快的运行速度,但对于现代计算机技术而言这都不是问题。它的好处是主要的,一来节省了主机,二来省去了硬件比较器。实践证明,其可靠性与安全性是完全可以满足运输对联锁系统的要求的,因此铁道部颁布的《计算机联锁系统暂行技术条件》把其定为基本形式。

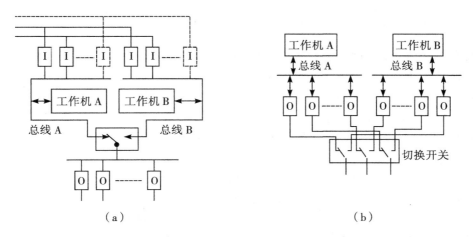

图6-5 二软件"双机热备"冗余结构示意图

(1) 对主机(工作机)的要求

这种结构的关键技术,是要不断地检测计算机内部是否故障。其目的包括以下几点:一在故障时不能有危险侧输出;二在故障后能及时地驱动切换设备;三是无论工作机还是备用机故障都能给出报警,以便及时修理。另外,此结构中的主机内部于不同的空间存放双份数据(动态的或静态的)和双份联锁程序,在执行这两个程序的过程中,分阶段地将中间结果进行比较,以及早发现结果不一致的情况,一旦不一致就卷回,并非一定是要等到运算完成后比较最终结果,所以并不影响工作效率。

(2) 输入/输出接口的处理方式

由于这种冗余结构是被大多数厂家所采用的,所以这里简单介绍一下其输入/输出接口的处理方式和要求。

首先,采用这种系统的架构,各子系统之间一般采用局域网的通信方式(如图6-5中总线A、总线B);其次,为保证系统的通信及时可靠,一般均采用双重冗余网络结构;最后,要求工作机和备用机要有各自的输入接口电路(I),保证各自的输入接口电路故障时也能得以发现(以便故障—安全)。至于它们的输出电路(O)可以是共用的,也可以是各自独用的。当采用共用的输出接口电路时,切换开关需设在输出总线一级(相当于接口电路的输入端),如图6-5(a)所示,这样可以节省接口电路。但当共用接口电路发生故障时,工作系统的输出在此故障处就失去作用了。若两工作机采用各自的输出接口电路时,则切换开关需设在接口电路的输出端,如图6-5(b)

所示（图中仅画出了输出部分），也就是把输出接口电路作为系统冗余的一部分来对待，当接口电路自身发生故障时也能驱动切换开关动作，使备用机（包括它的输出接口）投入使用。从提高系统可靠性的角度来看，后者尽管输出电路复杂，但安全性增加了，所以被广泛采用。

总之，无论是输入接口还是输出接口，凡是传输安全信息的都必须采用故障—安全接口电路，这是不变的原则。切换开关电路及其控制在后面有介绍。

二、计算机联锁各功能模块的安全性技术总述

计算机联锁一般情况下都是多模块下的层次结构（前章介绍过）。信号系统就完成进路控制功能而言，就有人机对话、联锁运算和任务执行三个模块，或称三个层次，对应这三个层次的任务分别分配给三种计算机（人机对话机、联锁运算机和控制器）来承担。由于不同计算机承担的任务性质不同，所以从全局考虑为提高全系统的可用性，往往对它们采取不同的安全性技术来处理或设计。

1. 人机对话模块

对此模块来说，由于它处理的数据不直接涉及行车安全，通常只需要提高它的可靠性就可以了，所以一般采用双机热备冗余结构形式。对其切换控制方式可以是自动的也可以是手动的。当采用自动控制方式时，必须对在线使用的计算机进行不间断的故障检测，一旦发现故障就自动实现切换动作，将备用机顶替上去。人工切换方式比较简单，当操作人员发现人机对话出现问题时（操作失灵，表示不正常等），依据规定或通知信号维修人员施行切换操作。人工切换可能稍微延误时间影响作业效率，但还不至于危及行车安全，人工切换之所以被应用，主要是因为它设备简单。

2. 联锁模块

对于联锁模块来说，因为它承载了联锁系统的核心功能，是提升整个系统可用性的决定因素，所以对其工作的稳定性、连续性、可靠性与安全性都提出了更高的要求。因此无论在软件上还是硬件上此模块都采取了多组合式的冗余结构。如上节介绍的三取二表决冗余结构和二乘二取二冗余结构，主要就是针对联锁层冗余技术而言的。

就联锁的故障—安全性要求而言，虽然采用了专门的故障—安全接口电路，但接口模块（控制执行层）再可靠与安全，它自身并不能判断其接收到的信息是否正确，所以当联锁机因故障产生危险侧输出时，就会被接口执行，这是十分危险的。可见，防止联锁机产生危险侧信息，或有危险侧信息产出而不至于被输出就显得极其重要了，这也是必须保证联锁运算层能最安全可靠地、不间断地连续工作的理由。

当系统中设计了动态冗余技术（双机热备）时，必须采用自动切换方式，这是因为若不能及时将备用机代替，就有可能使已经开放的信号机突然关闭，引发列车紧急制动而造成危险后果，这也是要求系统不间断地连续工作的原因。

3. 控制执行模块

对于这一模块来说，它的可靠性和安全性要求，与联锁模块具备同等级别，可以这样说，应用于联锁模块级的冗余技术都可在这里应用。

在多计算机模块的体系结构中，模块之间的通道也要是高可靠的，通常也是利用动态冗余技术方式实现。人机对话模块与联锁模块之间的通道，通常采用双通道的方式，可设计为自动切换和手动切换；而联锁模块与执行模块之间的双通道必须采用自动切换方式。

在目前投入实际使用的信号联锁系统中，无论是国产的还是国外引进的，所采用的冗余技术并不是完全相同，但思路是相通的，目的也都是一致的。至于具体采用了哪种形式，这与生产加工水平、技术背景和历史背景有关。

三、故障—安全保障技术

前面主要是从降低系统故障的出现概率的角度来讨论安全性问题的，但故障是难免的，所以在系统设计时还必须要考虑，一旦出现故障时如何保证系统安全，这就是"故障—安全"原则。计算机联锁系统必须是"故障—安全"的系统，这是其任务性质所决定的。

从具体的执行单元来看，实现故障—安全的保障技术，必须考虑可能存在的三个方面的问题：信息数据故障、运算软件故障、输入/输出故障。

1. 数据故障—安全保障技术

计算机联锁系统中参与联锁运算的数据被称为联锁数据，它可能会因为硬件故障、外界干扰而产生错误，也可能因为程序出错而派生错误。联锁数据的错误可以直接导致联锁运算的失效和错误，并导致危险的发生。因此，计算机联锁系统必须采取相应措施，使系统数据出错后导向安全侧。这主要有以下几种方法：采用不对称编码，表示涉及安全的信息；关键数据异地多份存储；规范化数据结构与数据生成方式；数据完好的正确性检验。

2. 软件故障—安全保障技术

在计算机系统中，软件系统扮演着十分重要的角色，如果软件出现差错，则可能通过接口使硬件发生失效或者误动，严重者会产生安全事故，并造成灾难性的后果。因此，计算机系统的故障—安全还需要软件系统来进一步保证。软件故障—安全性的主要研究内容包括软件故障—安全性需求分析；软件故障—安全性设计；软件故障—安全性验证；软件故障—安全性评估。

在软件系统程序的设计阶段，必须要遵循以下措施，从而实现软件系统的故障—安全性：编制正确的规格说明书，并按照说明书进行高可靠性和高安全性软件的开发；采用模块化程序设计原则，从而实现研制工作的简化；采用结构化程序设计原则；采用正确的数据结构和良好的设计风格。

3. 输入/输出故障—安全保障技术

该保障技术又称为输入/输出数据去向正确性保障，其考察重点在于计算机内所用的各种地址译码器。这里主要存在两个问题：完成最终驱动输入/输出接口电平变化而形成的动作命令的软件程序，无法用双套程序比较等办法实现安全性保障；处于输出口位置的地址译码器故障将导致数据去向错误，而数据由于对应一个标准的驱动对象，因而引起对象错误动作，将会导致危险结果的产生。

4. I/O通道级保障技术

联锁控制系统涉及安全的信息，必须要由故障—安全接口输出，并完成对现场设备的状态采集和控制。但由于常规的接口电路一般不具备故障—安全特性，因此必须在软件和硬件两个方面采取相应措施，使得当接口电路及其前端逻辑电路出现任何故障时，系统不能读入错误的危险侧信息，或者输出危险侧的驱动信号。

对于故障—安全的输入接口，其任务是将室外设备的状态安全地采集并传送进来，因此故障—安全的输入接口要做到采用静态输入或动态输入方式，或者采用编码输入或者过程输入的方式，来有效地实现故障—安全原则。

对于故障—安全的输出接口，为了避免因某些电路故障而导致输出常"0"状态，其设计一般采用动/静态变换电路实现安全输出。这样的电路若总是处于某种稳定状态，是不会引起继电器的错误动作的，从而做到故障导向安全。

5. 信息传输的保障技术

在计算机联锁控制系统中，通信网络担负着铁路信号安全信息的传输使命。由于传输设备的故障或者传输通路的噪声，使传输的信息发生错误是不可避免的，所以计算机联锁控制系统的安全信息通信网络，也必须是故障导向安全的。

为此，首先要采用避错技术和冗余技术提高安全信息通信网络的可靠性，并尽可能检测出传输设备和通路所发生的传输错误。其次，采取软件和硬件容错措施，确保在传输设备故障，或者因传输通路噪声而造成信息错误的情况之下，通信信息是安全的，不会造成不良后果。

第三节 切换开关电路和表决电路

前面说过在计算机联锁系统中，一般采用"双机热备"或三机表决系统结构（尤其是联锁运算机），而切换开关电路和表决电路是实现硬件冗余可靠性的关键，所以这些电路也必须是故障—安全的。由于其重要性，所以我们用单独一节来讨论。

一、切换逻辑控制与切换开关电路

在"双机热备"（实际上是双软件下的两硬件热备）系统中，对切换逻辑控制和切换开关电路的总的基本要求是结构简单、可靠性高。在计算机联锁系统的联锁层，切换逻辑控制电路，要随时监测联锁机的工作状态，当发现联锁机工作不正常时，就应立即产生切换信号，控制切换开关电路动作并报警。

1. 切换逻辑控制电路

常用的切换逻辑控制电路有定时监视法和动态信号监视法两种。

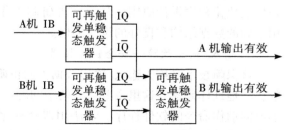

图6-6 定时监视法切换逻辑控制电路

(1) 定时监视法

定时监视法如图 6-6 所示,它利用"可再触发单稳态触发器"(它有两个正边沿触发输入端和两个负边沿触发输入端,并互为禁止关系。本电路有互补输出,并利用再触发功能使输出脉冲无限延长。它可作为脉冲整形、定宽和延时电路使用)的定时功能构成。联锁机的工作具有周期性,系统正常工作时,将定时输出标准脉冲序列,可再触发单稳态触发器总是在规定的时间到来之前,被联锁机复位,可使其输出总保持"1"。当联锁机故障时,无脉冲序列输出,单稳态触发器在规定的时间到来时,由于得不到触发信号,其输出将变为"0",这个输出变化可作为切换信号,去控制切换开关电路。

(2) 动态信号监视法

动态信号监视法和定时监视法的工作原理类似,只是用动态信号检测器,代替了"可再触发单稳态触发器",具体电路与"动/静－电平"输出接口电路相同(可参看图 6-14、6-15)。联锁机在无故障时,定时调用动态信号驱动程序,向动态信号检测器输出方波信号,动态信号检测器只有在接收到方波信号时,其输出为"1",否则为"0",用动态信号检测器的输出去控制切换开关电路进行切换。

但是这两种方法本身的故障检测覆盖率不高,为了提高故障检测覆盖率,在复位定时器或执行动态信号输出程序之前,应尽量使系统中的所有部件都被用到,或者调用检测程序以扩大检测范围。

2. 切换开关电路

切换开关电路可以由多种器件构成,图 6-7 是切换开关及其控制电路的一个例子。其中,继电器 X_a 代表 A 机的报警信号;X_b 代表 B 机的报警信号。X_a 和 X_b 的接点构成切换 S_1 和 S_2 的控制继电器 AJ 和 BJ 的电路。当继电器 AJ 励磁时,使开关 S_1 导通;当 BJ 励磁时使开关 S_2 导通。

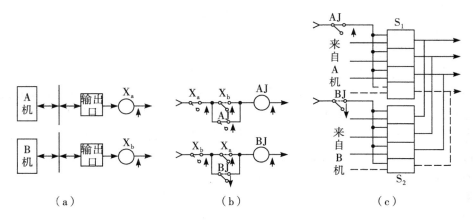

图 6-7 切换开关及其控制电路原理图

假定计算机 A 和计算机 B 输出的故障报警信号均为电平信号,并约定无故障时为高电平"1",故障时为低电平"0";同时假定系统开始工作时,计算机 A 处于工作机位置,计算机 B 处于备用机位置。此时,由于 AJ 吸起,BJ 落下,切换开关使 A 的输出作为系统的输出,在此以后,可能有以下情况发生。

（1）若B机先发生故障，则低电平信号使X_b继电器落下。在这种情况下，AJ仍保持吸起，BJ保持落下，切换开关维持在原位。在B机修复后，输出的高电平信号又使X_b吸起，切换开关维持原状。

（2）若A机先发生故障，则X_a继电器落下。此时AJ落下，BJ吸起，切换开关转换，使B机的输出成为系统的输出。在A机修复后，尽管X_a吸起，但切换开关不动，仍维持B机处于工作机的位置。此后，若A机发生故障，切换开关不动；若B机先发生故障，则转换切换开关。

二、三取二表决电路

三取二冗余计算机联锁，是利用静态屏蔽技术构成的联锁系统，它共有三个主机，每个主机是联锁机的一个子模块（参看前图6-4），通过表决器对三个子模块的输出两两比较，只要其中任意两个的输出是一致的，就将这个一致性的输出作为主机的输出，而不管第三个模块是否发生了故障。假如三个子模块A、B和C的输出信号量分别为a、b和c，则表决器完成如下逻辑运算：

$$V(a,b,c) = a \cdot b + a \cdot c + b \cdot c$$

这一逻辑运算很容易用组合逻辑电路来实现。

图6-8所示，是表决器构成的一个例子，它由三个两两比较器和一个或门组成。由于表决器是对安全信息进行表决，必须具有故障—安全性能。然而仅由组合逻辑构成的表决器，是不具备故障—安全性能的，因此需采取技术措施使表决器在发生故障时不致造成危险侧输出。一般有两种方法来保证表决器的安全性。

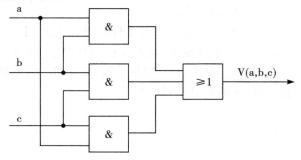

图6-8 三取二表决电路原理图

一种是采用简单的硬件电路配以软件检测技术，共同完成安全表决器的功能。例如，让软件具有多数表决功能，即把各个主机的输出信息输入到另外两个主机中，在主机内部进行一次三取二表决，再把各个主机使用软件表决的结果，送到外部表决电路进行再次表决，这样就极大地提高了表决的安全性。

另一种是采用较复杂的时序电路构成安全表决器。如图6-9所示是安全表决器的一个例子。图中仅画出了三个比较器中的一个，它对主机A和主机B的输出信号a和b进行比较，该比较器由四个脉冲信号$CP_1 \sim CP_4$推动工作，如图6-10所示。

当a和b均为高电平时（两者一致），CP_1到来时"或门1"输出一个脉冲，当CP_3到来时"或门2"输出一个脉冲；当a和b均为低电平时（两者一致），CP_2到来时"或门1"输出一个脉冲，当CP_4到来时"或门2"输出一个脉冲，即a和b两者电平一致（系统无故障）时使"双向移位寄存器"左移一次，右移一次。

当a为高电平、b为低电平时（两者不一致），CP_1和CP_2到来时"或门1"连续输出两个脉冲；当 a 为低电平、b 为高电平时（两者不一致），CP_3 和 CP_4 到来时"或门 2"连续输出两个脉冲，即 a 和 b 两者电平不一致（系统有故障）时使"双向移位寄存器"要么左移两次，要么右移两次。

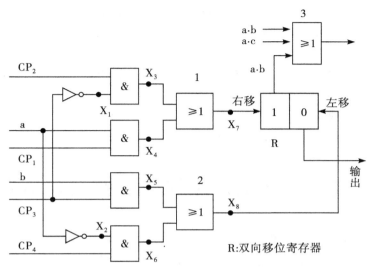

图 6-9 多数表决器比较单元电路原理

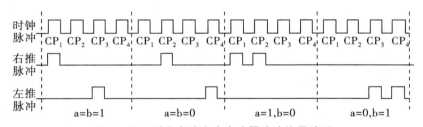

图 6-10 时序电路安全表决器脉冲信号波形

现若在"双向移位寄存器"中预先存入"10"，并视双向移位寄存器输出"10"相间的脉冲信号时，系统无故障。若移位寄存器输出"11"或"00"（即稳定的电平），则断定系统故障。由此可得到下面的结论。

（1）无故障的情况下（a 和 b 一致），在 $CP_1 \sim CP_4$ 周期内，将在 X_8 和 X_7 端产生一个左移脉冲和一个右移脉冲，送入双向移位寄存器。这样，移位寄存器就输出"10"相间的脉冲（预先设定的正常状态）——系统正常。

（2）若系统出现故障（a 和 b 不一致），在 $CP_1 \sim CP_4$ 的四个脉冲周期内，将产生连续两次左移脉冲或连续两次右移脉冲，使移位寄存器变为"00"或"11"（此后无论如何推动，移位寄存器只能输出稳定的电平）——系统故障。

（3）如果系统正常（a 和 b 一致），但若是比较器本身发生固定型单一故障，表决器的输出同样会变为稳态输出（0 或 1），则同样也能得到"故障"的结论。

由上面三点的结论来看，本结构形式的表决器电路本身也是故障—安全的。

在三机表决系统中，当某一模块出现故障时虽然可以被掩盖过去，但系统已失去了容错能力，这时若不及时修复，则当另一模块再发生故障时，将会使表决失效。为此，三机系统必须具有模块故障检测功能，即三个主机中任何一个发生故障时，都应能及时检测出来，以便通过检修消除故障。主机故障检测电路，可在表决器电路的基础上增加少量的电路来实现。图6-4所示三取二冗余结构，即可把三个主机的输出信号和表决器的输出信号同时加到异或门，当三个模块均正常工作，即它们的输出信号电平和表决器输出的信号电平一致时，各个异或门均无输出。如果某一模块的输出电平与表决器的输出电平不一致，则相应的异或门就有输出，从而可判明是哪个模块发生了故障。

要保证三机表决系统工作可靠，A、B、C三机必须同步工作，在系统软件或硬件设计时，必须采取相应的措施，实现同步。

第四节　计算机联锁系统的接口电路

联锁系统用计算机与外部设备之间交换的数据，大多都是开关量（逻辑变量），无法直接作为计算机的输入量，这些数据都需通过接口电路来实现变换。根据数据的重要性（涉及安全和非涉及安全的两种类型）、传输方向（输入和输出两个方向）以及传输的时间分布（并行传输和串行传输两种形式），可组合得到8类接口电路，如"涉安串行输入接口""非涉安并行输出接口"等。

一、接口电路概述

对于一个具体的联锁机来说，它需要哪类接口电路以及需要的数量等，这取决于具体联锁系统的体系结构，但在这八类接口电路中，凡是不涉及安全数据的接口，无论是并行的还是串行的，均可采用通用的标准接口电路。因为对于这类接口电路，只要求它具有很高的可靠性而不要求它具有故障—安全性。

对于传输安全数据的串行接口电路来说，由于可用编码理论中的差错控制技术，发现数据是否因故障而发生错误，从而可利用检测数据出错的方法，使系统的输出不会产生危险侧信息，因此也可采用通用的标准串行接口电路传输安全数据。

但对于传输安全数据的并行接口电路来说，就不能简单地使用标准接口电路了。这是因为，标准的开关量输入和输出电路的故障模型，属于逻辑层的固定型故障（s-a-1或s-a-0），若以电平信号（1和0）作为开关量的信号，那么在接口电路发生故障时，就不能保证开关量的值必然导向安全侧了。

研究表明，要使安全逻辑变量在电子电路内传输和存储的过程中，当电路发生故障时而使逻辑值处于安全侧，则需变换逻辑变量的表达形式，以及相应的电路结构才能实现。

在计算机联锁系统中，安全逻辑变量基本上有三种表达形式：电平形式、代码形式和动/静形式。

1. 电平形式

电平形式即以稳态的单一高电平和单一的低电平或开路代表逻辑量的两个值。只有在采用非对称的电子电路或器件时才能利用这种形式，否则是非故障—安全的。在实际电路中，常把高电平定为次安全侧，把低电平或开路定为安全侧。

2. 代码形式

编码理论指出，N 个二值码元可组成 2^N 个代码。若从 2^N 个代码中选取两个差别最大的代码分别来代表逻辑变量的安全侧值和次安全侧值，我们则称这两个码为安全码和次安全码，并把它统称为合法码。其余的 2^N-2 个代码称为非法码。当 N 足够大时，一个合法码在传输和存储过程中因故障错成危险侧代码的概率很小，而错成非法码的可能性极大。利用这种非对称性的出错性质，可以实现二值信息的故障—安全传送和存储。

3. 动/静形式

以稳态电平（0 或 1）代表安全侧逻辑值，以脉冲串（动态）代表危险侧逻辑值，这种形式有利于设计故障—安全电子电路。可以设想，当电路的输入信号是稳态电平，只要电路不发生自激振荡，则输出仍是稳态信号。当输入信号是脉冲串而电路发生固定型故障时，电路的输出为稳态的概率极大，即导向安全侧。如果输入信号是脉冲串，发生故障时仍输出为脉冲串也是允许的。因此，这种形式具有故障—安全性能。

上述三种逻辑量的表达形式应能相互变换，即"电平→代码、电平→动静、代码→电平、动/静→代码、动/静→电平"六种变换。实现这些变换的电路就可用作安全逻辑量的并行输入/输出接口电路。

二、联锁系统输入/输出信息的性质与要求

联锁系统中的计算机除从控制台或控制中心接收命令信号外，更多地、更频繁地要与外部信号设备之间进行大量的信息交换，如采集设备状态信息、向外部设备发送驱动命令等。这类信息的交换具有两种性质：一是开关性；二是安全性。

1. 开关性

外部设备向联锁机提供的输入信息具有开关性。例如，信号机的状态信息有开放和关闭，亮灯和灭灯；道岔的状态信息有在定位和在反位，及在锁闭状态和解锁状态；轨道电路的状态信息有占用和空闲状态等。它们在实际系统中均是用两个状态的器件（也称二值器件），如继电器来反映的。一方面，在处理这些信息时需要利用其开关量的输入通道，将两种状态转换成二值逻辑量，才能送到联锁机中参与联锁运算。另一方面，联锁机的输出信息也具有开关性，同样需要利用开关量输出通道，将二值逻辑量，变换成二值执行器件的动作信号。

2. 安全性

输入、输出信息的安全性是根据其与行车安全的关系来确定的。如联锁机和控制台之间所传送的信息，无论是操作信息还是表示信息，都是非安全性的，因此可以采用通用的输入/输出通道和接口，勿需采取故障—安全技术措施。联锁机和监控对象之

间交换的信息属于安全信息,因此必须考虑当输入/输出通道发生故障时,一定使传送的信息导向安全侧。为此,在通道设计上必须采用安全输入/输出接口,以保证传送的涉及安全的信息经由接口电路时,不致因接口电路本身的故障而错误地产生危险侧信息。

3. 计算机联锁系统接口与通道的选用

(1) 输入接口与通道

联锁机所监控的对象状态信息是涉及安全的,且其状态多是以继电器的状态(吸起或落下)来反映的,所以须用故障—安全型接口电路实现采集。由于从继电器的接点状态只能得到稳定的电平信号,所以要想让计算机接收,接口电路还要能实现信息的转换。我们通常采用"电平→代码"变换(静态编码)或"电平→动/静"变换接口电路,后者最为常用。

其采集信号的接口电路,除必须能将触点开关的"通"和"断",两种状态变换成计算机能识别的"0"和"1"外,还必须具有隔离和去抖功能。为防止现场强电磁干扰或工频电压通过输入通道反串到计算机系统中,需要进行隔离。其最常用的是光–电隔离技术,因为光信号的传输不受电场、磁场的干扰,可以有效地隔离电信号。另外,对有接点的开关元件,在接点刚刚接通或刚刚断开时,会有机械振动,这种抖动对继电器来说不会产生影响,而计算机对此是敏感的,抖动可能使检测结果出错。一般我们可以采用硬件电路去抖,也可以用软件延时的方法去抖。

开关量输入通道的形式有多种,常用的有直接输入方式、分组输入方式和矩阵输入方式。

(2) 输出接口与通道

联锁系统输出的控制信息也是涉及安全的,对它的输出也要满足故障—安全的要求。通常采用动态驱动的方式,即将控制代码以串行方式输出,并经由静态鉴别电路形成电平,再去驱动继电器动作。这就要解决将代码转换为电平的问题,同时在变换过程中还必须满足故障—安全原则。就逻辑而论,将代码变换成单端输出的电平信号是容易的,用组合逻辑电路就能实现,然而,它不能满足故障—安全要求。现在使用中的接口电路基本上要经历"代码→动/静"和"动/静→电平"的两级变换才能达到安全要求。

当然,对输出接口电路,如果计算机系统内部采取了故障—安全措施,为简单起见也可采用静态驱动方式。

开关量输出的通道必须具备的主要功能包括两点:一是提高驱动能力,将TTL电平信号转换成能驱动继电器等执行器件的信号;二是实现计算机与外部设备之间的电气隔离,防止干扰信号侵入,保证系统可靠工作。

三、光–电隔离技术

1. 光电耦合器电路原理

在计算机联锁系统中对继电器接点状态采集的电路都采用了"光–电隔离"技术,

即多采用了光电耦合器。

光电耦合器的原理结构如图 6-11 所示。它是以光为媒介实现传输信号的器件，由封装在同一个透光的壳体内的发光二极管和光敏三极管组成。当有适量的电流流过发光二极管时，则发光，其光信号照射到光敏三极管的基极时，三极管导通，其集电极与发射极之间形成通路，从而可以通过发光二极管的光信号的有无，决定输出端电平的高低。

在图 6-11 中，当 K 断开时（K 通常为继电器的一组接点），发光二极管不发光，光敏三极管在截止状态，则位于其集电极端的 a 点处的电平为高（$V_a = V_{cc}$），经过反向器后的输出为低电平；当 K 闭合后，二极管发光，三极管导通，则此时 a 点变为低电平（接地），经反向器后输出一个高电平。因此，反过来说，当输出端为低电平时，可推知 K 在断开位；输出为高电平时，K 在闭合位。如果把此输出的电位信号送到计算机（CPU），那么计算机根据其电信号的高低状况，就可知开关 K 的状态了。

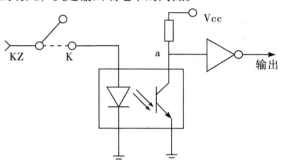

图 6-11　光电耦合器的原理结构图

在光电耦合器的输出端接入一个反向器，其目的是为保证输出电平的稳定性，更主要的是使输出信号反向，让其脉冲序列与 CPU 送出的控制信号的脉冲序列一致（后面谈到），便于计算机校核，以检查采集电路的完好性。

在计算机联锁系统中实际使用的电路（通常用于采集），具体采用的是如图 6-12 所示的调理电路，以对现场输入的状态信号进行转换、保护、滤波和隔离等。其中加入整流管及电容，主要是为了稳定输入电压、抑制旁路交流以提高该电路的抗干扰能力。加入指示灯 L，是为了便于系统维护，将它引到采集板的小面板上，当采集回路导通时此指示灯点亮。

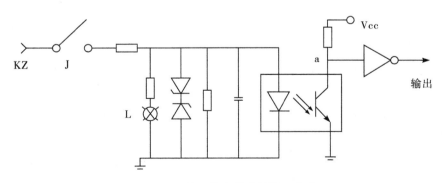

图 6-12　输入状态信号的调理电路

2. 控制光电耦合器的原理

光电耦合器原理是将"开关量"串入电路，通过接通或断开发光二极管回路，用光控制输出信号的电平高低（形成计算机能读懂的数字脉冲信号）。反过来，如果在光耦二极管回路中加入控制电信号，那么这一控制信号的有无就可以决定以光敏三极管构成的回路的通（合）和断（开）了，这被称之为控制光耦，如图 6-13 所示。若控制信号有输入（高电平或高脉冲）则图中被控回路就会导通，当无控制信号输入（低电平或低脉冲）时，则被控回路断开。这样看来控制光耦就相当于一个被控开关。可以想象，若输入的控制信号是一串脉冲信号时，则被控回路就会随控制脉冲而交替通断。

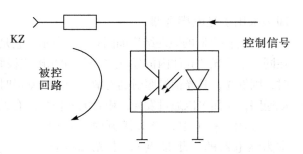

图 6-13 控制光电耦合器的原理电路

第五节 故障—安全输入/输出接口电路

这一节我们具体地来介绍几种在计算机联锁系统中常见的故障—安全型的输入/输出接口电路的工作原理，及实现"故障—安全"技术的处理方法或手段。

一、故障—安全输入接口电路

1. 静态编码输入电路

此电路实际是为实现"电平→代码"的变换，如图 6-14 所示。图中以 GJ 继电器的前接点（危险侧）接通 4 个光电耦合器（G）中的发光二极管（图中只画出了一个光耦器），在耦合器的输出端形成一个"1111"的代码，并行地经由通用接口供联锁计算机读入；若 GJ 继电器落下，则形成"0000"代码供计算机读入。计算机每读入一个代码，就对代码按位进行"与"运算，结果为"1"则说明继电器在吸起

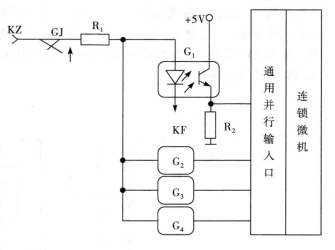

图 6-14 静态编码输入电路原理

状态，若为"0"则说明继电器在落下状态或者是输入电路发生了故障。只有在四个耦合器的输出级同时发生了短路故障时才有可能产生"1111"的危险码，但这种概率极小极小，几乎不可能出现，所以说该电路是故障—安全的。

理论上讲，代码的码元愈多就愈安全，但这需占用更多的通用接口，实际应用时，一般选 4 位或 8 位码元代表一个信息。

2. 动态编码输入电路

此电路能实现"电平→动/静"变换的目的，如图 6-15 所示。图中用了两个光电耦合器 G_1 和 G_2（G_1 用作控制光耦），G_1 的输入级和 G_2 的输出级串联。G_2 导通时，由 GJ 前接点状态控制 G_1 的导通与截止，而 G_2 的输入级由计算机的输出口控制通断。

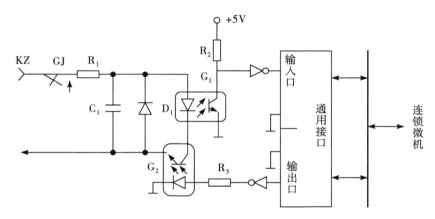

图 6-15 动态编码输入电路原理

在 GJ 前接点闭合的情况下，若计算机输出低电平"0"（外加反向器后变为高电平"1"）信号使 G_2 导通（开），从而使 G_1 亦导通，则从 G_1 端向联锁微机送入一个高电平"1"信号；反之，若计算机输出一个高电平"1"信号（外加向相器后变为低电平"0"），则联锁机就得到一个低电平"0"信号的输入。可见，计算机的输出与接收的电平信号互为反向关系（当然也可以将电路设置成同向关系）。

当系统需要采集 GJ 的状态信息时，计算机就输出脉冲序列，例如"1010"。那么在 GJ 前接点闭合（危险侧）且电路未发生故障的情况下，返回计算机的必然是反向脉冲序列"0101"；而当 GJ 落下（安全侧），或电路任何一点发生故障时，那么 G_2 的输出端必然呈稳定电平（0 或 1），计算机读入该稳定信号后，就认为是收到了安全侧信息（GJ 落下或本电路故障）。

本例中的动态输入采集接口电路 G_1 与 G_2 是串连连接的，这从计算机输入/输出的关系看，实际上它是一个闭环形式的动态脉冲电路。它是通过计算机校验输入代码是否畸变来判断输入电路是否故障的，从而实现故障—安全。但是，当出现因接点输入电路故障而输出稳定电平的情况时，联锁系统是不能发现的，虽然经联锁运算，控制输出的结果是安全的，但它影响了整个系统的利用率。为此可采取冗余工作的方式，即分别用两个通道同时采集一个接点的状态信息，当某一路发生故障而输出稳定电平时，能被及时发现并排除。若采用多条（例如三条）通道同时采集一个接点的状态信息，当某一通道发生故障时，不仅可以被及时发现，而且还可采用多数表决的方式保证正确输出，能显著地提高系统的利用率。

3. 多路开关输入电路

在图6-15所示的输入电路中，可把计算机输出的脉冲串看成是输入电平的调制信号，即由它将稳定的高电平调制成了脉冲串（数字信号）。现在，如果这调制信号被多路输入电平所共用，就可构成如图6-16所示的多路开关输入电路了。

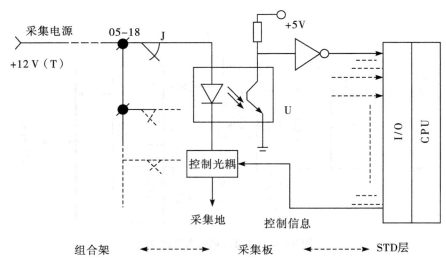

图6-16　多路开关输入电路原理图

二、故障—安全输出接口电路

广泛使用的信号机控制电路和道岔控制电路，经长期实践检验，被证明是确实可行的故障—安全电路。计算机联锁系统只要在此基础上设计出相应的驱动电路，带动继电器动作，通过继电控制电路控制现场设备，即可满足系统对输出接口的各项技术要求。

前面提到过，联锁机输出的控制信息是代码形式的，且信号电平很低，直接驱动继电器动作是不能实现的，所以需要将计算机信息的代码转换成电平形式，并将电平放大到足以驱动继电器的动作，同时还要满足故障—安全原则。为此要经过"代码→动/静"和"动/静→电平"的两级变换。

1. "代码→动/静"变换电路

"代码→动/静"变换电路是联锁机输出控制信息所必须经历的过程，这种变换可分成软件变换和硬件变换两种实现方式。

软件变换是在计算机内部进行的，即计算机在输出如"开放信号"或"动作道岔"此类控制命令时，利用软件把相应的命令代码变换成脉冲序列。这样一来，当输出电路的任何一点发生固定型故障时，计算机就把脉冲串自动地变成稳态输出（1或0），从而达到故障—安全的目的。这种方式虽然节省了硬件，但占用了计算机的处理时间。

硬件变换可以采用移位寄存器来实现。例如图 6-17 所示的变换电路,计算机先将危险侧控制代码并行送入移位寄存器中,然后计算机再将寄存器中的代码读入,在检查代码没有因故障发生畸变后,启动控制时钟,推动移位寄存器代码串行输出形成脉冲序列,完成代码→动/静变换。该变换电路,利用了闭环检测方法,当组路发生故障时不会有脉冲序列输出,故是故障—安全的。

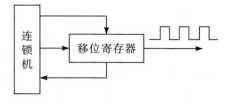

图 6-17　移位寄存器代码→动/静变换

图 6-18 是双代码比较的"代码→动/静"变换电路。两组代码 A 和 B 来自两个计算机(也可来自同一计算机的两个输出口),这两个代码必须具有如下特征:若是次安全侧代码,它们的最高位必须是互为反向的,而其他位必须是一致的,例如一个为 1010,另一个就要是 0010;如果两个代码是安全侧代码,则各位都必须是一致的。

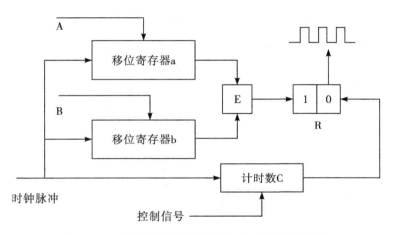

图 6-18　双代码比较的"代码→动/静"变换电路

当两个代码并行地送入寄存器 a 和 b 后,在时钟脉冲的推动下,寄存器中的代码被串行地送到异或门(E),按位进行比较。当一个次安全代码的最高位通过异或门时,异或门就输出一个高电平脉冲;当安全侧代码通过异或门比较时,异或门不会输出高电平脉冲。这样一来,当 a 和 b 不断地接到次安全代码时,异或门就输出脉冲串。在异或门的输出端接有一个双向移位的两位寄存器 R,它的初始状态为 10。R 右端的输入信号来自计数器 C,它在异或门每输出一个高电平脉冲后也输出一个高电平脉冲,并推动 R 左向移位。这样一来,当次安全代码不断地输入到 a 和 b 时,则寄存器 R 就不断地左右移位,从而在它的输出端产生了脉冲串。当 a 和 b 中的代码是安全侧代码时,异或门无脉冲输出,计数器 C 在控制信号的作用下也无脉冲输出,于是,寄存器 R 也不移位。这样就实现了代码→动/静变换。当 a 和 b 收到的代码由于电路故障而发生了畸变时,两个代码至少有两位不一致,或者完全一致,那么在一个代码周期内,异或门至少输出两个脉冲,或者不输出脉冲,结果使 R 连续右移两次或者左移两次,使其内容成为 00,而后除非重新启动,否则 R 再也不会左右移位了,只输会出为固定电平,从而实现了故障—安全要求。

2. "动/静→电平" 变换电路

这个变换要求把代表次安全侧的脉冲串变换成高电平，把代表安全侧的稳态电平（1或0）变换成低电平，当电路发生故障时，该变换电路只能输出低电平，以满足故障—安全要求。所以，这种电路也称为动态鉴别电路、动态驱动电路或动态继电器电路，一般是由控制命令输出、光电隔离电路、驱动放大电路及继电器组成。

（1）动态继电器电路

动态继电器是早期部分双机热备计算机联锁系统所常用的接口电路，由于该继电器是计算机输出的动态脉冲信号驱动的，故称为动态继电器。不同型号的计算机联锁可能会采用不同的动态继电器，主要有 JDXC-1000 型、JAC-1000 型和 JARC-1000 型。它们将光电隔离电路和驱动电路设计于偏极继电器内部，为让出空间放置电路部分，其继电器接点减少为四组。虽然动态继电器将逐渐被"驱动组合"（后面有介绍）所代替，但目前正应用的设备中还存在动态继电器，故在此也做一介绍。

图 6-19 是动态继电器（JAC-1000）原理图。正常情况下，在计算机没有输出控制命令时，G_1 截止，由控制电源（KZ）经由 R_2、D_1 和 D_2 向电容器 C_1 充电。当充电电压接近电源电压时，充电过程结束，此刻电路处于稳态。这时由于 C_2 两端无电压，偏极继电器 J 处于释放状态。当计算机需要动作继电器时，便发送控制命令（脉冲序列）：当 73 端处于高电位时，G_1 导通，电容器 C_1 放电，C_1 放电的电流一方面通过 G_1 的集—射极、偏极继电器 J 的线圈及 D_3 形成回路使 J 吸起，另一方面经 R_3 向电容器 C_2 充电；当 73 端由高电平变为低电平时，G_1 又重新截止，电容器 C_1 又得以充电，此时靠 C_2 的放电使 J 维持不落。这样，在脉冲序列高低电平变化的过程中，G_1 不断地导通与截止，C_1 和 C_2 也就不断地充放电，使继电器励磁并保持吸起，直到计算机端无控制命令（脉冲序列）输入为止，因 C_2 得不到能量补充，待其端电压降到继电器落下值时，J 才失磁落下。

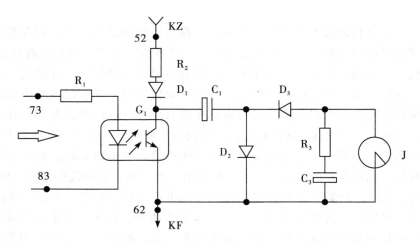

图 6-19 动态继电器原理图

该电路不仅能防止一两个脉冲的干扰而使继电器误动,同时由于J采用了偏极继电器,能够鉴别电流方向,还可以防止当C_1和D_3都击穿时造成的继电器错误吸起。

图6-20是另一种动态继电器中的变换电路。当有脉冲串输入时,晶体管T_1和T_2交替地导通和截止。当T_1导通T_2截止时,电容器C_1经由T_1和D_2得到充电;当T_1截止T_2导通时,C_1经T_2、偏极继电器J以及D_1放电(同时向C_2充电),使J吸起。接下来在C_1被充电时,由C_2放电让J保持吸起。在T_1和T_2交替导通和截止的过程中,C_1与C_2交替地经J线圈放电,只要控制命令不消失,J一直保持吸起位。

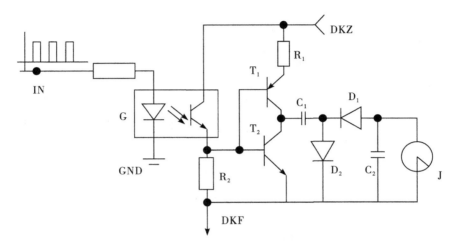

图6-20 动态继电器变换电路

各厂家实际的动态继电器控制电路,虽然不尽相同,但都是基于上述电路的基本原理设计的。

(2) 双门驱动的动态继电器(JARC-1000)

JARC-1000型动态继电器,是双门驱动的动态继电器,主要用以满足双机热备冗余方式的计算机联锁系统的使用要求。其电路如图6-21所示。一般规定73、83端口由联锁机(或执表机)A驱动;72、82端口由联锁机(或执表机)B驱动,而联锁机A、B的控制权是由局部电源52、62端的电源极性来决定的。当局部电源52为正62为负时,A端口(73、83)控制有效,此时73接信号正极,83接负极;反之,当局部电源52为负62为正时,B端口(72、82)控制有效,此时72接信号正极,82接负极。

同单门动态继电器一样,当A路或B路有序列脉冲的控制信号时,固态继电器H随控制信号高低电平的变化而不断地导通与截止,电容器C_1和C_2也不断地进行充电、放电,使继电器可靠吸起。

其动态特性是当局部电源24V,52为正、62为负,A端口驱动电源为24(或12)V、方波驱动频率为5Hz时,继电器应可靠吸起;此时,把局部电源极性颠倒过来,继电器应不吸起。当局部电源调至30V,A端口驱动电源调至24(或12)V、方波驱动频率0.5Hz时,继电器应不吸起。在驱动端口改为B端口(72、82)时,局部电源极性要随之改变。

(3) 使用脉冲变压器的"动/静→电平"变换电路

其电路原理如图6-22所示。由图6-22看出，脉冲串经由光电耦合器后，驱动晶体管T_1交替导通、截止，使接于T_1集电极上的脉冲变压器中产生电压输出，经整流后使继电器J吸起。该电路的关键部件是脉冲变压器，当电路输入固定电平信号时，由于脉冲变压器的隔离作用，其输出端不会有电压信号产生，继电器处于落下状态。在电路发生故障时，变压器也不会有高电平输出，所以该电路是故障—安全的。

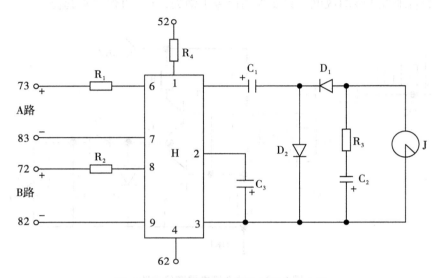

图6-21 双门驱动动态继电器变换电路

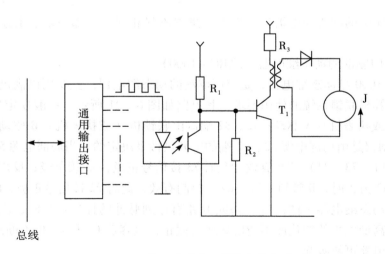

图6-22 使用脉冲变压器的变换电器

以上介绍的输入/输出电路能在电路发生故障时，使逻辑变量导向安全值。但对于输入和输出电路还有一个重要的要求，就是当电路，特别是地址线及译码器，发生故障时不应将数据引到错误的去处，否则也会造成危及行车安全的后果。在上面所介绍的几种电路中，有的能够满足这个要求（例如具有闭环检查和输出比较的电路），有的则不能（例如动/静→电平变换电路）。对于后者，必须利用软件或硬件的方法，检测数据是否引到了错误的去处。这里不再进一步讨论了。

三、动态驱动单元

动态驱动单元又称动态驱动组合，它把 4 组动态驱动电路组合在一起，并单独地安装在一个安全型继电器匣内（外形同普通的继电器，也采用插接式）。一个动态驱动单元可以驱动 4 个 JPXC-1000 型偏极继电器。动态驱动单元的动态驱动电路的原理，同动态继电器的驱动电路原理一样。4 组动态驱动电路中的每组驱动电路都有 A、B 两个输入端，分别接受主控系统 A、B 机的输出脉冲控制，并有相应的灯光指示。A、B 双路输入只有一路有效，其控制选择权除采用切断备机驱动回线的方式外，更主要的是由动态驱动电源的输入方向来决定的（原理同双门驱动动态继电器变换电路）。

图 6-23 所示是 DTB-4 型动态驱动单元的接线图。

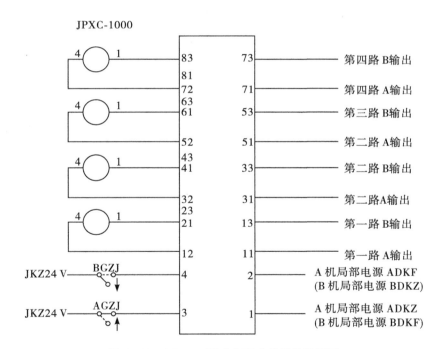

图 6-23　DTB-4 型动态驱动单元的接线图

第三篇 几种常用计算机联锁系统

目前国内市场上的计算机联锁系统有很多类型,从事计算机联锁领域研究工作的厂家也有很多,主要有铁道部科学研究院通信信号研究所的 TYJL 系列——双机热备式 TYJL-II 型、三取二式 TYJL-TB9 型、二乘二取二式 TYJL-ADX 型;通号集团公司研究院的 DS 系列——双机热备式 DS6-11 型、二乘二取二式 DS6-60 型和 DS6-K5B 型;北京交大微联科技有限公司的 JD 系列——双机热备式 JD-IA 型、二乘二取二式 EI32-JD 型;卡斯柯信号有限公司(CASCO)的双机热备式 VPI 型、二乘二取二式 iLOCK 型。另外从国外引进的计算机联锁类型有 SICAS 型(SIEMENS 公司研制,双机热备方式)、MI-CROLOCK II 型(USSI 公司研制,双机热备方式)、PMI 型(THALES 公司研制,双机热备方式)。

在我国城市轨道交通中所应用的计算机联锁设备主要有国内的 TYJL-II 型、DS6-11 型、VPI 型和 iLOCK 型,国外的 SICAS(西门子)和 MI-CROLOCK II 型。前四种主要用于车辆段,后两种主要用于正线。

从系统配置的角度来讲,所有的计算机联锁系统设备,都不外乎双机热备配置、三取二冗余配置、二乘二取二冗余配置。本章将以这三种配置为框架,选择目前常用的几种设备,对其基本原理及其特点和优势进行介绍,对其具体的操作与应用方面不做具体介绍,读者可选择对应类型的教材或使用手册学习。

第七章 TYJL-Ⅱ型计算机联锁系统

TYJL-Ⅱ型计算机联锁系统采用双机热备配置，属分布式多处理机系统，采用模块化结构，根据站场的实际需要，可进行拼接、配置灵活，具有远程和区域控制能力，可满足从特大型枢纽站场到城市轨道交通等不同规模和不同功能的需求，具有优良的性能价格比，它也是第一个在国内城市轨道交通中投入使用的计算机联锁系统。

第一节 TYJL-Ⅱ型计算机联锁系统的结构

TYJL-Ⅱ型计算机联锁系统，其主要设备包括监控机（上位机）、控制台、联锁机、执行表示机、继电接口电路、维修机、电源屏、人机接口设备和室外设备等。系统内部各子系统之间采用STD网络通信。

一、系统设备基本构成

TYJL-Ⅱ型计算机联锁系统的各部计算机均为主备双套，其中联锁机和执行表示机均为双机热备，具有自动切换和保护功能。其他计算机，如监视控制机由人工切换。各备用机同样构成系统与主机同步工作，备用系统根据需要可脱机，供试验与维修。

图7-1所示是集中控制站（设备集中站）内联锁设备构成的示意框图。按存放地点的不同，设备分三大块（或称之为三层结构形式）：控制室（对城市轨道交通而言，除站控设备外，其主控制监督为控制中心）、机房设备（监控、执行表示及联锁运算计算机，另外包括组合架、分线盘等。对城市轨道交通而言，如果采用区域式控制模式，机房设备放在集中控制站的信号设备房内）和室外设备（城市轨道交通中统指为轨旁设备，主要是道岔、信号机、轨道电路或计轴设备）。

二、系统设备体系结构

图7-2是TYJL-Ⅱ型分布式联锁控制方式体系结构框图。
为了适应信号设备集中测试维护的要求，监控机和电务维修机（维修终端）通过双重局域网与远程维修终端、CTC（调度集中）或TDCS（调度指挥管理系统）等系统实现通信联络。

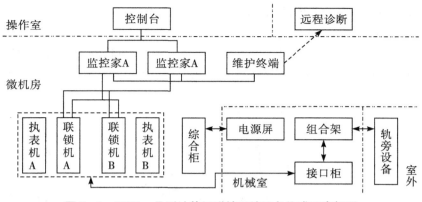

图 7-1　TYJL-Ⅱ型计算机联锁系统设备构成示意框图

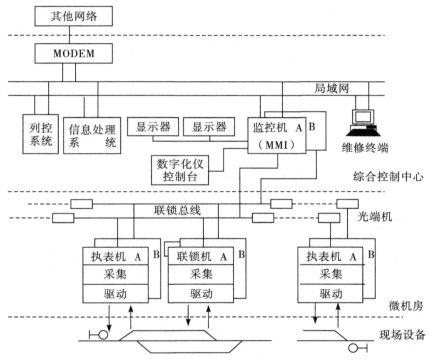

图 7-2　TYJL-Ⅱ型分布式联锁控制方式体系结构框图

执行表示机是对联锁机容量的扩充。当车站规模比较小时，可以不设执行表示机，对于规模较大的车站可以增加一套或几套执行表示机。对于控制范围较大的车站，也可将执行表示机设在监控对象的附近，联锁机与执行表示机通过光纤通信实现远距离控制。

在分布式联锁控制（或区域控制方式）方式下，各站的联锁设备通过双套的联锁总线与控制中心通信（对城市轨道交通而言，只在集中控制车站配置联锁设备，不像铁路所有车站都设联锁设备）。

此外，TYJL-Ⅱ型计算机联锁系统还可以与 ATS、试车线和正线联锁等设备进行良好的结合，并可以向 ATS 中央系统提供进路、信号机、道岔、轨道电路、股道等状态信息，且采用了可靠的隔离措施，以确保不影响联锁设备的正常工作。

图 7-3 是其系统的设备布置示意图，从中可以看出该系统的实际设备在现场的实际分布。此外，不仅仅是 TYJL-Ⅱ型计算机联锁系统，其他 TYJL 系列的计算机联锁系统的设备分布都是按照这种方式来设计的，在后面进行该系列产品介绍时就不再赘述了。

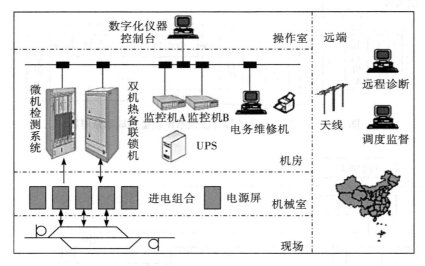

图 7-3　TYJL-Ⅱ型设备布置示意图

三、系统软件体系结构简介

TYJL-Ⅱ型计算机联锁系统的软件，对照硬件的结构也划分为三个层次（不包括现场设备）：人机对话层、联锁逻辑运算层和执行层，各个层次又可以根据功能划分为几个模块。软件多采用 C 语言和汇编语言进行程序编写，软件之间利用通信软件进行数据的传输，以实现计算机控制联锁的功能。其系统软件的结构如图 7-4 所示，各种软件包之间又由专用的通信软件实现沟通。

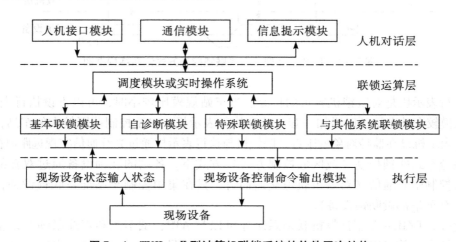

图 7-4　TYJL-Ⅱ型计算机联锁系统的软件层次结构

(1) 人机对话层

此层包括的主要软件有按钮命令处理软件、进路初选软件、图像显示软件和记录、储存、打印软件。软件多为 C 语言编制。

监控机的软件是用 C++ 语言编写的，运行在 DOS 环境下。图像、链表和按钮数据均由 CAD 工具直接生成。程序与数据完全分开，对各站来说程序是通用的，不同的是站场数据文件，由 CONFIG.TXT 文件给出使用的数据文件名、控制台采用什么操作（如鼠标还是单元按钮）、机柜的配置数量等。

(2) 联锁逻辑运算

联锁软件编制时的逻辑思想与继电联锁有许多相同之处，如信号开放后，继电联锁是靠网络线的供电来证明信号开放条件的具备，而计算机联锁是靠 CPU 每次程序循环沿着模块链进行检查的，其思维与继电联锁完全相同。

联锁逻辑运算软件划分为操作输入及控制命令形成模块、操作命令执行模块、进路处理模块和表示输出模块。

另外，为提高联锁软件的可靠性和故障—安全性，系统应用双套软件，并实行在控制命令输出级比较，只有当它们形成的命令结果一致时，才向外发出驱动命令。

(3) 执行层

执行层的软件包括安全输入程序和安全输出程序，前者完成对现场设备状态信息的读入任务，后者承担向现场设备输出控制命令的职责。

第二节　TYJL-Ⅱ型计算机联锁系统特点与功能

对计算机联锁系统来说，就功能而言，在大功能模块上所要完成的功能，基本是相同的，即便不同型号的设备其系统架构多少有点区别，但总体实现的功能不变。当然，这也决定了它们在性能上的差别不大，只是由于各生产厂家的立足点不同或者重点考虑的观点不同，或系统架构形式的不同，或所采用的具体技术手段的不同等，带来了一些个性上的特点。比如，各家都会在系统的安全性、可靠性及可用性上加以强调，因为无论你有什么样的优势，如果失去了安全性是直接要被否定的。这里我们也简单列述一下 TYJL-Ⅱ型计算机联锁系统的特点。

一、系统的主要性能特点

1. 系统的安全性

(1) 系统严格采用闭环控制原理，对输出控制命令采用分层双重回读的闭环控制。

(2) 采用动态输出方式，当软件、硬件故障时，系统将自动停止动态输出。

(3) 采用多种软件冗余技术，确保系统的高安全性。

(4) 信息采集采用动态检查、双译码校核以及采集总线控制命令回读的工作方式，以确保采集电路的故障—安全。

（5）采用专用的、无任何"黑箱"部分的软件平台和全部软件固化后"就地"运行的工作方式，提高系统软件的可靠性和安全性。

（6）联锁总线采用专门研发的安全信息通道。

2. 系统具有高可靠性和出色的可用性

（1）系统全面采用成熟的计算机技术、网络通信技术和工控技术。

（2）该系统直至 I/O 接口及配线部分均为双套，热备时任何部分故障，均不影响正常使用。

二、各子系统的硬件组成与功能

1. 监控系统

监控系统即为人机接口，此系统的人机界面软件安装在监控机中，其子系统主要由监控机、电务维修机及控制台、显示器等外围设备组成，如图 7-5 所示。图中视频线、鼠标线和声卡线，均为专用的屏蔽电缆经切换装置后再与控制室（或称运转室）内的控制台相连。切换装置有两种安装方式：一种装于控制台内；另一种安装于计算机房内的计算机桌内。监控机通过以太网卡与维修机通信，ARCNET 网卡用于连接联锁机的通信。图 7-6 是监控机内部主要设备（各种板卡）组成情况示意图。

监控机除具有控制台屏幕显示和语音、文字提示与时钟信息、操作处理、进路预选、站场变化及设备工作状态记录、错误提示，以及向联锁机传送初选的进路控制命令及其他操作命令信息，同时接收联锁机发送的道岔、信号机、轨道电路等表示信息等常用功能之外，还能自动存储信息，如车站值班员所有的操作，道岔、信号、轨道表示信息及联锁系统的工作状态等信息，并能将这些信息形成以日期为文件名的信息记录文件。另外，它能通过以太网和电务维修机交换信息，向其他设备提供信息记录和未存盘的各种信息，还能接收维修机修改的时钟信息等，并能同 CTC、TDCS 通信，为控制中心提供站场信息。

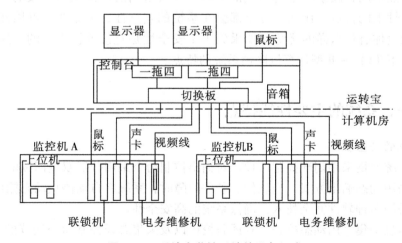

图 7-5　系统中监控系统的设备组成

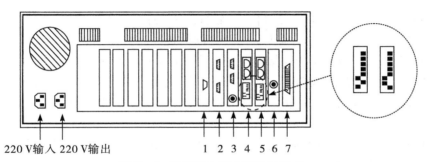

图 7-6 监控机内部主要设备组成

1：以太网卡（与维修机通信）；2：RS-232 串口扩展卡（与微机监控等设备的接口）；
3：主板；4、5：ARCNET 网卡（与联锁机通信）；6：语音板（连接控制台喇叭）；7：多屏卡

2. 联锁机（执表机）系统

联锁机和执行表示机（简称执表机）的硬件组成结构基本相同，主要由微处理器、信息采集板及控制驱动板和电源装置三大部分组成，如图 7-7 所示。

（1）计算机层

图 7-8 所示为联锁机和执表机的结构组成图，它们均由下列 STD 总线的单元模块组成。

①CPU 板（APCI5093 型）：联锁机（执表机）的应用程序固化在 CPU 板的 Flash 芯片上，只要开机即开始运行。其面板上有 8 个指示灯（运行、工作、同步、通信、中断及错误等），由报警板直接控制其显示。

图 7-7 联锁机和执行表示机组成

②STD-01 网络板：联锁机插两块，一块用于主备机通讯，一块用于与监控机和执表机通信；因执表机不完成主备机通讯，故只插一块。板上通过短连跨线设置其通信端口。

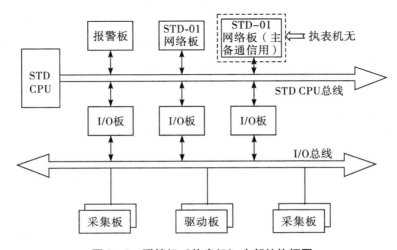

图 7-8 联锁机（执表机）内部结构框图

③1604 I/O 板：1604 I/O 接口板一侧通过 STD 总线与主板连接，另一侧与信息采集板或输出驱动板连接。为了减少板与板之间的连线，采用 I/O 总线（母线）的工作方式，即把各采集板或驱动板连接到同一母线（I/O 总线）上。计算机通过 1604 板为母线提供输入/输出端口，其板上有 8 个 I/O 端口地址，每个端口地址有 8 位输入、输出，可输入或输出 64 位信息量。计算机根据板上的短路跳接线的位置，确定端口地址号。

1604 I/O 板具有输出回读功能，可以用来检查输出信息的正确性。其输入或输出板通用，只在采集或驱动机笼母板处区分其功能。

执表机只负责表示信息的采集和控制命令的执行，不参与联锁运算，类似于简单的逻辑系统。不是所有的车站都有执表机，只有当联锁机柜的容量不能满足车站监控对象数量的需要时，才设执表机。执表机的容量为 640 个二进制对象，控制容量为 256 个二进制对象。

（2）电源层

电源层主要供给 STD 微机系统、采集板和驱动板各种所需电源，包括总线电源（+5V、±12V），采集电源（+12V（T）），驱动电源（+12V（Q））。其电源装置结构如图 7-9 所示。

该层 A 机放置切换单元，B 机放置地线检查器。各路电源在机柜的电源面板上均装有电源指示灯、测试孔、电压测试按钮和电压显示屏。按压电压测试按钮（总线、采集、驱动），可在电压显示屏读出相应的电压值。切换单元内包括监控机切换手柄、联锁机切换手柄、联锁机工作或备用指示灯及联机按钮。

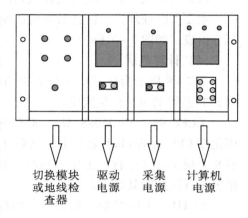

图 7-9 电源装置结构图

联锁机切换手柄为三位式手柄（机柜类型不同时其位置可能有所不同），它直接控制切换电路，其左侧位置为人工指定 A 机为工作机，B 机脱机；右侧位置为人工指定 B 机为工作机，A 机脱机；中间为自动位置，手柄在此位置上，在备机同步的情况下实现自动切换功能。必要时可人工将切换手柄置于 A 机或 B 机位置，强制成 A 机工作或 B 机工作。

（3）采集层和驱动层

通常在联锁机柜的第三层和第四层，安放采集板和驱动板。每层最多可容纳 14 块模板。为了减少机柜内板与板之间的连线，这两层均采用公共母板结构，母板上设有多个双列 80 芯插座，其中第三层母板固定插采集板，第四层母板固定插驱动板。

一般地讲，联锁机机柜和执表机机柜的采集板数，均为 12（最多 14）块，每块采集板或驱动板的信息采集量或控制命令数均为 32，且对应有一块 32 芯端子（即一块板可采集或控制 32 个对象，并对每一路信息设指示灯：采集板为红色，驱动板为绿色，各指示灯的显示意义可参看手册）。必要时，采集板的容量可扩充到 20 块，安排在机柜的第四层，编号为 409～412（414），这样，每一台联锁机机柜或执表机机柜的容量为 640 个（以 20 块采集板计算：20×32）表示信息，256 个（以 8 块驱动板计算：8×32）控制对象。设计时可视站场规模，决定执表机的增删。若站场规模较小，监控对象数尚未超出一个机柜的容量，则可不设执表机；反之，当站场规模较大时，可通过增设执表机满足容量要求。

通常每一机柜的第一块驱动板的 1、4 位用于驱动事故继电器。平时工作机的事故继电器在吸起位（其面板上的第一个事故指示灯闪）。当工作机出现关键性故障时，备用机发出倒机命令，实现自动切换。

（4）零层

其机柜结构，不同的生产厂家可能有所不同。通常它位于机柜背部最下方，由电源开关、地线端子、零层端子、通信插头和测试切换手柄、切换继电器组成。

电源开关控制机柜的输入电源；地线端子有三个：数字地、采集地和驱动地，其逻辑地（数字地、采集地）接大地，驱动地浮空调；零层端子为一个 32 芯端子（取名 01 端子）；测试切换手柄、切换继电器用于软件脱机测试；通信插头用于环连联锁机与监控机、执表机的通信线。

3. 维修诊断系统

维修诊断系统主要是由电务维修终端实现其功能。电务维修机通过与主备监控机连接，接收监控机送来的系统运行状态的各种信息，储存记录系统的全部运行信息，向监控机传送修改后的时钟信息。它是计算机联锁系统的重要辅助设备，能为维修人员提供人机界面。与其他系统的连接一般也是通过维修机实现的。

电务维修机除主要有屏幕显示、图像再现、时钟调校、帮助、记录功能外，还有与计算机监测及 TDCS、CTC 的接口功能，以及与远程诊断设备的通信功能。其中记录功能主要完成操作记录（车站值班员的操作过程）；铅封按钮记录；变化（所采集的变化）信息记录；提示信息（控制台错误提示）记录；报警记录（各种报警提示信息）等。

4. 接口系统

TYJL-II 型计算机联锁系统基本上完全保留了 6502 继电集中联锁对室外设备的控制和表示电路（如道岔控制电路、信号点灯电路等），以这些电路中的相关继电器（定/反位操纵继电器、定/反位表示继电器、轨道继电器、信号继电器和灯丝继电器等）为界面进行控制和信息采集。

系统通常在机械室内靠近计算机房的地方设置接口架，由联锁机、执表机的零层端子，采集层和驱动层引出的采集回线和驱动回线以及大量的采集和驱动电缆均以 32 芯插头插接至本接口架的里侧。接口架是主控系统与接口系统的一个十分清晰的分界面。

接口系统可分为两大部分：一是基本未做更改的 6502 继电电路以及其他电路或系统；二是计算机联锁所特有的电路，分为采集电路、驱动电路和专用防护电路。

第三节　TYJL-Ⅱ型计算机联锁系统接口电路

TYJL-Ⅱ型计算机联锁系统的接口电路分为两级，第一级是1604 I/O接口板，第二级是光电隔离的信息采集板和输出驱动板。两级接口板采用34芯扁平电缆（实用32芯）连接。采集板和驱动板与继电器组合架通过电缆连接，由采集板连接继电器的接点采集现场信号设备状态的信息；由驱动板输出控制命令驱动执行继电器控制动作现场的信号设备动作。

一、1604 I/O接口板

一个1604板分组出8个8位的输入、输出端口，按两个一组分配到$J_1 \sim J_4$的四个连接器上，然后$J_1 \sim J_4$通过扁平电缆连接到采集板或驱动板的公共母板（底板）上，可为8块采集板或驱动板提供所需端口。图7-10所示为其端口分配图。1604 I/O板各端口的功能简述如下。

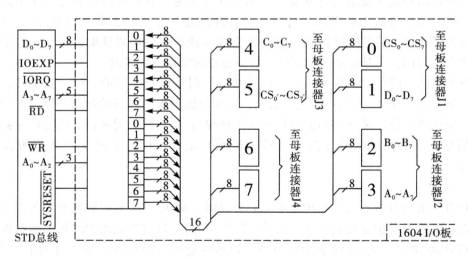

图7-10　1604 I/O板端口结构分配框图

①端口0为板选端口，$CS_0 \sim CS_7$其8位信号的每一位线对应地连接到各底座板（采集或驱动母板）的固定端子（如A_5）上。这样看来一块1604 I/O板共可以选通8块采集板或驱动板。$CS_0 \sim CS_7$为低电平有效，当某块采集板的CS_n位为低电平时，表明CPU可从该板中读入采集信息（对驱动板言，可以回读驱动信息）。每块采集板（驱动板）的32位信息对应32个采集（或驱动）单元电路，分成四组，计算机同一时间只读一组8个单元的信息数据，此时选读哪一组单元由端口4送出的单元选通控制信号$C_0 \sim C_7$决定。

②端口 1 为采集板数据输入端口或驱动板控制命令输出端口。$D_0 \sim D_7$ 的 8 位信息线分别与母板座的 $A_7 \sim A_{10}$ 和 $B_7 \sim B_{10}$ 端相连，并且所有 8 块母板的 $A_7 \sim A_{10}$ 和 $B_7 \sim B_{10}$ 端是由公共母线并联在一起的，也即所有采集板（驱动板）的数据线是公共的。由于 CPU 读取数据时是先选择一块板（由板控信号 B_n 决定），再读入该板的某一组（8 位）信息的，所以不会发生数据冲突。

③端口 2 为采集板板选控制信号或驱动板列选控制信号的输出端口。$B_0 \sim B_7$ 的 8 位线分别与 8 块母板座上的 A_{11} 端子相连。当 B_n 有效时，板选信号 CS_n 及单元选通信号 $C_0 \sim C_7$ 的有效命令才会起作用。

④端口 3 对于采集板而言是其组选（或叫列选）信号输出端口。采集板的 32 位输入信息分成四组（8 位一组），采集信息分别暂存在采集板内的 4 个采集芯片缓存中。采集板只需要从 STD 总线引入 A_0、A_1 两位控制线，分别连接到各母板座的 A_{13} 和 A_{14} 端子，且所有 8 块母板座的 A_{13} 和 A_{14} 端子是共连的。端口 3 送出的 A_0、A_1 两位信息的不同组合（如 00、01、10、11）分别决定着哪一组缓存中的采集信息被 CPU 读入。端口板的其余命令线（$A_2 \sim A_7$）是给驱动板用的。

⑤端口 4 为采集板的采集单元的选通信号输出端口，或驱动板的驱动回读数据输入端口。$C_0 \sim C_7$ 共联到所有母板座的 $A_{17} \sim A_{20}$ 和 $B_{17} \sim B_{20}$ 端子上，即该 8 位母线是公用的。

⑥端口 5 为采集板的采集单元选通控制信号的输出端口，或驱动板驱动回读板选信号的输出端口。$CS_0' \sim CS_7'$ 分别连接到 8 块母板座的 A_{21} 端子，CS_n' 为低电平有效。

图 7 – 11 为采集母板配线图，图中每个母板座的 $A_{25} \sim A_{40}$ 及 $B_{25} \sim B_{40}$ 端子共 32 位，是对应每块采集板（或驱动板）的 32 路输入（驱动命令输出）端，由 32 芯电缆与组合架的接口架相连，所以在采集层（或驱动层）可以看到每块采集板（驱动板）都对应一个 32 芯电缆插座。

二、信息采集电路

TYJL – Ⅱ型计算机联锁系统的信息采集主要是由采集板完成的，各采集板的 32 个采集端分成 "$A_8 \sim A_{15}$、$B_8 \sim B_{15}$、$A_{26} \sim A_{33}$、$B_{26} \sim B_{33}$" 共四列，每列对应 8 个采集单元，由 1604 板选通某一板某一列的采集单元。该列采集单元被选通后，由 1604 板先输出全 0 信号，关闭所有光电耦合单元，计算机收到全 0 信息后，再输出全 1 信号，打开该列各光电耦合单元，采集 1、0 相间的动态信息。这样可以防止某一采集单元发生故障时采集到错误的信息。

单元状态信息采集电路如图 7 – 12 所示。采集单元选通端收到脉冲，光电耦合管 H_2 交替导通。当采集条件接通时（GJ↑），则光电耦合管 H_1 随 H_2 导通截止，C_1 交替充放电。数据输入端将 1、0 相间脉冲送入计算机。采集条件未通或选通端无脉冲或采集电路的任一元件故障时，H_1、H_2 均不能交替导通截止，数据输入端不能收到 1、0 相间的脉冲，从而实现故障—安全。采集电路的原理，可参阅前一章的基础理论部分。

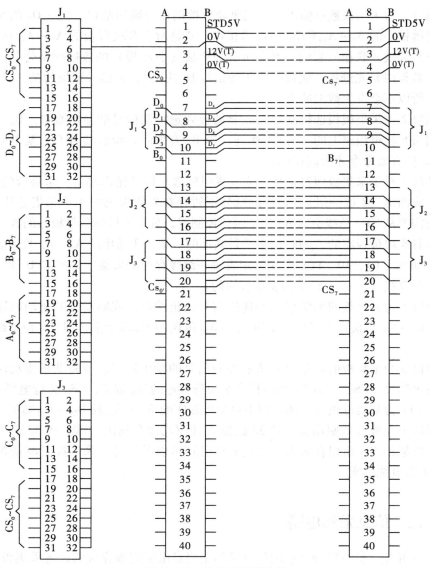

图 7-11 采集母板配线图

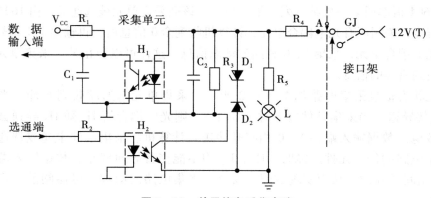

图 7-12 单元信息采集电路

三、控制命令输出电路

系统控制命令的实现，是依靠驱动板和动态继电器完成的。1604板与驱动板的各驱动单元的控制关系与采集板类似。输出驱动板的容量是每板32个驱动单元，每8个单元电路一组，一块驱动板同一时间最多能同时驱动8个动态继电器。所有的驱动电源集中从联锁机（执表机）零端子板的01－24（01－23、01－25与01－24是相连的，这点在后面讲到）端子，同其他零端子引出线一道由32芯电缆连至组合架接口架，后再经组合架零层、组合侧面端子（如05－17或05－16）环连。该电源环线称之为驱动回线。而每个驱动单元送出的一组驱动信号线，并集中一块驱动板的其他31路驱动信号线共32路，经一个32芯插头电缆引出至接口架对应的32芯插座上，最后分别引到各动态继电器输入端或驱动组合的相应端子上，可以驱动32个对象（动态继电器）。其结构如图7－13所示。

图7－14所示是驱动板中32个驱动单元电路的一个单元驱动电路原理图。联锁机（执表机）以动态脉冲方式输出驱动命令，当该列的驱动单元被选通后，该单元对应的控制命令输出端输出动态脉冲，它控制光电耦合管H_2交替导通截止，同时使H_1随H_2动态工作。于是在

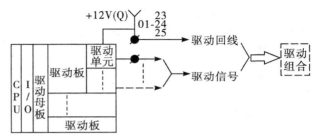

图7－13 驱动电路结构示意图

驱动信号输出端A_n（如图中A_8或B_8）处便产生反向动态脉冲信号，控制动态继电器吸起。若系统采用反馈校核法即具有驱动校核功能，则把光电耦合器H_1的输出端信号再回读到计算机（CPU）。计算机如果不能收到回读的动态脉冲，将停止向控制命令输出端输出动态脉冲，防止执行继电器错误吸起。

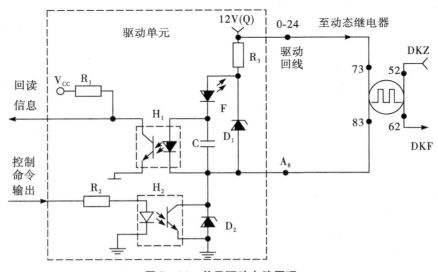

图7－14 单元驱动电路原理

动态继电器的控制与动作电路的原理部分请参看前一章的相关内容（本系统采用动态驱动单元的是双门驱动的动态继电器电路）。

四、继电器接口电路

1. 继电器接点结合电路

计算机输出接口输出的动态脉冲信息，由表示回线提供信息采集条件电源12V（T），经采集条件、采集单元将动态脉冲作为该设备的某一状态信息送入计算机，从而实现闭环检查采集条件的过程。计算机发生故障时，12V（T）无电，停止采集信息，以防止产生错误的采集结果。

图7-15是道岔表示继电器接点与接口架的结合电路，每一组道岔使用三个输入接口端子。尽管动态脉冲相同，但道岔的位置不同，收到信息的输入端不同，计算机即可区分出道岔的位置。

对于与安全直接相关的有关继电器，如DBJ、FBJ、GJ、XJ等，计算机不但采集其前接点，还要采集其后接点，由软件对采集的信息进行校核，若均为"1"或均为"0"，可判定采集电路发生了故障，则将其作为安全侧信息（后接点接通）处理，以实现故障—安全。

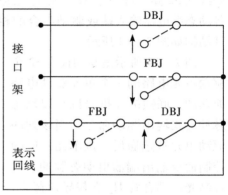

图7-15 继电器接点的信息采集

2. 输出驱动执行结合电路

由于联锁机和执行表示机均采用双机热备的工作方式，A、B两机控制的对象相同，因此系统的执行继电器一般采用双输入动态继电器，每个驱动单元都有两组输入，分别接联锁A机、联锁B机控制命令的输出端。

如图7-16所示，动态继电器由安全型偏极继电器、固态继电器、电阻电容元件构成（该类电路的工作原理，前一章有说明）。它们的驱动回线73、83和72、82以及动态继电器的局部电源DKZ、DKF的极性分别受切换继电器的接点构成的转极电路控制。A机输出时，电路控制52接DKZ、62接DKF，73、83接A机驱动电源12V（Q），使J吸起，此时72、82驱动无效。若计算机发生故障，则12V（Q）断电，停止输出驱动命令。当B机工作时，52接DKF、62接DKZ，此时，73、83驱动无效，72、82驱动有效。

为了不改变原偏极继电器的结构，可将阻容元件、固态继电器组成的控制单元与偏极继电器分开。4个继电器的控制元件放在一起组装，占用一个继电器的位置。通过组合配线将4个普通偏极继电器与控制元件相连，构成一个动态组合（占5个继电器位置），组合架上每一组合位置安装两个小组合。别外，也可将动态控制元件设在联锁机或执表机机柜内。

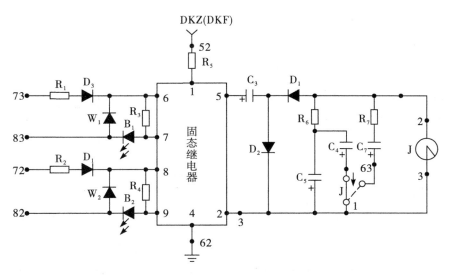

图 7-16 输出驱动执行结合电路

五、驱动的安全保障（事故继电器动作电路）

TYJL-Ⅱ型计算机联锁系统中每一个主控机柜，均专门设置一个特殊的控制单元，该控制单元用于控制本机柜所属动态驱动电路所用的驱动电源，俗称"事故继电器"。事故继电器（SGJ）是为了保证故障—安全而设置的继电器，每一联锁机（执表机）柜各设一个。当机器正常工作时，事故继电器保持吸起，当本机柜发生故障时该继电器失磁落下。

事故继电器控制动态继电器局部电源的供电回路，是形成 DKZ、DKF 的必要条件：SDK、DKF 是由 W/KZ、WKF 通过事故继电器的前接点形成的。事故继电器落下时，切断本机柜控制的动态继电器的局部电源，从而使本机柜控制的动态继电器全部失磁落下（相当于死锁），系统处于安全状态。备机不在同步状态时，它的事故继电器落下是正常的。SGJ 的局部电源由动态继电器专用稳压电源 WKZ、WKF 直接供电（不通过切换条件），SGJ 的驱动回线不经过切换条件。LA（B）SGJ 表示联锁 A（B）机驱动的 SGJ，它们的电路图如图 7-17 所示。

现大多数系统使用专用的事故驱动组合，该组合亦采用动态驱动方式，也有两个控制输入端，但这两个输入并非一般驱动组合中的 A、B 双机驱动的关系，而被要求是来自同一机柜并具有相反相位的动态脉冲，才能使事故继电器吸起。作为最为关键的输出电源控制，在事故驱动组合内设置专用电路，对计算机的输出脉冲相位进行严格检查，当脉冲重叠超过 3ms 时即会熔断组合内的熔断器，切断驱动电源，确保系统安全。

在接口系统中，对应于主控系统的每个机柜，均设有独立的驱动回线和独立的事故继电器，该机柜所属的全部动态驱动单元的驱动电源，均经由其事故继电器的前接点，当事故继电器落下时全部驱动无效。

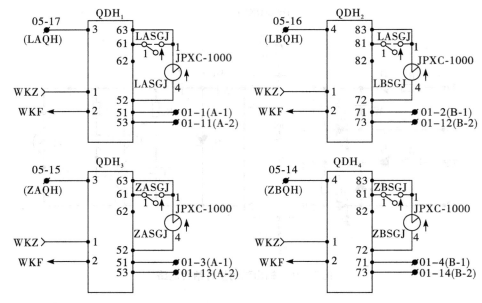

图 7-17 事故继电器动作电路

TIYJL-Ⅱ型计算机联锁系统驱动电路的故障—安全，是由主控系统和接口系统中诸多相关环节共同实现的，具体包括 CPU 及其运行的双通道驱动处理和回检查程序、由 I/O 板形成的驱动总线及其回读控制处理、驱动板及其回读控制处理、动态驱动组合和偏极安全型继电器的应用、具有输出电压脉动故障—安全防护功能的动态驱动电源的应用、具有输入脉冲相位校核及熔断防护功能的事故驱动单元的应用等。此外，还有由 CPU 在线运行的控制表示的逻辑检查、驱动继电器单脉冲瞬间吸起故障检查、道岔驱动双断检查等程序在系统运行过程中不断对故障进行检查。

六、防护电路

TYJL-Ⅱ型计算机联锁主控系统中经过改进的采集板和驱动板已经达到部颁防雷标准，在接口系统中增设的防护电路，是为在重雷区内增强雷电防护能力而设的。它对电气化区段牵引电流的侵入也有相当的防护能力。防护电路由强电防护插件组合、断线检查器和相应的配线规则构成。

目前主要应用 JKFH-2 型防护插件实现防护。插件由 32 个放电管和插件装置构成，直接加插在主控系统和结合系统分界的接口架上原 32 芯接插组合之间。断线检查器对环线进行开路检查，当环线断开（电阻大于 10Ω）或检查器本身故障时即向主控系统发出报警，并在控制台给出醒目提示。断线检查器及报警电路均设计为动态的故障—安全电路，当环线单点开路报警时，两段环线仍然通过断线检查器本身处于连通状态。

第四节　TYJL-Ⅱ型计算机联锁系统的电源系统及应急台

一、电源系统设备组成

电源系统主要由系统电源及配电柜、主控机柜电源、动态驱动电源、切换电源等部分组成。电源分布图如图7-18所示。

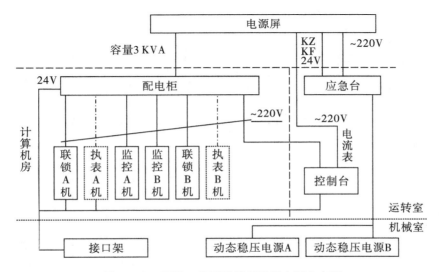

图7-18　TYJL-Ⅱ型计算机联锁电源分布图

1. 系统电源

计算机内的设备采用A、B两路AC 220V电源各自独立的供电方式。由电源屏内的两套隔离变压器分别供给两路AC 220V电源至机房内的配电柜，A、B两路电源各自经相应的空气开关、电源防雷单元和UPS电源，分别引出至对应A/B系的主控机柜、监控机及控制台。采用两路独立电源为A、B两套联锁设备分别供电，主要是考虑到当一路电源故障，或一路电源中的用电设备发生了影响电源的故障（如短路或开机时产生冲击电流造成电压瞬间下滑等造成计算机设备复位或死机等情况）时，不会影响另一路电源供电的设备正常工作。因而在实际使用中应尽量A、B两套设备成系使用，避免交叉连接的工作方式，以减小电源故障时的影响范围。控制台所需电源视A、B两路电源的负载情况由人工选择（通常选择不带维修机的一路电源）。

安装在机械室内的动态稳压电源所需的AC 220V电源，亦由电源屏内的隔离变压器引出。当设计有应急台时，该电源应与应急台的工作电源互切。动态稳压电源为动态组合提供DC 30V局部电源。

2. 配电柜（或综合柜）

采用普通电源屏时配线柜内的结线示意图如图 7-19 所示。

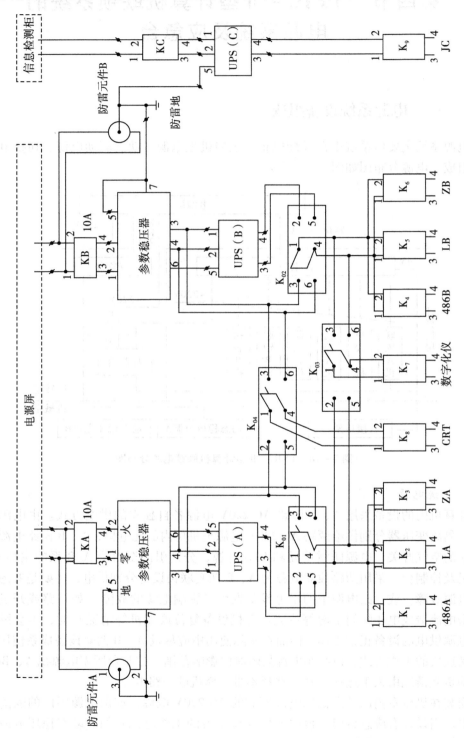

图 7-19 普通电源屏时配线柜内的结线示意图

计算机系统的电源由配电柜提供。配电柜的输入来自电源屏（AC 220V，50Hz，3kVA），输入电源经过 UPS 电路等的净化和稳压，然后再分配到计算机系统中的各种设备中，分别给联锁机、执表机、监控机、控制台提供经参数稳压器和 UPS 稳压的 220V 电源。

配电柜由机柜、防雷器件、UPS 和配电开关组成。配电柜内设计有两个结构完全相同的独立供电回路。从电源屏隔离变压器送来的 AC 220V 电源首先送至空气开关，该开关容量通常设计为 10A，空气开关后面并联了一个 C 级电源防雷器，防雷单元的地线接至逻辑地。电源经过防雷单元后送至 UPS 电源输入端，UPS 通常选择为在线互动式 UPS，该电源对交流电中的干扰成分具有良好的抑制作用。UPS 的输出电源通过不同的空气开关（容量通常为 6A）分别给对应的联锁机、执表机和上位机供电。配电柜里还设计了一个双向闸刀，置于 A、B 两路电源之间，用于控制台供电的切换。一般情况下控制台电源选择负载较轻的一路（通常选择不带维修机的一路电源）。

配电柜内设有一台 DC 24V 电源，即切换电源。

机房用 220V 电源容量与系统配置有关，对使用 4 个机柜、控制台用两台 21 英寸显示器的系统，应使用两台 2.2kVA 的 UPS，由设置在电源屏内的两台 2.5kVA ~ 3.0kVA 的隔离变压器分别供电。

3. 机柜电源

在联锁机柜和执表机柜内，设有 3 台高可靠性工业 AC/DC 电源，一台用于向计算机部分提供 +5V、+12V 直流电源，另外两台分别用于提供采集 +12V 电源和驱动 +12V 电源。

联锁机 A、B 各自的采集电源经二极管后合并输出一条采集回线 LCH；执表机 A、B 各自的采集电源经二极管后合并成一条采集回线 ZCH。为驱动动态组合，每个机柜各自输出一条驱动回线。此外，动态组合为驱动偏极继电器的还需要一个局部电源。以 4 个机柜为例，在组合架上应有以下电源：局部电源 LDKZ、LDKF、ZDKZ、ZDKF；驱动回线 LAQH、LBQH、ZAQH、ZBQH；采集回线 LCH、ZCH。

4. 动态稳压电源

动态稳压电源指计算机输出控制命令的驱动电源，为驱动单元提供极性可变的直流 30V 局部电源 DKZ/DKF、DKF/DKZ。在系统设应急控制台时，动态稳压电源的输入 220V 电源需通过设在应急控制台内的开关供给，即在使用应急控制台时，必需切断动态继电器的供电电源，以保证在使用应急控制台时，计算机输出无效。

动态稳压电源设 A、B 两台，一般采用 AW-8B 稳压电源，这是专为 TYJL-II 型计算机联锁系统设计的动态驱动电源，是能够对输出电压脉冲波动故障进行安全保护并采用故障—安全设计的监控电路。AW-8B 是采用了安全性设计的、具有优良过载短路保护性能的宽负载稳压电源。为了适应不同站场规模，其输出电压设计为 25 ~ 36V 可调。

动态稳压电源的切换电路如图 7-20 所示。其输出端并有输出电压检查继电器 ADQJ/BDQJ。正常时由电源 A 供电，ADQJ 励磁，B 电源处于备用状态。当 A 电源故障停止输出时，ADQJ 落下，改由电源 B 供电。经输出电压检查继电器接点输出的 WKZ、

WKF 电源受到切换电路和事故继电器的双重控制，切换电路控制其极性方向，事故继电器控制其通断。联锁机和执表机供电控制是各自独立的，配线时不可混淆。与一般的动态组合驱动单元不同，各机柜事故继电器的局部电源直接采用 WKZ、WKF。

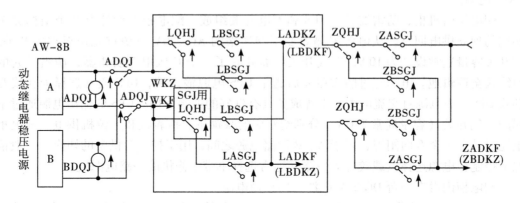

图 7-20 动态稳压电源的切换电路

控制动态继电器需要两种电源：驱动电源和动态继电器局部电源。驱动电源是指计算机输出控制命令的电源。动态继电器局部电源是采用安全设计的稳压电源。从稳压电源引出的 WKZ、WKF 经切换继电器并检查事故继电器工作正常后送到各组合架，经过分保险后供给动态继电器局部电源，它受事故继电器控制，只有在工作机工作正常、事故继电器吸起时，局部电源 DKZ、DKF 才有电。工作机事故继电器的条件是通过切换继电器接点接入局部电源控制电路的，使局部电源只受工作机事故继电器的控制，当工作机故障时，该机所控制的动态继电器全部因断电而失磁落下。为保证动态继电器工作可靠，要求 A 机为工作机和 B 机为工作机时局部电源的极性相反，局部电源极性的倒接亦在局部电源的控制电路中完成。

联锁机和执表机各有一路局部电源 LDKZ、LDKF 和 ZDKZ、ZDKF，配线时应注意不要混淆。

5. 切换电源

配电柜内专设有一台 DC 24V 切换电源，用于 A、B 两套设备的切换。因 A 系设备的工作位置对应于切换继电器的励磁状态，该切换电源输入所需的 AC 220V 电源必须由 A 路电源供给，这样可以保证当 A 路电源故障时切换电源失电，切换继电器落下，自动切换到 B 系工作。

二、应急台（或应急盘）

应急台作为计算机联锁系统的附属人机界面设备，在计算机联锁系统失效时用以控制道岔和引导信号。应急台有直观、清晰的站场图形表示，并有道岔位置及引导信号开放的表示。

双机热备型计算机联锁的两套设备正常时，无须使用应急台，只有两套设备都不能使用时，为了不影响行车，才启用应急台扳动道岔，替代人摇道岔，但应急台没有联锁条件，它的安全要由人来保证。

通过切换电路使应急台控制电路与联锁系统控制电路之间做到电气隔离，且应急台与计算机联锁系统不能同时操作。为此，在应急台上设有两把双刀双掷闸刀，平时闸刀倒向控制台一侧，只有需要控制道岔时才一齐投向应急台一侧，停止使用应急台时应及时把闸刀切换到控制台一侧。

应急箱和应急台的作业方法相似。只是应急箱只能办理引导，只有一个闸刀开关，平时在上，需要办理引导时推到下面。需注意的是，此时并不切断计算机联锁控制电源。

第五节　TYJL-Ⅱ型计算机联锁系统的切换

一、双机切换技术

双机热备系统在纠错方法上多采用切换技术，从系统中撤除出现故障的模块。双机热备系统中双套单机同时执行相同的任务，各有自检测功能，并要求有比较器（可由软件和硬件组成），在工作机出现故障时发动切换。显然，切换是关键所在，并且对计算机联锁系统而言，切换的安全性更为至关重要，系统切换的缺陷可能会导致事故发生。

为实现切换功能，必须解决双机通信、双机同步、单机自检测和双机切换4个技术问题。

1. 双机通信

本联锁系统主、备两机之间增设了信息交换通道。通道采用RS-485接口，由备机作为通信主站，定时呼叫主机（子站），双机采用半双工通信方式。

2. 双机同步

本系统是引用两机间的"定点"通信"信号"来实现双机同步的。这种同步办法较指令级同步实现起来容易，硬件和软件成本都较低。双机通信周期和系统联锁程序循环周期相同，每隔一定的时间间隔，即联锁程序每扫描一个周期，双机相互握手通信一次，以确定双机的工作状态。

计算机联锁系统的备机有三种工作状态：脱机状态、联机状态和热备同步状态。只有在同步状态时备机才真正作为热备机。这三者之间的关系如图7-21所示。

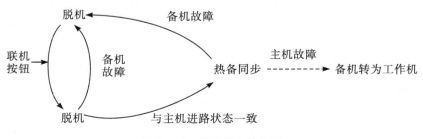

图7-21　备机状态转换图

(1) 备机脱机

脱机是备机的独立运行状态，此时备机不与主机发生任何关系也不具备驱动控制。可在此状态下对备机进行维修和测试。

备机开机后的初始状态为脱机状态，此时其工作灯、备用灯、同步灯和联机灯均灭灯。控制台显示屏红色显示"备机脱机"。这时主备机间无通信联系，互相独立，不能自动切换；人工切换后，系统处于全场锁闭状态。

(2) 备机联机

当切换手柄在自动位置并按压"联机"按钮后，备机与工作机建立通信联系并开始进行同步处理。

控制台显示屏黄色显示"备机联机"，联锁机机柜面板上的"联机"指示灯点亮、"同步"指示灯灭灯。这时主备机间有通信联系，但主备机控制命令和锁闭信息不完全一致，手动切换时锁闭全站咽喉。

(3) 联机同步

联机状态的备机经同步处理与主机状态一致并经确认后自动转为同步状态。此时备机的事故继电器吸起，系统进入热备工作状态。备机只在此状态下才拥有切换控制权，可随时接替主机工作。

控制台显示屏黄色显示"备机同步"，联锁机机柜面板上的"联机"和"同步"指示灯点亮。这时主备机间有通信联系，且主备机的控制命令和锁闭信息完全一致，自动切换时不影响现场设备状态，不恢复信号，也不锁闭全站咽喉。

这三种工作状态之间的关系如下：当备机出现故障时，自行脱机；当主机故障时，系统自动切换至备机工作，原主机自动脱机；处在脱机状态的备机，按压"联机"按钮，备机转入联机状态，恢复主备机的通信，待双机的运行状态完全一致时，主备机联机同步，也就是备机转入热备状态。

在联机和同步状态下，备机若发生故障并自动转为脱机状态，一般须经电务人员修复或确认后，按压"联机"按钮才会再次进入联机状态。当且只当备机在同步状态时工作机发生故障，备机才能发动切换转为工作机并保持对现场设备的控制状态不变。此时工作机在确认切换后自动转为脱机状态。

3. 单机自检测

自检和诊断技术是有效切换的基础。双机热备系统主要采用单机自检测技术，而单机自检要达到较高故障覆盖率的难度远大于具有多重硬件结构的比较和表决系统。

TYJL-Ⅱ型计算机联锁系统在系统设计和局部电路的设计方面均对系统的自检和诊断能力做了综合考虑，采用闭环工作原理、回读控制、双译码校核、信息冗余编码和双软件等技术提高系统的自检和诊断能力。

(1) 软件冗余采用两套联锁软件将输出结果进行比较，如输出命令不一致，表示出错，应禁止输出。

(2) 采用闭环工作原理，对命令输出和回读信息进行比较，能及时发现故障点。

(3) 采用信息冗余技术，也即编码技术，用编码方法进行检测和纠错，把信息和状态变量均编成一定的合格码，运算均采用此类代码并对其进行校验，当校验有误时均做安全处理。本系统用一个字节作为有关行车安全的信息码。

（4）对输入、输出信息进行动态处理，将1、0连续交替变换信息作为有效信息，若有故障，信息固定在1或0状态，则信息定格为安全侧信息，同时显示错误号。

4. 双机切换

本计算机联锁系统是在满足故障—安全要求的条件下允许单机运行的，其备用系统是为整个系统的可靠性和可用性而设置的。在这个前提下，双机切换的条件如下。

（1）主机定时向备机发送信息，主要内容为主机发出的信号控制命令，备机将此信息与备机的控制命令进行比较，如一致，则双机保持在热备同步状态，如不一致且备机命令多于主机，表明主机由于某种故障而停止输出控制命令，这时由备机发动切换，备机升为主机工作，继续向现场设备发送控制命令，原主机转入脱机状态，若主机命令多于备机命令，则备机自动脱机，等待查明原因。

（2）双机间的通信是由备机（主站）向主机（子站）进行呼叫，主机进行接收应答，若通信中断，备机接收不到主机的信息。此时备机认为主机出现故障，发动切换升为主机工作。

（3）主机通过自检测程序，发现严重故障，即通知备机进行切换倒机。

由于系统采用的是双机大循环同步方式，而不是指令级同步，双机在程序的运行时间上存在差异。因此，双机在采集同一组继电器接点的信息时也可能会有差异，特别是在所采集信息快速变化，如轨道电路分路不良而引起继电器的接点跳动时，采集的结果不一致导致双机同一周期联锁程序的逻辑处理结果不一致。因此在进行双机比较时，就可能产生驱动命令不一致的情况，而导致双机自动切换或备机脱机。为避免这种双机失步现象的产生，在软件上可采取以下措施加以解决：对双机控制命令信息的比较做滞后处理，允许有1~2个循环周期的时间差异；加快采集信息的扫描周期，使主备机在采集信息时间上的差异尽可能缩小，保证双机均能采集到信息，而不致漏采；对采集的瞬间变化信息，在某些联锁程序中增加"去颤"处理；主备机之间交换必要的采集信息，保证双机同步工作。

二、切换系统的构成

一个完整的双机备用系统，其各个部分都应该是双重的。但对于通常的控制系统而言，至少在两个界面上必须具有唯一性和一致性，一个是显示和控制界面，一个是最终执行命令的界面。唯一性是指只能一方有效，一致性是指同时在这两个界面有效的必须是同一个系统，否则极有可能造成混乱，特别是当两个系统由于故障或其他原因而状态不一致时。完整的双机备用系统至少在这两个界面上一定会有切换控制，即使可能会有完全不同的形式，甚至完全是由软件实现的。

TYJL-Ⅱ型计算机联锁系统的系统结构是分层次的分布式多微机系统，其切换控制基本上是依据系统的结构划分设计的，采用以子系统为单位可各自独立切换的方式。

将切换单位适当划小，可使整个系统具有更高的可靠性，因为只要不是在互为备用的、相同的两个子系统内同时发生故障，就可以重构一个可以正常工作的完整系统。

TYJL-Ⅱ型计算机联锁系统的切换主要可分为联锁机的切换、执表机的切换以及监控机的切换。切换系统通过对三个关键部分的控制，使联锁系统在三个层面上保持唯一性和一致性。这三个关键部分分别是控制显示和命令界面的控制台显示命令通道、控制联锁机与执表机和监控机信息对应关系的联锁总线、控制主控系统驱动控制权的动态驱动切换电路。

（一）联锁机的切换

联锁机是整个联锁系统的核心，其切换也是系统切换的关键和难点所在。对于具有复杂时序状态特点的双机系统的切换，尤其是热备方式的自动切换，难点主要有两个：一个是主备系统的同步，切换必须在同步的基础上才能进行；另一个是系统的自检和自诊断，切换应该在工作系统故障时进行。

1. 系统的状态

联锁机所进行的联锁逻辑运算具有复杂的逻辑状态和严格的时序要求，当前的状态与此前的历史情况息息相关，其主备系统不可能像简单逻辑系统那样仅仅依靠对当前外部信息的处理就能够实现"自然同步"，而且仅仅从安全的角度也必须构建一个有效的、安全的同步机制，因为一旦在双机状态不一致的情况下进行了有效切换，有可能造成诸如迎面解锁等危险情况的产生。因此联锁系统的切换必须与系统的状态有严格对应的逻辑关系。

双机热备系统一般由两个基本独立但又相互关联的子系统构成，每个子系统有各自的系统状态，一般可分为工作、同步、联机和脱机4种状态，工作是主机也就是主控机的状态，同步、联机和脱机是备机的状态。

主备联锁机之间采用RS-485的通信方式，备机为主站交换同步所需信息，并实现双机主程序循环周期级的完全同步运行。在此基础上，联锁机采用同步控制技术及同步信息短时遮蔽技术，在确保信息安全的前提下克服因双机在信息采集上的瞬间差异而造成的非故障失步现象。

2. 切换条件

联锁机的热备切换只在同步状态下进行，以故障自检和诊断为基础的切换控制程序是其核心，切换条件的确定原则如下。

（1）主备机间的同步通信中断。双机间的通信是由备机（主站）向主机（子站）进行呼叫，当无接收应答时可能有两种情况：一是主机死机；二是通信故障，无法继续同步运行。此时备机认为主机故障，进行切换。

（2）主机通过自检测程序，发现严重故障，向备机申请切换倒机。

（3）当主备机间的同步信息出现持续性的差异时，同步处理程序确认主机出现了某种影响系统控制的故障时进行切换。

3. 切换控制

联锁机的切换电路由热备切换继电器、联锁机切换手柄、切换继电器和切换校核电路组成。

（1）热备切换继电器

热备切换继电器电路如图7-22所示。A机热备切换继电器AQHJ和B机热备切换继电器 BQHJ 平时落下，只在自动切换时瞬间吸起。AQHJ 和 BQHJ 虽由计算机控制，但它不是动态继电器，而是 JWXC－1700 型继电器。

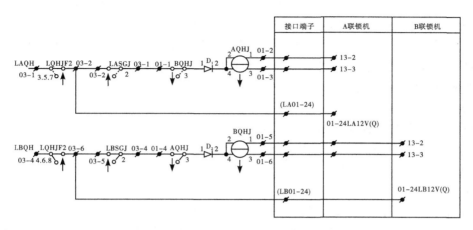

图 7－22　热备切换继电器电路

联锁机第一块驱动板的第二位、第三位为切换控制命令，平时输出高电平，AQHJ 和 BQHJ 落下。在 A 机或 B 机发动切换时，第二位、第三位同时输出低电平，分别驱动 AQHJ 或 BQHJ 的两个线圈，使得 AQHJ 或 BQHJ 吸起。该继电器在完成 A 机和 B 机的切换后失磁落下。

联锁机 A 发生故障时，其事故继电器 LASGJ 落下，断开 AQHJ 的励磁电路，接通 BQHJ 的励磁电路，BQHJ 吸起。同样，联锁机 B 发生故障时，LBSGJ 落下，断开 BQHJ 励磁电路，AQHJ 吸起。

AQHJ 吸起，使联锁机切换继电器 LQHJ 吸起，A 机升为工作机，B 机处于脱机状态；BQHJ 吸起，断开 LQHJ 的自闭电路，使 LQHJ 落下，B 机升为工作机，而 A 机处于脱机状态。

AQHJ 和 BQHJ 状态的变化将改变 DKZ、DKF 的极性，确定由 A 机还是 B 机进行控制。

（2）联锁机切换手柄

联锁机切换手柄是设在联锁机柜上的一个三位式手柄。直接控制两个手柄继电器 SBAJ 和 SBBJ，可以选择三种工作方式：联锁 A 机工作、联锁 B 机工作和自动（双机热备）工作。联锁机切换手柄电路如图 7－23 所示。

联锁机人工倒机会全站锁闭，影响进路和信号，因此，联锁机人工倒机时需电务人员和车站值班员共同确认全站无进路在使用中，并且所有列车未在运行。

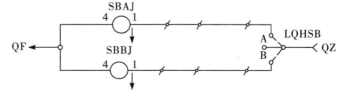

图 7－23　联锁机切换手柄电路

在人工工作方式时，手柄倒向 A 方向，SBAJ 吸起，联锁 A 机工作；手柄倒向 B 方向，SBBJ 吸起，联锁 B 机工作。自动工作方式时，SBAJ、SBBJ 都落下，联锁 A 机或联锁 B 机可通过各自的切换继电器 AQHJ 或 BQHJ 吸起实现自动切换。AQHJ、BQHJ 平时落下，只有在自动切换时瞬间吸起。

前两种是单机工作方式，当使用手柄在这两种方式之间切换时，A、B 系统都将自动复位后进入全场锁闭状态以保证安全，因此切换时必须要确认现场处于无进路状态，以避免信号非正常关闭。只当手柄在中间的自动位置时，系统以双机热备的方式工作，当系统进入同步状态后，备机（联锁 A 机或联锁 B 机）可通过其控制的切换继电器 AQHJ 或 BQHJ 的吸起实现自动切换。

（3）切换继电器

联锁机切换继电器电路如图 7-24 所示。LQHJ 是联锁机切换电路中的主控继电器，其状态决定主控系统的工作状态。无论是人工工作方式还是自动工作方式，当 LQHJ 吸起时，A 联锁机切换继电器（LAQHJ）和 B 联锁机切换继电器（LBQHJ）吸起，A 联锁机为工作机，A 联锁机机柜电源层点亮绿色工作灯；当 LQHJ 落下时，LAQHJ 和 LBQHJ 落下，B 联锁机工作，B 联锁机机柜电源层点亮绿色工作灯。

通过 LQHJ 对联锁总线和动态驱动电源极性的联动切换控制，主控系统对监控机的通信连接和驱动控制权同步切换，在控制和显示界面上保持一致性，即使工作机在获得驱动控制权的同时也具有对控制台（通过与处于工作状态的监控机相联系）的控制权。

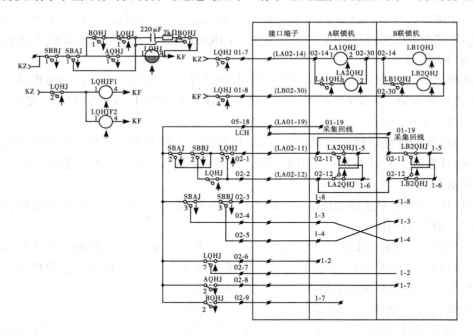

图 7-24 联锁机切换继电器电路

切换校核电路对切换电路的上述一致性进行检查，其校核条件接至第一块采集板的第 1 位和第 6 位，校核有误时联锁机将停止输出驱动以保证系统安全。

（二）执表机的切换

执表机跟随联锁机的切换而切换。执表机切换继电器电路如图 7-25 所示。

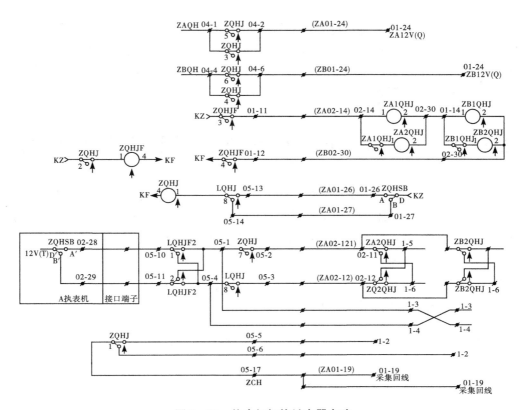

图 7-25　执表机切换继电器电路

ZQHJ 是执表机切换电路中的主控继电器，其状态决定执表机的工作状态。当 ZQHJ 吸起时，A 执表机切换继电器（ZAQHJ）和 B 执表机切换继电器（ZBQHJ）吸起，A 执表机为工作机，其机柜电源层上的绿色工作灯点亮；当 ZQHJ 落下时，ZAQHJ 和 ZBQHJ 落下，B 执表机工作，其机柜电源层上的绿色工作灯点亮。通过 ZQHJ 对联锁总线和动态驱动电源极性的联动切换控制，执表机对联锁机的通信连接和驱动控制权同步切换，与联锁机保持一致性。执表机的切换校核电路与联锁机的基本相同。

（三）监控机的切换

TYJL-Ⅱ型计算机联锁系统的监控系统大部分采用双机同步运行、人工切换的方式。控制上位机切换的手柄一般设在联锁 A 机电源层面板上，手柄位于位置 A 时，上位 A 机为工作机；手柄位于位置 B 时，上位 B 机为工作机。手柄通过控制设在联锁 A 机零层下方的联锁总线切换盒内的切换电路和设在值班员控制台内（沈阳信号工厂生产的系统设在机房内的计算机桌内）的显示命令通道切换电路，使工作上位机与工作联锁机和控制台相连。

监控机切换时，与之相接的鼠标和显示器可同时切换到由工作机控制，切换继电器设在控制台内。

监控机倒机只是在倒机过程中影响控制台的使用，对进路和信号机的开放毫无影响，但是监控机倒换可能会影响已储存的车次号以及对道岔的封闭。

在控制台显示器画面上可以观察到系统的构成状态。一般在图像的上方显示有

LSA 或 LSB、ZBA 或 ZBB 等字符，表示与当前工作上位机构成系统的是哪个联锁机和执表机。字符以绿色和黄色区分，绿色表示工作、黄色表示备用。系统正常时，在控制台上只能看到绿色字符。如有黄色字符显示应是切换电路故障或接线有误，如联锁机的字符为黄色时，控制台的命令无效。

第六节　TYJL-Ⅱ型计算机联锁系统的结合设计

结合设计主要涉及联锁系统的接口层，主要包括对各类表示信息采集对象的定义、对各类信息采集对象具体采集方式的定义；对各类驱动对象的定义、对各类驱动对象具体驱动方式的定义；对采集和驱动的一般排列顺序要求；对一般和特殊结合电路的设计；接地系统和电源系统的结合设计等。

一、系统的电源设计

图 7-26 为计算机联锁电源系统设计（电源分配连接）图。

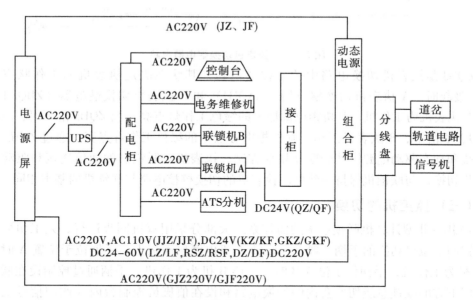

图 7-26　电源系统设计（电源分配连接）图

机房所需交流 220V 电源（220V+2.2V）由电源屏经隔离变压器分两路供给计算机，电源送入机房后至计算机配电柜，经开关、UPS 后分两路引出到各机柜、监控机。需要由电源屏提供交流 220V 电源的还有驱动组合单元局部电源用的稳压电源。机房用 220V 电源所需容量为 3kVA。

二、采集信息和驱动命令的结合设计

1. 计算机采集的表示信息

计算机采集的表示信息由现场设备的状态信息和控制命令输出的反馈信息两部分组成。TYJL-Ⅱ型计算机联锁系统对关键信息一般采用冗余和A、B机分接点的采集方式。A、B机的两路采集电源需可靠并接。一般信息的采集对象和采集方式如下。

（1）现场设备的状态信息

现场设备的状态信息包括道岔定/反位表示继电器（DBJ、FBJ）的前接点；信号机灯丝继电器（DJ）的前接点，进出段信号机要增加采集一组DJ前接点；轨道继电器（GJ）的前后接点；主电源继电器（ZDYJ）的前接点；副电源继电器（FDYJ）的前接点；主副灯丝转换报警继电器（DSZHJ）的前接点；断路器报警继电器（RBJ）的前接点；轨道停电继电器（GDTDJ）的后接点。此外，还有切换按钮及切换继电器采集条件；动态稳压电源切换继电器DQJ的前接点。

对某些不能满足A、B机分别采集不同接点要求的对象，需增加复示继电器。

（2）控制命令输出的反馈信息

信号继电器（XJ），包括LXJ、YXJ、DXJ的前接点；道岔操纵继电器（DCJ、FCJ）的前接点；锁闭防护继电器（SFJ）的前接点；照查继电器（ZCJ）的前后接点。

以上列出的是主要的采集信息，由于各种站场的作业情况有所不同，采集信息也将有所差异。

2. 计算机输出的控制命令

联锁机以脉冲方式输出控制命令，用以驱动动态继电器，本系统采用的动态继电器使用动态组合单元，该单元为双输入控制方式。动态继电器的两组输入端分别接A机、B机输出的控制命令和控制回线，控制命令的切换通过倒接动态继电器局部电源的极性和切断、接通控制回线的方法来实现。

（1）信号继电器

信号继电器包括列车信号继电器（LXJ）、引导信号继电器（YXJ）、调车信号继电器（DXJ）。每架列车信号机设一个LXJ和YXJ。每架调车信号机设一个DXJ。

（2）道岔操纵继电器

每组道岔设一个定位道岔操纵继电器（DCJ）和一个反位道岔操纵继电器（FCJ）。

（2）锁闭防护继电器

每组道岔各设一个锁闭防护继电器（SFJ），该继电器平时在落下状态，当操纵道岔时，锁闭防护继电器和定（反）位操纵继电器同时吸起。

此外，本系统采用的动态继电器还有事故继电器（SGJ）、热备切换继电器（QHJ）等。

3. 与主要设备的结合

（1）联锁系统与ATS的结合

联锁系统可与ATS设备互联，以便于向ATS中央系统提供以下信息：进路状态——显示进路的锁闭、占用、空闲；信号机状态——显示进段、出段、调车信号的各种开放、关闭状态；道岔位置——显示道岔的定位、反位、四开、挤岔状态；轨道电路状态——显示轨道电路的占用、锁闭、空闲状态。

计算机联锁系统与车辆段 ATS 设备之间采用可靠的隔离措施，以确保不影响联锁设备的正常工作。

（2）联锁系统与试车线设备的结合

联锁关系可以参照铁路非进路调车方式进行处理，设置非进路锁闭继电器。试车线的联锁受车辆段计算机联锁设备统一控制，当需要对列车进行动态试验时，计算机联锁设备按非进路调车方式下放对试车线的控制权。试车完毕后，经试车线控制室交权，信号楼控制室重新收回对试车线的控制权，有关信号机关闭，道岔延时 30s 解锁。

（3）车辆段与正线联锁设备的结合

联锁关系可以参照铁路场间联系进行处理，设置照查继电器、轨道检查继电器。正线车站与车辆段之间的出/入段按列车方式办理；车辆段与正线车站间的接口电路考虑出段和利用转换轨调车时的联锁敌对照查条件以及对方防护信号机的状态；进出段作业（转换轨至段内停车库）按列车方式办理。

第七节　TYJL-Ⅱ型计算机联锁系统的使用与维护

一、系统的开机与关机

启动系统时，一般是先打开联锁机和执行表示机，在确认设备连接正确、联锁机和执行表示机工作正常后，再开启监视控制机及显示器的电源。监视控制机自动进入开机自检程序，逐个对外部设备及主机进行检查，若系统完好，出现相应的提示，机器自动进入工作状态。最后打开电务维修机，开启系统的监测功能。

停电时，UPS 发出报警音响，可继续供电 10min 左右，当停电时间超过 3min 时，为保护 UPS，应依次关掉电源开关、上位机开关、UPS 电源。

恢复供电时，为避免 UPS 电源在过载状态下启动，应先确定机柜、上位机在关闭状态，然后打开 UPS 的电源开关，等待 30s 待其稳定工作后，再打开设备电源，启动上位机，此时观察联锁机面板的上各种指示灯。在控制台上确认表示正常后，办理故障解锁，当全部区段解锁完毕后备用联锁机的同步灯应点亮，备机进入热备状态。应当注意，当接近区段有车时应确认其已停下后再办。

二、系统的操作与显示

本系统目前应用较多的操作设备是数字化仪配鼠标，数字化仪通过封装在数字化仪内的单片机采集控制命令，并通过 RS232 接口将控制命令传送给监视控制机。

在数字化仪控制台盘面上，对应每一信号机及有关进路的终端设置了各种进路"按钮"，对应各设置了道岔"按钮"。此外，盘面上还有各种功能按钮，并用不同颜色标出。操纵方式和屏幕图形显示与 6502 电气集中大体相同。站场基本图形为灰色光带。现以道岔的显示情况为例说明。

　　道岔的岔尖处有缺口，无缺口的一侧表示道岔开通的位置。当道岔无表示时（道岔转换过程中），岔尖处闪白光。平时道岔不显示道岔名称号，当显示时其含义为以下几种：黄色——道岔正在转换；白色——道岔锁闭；红色——道岔单独锁闭，此时道岔不能单独操纵，但可以排列通过道岔所在位置的进路；红色闪光——道岔挤岔。

　　显示道岔名称时，岔尖处黄色亮点表示道岔处于反位，绿色亮点表示道岔处于定位，闪白光表示道岔无表示或道岔在运转过程中。

　　屏幕下部有各种汉字提示，帮助值班员进行操作。办理各种"加铅封"操作（如人工解锁）时，屏幕上有输入口令号码的窗口提示，确认输入口令正确后，操作生效，系统将此操作做登记记录。

　　在监控机与联锁机通信中断时，屏幕上股道和道岔区段的显示转为红光带，信号显示为灯丝报警。

　　其他操作及显示在此不做详细介绍。

三、电务维修机的功能

　　本系统设置了电务维修机（简称维修机），为电务维修人员更好地维护系统提供了方便。维修机通过与主备监控机连接，把计算机联锁系统中的实时信息传送到维修机，并记录下来，为现场维修分析故障提供可靠的科学依据。

　　维修机采用 Windows 或 NT 操作系统，具有简单、清楚、直观等特点。维修机通过网络通信板与两台监控机进行通信，通信正常时，通信板的收发灯应交替闪烁，同时监控机通信板的收发灯也随之交替闪烁。如果关掉一台监控机，维修机上将出现与监控机通信中断的提示，并询问是否记录存盘，如果需要存盘按压 YES 按钮，不需要存盘则按压 NO 按钮。通信板的故障可以通过通信板上的收发灯进行判断。维修机的功能如下。

　　1. 屏幕显示功能

　　系统启动后屏幕出现站场图像，如果全场图像由两屏组成，此时只显示一屏图像，屏幕图像与控制台图像基本一致。屏幕上有一个白色箭头，如果移动鼠标器屏幕上的箭头随之移动，维修机上的所有功能均可通过操纵鼠标器来实现。

　　2. 记录功能

　　电务维修机储存记录整个联锁系统的动作过程，其中包括：操作记录：值班员的操作过程记录；铅封按钮记录：值班员对铅封按钮的操作记录；变化信息：所采集的变化信息记录；提示信息：控制台错误提示记录；联锁机错误记录：联锁机错误记录；执表机 1 错误：执表机 1 错误记录；执表机 2 错误：执表机 2 错误记录；报警记录：各种报警信息提示信息记录；错误号翻译：当此项开关打开时，由联锁机发往上位机的错误代码将被翻译成文字信息，以便阅读，此项开关关闭时，只显示联锁机的错误代码。

上述信息可自动储存一个月。实际的储存操作是由维修机定时将各种数据存入硬盘,作为文件资料以备查询。当联锁机系统出现故障时,建议立即存盘,以便分析。当记录需要作为资料保存时,还可使用打印功能。

3. 图像再现功能

维修机除了保存和查阅记录外还有一项重要功能即再现功能,能够将保存在磁盘中的记录按照当时的实际现场条件再现出来。

首先选择需要再现的记录文件的日期、小时及分钟。进入再现功能后,屏幕底部出现由多个按钮组成的按钮条。按钮作用如下。

(1)快进/快退按钮:此按钮为非自复式按钮,按钮按下后记录以20倍的速度进行重放或后退,按压暂停键停止快进快退。

(2)步进/后退按钮:此按钮为自复式按钮,每按压一次前进或后退一条记录。

(3)重放按钮:此按钮为非自复式按钮,按钮按压后以正常的时间顺序进行重放。按压暂停键停止重放。

(4)返回按钮:按压此按钮后退出重放功能,返回主画面。

4. 与远程诊断设备的通信功能

电务维修机利用操作系统中的拨号网络功能,通过相接的MODEN设备和电话线与远端的一级、二级维修中心相连,将所记录的信息以文本文件格式传送到维修中心,便于维修中心监督和协助维修,适应集中维护的要求。

四、双机热备系统的同步与切换

联锁机和执行表示机均为双机热备系统,在他们的面板上设有同步、工作、运行、备用、中断、接收、发送等指示灯,面板中部有联机按钮。

只要开启电源,程序就开始运转。若运行灯闪烁,则显示CPU运行正常,机器上电、复位和倒机时给出音响指示约20s。先打开的机器为工作机,经过一段时间其运行工作指示灯点亮。后打开的机器为备用机,当切换手柄置于自动位置时,早期的系统需按下备机的联机按钮,升级后的系统无需按下联机按钮可直接联机,联机后备用指示灯点亮。

当主机、备机的控制命令和锁闭信息一致时,双机同步,同步指示灯点亮,表示主机、备机已处于联机热备工作状态。此外,备机的第一个中断指示灯闪烁表示主备机同步;备机第二个指示灯闪烁表示采集中断信号。

双机热备系统主备机间增设了信息交换通道,通道由RS485接口采用半双工通信方式进行呼叫和接收应答。备机定时呼叫主机,主机向备机发送信息,主要内容为主机发出的信号控制命令。备机将此信息与备机的控制命令进行比较,如果一致,则双机保持在热备同步状态。

当联锁主机全场处于解锁状态时,备机可在联机后马上变为同步状态;当联锁主机在按压备机的联机键之前有进路存在、有锁闭光带时,联锁备机一直要等到这些进路解锁、锁闭光带消失后才可同步。当道岔区段轨道电路处于分路状态时,该区段往往在联锁主机上表现为锁闭状态,联锁备机也常由于这个原因而不能同步。主备机全部状态一致后,备机即可变为同步状态,同步指示灯点亮。

双机通信周期和系统联锁程序循环周期相同,每隔一定时间间隔联锁程序扫描一个周期,双机相互握手通信一次,确定双机的工作状态。

本系统的同步采用了双机大循环同步方式,而不是指令级同步,双机在程序的运行时间上存在差异。因此,双机在采集同一组继电器接点信息时也可能会有差异,特别是在所采集信息快速变化,如轨道电路分路不良而引起继电器接点跳动时,采集的结果不一致导致双机同一周期的联锁程序的逻辑处理结果不一致。因此在进行双机比较时,就有可能产生驱动命令不一致的情况,而导致双机自动切换或备机脱机。为避免这种双机失步现象的产生,在软件设计时采取"滞后、去颤"等处理措施,保证在有1~2个循环周期的时间差异时,双机能同步工作。

第八节 TYJL-Ⅱ型计算机联锁系统的故障分析与处理

维修机柜上设置了测试孔和指示灯,供维修人员分析和判断故障。在维修终端,电务维修人员通过鼠标操作,可在屏幕上将记忆期限内任一时间内的机器状态或作业情况按规定格式显示出来,并可打印输出。系统提供的图象再现功能,可将进路办理和列车运行情况以图象方式再现,以便维修人员更直观地分析查找故障。

在发生故障时,应根据维修机和有关指示灯的显示,区分是计算机故障还是继电电路故障。下面对各组成部分的故障加以分析。

一、操纵设备故障

系统的操作设备可以采用按钮盘、数字化仪或鼠标,下面介绍一下数字化仪的常见故障。

采用数字化仪控制台时,一般不会出现个别按键点不通的现象,假如出现这种现象一般为按键坐标点或盘面图偏移,处理方法是将盘面图复原。盘面右上角有数字化仪状态指示灯,红色为电源指示,绿色表示盘面感应到信息,红色闪光表示数字化仪在设置状态。在没有点压按键而指示灯显示绿色或红色闪光时,再点压按键是无效的,这时应重新开启数字化仪电源。在显示器提示对话框中有一个小窗口,当光笔或定标器在数字化仪盘面上移动时,小窗口中的白色亮点也随着移动,点压光笔或定标器,白点变绿,由该窗口可以准确地知道数字化仪的信息是否已送到上位机进行处理。

因此,在按键点压无效时,要注意小窗口中的点是否在变化,若不变化,再观察显示器上的时钟是否在运行,如果不运行,要对上位机复位,如果时钟还在运行,说明从上位机到数字化仪的连线断线或插头松动。为避免对行车造成长时间的影响,出现此类故障时也应首先切换上位机。需要注意的是,定标器与光笔不能同时使用。

二、联锁机和执表机故障

联锁机和执表机的工作状况在机柜上有明确的指示灯表示,该指示灯由软件控制报警板通过不同的地址输出点亮发光二极管,通过这些指示灯可判断故障的范围。当报警板故障时,虽然影响各种指示灯的正确表示,但不会影响系统的正常工作。所以,当指示灯指示不正常而机器工作一切正常时,一般为报警板故障。另外,报警板还控制按钮按下的音响提示和控制台的音响报警。

当运行灯停止闪烁时,表明发生了"死机"故障。冷备站以及热备站备机未在同步状态时,工作机的运行灯停止闪烁,控制台显示器上有"联锁机通信中断"的文字报警和音响报警(执表机故障只影响执表机与联锁机的通信,即只影响执表机的输入/输出部分),此时应尽快记录各种指示灯的指示状态,然后对机器重新开启。造成这种情况的主要原因有电源电压不稳、通信有强的干扰、主机电路板故障等。由前两种原因造成的死机,在故障原因消失后可复位恢复正常,由主机电路板故障造成的死机可对其进行逐个更换试验。

在热备站,工作灯运行机停止运行时,系统自动切换使原备用机升为工作机,在控制台显示器屏幕上只会看到故障倒机时的报警信息,而不会有"联锁机通信中断"的提示。自动倒机后,显示器上备机同步的指示灯也会自动消失。备用机的运行灯停止运行,只会造成备机脱机,不会影响工作机的正常运行。

三、通信故障

当发生联锁机通信中断故障时,在控制台处有语音报警,并且屏幕上有"联锁机通信中断"的文字报警提示。

在双机热备时,当备机处于同步态时,发生联锁机通信中断,联锁机会自动倒机。若倒机后正常,联锁机通信中断的报警提示可能会由于倒机时间极短,在屏幕上来不及显示就又恢复正常。但此时应有联锁机倒机的提示,并且主备机同步消息也消失,这种现象一般为联锁机故障。当故障部位在联锁机上时,倒机后系统不间断使用,此时故障机变为备机并应与备用的上位机通信。

备用机在冷备状态时,出现联锁机通信中断,为缩短影响使用时间,应尽快人工倒机,恢复正常使用后再对故障机进行处理。人工倒机会造成全站锁闭,影响已建立的进路和开放的信号。因此,电务人员和车务值班员共同确认全站没有正在使用的进路且没有车列正在运行时,方可人工倒机。若联锁机倒机后恢复正常,表明故障点在联锁机上。若联锁机倒机后仍不能正常使用,则要按压联锁 A 机第一层的上位机切换按键来人工切换上位机。若通过切换上位机恢复正常,则说明故障在上位机上。

当故障在联锁机上时,应先观察联锁机的运行灯是否闪烁。若停止闪烁,记录各指示灯的状态后,先关闭机器,再开启电源,如果上位机提示"联锁机通信正常",表明发生故障时外界对电源或通信有强的干扰,干扰消失后设备就恢复正常使用。如果关闭、开启电源后联锁机仍不能正常运行，则要对联锁机的板子逐个更换，直至故障消除。若运行灯正常闪烁，则要更换 STD-01 通信网卡（无网卡要更换 7863-CPU 板）。

上位机故障造成"联锁机通信中断"或"控制台通信中断"的故障报警，一般是上位机的通信网卡，即 PC-01 或 PCC-03 网卡故障。

当确定联锁机和上位机均无故障后，系统仍不能正常恢复工作，则故障一定在通信线路上。例如上位机或联锁机处的通信线接头、总线盒上的通信线接头有松动或断线，或者是通信线断线或总线盒故障。确定是通信线路故障，可以通过用临时通信线直接连接联锁机和上位机来应急使用。

四、接口电路故障

1. 采集接口电路故障

每一采集板最上面的两个指示灯不停地闪烁表示该板在工作状态，其他每一指示灯对应一个采集信息，正常闪烁时即表示正常采集到该信息。

大量信息采集不到，可能是采集回线有断线，若集中在一块板上，也可能是采集板不工作或接口插座松动。采集板不工作的原因有采集板故障、1604 I/O 板故障或 1604 I/O 板与机柜采集母板的 34 芯扁平连接电缆故障。1 块 I/O 板可控制 8 块采集板，通过零层端子板送出一条采集回线，在零层端子板的 1 号端子上互连，以防止采集信息相互干扰。采集回线在组合架上分出许多分支，经过各个采集接点接口架送回联锁机。检查采集电路时，可借助采集地测量各采集点处是否有正电。

如果是个别信息采集不到，可能是采集板的对应光耦损坏、信息采集线断线、继电器接点接触不良等。

2. 驱动电路故障

由计算机控制的继电器大都为动态继电器。计算机有输出信息时，相应驱动板对应的灯以 6Hz 左右的频率闪烁，该动态继电器对应的（驱动组合或驱动柜）指示灯也以相同的频率在闪烁。热备系统中用到的 AQHJ 和 BQHJ 虽然由计算机控制，但它不是动态继电器，而是 JWXC-1700 型继电器。计算机对其输出信息的指示灯在相应联锁机的第一块驱动板的第二位、第三位。

事故继电器（SGJ）是为了帮助系统故障导向安全而专设的一个重要继电器，它也是动态继电器，输出表示灯在机柜第一块驱动板的第一位。机器正常时，事故继电器应该保持吸起。备机不在同步状态时，其事故继电器落下。事故继电器是形成 DKZ、DKF 的必要条件，即它是给所有动态继电器提供局部电源的必要条件。

当设备有影响安全的故障时，这种故障从记录中可以查到，此时计算机停止输出。当 SGJ 落下时，将切断所有动态继电器的励磁电源，锁闭全站，以实现故障导向安全。一般造成停止对事故继电器输出的原因主要有确定回读出错、有未经驱动的继电器前接点闭合、关键缓冲区校验出错等。

动态继电器要吸起必须满足两个条件：一是有局部电源（DKZ、DKF），二是有驱动信号。目前系统曾采用过两种驱动电源，一种是 12V，一种是 5V。采用 12V 驱动电源时，测量到的驱动信号是 4~7V 左右的脉动电压；采用 5V 驱动电源时，测量到的驱动信号是 2V 左右的脉动电压。查接口电路主要是查驱动信号是否送到继电器。电路中 A 机、B 机有各自的驱动回线，它们相互独立，不可混线，否则会造成驱动回读错误。检查驱动信号时可用驱动回线做参考高电压，测量驱动信号回路经过的端子上有无脉动信号，以查明是否有断线。

需要指出的是，采集板和输出驱动电路均为通用模板，可以互换，但机柜零层、插头必须对号入座，否则就有采集到错误信息或发出错误控制命令的可能。

五、双机热备系统脱机和自动倒机

对于双机热备系统，如果主备机命令不一致且备机命令多于主机，表明主机由于某种故障而停止输出控制命令，这时系统自动切换，原备机升为主机，继续向现场设备发送控制命令，原主机转入脱机状态；若主机命令多于备机命令，则备机自动脱机，等待查明原因。

联锁机的前面板上有四组通信接发指示灯，用来指示系统内各部分的通信状态，其中第一组指示联锁机与监控机的通信，第二组指示联锁机与执表机的通信，第四组指示两套热备的联锁机之间的通信。该机与外部设备通信一次，发收指示灯闪烁一次。

正常运行时，若通信有故障，则接收灯停止闪烁，且有音响报警信息，按压停鸣按钮，可关闭音响。然后应检查机间通信，并根据错误信息表查对错误。设备恢复正常后，需将按钮复位，以备下次报警。

每一机柜的第一个控制输出驱动事故继电器，双机正常同步工作时，两机的事故继电器均应在吸起状态，设于第四层面板上的第一个事故指示灯应不停地闪烁。当主机出现死机、通信中断等故障时，计算机会停止对事故继电器的输出，使其落下。备用机将发出切换命令，使备机的切换继电器动作，如备机为 B 机，则 BQHJ↑，切断设在继电器室内的切换继电器 LQHJ 的自闭电路，使 LQHJ 失磁落下，B 机升为工作机，而 A 机自动转为脱机状态，系统保持正常工作。在人工切换时，工作机的故障将使事故继电器落下，从而切断动态继电器的局部电源，保证该机柜控制的所有继电器都失磁落下。

由于系统采用的是整机系统切换方式，除计算机部分发生故障需进行备机切换外，对采集、驱动模块的故障，如信号突然故障关闭时备机也需进行切换。因此要求备机与主机的进路状态和控制驱动命令完全一致，在主机的某信息采集或驱动模块发生故障而中止驱动命令的输出时，备机能立即发动切换，接替控制命令的输出，而不影响现场设备状态。

造成备机脱机的原因比较多，一般为备机故障、通信干扰、锁闭失步等。分析脱机原因时，主备上位机的记录都要考虑，尤其是备用上位机的记录直接记录备机脱机时的状态。

造成自动倒机的原因主要是主机故障，包括与主机接口电路故障。其原因可根据主备上位机的记录分析，主上位机的记录直接记录原工作主机倒为备机的原因。

上位机与联锁机主机通信中断或通信应答时间过长也可导致联锁机自动倒机。

六、显示器显示不正常

当显示器屏幕无显示或屏幕颜色不全,例如缺红色、黄色或绿色的显示时,均属显示不正常。造成这种故障的原因如下:上位机程序运行出错:需将上位机复位,使之正常工作;电压冲击保护:当给显示器输入的电压瞬间有高电压或低电压的冲击时,有的20英寸显示器为了防止冲击对显示器的损坏而自动关闭,由这种原因造成的黑屏可重新开启显示器电源;从上位机到显示器的视频电缆插头松动或脱落;切换板故障:若控制台有显示切换板,切换板故障也可导致黑屏或缺色,该故障可以通过跳过切换板直接短连视频线和显示器的显示线而观察显示屏的显示来判断;显示卡故障:也可造成屏幕无显示;显示器故障。

前面对本系统各种故障进行了分析,下面对几种典型故障记录进行解释。

(1) 关键缓冲区校验出错:此错连续出现三次后将使事故继电器落下,由于系统联锁软件采用冗余技术,因此软件中对许多编码采用多重校验,当校验不一致时就报关键缓冲区校验出错,一般为7709或7710RAM扩展板故障。

(2) 采集板输入端口检查出错:采集信息置为安全侧,可直接显示某一机柜具体哪一块采集板的第几端口故障。一般更换该采集板即可。更换采集板后仍不能恢复正常,则要考虑I/O板故障和I/O板与采集板连接部分的故障。

(3) 前后接点采集信息校核出错(同为0或同为1):为了保证安全,轨道继电器的前后接点数据机器都要采集,正常情况前后接点同时只能有一个采集到信息。当报此错时表明机器同时采集到前后接点或两者都没有采集到。若前后接点都采到表明有混线故障,都没有采集到则要根据前面所讲的采集故障的查找方法进行查找,报该错时都要显示第几块采集板的第几位前后接点采集信息校核出错(同为0或同为1),对应该区段在显示器上显示占用状态。

(4) 有未经驱动的控制继电器的前接点闭合:发生该错时停止驱动事故继电器。该错也要显示第几块采集板的第几位未经驱动的控制继电器的前接点闭合。发生此错在屏幕上一般可以看到对应信息有不该有的显示,例如不该开放的信号有开放的显示,这种情况表明有混线故障。

(5) 驱动板控制回读出错:该错可以报到具体哪块驱动板的第几位有回读错误,该错指机器没有对所报驱动位发出驱动信号,但回采到不该有的驱动信号,驱动板故障、动态继电器(驱动组合)故障或混线都有可能报此错。回读出错有时在驱动板对应位可看到驱动灯暗闪。

其他类型的故障分析比较简单,在此不一一列举。

第八章

DS6-11型计算机联锁系统

DS6-11型计算机联锁系统是根据铁道部科技发展计划的要求，由通号总公司研究设计院研究开发取得的成果。该系统是双机热备计算机联锁系统，采用具有高可靠性的工业控制计算机，运用网络通信技术构成多机分布式控制系统。DS6-11型计算机联锁系统在我国的国家铁路和城市轨道交通系统都有比较广泛的应用。

第一节 DS6-11型计算机联锁系统的组成

该系统采用多机分布式结构，由控制台子系统、监测子系统、联锁子系统、网络通信子系统和输入/输出接口电路五部分组成。

一、系统的体系结构

DS6-11型计算机联锁系统是由中国铁路通信信号总公司研究设计院研制开发的双机储备系统。DS6-11型计算机联锁系统为多机分布式结构。系统的硬件结构如图8-1所示。

控制显示分机（上位机）采用双机冷备的方式，联锁机A和联锁机B组成双机热备系统，监测分机（电务维修机）一般为单机。各子系统的计算机统一为PC总线工业控制机。输入/输出接口均采用光电耦合设备实现计算机系统与外电路的电气隔离。系统采用局域网通信方式实现各子系统间的通信联络。为提高系统通信的可靠性，系统采用双重冗余网络结构，每一台计算机均安装两块网卡对应两个接点地址，保证在有一个网络或网卡故障时不影响系统的正常通信。

二、系统的硬件组成与功能

根据图8-1的划分，下面分别介绍以下几个主要子系统的硬件组成与功能。

1. 控制台子系统

如图8-2所示，控制台子系统由控制显示分机A、B（也称控显分机）、操纵设备、站场显示设备、控显机转换箱等组成。这部分设备的主要功能一是采集按钮操作信息；二是采集联锁机发来的站场设备的状态信息和控制命令输出的回读信息，从而控制显示器显示站形、操作及报警信息。它是调度集中（CTC）分机接口和车站值班人员的人机界面。

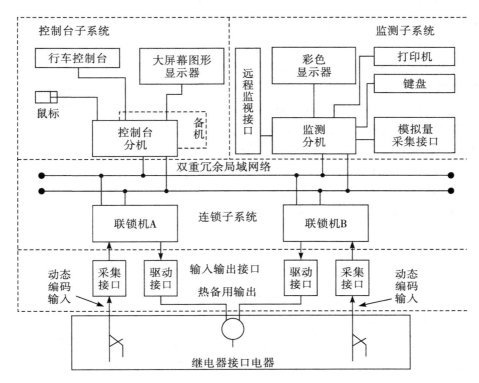

图 8-1　DS6-11 型计算机联锁系统的硬件结构图

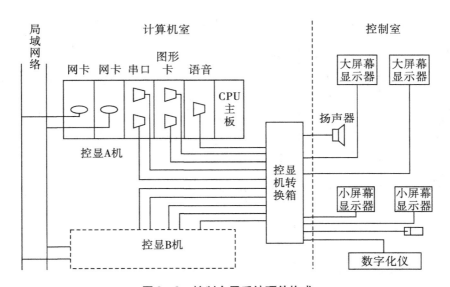

图 8-2　控制台子系统硬件构成

控显机在出厂时所配置的软盘驱动器、硬盘驱动器、键盘接口等，在系统调试开通后均从系统配置中删除,禁止使用,以防止操作错误影响系统的正常工作。主机板上除安装有 CPU 等芯片外,另有半导体插座安装了 FLASH 芯片用于固化程序。A、B 两块 AN-550BT 网卡的接点地址分别为"05H"和"06H",用于实现网络通信。

操纵设备有鼠标、数字化仪和按钮盘三种。采用数字化仪操作时,控显机通过串行接口与数字化仪连接;采用按钮盘操作时,控显机内安装按钮采集接口板,采用矩阵扫描方式采集按钮操作信息;鼠标通过串行接口与控显机连接,它可以作为辅助工具与数字化仪或按钮盘配合使用,也可作为唯一的操作设备,完成各种操作。

显示设备可以采用高分辨率的图形显示器或液晶显示器,也可以采用光带式表示盘。采用图形显示器时,控显机内必须安装图形显示卡,较大的站形需采用两台甚至三台显示器;采用光带表示盘时,表示盘的计算机通过串行接口与控显机连接。

控显机转换箱用来完成 A、B 两控显分机的接口与操作和表示设备的自动切换,以实现一套操作设备在不同时刻驱动两台机器、两台机器共用一套显示设备的目的。图 8-3、图 8-4 分别是转换箱的正面和背面图。

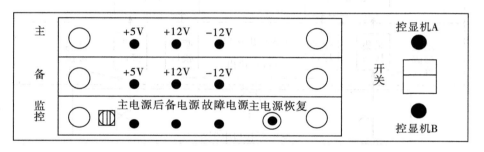

图 8-3 控显转换箱面图

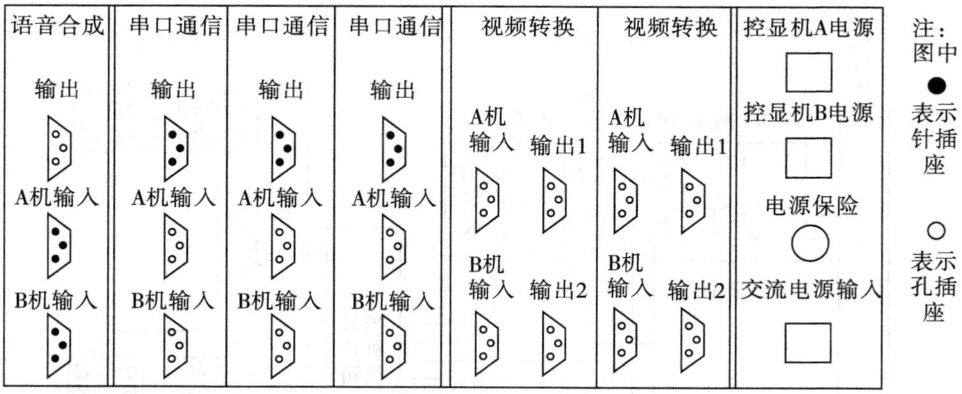

图 8-4 控显转换箱背面图

此外,控显机箱内还安装了语音发生器,用于产生故障报警和操作提示的语音信号。

2. 监测子系统

如图 8-5 所示,监测子系统主要由模拟量采集接口、监测分机及外部设备(键盘、打印机、显示器）等组成。它的主要功能一是实现对联锁系统设备及开关量的监测；二是完成对信号设备模拟量的检测。关于监测机的监测功能后面详述。

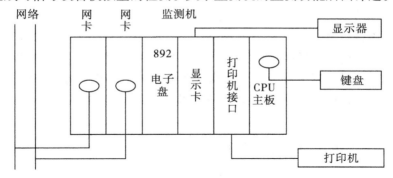

图8-5 监测子系统构成框图

监测分机主要由工控机芯片的主机板、两块局域网接口板（网卡）、可读写数据的电子盘（892）、显示卡和打印机接口组成。电子盘除了固化程序外，主要用来保存监测期限内系统的各种监测数据，以便调用和查询。模拟量采集接口完成模拟量信号的采集和A/D转换，通过串行接口将数字化的模拟量信息发送给监测机。外部设备有键盘、显示器和打印机，可为维护人员提供各种显示信息，也可将所需的内容打印出来。监测子系统可通过串行通信接口实现与DMIS、CTC等远程系统的联机通信。

3. 联锁子系统

联锁子系统由两台联锁机组成。联锁机通过开关量输入接口采集现场信号设备的状态信息。由网络接收控显分机发来的操作命令信息，经过联锁运算形成控制命令，联锁机通过开关量输出接口驱动有关继电器，实现对道岔和信号机的控制。

联锁机的硬件组成如图8-6所示，两台联锁机的配置完全相同。每个联锁机箱内主要安装有主机板、两块局域网卡（A机的接点网址为"01H"和"02H"，B机的接点网址为"03H"和"04H"）和一块用于固化联锁程序的PLD电子虚盘卡。此外，根据车站的规模联锁机箱内安装有若干块PCL-7122开关量输入/输出接口板与光电隔离板连接。

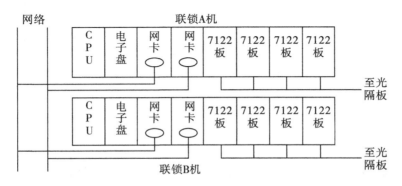

图8-6 联锁子系统构成框图

A、B两机的切换有自动和人工两种方式。在双机同步热备的过程中，由程序自动控制故障切换。若主机发生故障则自动转为备机工作，若备机发生故障则备机自动退出运行。人工切换是在监测机的键盘上输入切换命令，实现主备机的转换。

此外，网络通信系统是一个局域网络，实现各个子系统之间的信息传输与交换；输入/输出接口是计算机系统与继电器接口电路之间的界面，其设计采用闭环工作方式和动态编码信号；继电器接口电路是计算机系统与室外设备之间的接口，主要有信号点灯电路、道岔控制电路等，采用AX系列继电器。

三、系统的软件结构简介

DS6-11型计算机联锁系统的软件部分分为两个层次：内层为系统软件，外层为应用软件。系统软件是各个子系统的管理和控制软件，它由实时多任务处理程序、设备管理程序和软件调试工具三部分组成；应用软件由站场数据库和应用程序两部分组成。系统的软件程序全部采用C或C++语言编写，包括控制显示软件包、监测软件包、接口通信软件包、系统通信软件包、联锁软件包、输入/输出软件包、安全检查程序、辅助设计工具8个部分组成。其结构如图8-7所示。

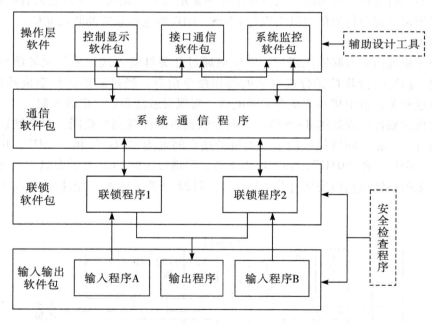

图8-7 联锁系统软件程序结构框图

DS6-11型计算机联锁系统于1995年研制成功，1997年起开始上道使用，并于1999年1月通过铁道部技术鉴定，批准推广使用。目前，该设备已经在我国铁路系统中有了较多的运用。与此同时，在城市轨道交通领域该产品也有较多的运用。例如大连快轨3号线的正线采用的就是DS6-11型计算机联锁系统。该系统投入使用多年，运行稳定、安全可靠。

四、系统具有的主要特点

该系统除了具备计算机联锁系统的通用功能外，还具备以下主要特点。

（1）联锁子系统采用动态冗余的双机热备结构，具有故障自动切换和人工切换功能，满足系统高可用性要求；

（2）联锁软件采用双份编码、模块化和结构化设计，程序设计标准化；

（3）安全输出采用动态驱动方式，表示信息输入采用动态编码方式，满足故障导向安全要求；

（4）系统具有完善的自检测和故障诊断功能，并可提供远程监视，为设备维护提供及时有效的技术支持；

（5）系统人机界面全部为汉字显示，具有多种可选择的操作方法和表示方式；

（6）系统设置统一的标准时钟，可通过统一控制段的计算机监测网络实现时钟的统一校正；

（7）系统具有远程通信接口，具备与其他信息系统联网交换信息的能力。

第二节　DS6-11型计算机联锁系统的接口电路

为了保证计算机系统与外电路的电气隔离，接口电路分为两级：第一级是通用的7122接口板，第二级是光电隔离信息采集板和光输出驱动板。光电隔离输入板或输出板通过接口架与执行继电器的接点或线圈相连。

一、状态信息采集接口

该系统对信号设备的状态信息采用动态采集方式。为了节省输入接口端子，简化接口电路，系统对设备的不同状态采用不同的代码，根据信号设备的状态共设计出15种状态码，其含义如下。ZT1：道岔定位；ZT2：道岔反位；ZT3：轨道区段空闲；ZT4：轨道区段占用；ZT5：调车信号点白灯；ZT6：调车信号点兰灯；ZT7：进站显示绿灯、出站显示绿灯或区间开通；ZT8：进、出站信号关闭，区间占用；ZT9：进、出站信号显示一个黄灯；ZT10：进站信号显示两个黄灯；ZT11：出站信号显示两个绿灯；ZT12：进站信号显示引导信号；ZT13：信号灯泡断丝（DJ↓）或道岔四开（DBJ↓、FBJ↓）；ZT14：YCJ落下或半自动闭塞有关继电器落下；ZT15：YCJ吸起或半自动有关继电器吸起。

15种状态码的码形各不相同，由计算机的输出驱动板分别从输出接口的15个端子输出，经采集条件返回输入口，输入口根据收到的码形即可判断出设备的状态。

图8-8是道岔表示信息的采集电路，从计算机输出接口输出的三种不同的状态码

(ZT1：道岔定位；ZT2：道岔反位；ZT13：道岔四开）供全站各道岔共同使用，道岔位置不同，其输入端收到的状态码就不同，计算机对其进行译码，即可判断出道岔的位置。

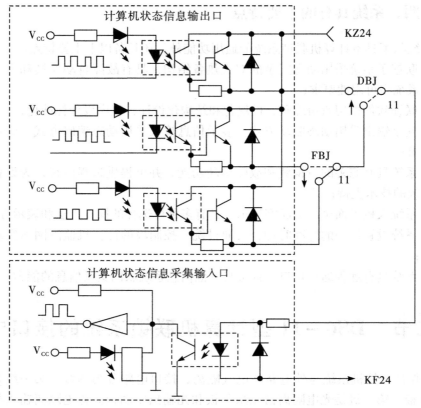

图 8-8　状态信息采集接口原理图

将继电器前接点或后接点接至驱动板相应的状态信息输出端，同一联锁机各个状态相同的采集条件（继电器的前节点或后接点）并联在一起，状态码即可经采集条件返回输入口。而其动接点接至采集板相应的端子，每一设备只占用一个输入端子，这样，大大地节省了所用输入板的接口数量。如图 8-9 是进站信号机状态信息采集接口的条件，6种信号显示，分别由 6 种不同的状态码表示但一架信号机只占用采集接口的一个端子。

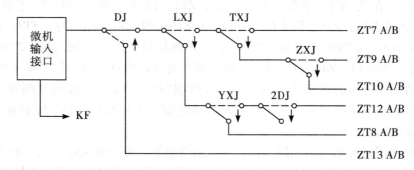

图 8-9　进站信号机状态信息采集接口的条件

其他状态信息的采集电路的原理与上述类似，不再详述。

二、输出驱动接口

为了保证室外信号设备的控制电路基本不变，DS6-11系统仍然保留了部分继电器，各种信号设备继电器的设置如下：用于信号点灯电路的灯丝继电器DJ、列车信号继电器LXJ、调车信号继电器DXJ、引导信号继电器YXJ和正线路继电器ZXJ，其中LXJ、DXJ、YXJ、ZXJ状态由计算机控制，采用动态继电器；用于道岔控制及表示电路的道岔启动继电器1DQJ和2DQJ及道岔表示继电器DBJ和FBJ；用于反映室外轨道电路状态的轨道继电器GJ；每个道岔区段增设一台允许操作继电器YCJ。该继电器由计算机输出驱动，采用动态继电器。其作用类似原道岔区段的锁闭继电器SJ。只有该道岔区段空闲，经计算机运算，道岔需要动作时，YCJ才能吸起，YCJ吸起后接通道岔1DQJ电路的KZ电源。道岔控制电路的KF电源由计算机输出控制接通。系统取消了原道岔操纵继电器（DCJ、FCJ）及单操道岔使用的道岔按钮继电器等。

为了监督系统的运行状态，实现双机自动转换，DS6-11型计算机联锁系统还增加了如下继电器：增加两台联锁机运行继电器（动态继电器）AYUJ、BYUJ，其状态由计算机输出控制，只要联锁机在正常运行状态，其对应的YUJ就吸起，接通各自机柜的运行指示灯；增加两台双机切换继电器QHJ1、QHJ2，它们平时吸起，监督主机的工作状态；增加A机工作继电器AGZJ和B机工作继电器BGZJ，处于工作状态的联锁机其GZJ吸起，点亮工作指示灯，处于备用状态的联锁机GZJ落下，工作指示灯不亮；区间64D继电半自动闭塞使用的继电器及闭塞电路基本不变，但车站联锁与半自动闭塞结合使用的继电器JSBJ和FSBJ状态由计算机控制，采用动态继电器。

我们可以将上述继电器设计成8种继电器组合，各站同种型号的组合内部配线相同。各种组合及其设置的继电器如下。

（1）计算机电源组合WDY：由AGZJ、BGZJ、AYXJ、BYXJ、XGDJ、SGDJ构成。WDY组合全站设1个。

（2）接车信号组合JX：由LXJ、YXJ、TXJ、ZXJ、1DJ、2DJ、LXJF、ZXJF构成。JX组合对应每架进站信号机设1个。

（3）发车信号组合FX：由LXJ、DXJ、DJ、LXJ、DXJ、DJ、LXJ、DXJ、DJ构成。每一FX组合由3架出站兼调车信号机共用。

（4）调车信号组合DX：由DXJ、DJ、DXJ、DJ、DXJ、DJ、DXJ、DJ构成、每一DX组合由4架调车信号机共用。

（5）道岔组合DC：DC组合有两种类型DC1和DC2。当一个道岔区段内只有一组道岔时，使用DC1；当一个道岔区段内有两组道岔时，第一组道岔使用DC1，第二组道岔使用DC2。分别由DC1BB、1DQJ、2DQJ、DBJ、FBJ、YCJ、DGJ1、DGJ、RC构成；由DC2BB、1DQJ、2DQJ、DBJ、FBJ、QHJ1、QHJ2构成。

（6）计算机轨道继电器组合WG：每一轨道继电器组合全部由GJ构成。每一WG组合最多可容纳10个无岔区段（包括股道、调车接近区段）的GJ。

此外，还有两种 64D 半自动闭塞的组合 WB1、WB2。当设置站内电码化或有其他联系设备时还要增加相应继电器。

计算机输出采用动态方式。动态信号的周期为 2.5Hz，由软件控制。输出信号在导通状态送出 KF 24V，截止时为高阻态。输出驱动电路的公共端接经 GZJ 前接点给出的条件 KF 电源。A 机输出接口接 AGZ－KF，B 机输出接口接 BGZ－KF，如图 8－10 所示。

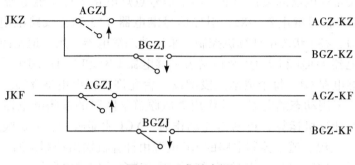

图 8－10　条件电源

为了保证 A、B 两套联锁机共同控制一套执行部件，无论动态还是静态继电器均采用两路输入控制，即两套相同的控制电路控制一台继电器，双机切换时可保证动态继电器不落。静态继电器 1、2 和 3、4 线圈分开使用。当计算机的软硬件发生故障时，为了防止错误的输出信息使继电器吸起，继电器的 KF 电源采用由对应联锁机 GZJ 前接点控制的条件电源 AGZ－KF 或 BGZ－KF。

计算机输出的控制信息经输出接口电路送到光电隔离驱动板，光电隔离板将动态脉冲变为能够驱动继电器的电平，从而控制继电器吸起。计算机动态输出控制继电器有两种方式：一种是采用动态继电器；另一种是通过动态板驱动直流继电器。采用静态控制时，计算机输出稳定的低电平控制继电器的 KF 电源。如 8－11 图所示，联锁 A 机、联锁 B 机的动态输出均接到动态驱动板，动态驱动板驱动偏极继电器，但只有主机才产生有效输出。

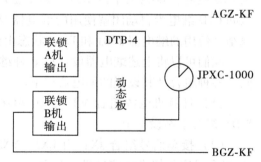

图 8－11　输出驱动连接示意图

三、计算机接口的电源及双机切换电路

该系统联锁机为双机热备系统，两台联锁机可以互为主备。为了确定双机工作状态并实现双机切换，每台联锁机各设一个"工作继电器"（AGZJ、BGZJ）和一个"运行继电器"（AYUJ、BYUJ），由各自联锁机输出控制。AGZJ、BGZJ 采用 JWXC－1700 型无极继电器，由计算机静态输出控制；AYUJ、BYUJ 由计算机动态输出控制。双机工作状态的转换，通过 AGZJ 和 BGZJ 的互切实现。采用动态板方式需设两台动态稳压

电源，按热备方式连接。其转换控制电路见图 8-12。

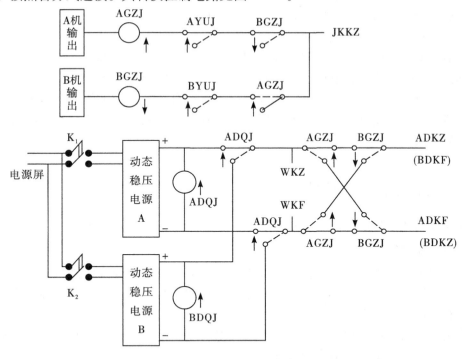

图 8-12 双机转换控制电路

第三节　DS6-11 型计算机联锁系统的使用与维护

计算机联锁设备要长期不停机地连续工作，使用维护系统，保证其安全可靠地运行非常重要。尽管计算机联锁系统是现代化的高科技设备，但由于系统具有清晰的显示功能和完备的监测功能，系统的维护比继电联锁设备还要方便。下面介绍一下该系统的使用与维护要点。

一、系统的开机与关机

在保证系统各设备连接正确，插接牢靠，电源设备供电正常的情况下，方可开启计算机联锁系统。

开机的顺序一般是先开启联锁机，两台联锁机先开启的为工作机，后开启的为备用机。接通电源，联锁机电源指示灯红灯点亮。打开联锁机开关，经过一段时间，联锁机上运行指示灯闪绿灯，表示该联锁机运行正常。接口电路及室外设备电源接通且工作正常后，经过一段时间工作机上的控制灯点亮黄灯。

联锁机运行正常后，再开启控显机。打开控显机开关，控显机开始工作，语音盒同时打开,从头播放语音报警信号;打开大屏幕显示器,正常情况下显示站场图形。

最后开启监测机。打开监测机开关,监测机工作开始,经过一段时间,监测机上的显示器显示正常,计算机联锁系统进入监测状态。

一般情况下,联锁机和控显机不能随意关机,特殊情况下需关机或人工倒机时,必须确保没有行车作业和正在办理的进路,经车务人员同意方可操作。

该系统有一套系统软件支配,使各分机开机后自动运行到工作状态,不需附加操作,关机时直接关闭电源即可,但现场设备一般在遇"死机"的情况时,可用热启动重新开启一次。

二、系统的操作使用

下面介绍数字化仪配合鼠标的操作,采用按钮盘的操作与之类似。

(一) 数字化仪操作

数字化仪是一种新型的现代化操纵设备,它取代了传统的按钮操纵台。数字化仪的盘面是站场图形及各种操作按钮,操作时必须用光笔触点按钮完成各种操作,每按下一次有一声短促的音响,显示器上有操作提示。

进路按钮的布置与6502控制台相同,绿色方块表示列车按钮,蓝色方块表示调车按钮。站场图的上下咽喉有各种功能按钮的小方块,每一功能按钮下方有文字标识。该系统取消了区段人工解锁盘,在数字化仪的盘面,道岔按钮布置在岔尖的位置,因此,双动道岔有两个道岔按钮。采用数字化仪操作时车站不设人工解锁盘,各区段按钮设于操纵盘左上角。同时盘上增加"事故解锁按钮"和"事故确认按钮"。各种功能操作按钮设于站形图的上方或下方,均为记录保留式,因此,按下后不可能自动复原。如果误按某一功能按钮,可重复一次原操作,即可使按钮复原。

1. 排列进路

排列各种进路无论是列车、调车的基本进路还是变通进路包括长调车进路的方法与6502相同,只不过是用光笔代替了人的手指。排列进路时在显示器上有操作文字提示及按钮名称闪动。信号开放后因故关闭,若要重复开放,其方法与6502相同。

2. 取消进路

取消进路时,先按下总取消按钮,显示器上ZQA空心圆变为白色小圆点,下方有文字提示。然后按下进路始端按钮,进路即可取消。

3. 道岔单独控制

按下总定位或总反位按钮,显示器上有显示及文字提示;按下道岔按钮(双动道岔可按下其中任一道岔按钮),道岔转换到规定位置,显示器上即可显示道岔的开通位置,道岔号码的颜色随之变换(定位绿色,反位黄色);按下道岔单锁按钮后,再按下道岔按钮,该道岔即可单独锁闭,显示器上道岔号码外加一圆圈;按下道岔单独解锁按钮后,再按下道岔按钮,该道岔即可解除单独锁闭,显示器上单独锁闭的显示消失。

4. 人工解锁

该系统对各种原来加封的按钮无法加封,而采用输入密码的方式提醒操纵人员慎重操作，即每按一次按钮后，显示器上有输入密码的窗口提示，输入密码后，按下确认按钮，该操作才算完成；若密码输入错误应按下取消后重新输入。

人工解锁时，在按下总人工解锁按钮输入密码确认后，显示器上有操作文字提示，再按下进路始端按钮，显示器上有延时时间的倒计时显示，达到延时时间，进路即可解锁。

5. 引导接车与引导解锁

按进路锁闭引导接车：按下引导按钮，输入密码确认后，进路锁闭，信号开放；引导解锁时，先按下本咽喉总人工解锁按钮，输入密码确认后，再按下引导按钮，输入密码确认后进路即可解锁。

6. 故障解锁

当显示器上发现有漏解锁的区段时应办理故障解锁。其方法是先按下事故解锁按钮，显示器上有输入密码和故障解锁提示，输入密码确认后，再按下相应区段按钮；然后再按下"事故确认按钮"和区段按钮，该区段方可解锁。

7. 其他操作

该系统除具有6502电气集中的各种操作功能外，还增加了几种操作，按下某一功能钮后完成相应的功能。清报警：清除显示器上的各种报警文字提示；清音响：清除语言报警的声音；显示信号名：显示各信号机名称及通过按钮、变通按钮、进路终端按钮名称；显示道岔名：显示道岔号码且定位为绿色，反位为黄色；显示区段名：显示各轨道区段名称。

（二）鼠标操作

鼠标可以作为一种辅助的操作工具，能完成除需输入密码外的各种基本操作；也可以作为唯一的操作工具，由显示器上的软键盘输入密码。

当鼠标移到显示器的上角时，显示器上有鼠标操作功能提示，有道岔单操定位、反位，道岔单锁、单解，显示道岔、信号、区段名称，总取消及排列进路性质的指示。

对道岔的各种操作，鼠标移到其功能提示符的下方，按下鼠标左键，显示器上有窗口提示，在窗口处找到道岔的名称，再将鼠标移到名称后，按下一次左键即可完成操作。排列进路时，先在显示器上方确定进路性质后，再将鼠标移到信号机（或按钮）名称处，按下左键即可。取消进路时，按下总取消后，可按下始端按钮将进路取消，也可将鼠标移到窗口信号名称处按下左键即可。

一般情况下数字化仪操作与鼠标操作不应同时进行，以免操作信息相互干扰，造成信息错乱。

三、监测机的功能

监测机工作正常后，通过键盘正常的简单操作可以调用六种监测功能。

（1）当前信息显示：显示目前设备变化的状态。按钮变化：显示目前按钮按下动作的变化，有一次按钮操作记录一次；设备变化：信号、道岔、轨道区段等设备每变化一次有一次记录；报警变化：各种报警信息显示；输出命令：各种输出命令记忆显示；端口状态：输入板、输出板端口显示；网络状态：系统网络工作状态显示。

（2）记忆信息查询：在系统工作的过程中，若要查询24h内任一时间的记忆信息，应先输入起始时间，即可查询起始时间之后的记忆信息（输入时间比当前时间小即为当日时间，输入时间比当前时间大，即为昨日的时间）。

（3）打印记忆信息：若需将记忆信息打印下来，输入起始时间后，可打印出与所查询内容相同的记忆信息。

（4）图形显示：平时监测机的显示器可复示与大屏幕显示器相同的站场图形信息。

（5）系统信息：显示联锁机工作状态，利用该功能可以实现对联锁机的人工切换，即A机工作、B机备用或是A机备用、B机工作。

（6）作业再现：根据需要可以将记忆期限内任一时间段站场图形的屏幕显示重新回放，回放的速度有快进、正常和步进三种。

第四节　DS6-11型计算机联锁系统的故障分析

计算机联锁系统运行发生故障时，首先应根据控显机和监测机的提示确定故障的设备，分析故障的现象。许多异常现象都可在监测机上直接显示出来，无论是操作错误还是设备故障均一目了然。有些故障也需进一步检查各机器或接口电路以确定故障点。

一、操作设备故障

当发现按钮操作失效时，首先应判断是否为操作设备故障，下面以数字化仪作为操作设备加以分析。

（1）检查数字化仪右上角电源指示灯是否点亮红灯，红灯不亮则为电源故障。

（2）用光笔电压板面某一按钮，电源指示灯应由红变绿，表示数字化仪工作正常。否则，应更换光笔或数字化仪板面。

（3）数字化仪电源指示灯正常，控显机应有声响回应。若没有声响，表明控显机没有收到操作信号，应检查控显机和控显机与数字化仪的接口。

（4）声响正常，表明控显机收到操作信号。下一步应检查监测机上是否有按钮操作的记录。如果有记录，说明控显机工作正常，应进一步检查联锁机和联锁机与控显机的通信环节。

（5）当发生图形显示器失去表示的故障时，可以从图形卡、屏幕扩展器、视频电缆以及显示器本身查找故障。

二、主机故障

当联锁机或操作表示机发生"死机"或不能接收信息时，一般为本机硬件或软件故障。控显机、联锁机工作正常，监测机收不到操作信息，可能是监测机故障，监测机故障不影响系统的控制功能，只是影响系统的监测功能。无论哪一台机器故障，都应认真检查机内各电路板是否插接良好。接触牢靠仍不能运行时，可判断为硬件电路板发生故障，此时可更换电路板进行试验。

单机运行正常，各子系统之间信息不畅，也可能是网络通信环节故障造成的，例如控显机工作正常，联锁机和监测机收不到操作信息。此时应在监测机上检查一下网络的工作状态，或进一步检查各机器的网卡指示灯是否亮灯，网线及网卡接触是否良好，以确定故障的位置。必要时可更换 AN-550BT 网卡进行试验。

更换网卡和机内其他电路板时，应注意电路板地址的设置，将新板与原板对照设置好小开关位置，连接好短路跳线。必须注意，更换机内任一电路板，都必须先关机，断电后才能更换，严禁带电"热拔插"。

确定硬件无故障的情况下，重新开启机器，若仍不正常，可能为软件故障，则需厂家维护。

三、接口电路故障

接口电路是系统容易发生故障的环节，输出接口故障将导致被控制的执行继电器不能动作，采集接口故障使联锁机接收不到状态信息。维修人员应熟悉接口电路的原理，识别各配线表，熟练掌握输入/输出信息的传输路径。

从图 8-13 和图 8-14 可以看出，联锁机通过总线控制 PCL-7122 开关量接口板，每一 7122 板有 144 路，分为 6 组，每组 24 路，每组分为 A、B、C 三个 I/O 口，每口 8 路，可由程序设定为输入或输出。7122 板通过 50 芯扁平电缆与光电隔离板连接，每一7122 板的 144 路 I/O 分成 6 个通道由 3 条扁平电缆连接 6 块光电隔离板。每块光电隔离板的 24 路输入或输出通过 26 芯电缆连接继电器接口架，接口架相当于 6502 的控分盘，另一端连接继电器的组合。

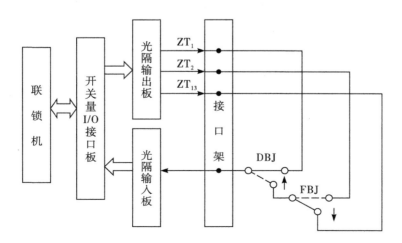

图 8-13 状态信息采集接口原理图

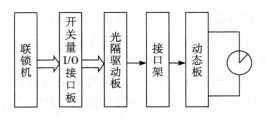

图 8-14 输出接口框图

系统中采用的动态继电器，实际上是由一台偏极继电器和动态控制元件组合而成的，为了不改变偏极继电器的结构，系统的最新设计是将几台动态继电器的动态控制元件组装在一起，构成一个动态控制板，通过组合间连线即可构成动态继电器。

每一块光电隔离输入或输出板上，对应每一路输入、输出信息都设有指示灯（LED），接口电路发生故障时，应首先观察指示灯的显示，判断是机内故障还是机外故障。

在输出接口发生故障时，如果光电隔离输出板上对应的指示灯瞬间点亮，说明计算机已将信息输出，故障在机外。如果指示灯一直未亮，说明计算机未能输出控制信息，故障在机内。

在输入接口发生故障时，如果光电隔离采集板上对应的指示灯闪烁，说明计算机输出的动态信息经采集条件返回，故障在机内的输入电路。如果计算机已输出动态信息，但信息采集端指示灯一直未亮，说明故障在机外。此外，也可利用监测机，检查输出的控制命令和输入/输出接口的状态，从而，进一步判断故障的位置。

确定是机内故障时，应检查开关量输入/输出接口板及其与光电隔离板之间的扁平电缆是否接触良好，必要时应更换开关量输入/输出接口板。确定是机外故障时，应检查光电隔离板及其与接口架间的通信电缆接触是否良好，然后再测试继电器接口架及继电器组合内部的各个端子。

确定机内无故障，机外接口电路已接通，即可判断为光电隔离板故障，这时只能更换故障的输入或输出光电隔离板。

第九章 DS6-K5B型计算机联锁系统

DS6-K5B型计算机联锁,是北京全路通信信号设计院与日本京三公司联合开发的新系统。系统的联锁机和输入/输出电路,采用京三公司的K5B型产品。该产品所有涉及安全信息处理和传输的部件均按照"故障—安全"原则,采取了二重系结构设计。系统在软件中保留了K5B的管理程序、删除了K5B原来的联锁程序,而将DS6-11型计算机联锁的联锁程序移植到了此系统中。

DS6-K5B型计算机联锁系统软件分为控制台操作显示软件、系统维护软件、联锁控制软件、系统通信软件、输入/输出控制软件和辅助设计工程软件。软件大多数由C++语言开发,运行在WINDOWS NT操作系统环境中,完成系统所需要的各种功能。

第一节 DS6-K5B型计算机联锁系统特点简介

一、系统的技术特点

DS6-K5B型计算机联锁系统具有如下的技术特点:交流电源经UPS供给,UPS和直流稳压电源均采取热备冗余设计,具有过压、过流保护功能;系统内各模块内部用电均经过DC-DC变换,实现电气绝缘和电气隔离;系统经过安全型继电器和电子终端内部光电隔离电路的两级隔离,与现场信号设备连接;联锁机的二重系通过交换同步定时信号,实现周期同步运行,同时实现自动接替工作,保证现场信号设备控制不发生间断;冗余的连接方式保证系统安全稳定运行,符合"故障—安全"特性,又具有很高的可靠性。

二、系统的结构特点

DS6-K5B型计算机联锁系统除具有以上的技术特点外,还具有以下的结构或设计上的特点。

DS6-K5B型系统硬件设备的国产化工作一直都在进行当中。到目前为止已经完成了MMIF2电路板、PIO2电路板、MMIF2机架、电子终端(ET)机架的国产化工作,并通过了日本京三公司的生产认证,完全可以进行工厂化生产。联锁机子系统中的电路板及联锁机架，正在进行国产化试制工作，到2007年底就能全部完成整套DS6－K5B型计算机联锁系统的硬件设备国产化工作。届时通号公司设计研究院将独立研制完全国产化的新型二乘二取二冗余配置联锁控制系统，从而大大降低系统的生产造价。

联锁处理部件采用双CPU公用时钟，对数据母线信号执行同步比较，发生错误时使输出导向安全，具备了"故障—安全"性能。联锁二重系为主从式热备冗余，通过高速通道进行数据交换，保证二重系同步运行，可实现不间断切换。

输入/输出电路采用京三公司生产的电子终端，电路为二重系并行工作，具有"故障—安全"性能。输入/输出均采用静态方式，省去了"静态—动态"变换电路，简化了继电器接口电路设计。

DS6－K5B系统内各计算机之间的通信全部通过光缆连接，提高了系统抗干扰能力和防雷性能，保证系统具有很高的运行稳定性。

DS6－K5B系统的联锁软件，是在DS6系统联锁软件基础上移植生成的，保留了DS6系统联锁软件的核心程序和数据结构，保证了新系统的联锁功能能满足我国车站计算机联锁技术条件的要求。控显机和监测机的应用软件，由通信信号设计院在WIN NT操作平台重新进行了开发，使得操作界面得到改善，功能进一步提高。

三、系统的主要硬件设备简述

DS6－K5B型计算机联锁系统的体系结构如图9－1所示。系统由控制台、电务维护台、联锁机、电子终端（ET）、计算机检测和电源六个部分组成。

1. 控制台

控制台由控显双机、车站值班员办理行车作业的操作和显示设备组成。操作设备可以选择按钮操纵盘、鼠标和数字化仪。显示设备可选单元式表示盘或图形显示器。每一台控显机内安装了两个采用光缆连接的串行通信接口板，用于同联锁机的二重系通信。控显双机的工作方式可选冷备和温备。控显机转换箱用于控制一套操作显示设备与控显双机之间的转换。

2. 电务维护台

电务维护台设备包括监测机、键盘、显示器、打印机。监测机内安装两个采用光缆连接的串行通信接口板，用于与联锁机两重系通信，从联锁双机取得联锁系统维护信息。检测机通过串行通信接口从计算机检测前置机取得模拟量检测信息。电务维护人员可以通过键盘、显示器、打印机查询或输出各类监测信息。

3. 联锁机

联锁机由二重系组成，以主从方式并行运行。两系之间通过并行接口建立的高速通道交换信息，实现二重系的同步和切换。联锁机每一系各用一对光缆经过光分路器与控显双机相连，使联锁的每一系都能够分别与两台控显机通信。联锁机每一系用一对光缆分别与监测机的两个光通信接口相连，联锁机每一系的维护信息分别送到监测机。联锁机每一系有5个连接电子终端的通信接口，每个通信接口可连接一个电子终端机架。

第九章 DS6-K5B型计算机联锁系统

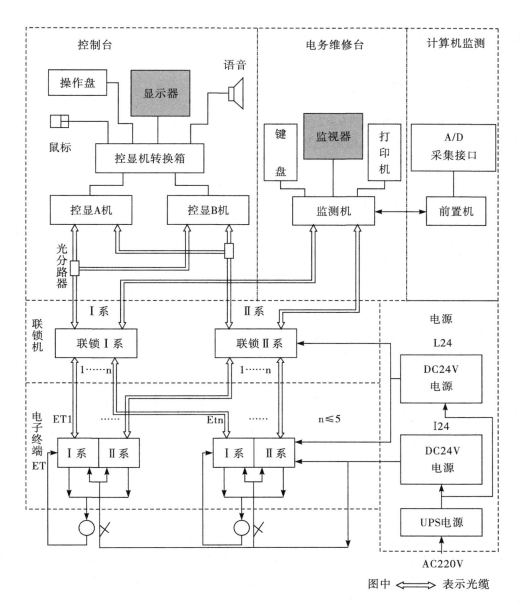

图 9-1　DS6-K5B 计算机联锁系统结构框图

4. 电子终端机

DS6-K5B 系统开关量输入/输出接口采用京三公司生产的电子终端机（简称 ET）。电子终端电路具有二重系，二重系的输入电路从继电器的同一组接点取得输入信号，分别发给联锁二重系。联锁二重系的输出分别送给电子终端的二重系。电子终端二重系的输出并联连接负载。该内容后面再做详细解释。

5. 电源

DS6-K5B 的电源由一套 UPS 和两路直流 24V 稳压电源组成。UPS 的输入由信号电源屏单独提供的一路交流 220V 电源供给。一路直流 24V 电源（用符号 L24 表示），用于向联锁机和电子终端的逻辑电路供电。另一路直流 24V 电源（用符号 I24 表示），供电子终端的输入/输出接口电路用电。

四、系统机柜的布置

DS6-K5B系统机柜如图9-2所示。DS6-K5B型计算机联锁设备分别安装在联锁机柜、电子终端柜、计算机电源柜内,另设监控柜。

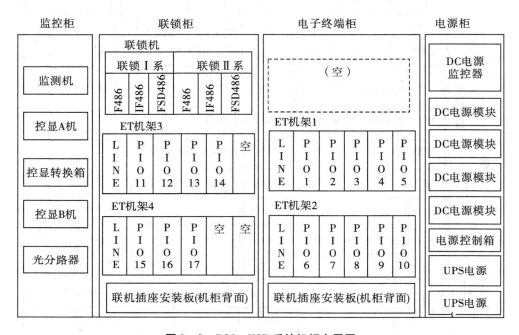

图9-2 DS6-K5B系统机柜布置图

联锁机柜内安装联锁计算机。联锁计算机的二重系安装在一个机架内。每一系有三个电路板。在联锁机柜和电子终端柜内总共可安装5个电子终端机架。各站根据站场规模大小决定实际使用多少个电子终端架,以及电子终端架是否采用级连方式。电源柜内安装DC24V电源和UPS。

第二节 DS6-K5B型计算机联锁系统各子系统的组成与功能

一、联锁机

1. 联锁机的组成及功能

DS6-K5B的联锁双机(Ⅰ系和Ⅱ系)二重系组成,以主从方式并行运行。两系的

组成完全相同,并各自执行全部处理功能。每一系采用故障—安全的双 CPU 处理器,两系之间通过并行接口(FIFO)建立的高速通道交换信息,并能交换同步信号实现二重系的同步和切换(联锁主系在每个处理周期的起始时刻向从系发出同步信号命令)。每一系的主机模块 F486(逻辑控制单元),用于联锁逻辑运算及联锁系统软件、硬件管理。

主从两系独自工作,并交换运算结果,当两者输出的结果一致时,由主系输出。当一系因故障停止输出时,另一系自动接替工作,这由两系切换装置负责完成。两系切换装置负责数据同步、时针同步、主从系管理监视和单系到双系的重构工作。

联锁机每一系通过 FSD486 各用一对光缆经过光分路器与控显双机相连,使联锁的每一系都能够分别与两台控显机通信。联锁机每一系用两对光缆分别与监测机的两个光通信接口相连,联锁机每一系的维护信息分别送到监测机。

联锁机每一系有 5 个连接电子终端的通信接口(IF486),每个通信接口可连接一个电子终端机架。

2. 联锁机架

DS6 - K5B 的联锁双机(Ⅰ系和Ⅱ系)安装在一个 800mm × 330mm 的机架内(两系的组成完全相同)。联锁机架正视图如图 9 - 3 所示。每一系由 F486 - 4 联锁 CPU 板、IF486 电子终端接口板、FSD486 人机界面(控显机、监测机)接口板三块电路板组成。每一系的机架有两个空闲插槽,需要时可插入与其他系统通信的接口板(如 CTC 系统通信用 OPU 板等)。各板之间通过 VME 总线互连。机架上空余的槽位用于安装其他选件(本系统不使用)。

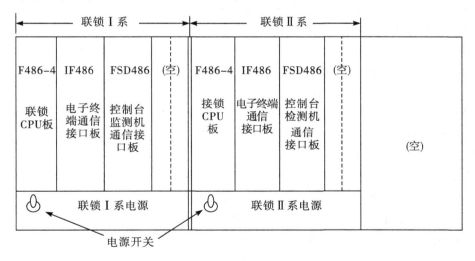

图 9 - 3 连锁机架正视图

联锁Ⅰ系电源和联锁Ⅱ系电源是两个输入 DC24V,输出 DC5V 的 DC/DC 电源,分别向联锁Ⅰ系和联锁Ⅱ系的逻辑电路提供 SV 电源。

联锁机架背视图如图 9 - 4 所示。在联锁机架的背面,每系各有两块光电转换板:RSIO3 和 TLIO。RSIO3 板是 FSD486 的光电转换板,用于联锁机与控显机和监测机之间的光纤连接。TLIO 是 IF486 板的光电转换板,用于联锁机与电子终端之间的光纤连接。

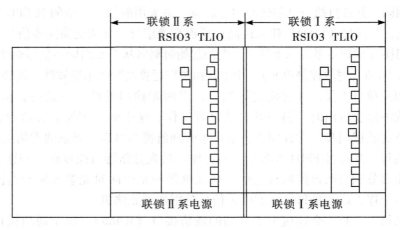

图 9-4 联锁机架背视图

3. 联锁 CPU 板

F486-4 是联锁机的主 CUP 板。二重系每一系各有一块 F486-4 板,安装在联锁机架每一系左边第一个槽位(正面)。

(1) F486-4 板的功能:完成联锁逻辑运算,两重系间通信及切换控制,两重系一致性检查、系统的故障检测及报警,异常时停止动作。板上的 ROM 存储系统管理程序,每次联锁机加电需从 IC 卡读入联锁程序和站场数据,存储在 RAM 中。

(2) F486-4 板面板:F486-4 板面板如图 9-5 所示,其面板上有系统运行指示灯、硬件工作状态指示灯和运行方式设置开关。

①系统运行指示灯。D_7 灭灯,系统运行正常(亮:系统停机)。在正常情况下(D_7 灭灯),$D_0 \sim D_6$ 状态 D_0 亮,本板为Ⅰ系(灭,本板为Ⅱ系);D_1 亮,本板为主系(灭为从系);D_2 亮,两系不同步(灭,两系同步);D_3 亮,执行控制功能(灭,控制功能停止);D_4 亮,APL(应用程序逻辑)开始执行(灭,APL 停止执行);D_6 亮,数据连接成功(灭,数据连接失败);D_5 预留。

在 D_7 亮灯情况下(系统停机),$D_0 \sim D_6$ 表示错误代码(故障代码)定义可查看相关手册。

②硬件工作状态指示灯。WT 闪烁,看门狗状态;B_0 灭,VME 总线出错(亮,无错);FLH、FLL 闪烁,总线时钟状态;BER 亮,外部 RAM 访问总线出错。

MI、DC、WR、IM、VM、Ⅱ、Ⅵ表示硬件工作状态,

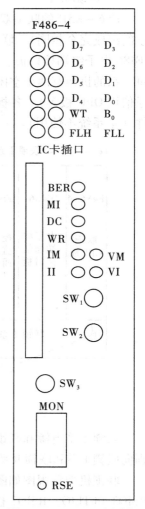

图 9-5 F486-4 板面板

含义见相关技术手册。

③运行方式设置开关。SW_1、SW_2 为运行方式设置开关，两个开关必须设置成相同状态。SW_1、SW_2 = 1：正常方式；SW_1、SW_2 = F：调试方式。SW_1、SW_2 不容许设置其他状态。SW_3 为总输入开关，必须设置为0。

另外，MON 为9针D型插座，是调试用接口。RSE 为系统复位开关。

4. 电子终端接口板

IF486 是联锁机与电子终端的通信接口板。联锁二重系每系各有一块，安装在联锁机的第二个槽位。板上 ROM 存储了通信处理程序。每个 IF486 板上有5路与电子终端的通信接口，可同时连接5个 ET 机架内的多个机笼。

IF486 面板布置如图 9-6 所示。

（1）运行正常指示灯：ESIO WDT 闪光，运行正常；灭灯，运行停止。

（2）线路状态指示灯：ESIO 为 ET SIO 线路状态指示，闪光有数据传送，灭灯无数据传送。

1 RX TX，线路1本系接收（RX），线路1本系发送（TX）；2 RX，线路1它系接收；3 RX TX，线路2本系接收（RX），线路2本系发送（TX）；4 RX，线路2它系接收。5 RX TX，线路3本系接收（RX），线路3本系发送（IX）；6 RX，线路3它系接收；7 RX TX，线路4本系接收（RX），线路4本系发送（Tx）；8 RX，线路4它系接收；9 RX TX，线路5本系接收（RX），线路5本系发送（TX）；10RX，线路5它系接收。

（3）软件状态指示灯：$D_7 \sim D_0$ 表示软件状态，定义见相关技术手册；SW，正常输入（必须置0）；MON0 为监视器接口。

5. 人机界面接口板

FSD486 板是联锁机与控显机、监控机的通信接口板，安装在联锁机的第三个槽位。FSD486 通过联锁机箱背面 SIO3 光电转换板采用四根光纤与控显机和监测机相连。FSD486 板面板布置如图 9-7 所示。

（1）运行正常指示灯

MSIO WDT 闪光，运行正常（灭灯，运行停止）；IL_ 正常亮（绿色），系统在运行；IL_ 异常亮（红色），系统停止运行。

（2）通信指示灯

MSIO 表示人机界面网络串行通信线路状态：TX 闪光，正在发送数据（灭灯，没有发送）；RX 闪光，正在接收数据（灭灯，没有接收）。立ろ上ぼ：手动启动开关，在非自动启动状态下使用。

（3）软件状态指示灯

$D_7 \sim D_0$ 表示软件状态，其定义见相关手册。SW 为正常输入开关（必须置0）。MON 为监视器接口。

6. 联锁机架背面光电接口板

联锁机架背面有 TLIO 和 $RSIO_3$-T 光电接口板，如图 9-8 所示。

```
┌─────────────────┐         ┌─────────────────┐
│     IF486       │         │     FSD486      │
│                 │         │                 │
│  ○  ESIO WDT    │         │  ○  MSIO WDT    │
│                 │         │                 │
│     ESIO        │         │  ○  IL_正常     │
│  ○○ 1 RX TX     │         │                 │
│  ○  2 RX        │         │  ○  IL_正常     │
│  ○○ 3 RX TX     │         │                 │
│  ○  4 RX        │         │     MSIO        │
│  ○○ 5 RX TX     │         │  ○○ TX RX       │
│  ○  6 RX        │         │                 │
│  ○○ 7 RX TX     │         │                 │
│  ○  8 RX        │         │  ○  立ろ上ぼ    │
│  ○○ 9 RX TX     │         │                 │
│  ○  10 RX       │         │  ○  系列换      │
│                 │         │                 │
│  ○○ D₇   D₃     │         │     LED         │
│  ○○ D₆   D₂     │         │  ○○ D₇   D₃     │
│  ○○ D₅   D₁     │         │  ○○ D₆   D₂     │
│  ○○ D₄   D₀     │         │  ○○ D₅   D₁     │
│                 │         │  ○○ D₄   D₀     │
│   ○    SW       │         │                 │
│                 │         │   ○    SW       │
│   ○    MON      │         │                 │
│                 │         │   ○    MON      │
└─────────────────┘         └─────────────────┘
```

图 9-6 F486 面板图　　　　　　图 9-7 FSD486 板面板

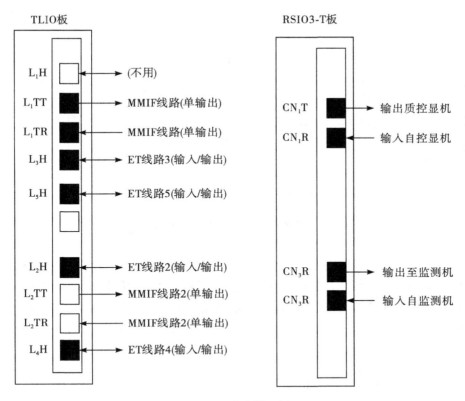

图 9-8 光电接口板

TLIO 板是 IF486 与 ET 之间通信光电信号变换接口。TLIO 板上有 5 个 ET 线路的光缆接口。本系统使用其中的 L_1H、L_2H、L_3H、L_4H、L_5H 五个光缆插孔（其余光缆插孔在本系统中不用）。每一个插孔可插入一个两芯光缆连接一个 ET 机架。系统同时最多可连接 5 个 ET 机架。

RSIO3-T 是 FSD486 与控显机、监测机之间通信的光电信号变换接口。RSIO 板上有 4 个光缆插孔。每个插孔可插入一个单芯光缆。CN_1T、CN_1R 用于连接控显机。CN_3T、CN_3R 用于连接监测机。

7. 联锁机的安全保证机制

处理器以一定的周期执行所有的处理，必要的硬件资源在规定的周期内会全部被访问到，对外部的输入和输出在规定的周期内全部进行更新。软件在执行过程中将输出交变的定时监视信号 WDT 和检查信号 CHK，标志所有处理是按照规定周期正确执行。WDT 信号接受故障—安全驱动电路（FSD）的监视。

故障—安全驱动电路对总线比较器输出的交变信号和 WDT 交变信号进行监视，当有一方停止变化时，将从物理上（切断输出电路的电源）屏蔽对外输出。总线比较 FSD 故障—安全处理示意图如图 9-9 所示。总线比较器以时钟为单位，对双重 CPU 的处理经过、处理结果进行对照，可以在最短的时间内（一个 CPU 的时钟周期内）及时发现 CPU 及周边器件的故障，通过屏蔽对外输出或停止 CPU 动作，使安全得到最有效的保证。

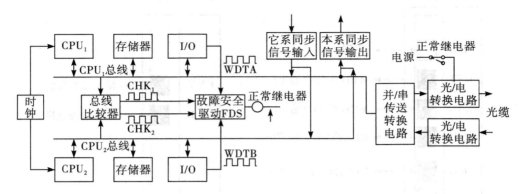

图9-9 总线比较FSD故障—安全处理示意图

系统设计了软件诊断程序，对总线比较器检查不到的部分（如未使用到的内存等），实现故障—安全功能，并对冗余系统管理用到的特定的硬件资源进行诊断监视。

系统的两重系之间，通过专门设计的信息交换通道，进行同步信息交换，实现两重系同步运行。当一系发生故障时停止工作，输出导向安全侧，另一系自动接替工作，保证系统连续不间断地运行。

8. 联锁机的二重系

（1）联锁机二重系的管理机制

DS6-K5B系统为了保证不间断地运行，采用以下管理机制。

①联锁机的二重系采用主从式管理，首先加电启动运行的联锁机自动成为主系，后加电启动运行的联锁机自动成为从系。

②后启动的联锁机从先启动的联锁机取得现场数据，使自己进入与先启动的联锁机相同的控制状态。

③后启动的联锁机将自身的软件版本号与先启动的联锁机的软件版本号对照，确定一致后进入从系运行状态。

④二重系之间每个周期进行数据交换，并对处理结果进行比较。

⑤当联锁主系通过自检测确定自身正常时，以本系的运算结果输出，当联锁主系自检测发现自身有故障时，进行主从系切换，此时如果从系无故障则即刻成为主系。

⑥从系通过自检测确定自身正常时，若与主系比较不一致，自身复位，重新开始运行，恢复与主系同步，如果自检测发现故障，则停止运行。

（2）联锁机二重系之间的同步处理

DS6-K5B系统联锁机的二重系采取主/从方式同步运行，主系在每个周期开始的时候向从系发送同步信号，使从系与主系保持同步运行，如图9-10所示。

（3）联锁机二重系对输出、输入信息的处理

联锁机二重系对输入信息的处理如图9-11所示。联锁机二重系对输出信息的处理如图9-12所示。

(4) 联锁机的同步切换

DS6-K5B 系统联锁机的二重系安装在一个机架的一个底板上，双机信息交换通过底板相连，不需要经过外部的电缆连接；双机切换由 CPU 板内的安全电路实现，不另设独立的切换电路；二重系之间没有经过外部连接的通道，从而保证双机切换控制的高安全性和高可靠性。

DS6-K5B 系统采用的无接点控制与通过机架内部印制板连接的方法相比，其安全性和可靠性高。

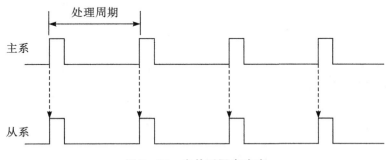

图 9-10 主从系同步脉冲

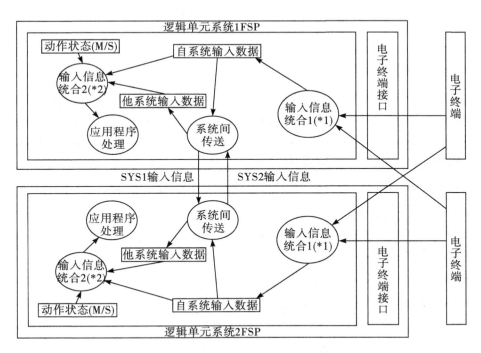

图 9-11 联锁机二重系对输入信息的处理

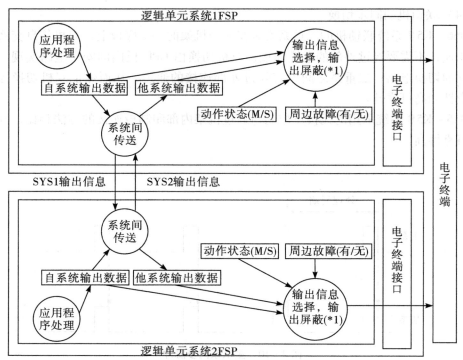

图9-12 联锁机二重系对输出信息的处理

二、电子终端

DS6-K5B 的输入/输出接口称为电子终端（Electronic Terminal，简称 ET）。电子终端（ET-PIO）为故障—安全型双 CPU（FSCPU）构成的智能控制器，系统设置为二重系，如图9-13所示。电子终端的每一系分别和联锁机的二重系通过光缆连接；电子终端二重系的输入电路从继电器的同一组接点取得输入信号，分别发给联锁二重系。联锁二重系的输出分别送给电子终端的二重系。电子终端二重系的输出并联电路连接负载。

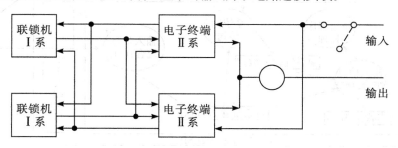

图9-13 电子终端二重系结构图

1. 电子终端结构

电子终端输入电路如图9-14所示，通过有效的自检测功能，可检测出输入电路的故障，保证输入信息的安全性。电子终端输出电路如图9-15所示，按故障—安全的原则设计。输出驱动和输入采集均采用静态方式，直接驱动安全型继电器，这就简化了接口电路设计，方便了系统维护。

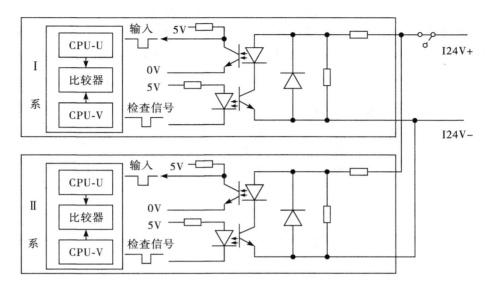

图 9-14　电子终端输入电路

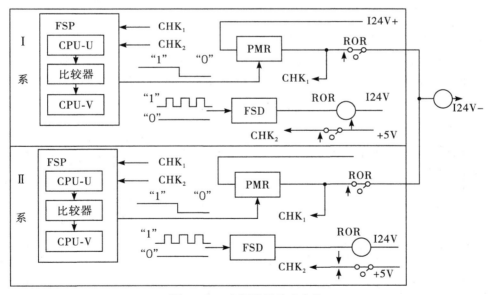

图 9-15　电子终端输出电路

2. PIO 模块的地址设置

在机架上实际安装 PIO 模块的数量根据系统配置需要确定。PIO 模块必须成对安装。每对 PIO 模块组成并列的输入/输出接口，对外共同连接 32 路输出和 32 路输入。

PIO 模块是通用的，每个 PIO 可插在机架的任意插槽上。系统对 PIO 的识别（寻址）是通过 ET 机架底板上每个插槽的地址设置（四位的开关设定）来实现的（其开关在 ET 机架内侧的底板上，在取下 PIO 模块后才可以看到），且每一对 PIO 设为相同的地址。每个机架内的五对的 PIO 地址可在 01H 到 0FH 范围内设置（不同机架内的 PIO 地址可以重复设置。通常在设备出厂时已经按照系统配置设置好了，用户不需要改动）；每回线扩展机架内的 PIO 模块地址依次分别设为 06H 到 6AH；在 ET 机架上无 PIO 模块的空闲槽位，地址开关设为 0FH。图 9-16 所示为 PIO 地址设置开关。

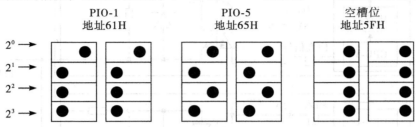

图 9-16 PIO 地址设置开关

一个系统内 PIO 总数小于或等于 15 对时，从第一个机架的第一对 PIO 到第三个机架的最后一对 PIO，地址可以从 01H 到 0FH 连续设置。

软件对 PIO 的寻址采用两位十六进制代码。上述开关设置的数字为地址的低位代码。地址高位代码是 ET 模块类型的特征码，由软件设置。PIO 模块代码为 6，所以每个 ET 机架内的 PIO 地址依次为 61H~65H，每回线扩展机架内的 PIO 地址依次为 66H~6AH。

3. ET PIO 面板指示灯

ET PIO 面板如图 9-17 所示，上面有 LINE 和 PIO 指示灯。

NORMAL 亮，运行（灭灯，停止）；RXD 亮，接收（灭灯，无接收）；TXD 亮，发送（灭灯，无发送）；"DC5VON"为 5V 电源开关，向上电源开、向下电源关。

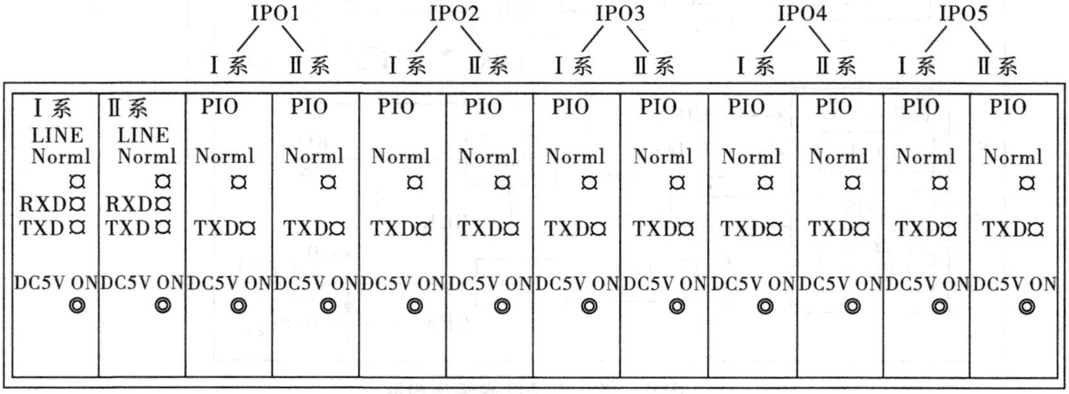

图 9-17 ET PIO 面板

4. PIO 联机插座

PIO 联机插座在 ET 机箱背面，如图 9-18 所示。

LINE 的 J_1 为逻辑 24V 电源插座，A_3 为 SYS_1 和 SYS_2 的光纤插座。

PIO1-5 的 J_1 为输入信号插座，J_2 为输出信号插座，J_3 为接口 24V 电源插座，J_4、

J₅ 用短电缆连接不对外引出。

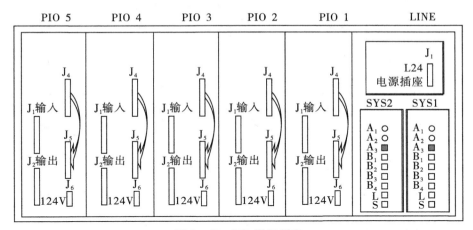

图 9-18　PIO 联机插座

5. 电子终端的输入信号连接电路

如图 9-19 所示为电子终端的输入信号连接电路图，PIO 输入信号电源从计算机电源柜的接口 24V（IB24）的"＋"引出，通过采集继电器的接点到接口架和联锁机柜的 CS-TX19-36T/Z 型插头/插座，从 PIO 的 J₁ 进入 PIO 模块，经 J₄、J₅ 回到接口 24V 电源的"－"。

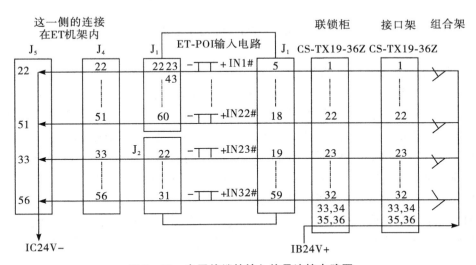

图 9-19　电子终端的输入信号连接电路图

6. 电子终端输出信号连接电路

图 9-20 所示为电子终端输出信号连接电路图，电子终端 PIO 的输出驱动信号电压为 24V，输出信号极性为"＋"。电子终端输出驱动信号从 PIO 模块的 J₂ 引出，经联锁机柜和接口架的 CS-TX19-36T/Z 型插头/插座，连接到被控继电器。经继电器线圈返回到接口 24V 电源的"－"（IC24）。

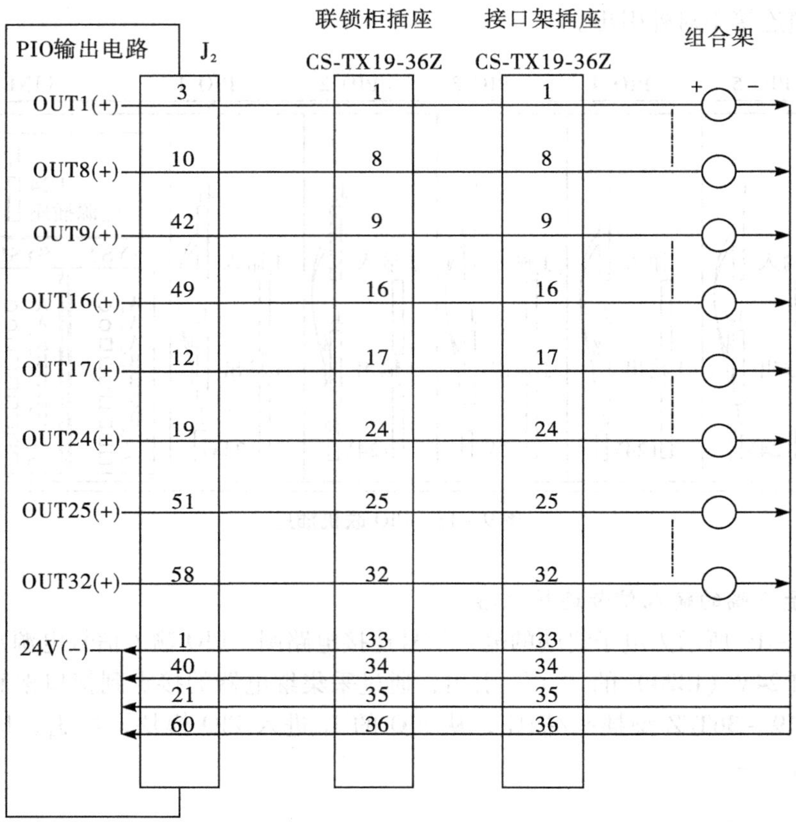

PIO输出电路	J₂	联锁柜插座 CS-TX19-36Z	接口架插座 CS-TX19-36Z	组合架
OUT1(+)	3	1	1	+ −
OUT8(+)	10	8	8	
OUT9(+)	42	9	9	
OUT16(+)	49	16	16	
OUT17(+)	12	17	17	
OUT24(+)	19	24	24	
OUT25(+)	51	25	25	
OUT32(+)	58	32	32	
24V(−)	1	33	33	
	40	34	34	
	21	35	35	
	60	36	36	

图 9−20　电子终端的输出信号连接电路图

7. 联锁机与电子终端之间的连接

DS6−K5B 系统联锁机和电子终端均采用了二重系设计。联锁每一系都要接收电子终端二重系的输入信息，经过"或"处理后，作为联锁运算的输入。联锁二重系的输出通过电子终端的二重系并联输出。联锁机与电子终端之间的物理连接通过 ET NET 光缆实现。联锁机的 IF486 模块是联锁机与电子终端的通信接口，一个 IF486 模块上有 5 个 ET NET 通道，通过 TLIO 光电转换板引出 5 对光缆，连接 5 个电子终端机架。TLIO 的端口与电子终端之间用一根两芯光缆连接。

图 9−21 为联锁机与电子终端之间光纤连接示意图。图中只画出了 3 个电子终端机架，第四个电子终端机架的接线相同。ET LIO 的端口与电子终端之间用 HAC105 型光纤连接。

8. 电子终端的安全逻辑

（1）电子终端的每块电路板都是智能的，控制是分散独立的。

（2）每一系的每个电路板上都设有双 CPU 的故障—安全处理器，完成对本板的输入/输出数据的安全处理和对本板电路的故障检测。

（3）ET−PIO 输出电路的故障—安全保证通过 FSD 对输出数据进行处理。

（4）每一路输出发出动态和静态两种输出信号，CHK_1 检查静态输出，CHK_2 检查动态输出。

（5）动态输出通过 FSD 控制输出检查继电器（ROR）。

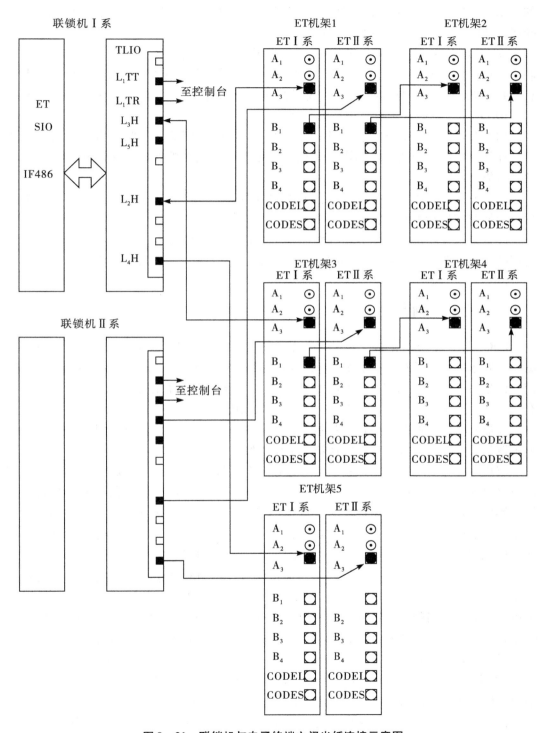

图 9-21　联锁机与电子终端之间光纤连接示意图

9. 电子终端的安全通信

联锁机二重系的输出均发送给电子终端，电子终端每一系的输入都发送给联锁机的二重系。这种冗余的连接方式保证任何一部分的单系发生故障，系统都能正常运行，既保证故障—安全性又具有高可靠性。

安全信息传送具有正/反码两次传送、CRC 校验、标志码检查等故障—安全保证机制，发现任何一项错误，丢弃本周期的信息。2 个周期没有接收正确信息，给出警告信息。4 个周期没有接收正确信息，全部信息按安全侧处理。

10. 电子终端的可扩充性和可维护性

（1）DS6－K5B 系统每个电路板通过光电隔离的通信链路与联锁机独立通信。因此，任何一个电路板的故障不影响其他电路板工作。机架扩展也是通过光纤连接实现的，可靠性不受影响。

（2）DS6－K5B 系统每个电路板上设有电源开关，可以单独断电，实现在机架不停电的情况下拔插电路板，进行更换维修。

（3）DS6－K5B 系统二重系的电路板并列插在同一机架上，对外的并联连接通过底板的印制电路实现，避免了外部连接插件和连接电缆对系统可靠性的影响。

三、控制台

DS6－K5B 系统的控制台采用 DS6 系列的传统结构。操作显示设备设在运转室。根据用户要求操作设备可选按钮盘或鼠标。表示设备可选单元式表示盘或显示 K 器。控显机采用 PC 总线工控机。机箱内除安装连接操作显示设备的接口板外，安装两块带有光电转换的串行通信接口卡 INIO。用于同联锁机通信。

控显机采用双机互为备用。控制台的操作和显示设备有按钮盘或鼠标；表示盘或显示器只设一套，通过控显机转换箱与工作的控显机连接。

双机互备方式可以采用热备或冷备方式。在热备方式下，控显双机同时加电运行，同时接收联锁机发送的信息，但只有工作机向表示设备发送表示信息和接收控制台的按钮操作信息。控显双机切换需人工操作控显转换箱上的转换开关，将控制台操作和表示设备切换到备用机。在冷备方式下，备用控显机不加电。进行双机切换时，需先将备用机加电使其运行，然后按压控显转换箱上的切换按钮。

为了实现每一台控显机都能够与联锁机的每一系单独通信，构成交叉互备的冗余关系，控显双机每一台机器内安装了两块 INIO 通信卡：INIO1、INIO2，分别用于同联锁机Ⅰ系和Ⅱ系通信。联锁机的每一系只有一个与控显机通信的接口：CN1T（发送）、CN1R（接收）。为了实现联锁机的每一系都能够与控显双机同时或与其中的任意一台单独通信，在联锁机与控显机之间的通信线路上增设了光分路器（Opitical Branch Unit）。光分路器（Opitical Branch Unit）的作用是将一侧一根光芯输入的信号分成两路输出，同时将另外两根光芯输入的信号合并从一根光芯输出。

在 DS6－K5B 系统中用了两个光分路器（型号：SPHC）。1#光分路器用于联锁Ⅰ系同控显 A 机连接。2#光分路器用于联锁Ⅱ系与控显 B 机连接。每个光分路器由两块电路板组成。一块电源板 SPHC – PW，一块信号传送板 SPHC – TT。光分路器由接口 24V（I24V）供电。电源板产生 5V 电压供信号传送板工作。

四、电务维护台

电务维护台由监测机、显示器、键盘、打印机等组成。监测机采用 PC 总线工控机，为单机。机箱内安装两块带有光电转换的串行通信接口卡的 INIO 板，用于同联锁机二重系通信。监测机与联锁机之间的连接如图 9 – 22 所示。

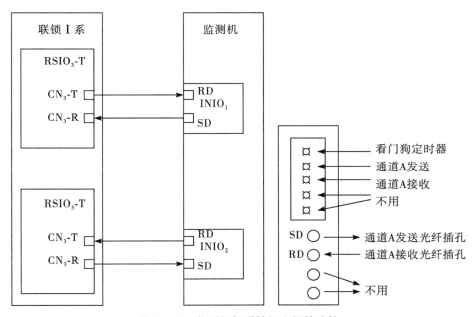

图 9 – 22　监测机与联锁机之间的连接

监测机接收来自联锁二重系的设备动作状态信息和监测报警信息。监测机通过串行通信接口与计算机检测的前置机相连，接收计算机监测采集的模拟量信息。

DS6 – K5B 计算机联锁设备分别安装在联锁主机柜、电子终端柜、监控机柜、计算机电源柜上，另设计算机监测工作台一个。根据站场规模不同，系统中用的电子终端架的个数不等，电子终端柜的个数为 1~2 个。一般情况下，小于 50 组道岔的车站有 3 个电子终端架，用一个电子终端柜；50 组道岔以上车站有 4~5 个电子终端架，需用 2 个电子终端柜。

在联锁机柜和电子终端柜的上端有联机插座安装板，用于安装电子终端到组合架之间输入/输出信号的联机插座。插座采用 CS – TX19 – 36/Z 型 36 线插座。

五、电源

DS6 – K5B 系统的电源由一套 UPS 和两路 DC24V 稳压电源组成，如图 9 – 23 所示。

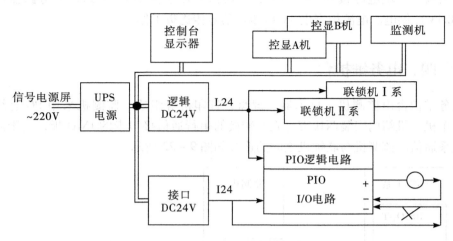

图 9-23 DS6-K5B 电源系统图

DS6-K5B 计算机系统要求信号电源屏经隔离变压器单独提供一路单相交流 220V 电源（容量不小于 2.5KVA）。从电源屏来的 220V 电源送到 DS6-K5B 的电源柜，经过 UPS 后向计算机设备供电。

控显机、监测机及控制台显示器等设备使用 UPS 输出的 220V 电源（UPS 采用两台 200kVA 热备冗余供电，一台故障自动切换）。K5B 的联锁机和 ET 采用两路直流 24V 电源供电，由计算机系统的电源柜内的直流稳压电源供给，不用信号电源屏的 KZ24V 电源。第一路称为逻辑 24V 电源（L24），此电源经 K5B 内部的 DC-DC 变换，产生逻辑电路工作所需的 5V 电源；第二路称为接口 24V 电源（I24），供输出接口驱动继电器和输入接口采集继电器状态使用。每一路 24V 电源均由 3 个 AC-DC 开关稳压电源模块组成，其中两个模块在线工作互为热备，可自动切换，另一个模块为冷备份。电源柜内的 2 路直流 24V 电源，分别送到联锁机柜和电子终端柜的接线端子，具体系统供电及电源柜安装如图 9-24 所示。

在组合架上，所有受计算机控制的继电器用的 24V 电源，均由计算机系统的 I24V 电源供电，不受计算机控制的继电器的电源仍使用信号电源屏电源。

计算机输出电路送出 I24V+，经过继电器线圈，形成公共回线，回到 I24V-。计算机采集的继电器接点组的中间接点连接到 I24V+，经过采集接点组的前接点或后接点回到计算机输入电路（见电子终端输出、输入电路连接图）。

电源柜输出的两路直流 24V 分别送到联锁柜和电子终端柜底部的滤波器盒（NFB-BOX）的 8 柱端子板 8P-A 上，经过 NFB-BOX 前面板上空气开关进入滤波器。通过滤波器输出的 24V 电源连接到 10 柱端子板 10P-A 上。逻辑 24V（L24）从 10P-A（1、2 端为 24V+，3、4 端为 24V-）接到电源总线 1（POWER BUS 1）。接口 24V（I24V）从 10P-A（5、6、7 端为 24V+，8、9、10 端为 24V-）接到电源总线 2（POWER BIUS 2）。电源总线的 1、3、5 接"+"；2、4、6 接"-"。

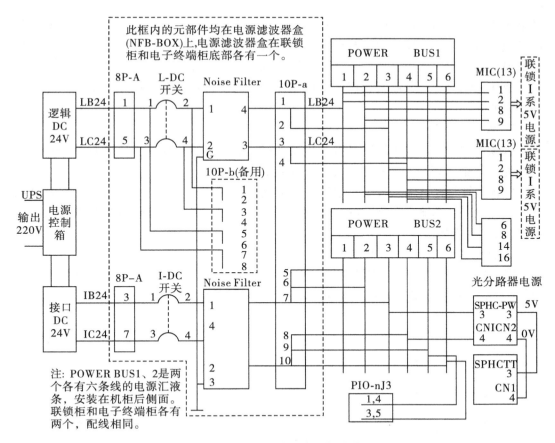

图 9-24 系统供电及电源柜安装图

第三节 DS6-K5B 型计算机联锁系统的软件构成简述

DS6-K5B 联锁系统的软件系统由联锁机软件、控显机软件和监测机软件组成。

一、联锁机软件

联锁机软件运行在联锁机上,由基本程序(系统管理程序)和联锁运算程序组成。

1. 系统管理程序

联锁机的基本程序包括初始化模块、系统周期管理模块、双重系管理模块、输出程序模块、输入程序模块、系间传送程序模块。初始化模块负责系统加电后硬件初始化、联锁运算参数文件的装载等;系统周期管理模块负责系统运行周期的时间管理;双重系管理模块负责主从系状态的检查及主系故障时两系切换控制;输出程序模块启动电子终端网络和人机界面网络驱动程序，负责向联锁机外部设备输出数据；输入程序模块负责从电子终端和控制台设备的数据输入；系间传送程序模块负责双重系间数据交换；输入程序模块将从电子终端、控显机和监测机取得的输入信息以约定的数据格式放入联锁演算区的输入数据区；输出程序模块将从输出数据区取得输出数据发送到相应的外部设备。

2. 联锁运算程序

联锁运算程序完成车站信号联锁控制功能。联锁运算程序和系统管理程序通过一个称为"联锁演算区"的特定内存区进行数据交换。

联锁运算程序从输入数据区取得输入数据进行联锁运算。联锁运算程序将运算结果生成的电子终端输出命令、控制台显示信息和监测信息以约定的数据格式放入联锁演算区的输出数据区。

联锁机软件控制流程及周期管理如图9-25所示。

联锁机还设计了软件诊断程序，对总线比较器检查不到的部分（如未使用到的内存等），实现故障—安全功能，并对冗余系统管理用到的特定硬件资源进行诊断监视。

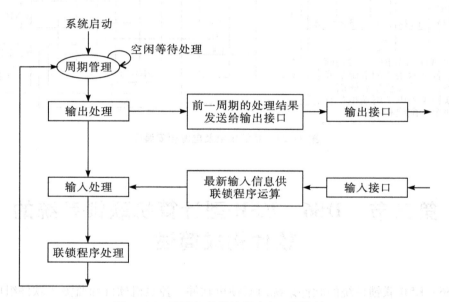

图9-25 联锁机软件控制流程及周期管理

二、控显机软件

控显机软件是在Windows操作平台上开发的、供车务人员办理行车作业的人机界面软件。主要功能有与联锁机通信，从联锁机接收站场实时变化信息、操作提示和报警信息；向联锁机发送按钮命令信息；完成控制台的站场图形显示、操作提示和报警信息的文字和语音输出；鼠标操作和按钮信息处理。

三、监测机软件

监测机软件是在 Windows 操作平台上开发的、供电务人员进行设备监视和故障诊断的人机界面软件。主要功能有与联锁机通信，接收联锁机发送的站场实时信息和系统的工作状态信息和自诊断信息。监测程序将所有的信息记录到实时数据库中，维护人员可以通过屏幕菜单操作查询、显示或打印输出各类信息。

第四节　DS6 – K5B 型计算机联锁系统的继电器接口电路与防雷

DS6 – K5B 系统与室外信号设备之间的结合采用继电器电路，主要有信号机点灯电路、道岔控制电路、轨道电路以及其他结合电路。

一、接口继电器

信号机点灯电路保留的继电器有 LXJ、DXJ、YXJ、DJ、2DJ；道岔控制电路保留的继电器有 DCJ、FCJ、1DQJ、2DQJ、DBJ、FBJ；轨道电路保留 GJ。以上继电器中，LXJ、DXJ、YXJ、DCJ、FCJ 由计算机输出的控制命令驱动。

每组道岔设一个道岔允许操纵继电器（YCJ）（双动道岔按一组道岔处理，设一个 YCJ），用 YCJ 的一组前接点接在道岔启动电路的 KZ 回路中。YCJ 平时落下。转换道岔时，若该道岔区段在解锁状态，计算机在输出道岔操纵命令的同时输出 YCJ 吸起命令，使 YCJ 吸起。道岔转换到位后，计算机停止输出，YCJ 落下。道岔因故在规定转换时间内不能转换到位时，计算机在取消定操或反操命令输出的同时，取消 YCJ 的输出命令，YCJ 落下。

二、输出驱动

DS6 – K5B 系统计算机的输出，采用静态方式，即所有受计算机驱动的继电器全部采用直流安全型继电器。继电器工作所需的 24V 电源由计算机系统供给，不用信号电源屏的 KZ24V。计算机输出口送出 24V +，继电器线圈的负端连到公共回线，回到电源的负极。不受计算机控制的继电器仍然用信号电源屏的 KZ24V。

三、信息采集

DS6 – K5B 系统的输入采用静态方式。采集电压为 24V，电源由计算机系统供给。计算机通过输入采集电缆的电源线送出 24V 正电压，接到被采集接点组的中间接点，经前接点或后接点返回计算机的输入口，再经计算机接口电路内部回到电源负极。

计算机采集信号电路的 XJ 和 DJ；道岔电路的 DBJ 和 FBJ、YCJ；轨道电路的 GJ 的状态信息。另外，系统为了完成控制台上的有关表示功能，需要采集灯丝断丝、轨道停电、熔丝报警、主副电源等状态信息。

从继电器接点取得输入信息，每个被采集的继电器只占用一组接点。

采集电压为 KZ24V，接在采集接点组的中间接点。从故障—安全考虑，不同继电器采集的接点条件不同。规定采用继电器接点的闭合条件表示信号处于安全侧状态，即用输入电路有电流通过证明设备在安全状态，输入信息的逻辑值为"1"；用继电器接点的断开条件（对于计算机的输入接口没有电流输入）表示信号处于危险侧状态，输入信息的逻辑值为"0"。例如，对于信号继电器（XJ），取其后接点输入，后接点闭合，证明信号继电器落下，信号机关闭；XJ 的后接点断开，信号机为开放状态。接口电路开路故障或接口电路断线故障，视信号机为开放状态。对于轨道继电器（GJ），取其前接点输入，用前接点闭合条件证明轨道区段空闲。前接点断开、接口开路故障或接口断线，即视轨道区段为占用。其他继电器的采集原则同上。

四、输出/输入接口的配线

在计算机与继电器组合架之间设接口架，作为计算机联锁系统与继电电路之间的连接界面，如图 9-26 所示。在接口架上设 CS-TX19-36Z 型 36 芯插座，每个插座设 32 位。继电电路一侧的连线焊接在插座上；计算机一侧的连线用插头连接。

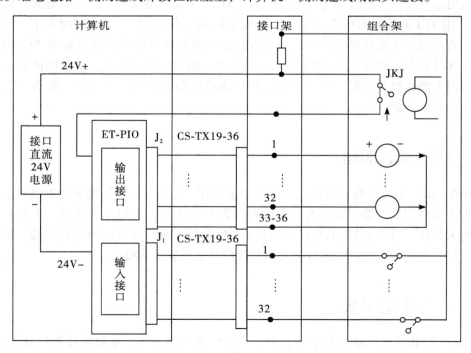

图 9-26　计算机与继电器组合架之间的接口

在ET机架的背面，每一对ET－PIO有两个矩形插座。其中J_1用于连接输入信号，J_2用于引入32路输出信号。

J_1插座有60芯，用其中的32芯引入32路输入信号。在接口架上，对应每一个ET－PIO的32路输入，设一个CS－TX19－36Z型插座，采用36芯信号电缆。电缆的一端用压接方式连接与J_1对应的插头，电缆的另一端焊接CS－TX19－36T型插头。

J_2插座与J_1插座型号相同。连接电缆及两端的插头形式与输入电缆相同。输出电缆中有4根芯线用于连接输出信号的负极公共端。

ET－PIO输出插座J_1、J_2与接口架联机插座之间以及接口架上的输入/输出插座接线端子之间对应连接。

五、地线与防雷

DS6－K5B系统要求提供一根保护地线。此地线的埋设及接地电阻值，应符合铁道部制定的TB/T 3027—2002《计算机联锁技术条件》，即接地体与其他设备地线接地体间距不小于20m；此地线不得与电力、通信等设备的接地线合用；接地电阻不大于4Ω。

DS6－K5B系统按日本京三公司设计，采取浮地方式防雷。

联锁主机和电子终端电路的安装采取了多重绝缘措施；供计算机逻辑电路工作的5V电源对地浮空；输入/输出接口电路工作的24V电源由计算机系统24V电源供给，形成闭合的回路，且对地浮空，在室内环境条件下，满足上述隔离要求，在输入/输出端口不设防雷元件。

第五节　DS6－K5B型计算机联锁系统的操作维护与故障处理

一、系统冷机启动的加电顺序

系统从冷机（未加电）状态启动，应首先确认所有设备连接正确，接插件连接牢靠，然后进行。给设备加电应按照先外围、后联锁的顺序进行。

（1）接通UPS220V电源，确认UPS输出220V电压正确。

（2）接通控制台设备电源。控制台设备包括控显机、显示器、控显转换箱。

（3）接通监测机（含显示器）电源。

（4）接通计算机电源柜电源。通过观察电源有关指示灯，确认两路24V电源输出正常。

（5）接通联锁柜和电子终端柜电源内滤波器盒上的L24V、I24V电源开关。

（6）接通各ET机架上每个ET－LINE和ET－PIO模块的电源开关，确认每个模块进入正常工作状态："Normal"指示灯亮；"Txd"指示灯闪光。

（7）接通联锁Ⅰ系和联锁Ⅱ系的电源开关。在联锁机 F486 模块的 IC 卡插槽内插入 IC 卡。如有两个 IC 卡，可同时插在两系联锁机上。如只有一个 IC 卡，可先插入一系联锁机，待其进入运行状态后，取出 IC 卡再插入另一系联锁机。联锁机从 IC 卡读入程序和数据约须 30s 左右。首先加电并插有 IC 卡的联锁机将进入"主系"状态运行，后插入 IC 卡的联锁机通过与主机进行信息交换实现同步后，进入"从系"状态运行。

至此，DS6－K5B 系统从冷机状态加电启动完成。系统停机下电，原则上应按上述的逆向顺序，依次切断各设备的电源。

二、日常维护工作要点

（1）巡视检查。检查内容包括各路电源电压及电流值是否正常。
（2）机房环境温度、湿度在规定范围：0℃～40℃，20%～80%。
（3）有无局部过热、异常噪音或异常气味。
（4）确认各设备指示灯的指示状态是否有异常。
（5）确认联锁两重系哪一系为主系，哪一系为从系。
（6）在值班记录簿上做详细的巡视检查记录。
（7）由于本系统联锁机和电子终端均采取了冗余设计，单重系发生故障，系统仍能完成正常功能，所以须仔细辨认每个模块上的指示灯状态，以确认是否在正常运行；也可以通过监测机查询故障报警信息记录，确认设备的运行情况。

三、系统维护注意事项

1. 使用 IC 卡注意事项

联锁机从冷机启动需从 IC 卡上读入程序和数据才能进行正常运行。因此 IC 卡平时应插在 IC 卡插槽内。这样，系统在停电恢复后可自动投入运行。应注意 IC 卡易受静电冲击损坏，不可用手触摸 IC 卡的端子部分。

2. 维护光缆注意事项

系统各设备间采用了连接光缆。光缆较为脆弱，应注意以下事项：不要用手触摸光缆接头的光端口；光缆接通不用时，一定要将光缆接头带上防尘帽；光缆的弯曲半径一定要在 5cm 以上，否则将造成光缆断裂；不可使光缆受到强烈的撞击、震动和重力挤压、拉扯；拆卸光缆连接须握住光缆接头的外壳拔插，不可拉拽光缆线；连接光缆接头要注意插头与插座的吻合，同时要拧紧固定螺丝。

3. 联锁机维护注意事项

（1）联锁机的三个电路板（F486、IF486、FSD486），两个光电转换板（TLIO、RSIO）以及电子终端的 ET LINE 和 ET－PIO 模块必须插在机架的指定槽位上。插错位置系统不能运行，并有可能造成设备故障。

（2）系统中所有的电路板和模块严禁在带电的情况下拔插。违反此项规定将造成设备损坏。

（3）ET – LINE 和 ET – PIO 模块上的电源开关在扳动时须用手握住开关柄轻轻向外拉出，然后再扳动，不可直接用力扳。

四、系统的故障处理

1. 故障判断

分析检查系统故障必须掌握系统各组成部分的连接关系。DS6 – K5B 型计算机联锁系统联锁机到组合架之间输入/输出信号的连接关系，如图 9 – 27 所示。

设备发生故障时，应首先认清故障现象、故障影响范围，区分模块本身电路故障和模块之间通信联系故障，根据设备的连接关系进行测试，查找故障点。

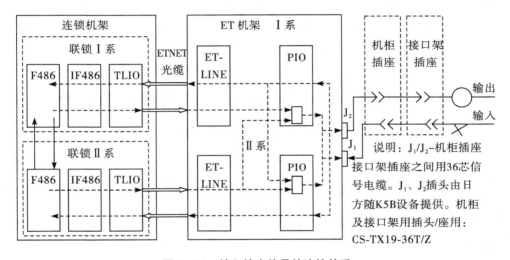

图 9 – 27 输入输出信号的连接关系

2. 故障处理

确定故障点后，用备件进行更换。更换备件，必须首先切断被更换模块的电源，再从机架上取下故障模块，插入新模块，然后加电恢复。系统的冗余设计，容许单重系模块断电更换，不间断系统运行。

第十章

JD-1A型计算机联锁系统

JD-1A型计算机联锁系统,是北京交通大学微联公司研制开发的分布式双机热备计算机控制系统,也称集散型测控系统,其特点是分散控制、集中信息管理。它采用最新的计算机技术、总线技术、网络技术,是一套具有"故障—安全"性能、功能完善、操作简单、维护方便的车站计算机联锁系统。

第一节 JD-1A型计算机联锁系统的结构、组成与功能

JD-1A型计算机联锁系统保留了6502电气集中的执行电路,包括道岔启动电路、信号机点灯电路、轨道电路、各种联系电路等成熟的继电器电路,其他电路则由计算机联锁系统代替。系统的维修机可以实时监视车站运行情况、联锁系统的运行情况,记录车站值班员的操作情况、车站运行情况及联锁系统故障、故障原因,为事故分析、电务人员维修计算机联锁系统提供帮助。

一、系统的体系结构

JD-1A型计算机联锁系统属于分布式计算机控制系统,也称集散型测控系统,其特点是分散控制、集中信息管理。

1. 体系结构

系统包括人机对话层(也称操作表示层)、联锁运算层、执行表示层三大层次,系统体系结构如图10-1所示。

其中,人机对话层包括操作表示机和电务维修机,为车站值班人员和电务维修人员提供操作和显示界面;联锁运算层包括联锁机和总线转换电路,根据接收的操作命令和采集的站场信息进行联锁运算,发出控制命令;执行表示层包括了采集电路、输出电路、检测电路、接口配线、通道防雷和接口继电器,完成驱动任务,进行设备的连接和防雷;此外,系统还保留了继电集中联锁的执行电路,包括道岔控制电路、信号点灯电路、轨道电路及各种联系电路。系统的操作表示机、联锁运算

机、总线转换电路、采集电路、输出电路、检测电路均为双套，构成双机热备型计算机系统。

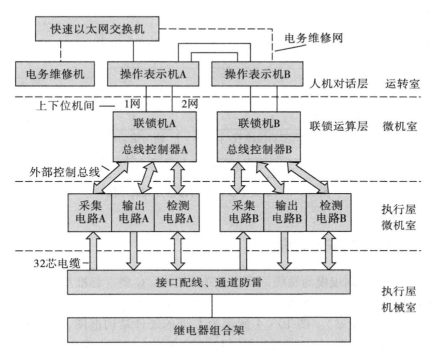

图 10-1　JD-IA 型联锁系统体系结构图

2. 通信方式

JD-IA 型计算机联锁系统的通信为双通信网络。采集、输出、检测电路采用外部控制总线方式，通过总线转换板与计算机 ISA 总线交换信息，并通过电缆与接口继电器组合架连接。

人机对话机之间、人机对话机与电务维修机之间采用以太网通信。人机对话层与联锁层之间采用双 CAN 通讯网通信，双网同时工作，有一网故障时，另一网可保证系统正常通信。联锁层和执行层之间采用外部控制型总线控制器实现了与计算机总线的分离。图 10-2 是系统各计算机的网络联接的简略图。联锁机与接口电路间采用外部控制总线通信，以实现与计算机总线的分离。联锁机通过两套故障—安全型动态采集电路采集组合架有关继电器接点的状态，通过双套动态驱动电路输出对动态执行继电器的控制信息，并由动态检测电路对输出电压进行回读检测。接口电路与继电器组合架间通过 32 芯电缆连接。如图 10-3 为系统中设备之间通信方式表示图。

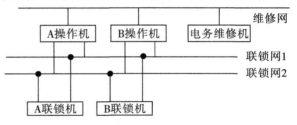

图 10-2　系统各计算机的网络联接简略图

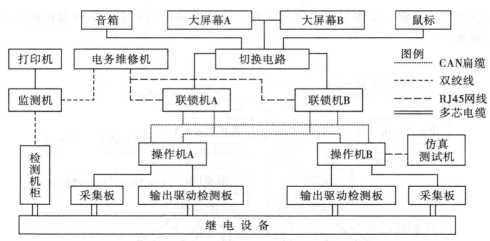

图 10-3 系统中设备之间通信方式表示图

二、硬件组成与功能

系统为了适应不同规模的站场，设计有三种结构：G 型（标准型，适用于 40 组道岔以下的车站）；S 型（小型结构，适用于 15 组以下的车站）；L 型（大型结构，适用于 50 组道岔以上的车站）。图 10-4 所示为 L 型的硬件结构框图，图 10-5 为 G 型（标准型）硬件分布简图（对于控制对象超过 100 组以上的特大型车站，可以扩充一个接口柜和防雷柜）。

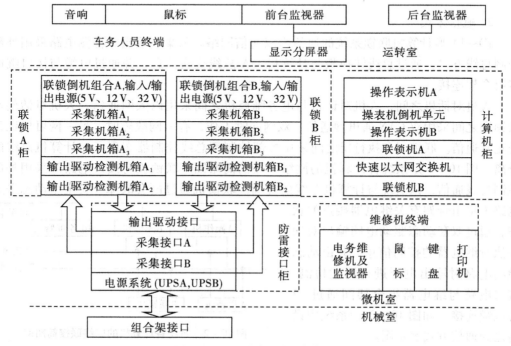

图 10-4 L 型的硬件结构框图

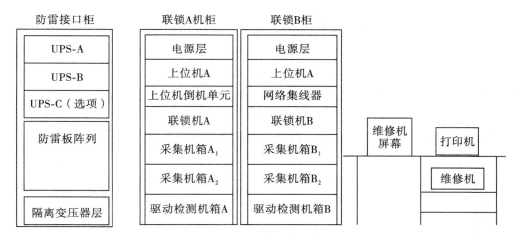

图 10-5　G 型（标准型）硬件分布简图

对 L 型的硬件结构，于运转室，通过车务前台监视器、音箱、输入设备（鼠标）等为车站值班员提供操作表示界面；在微机室，有联锁 A 柜、联锁 B 柜、计算机柜、防雷接口柜，以及提供给电务人员的维修机和终端设备；同时在运转室还可以提供后台监视器，便于车站值班员监视前台操作及站场运行情况。

联锁 A 柜、联锁 B 柜中包括倒机电路用 12V、5V、32V 直流电源（供接口电路、继电器驱动使用）、联锁机以及采集机箱、输出驱动检测机箱。

计算机机柜中包括操作表示机、联锁机、操作机倒机单元、快速交换机。防雷接口柜包括电源系统（UPS）、从组合架接口来的配线（带防雷）以及到联锁机柜中的采集/驱动配线。防雷接口柜中有 UPS 电源、隔离变压器及防雷板的陈列。

三、系统的结构特点

JD-IA 型计算机联锁系统具有如下的结构特点。

（1）采用分离式总线控制器：提高了计算机联锁整体的抗干扰能力和外部总线的扩展能力。

（2）独有的上电自动跟踪能力：备机上电 10s 左右自动与主机同步，无须人工干预。

（3）完善的冗余结构：系统全部资源均采用双套结构，其中采集板为 4 倍冗余，提高了硬件自诊断能力。

（4）CAN 网络双网并用：采用 CAN 网络的双网并用结构，提高系统稳定性。

（5）直接驱动偏极继电器：联锁机内部实现动态驱动，提高可维护性。

（6）动态驱动电路的双备份：双套驱动板能实现对输出电压进行回读检测，增加了输出电路的自诊断能力。

（7）强大的故障诊断能力：联锁系统通过电务维修机对故障进行记录，为维修人员提供参考。

四、系统的主要技术特点

（1）系统除操作台和各计算机均采用双机电路外，其他资源也均采用了双份结构，如电源、输入/输出电路、动态驱动电路以及通信网络等。

（2）没有采用电子驱动电路与电磁电路机构合一的动态继电器，而是将电子驱动电路归划为联锁机内部的组成部分，这样可以直接控制继电器。

（3）采用联锁网与监控网两层结构（CAN总线），联锁网（联锁机与操作表示机之间）采用双通道通信网，且双网同时工作，一网故障时不影响系统工作。

（4）两套采集电路对同一个继电器接点的状态同时采集，增强了自诊断能力。

（5）由于动态驱动电路可以对输出的电压进行回读检测，故有很好的自诊断能力。再加上其为双套备份，所以在更换驱动板时不影响主机的工作。

（6）两台上位机同时工作，先开启的为主机，后开启的为备机，当主用上位机发生故障时，自动切换到备用上位机。备用上位机运行时，只能接收下位机传来的站场状态信息，跟踪显示站场运行情况、系统运行情况等，它不能接收操作信息和向下位机发送操作命令，也不能播放语音提示信息。

（7）采集、输出驱动检测机箱内提供接口板插槽，其面板上设有指示灯，用以观察设备运行情况以及输入/输出接口状态。

第二节 JD-IA型计算机联锁系统的接口电路

一、接口电路设备组成

本系统的接口电路的控制原理如图10-6所示，接口电路由总线控制板、机箱控制板和输入/输出接口三级电路组成。后两级电路采用外部控制总线（CRTP总线）方式。外部控制总线通过插在联锁机箱中的总线控制板（IOBC电路板）与计算机ISA总线交换信息。从组合架室内分线盘到输入/输出防雷接口柜之间，以及防雷接口柜到联锁机柜间均通过32芯电缆相连，防雷接口柜加装有通道防雷器件。

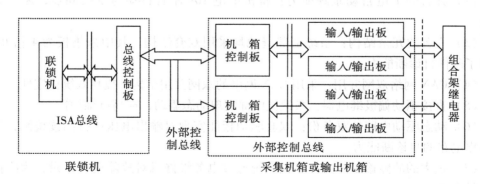

图10-6 系统接口电路控制原理示意图

联锁机和采集、输出电路相对独立，I/O 电路与联锁机采用光电隔离。外部控制总线可在 15m 内并行扩展多达 16 个机箱，每个机箱可插 16 块采集板，每板有 32 个采集单元；也可插入 6 组输出驱动板和回读检测板，每组由 2 块 16 路输出驱动板和一块 32 路检测板固定组成，可驱动 32 个控制对象，它能够提供测试返回信号，由检测板对输出电路进行回读检测。图 10-7 所示，为联锁系统采集与驱动接口及相关板卡安装位置图。

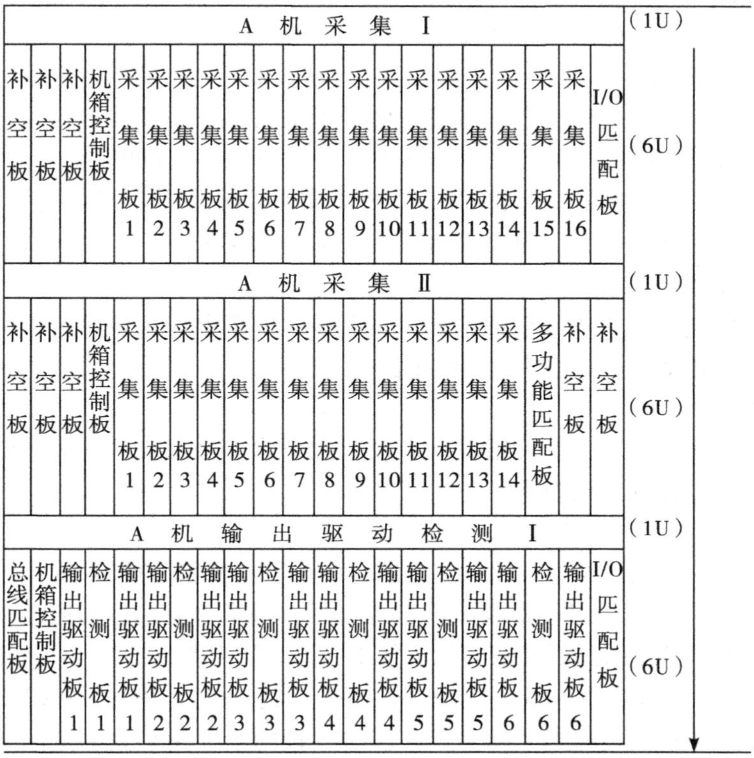

			A 机 采 集 I															
补空板	补空板	补空板	机箱控制板	采集板1	采集板2	采集板3	采集板4	采集板5	采集板6	采集板7	采集板8	采集板9	采集板10	采集板11	采集板12	采集板13	采集板14	采集板15	采集板16	I/O匹配板	(1U) (6U)
			A 机 采 集 II															
补空板	补空板	补空板	机箱控制板	采集板1	采集板2	采集板3	采集板4	采集板5	采集板6	采集板7	采集板8	采集板9	采集板10	采集板11	采集板12	采集板13	采集板14	多功能匹配板	补空板	补空板	(1U) (6U)
			A 机 输 出 驱 动 检 测 I															
总线匹配板	机箱控制板	输出驱动板1	检测板1	输出驱动板1	输出驱动板2	检测板2	输出驱动板2	输出驱动板3	检测板3	输出驱动板3	输出驱动板4	检测板4	输出驱动板4	输出驱动板5	检测板5	输出驱动板5	输出驱动板6	检测板6	输出驱动板6	I/O匹配板	(1U) (6U)

图 10-7 系统接口及相关板卡位置图

1. 总线控制电路板

总线控制电路板，也称总线转换板或总线匹配板（IOBC 板），安装在联锁机箱内，实现 ISA 总线和外部控制总线 CRTP 转换，将输入电路采集到的信息传给联锁机，根据联锁机的控制命令控制输出电路。IOBC 板通过输入/输出机箱母板上的 64 路标准 DIN 连接器，采用级连方式与所有采集机箱和输出机箱相连。电务人员不需要维护总线转换电路板。

2. 机箱控制电路板

机箱背后安装有 I/O 母板，I/O 母板提供外部控制总线。采集板、输出驱动板、检测板、以及多功能匹配板都插在 I/O 母板上。这些电路板都通过 16 位数据线和外部控制总线交换数据。机箱对外的连线通过 I/O 母板后面的接插件连接。

每个机箱有一块"机箱控制电路板"，对本机箱的输入或输出板进行选址。另有一块 I/O 匹配板，提供本机箱的外部控制 CRTP 控制总线。采集板、输出板、检测板以及

I/O 匹配板或多功能匹配板都插在 I/O 母板的机内一侧。

机箱控制电路板用以对本机箱电路板选址，选中的电路板通过 16 位数据线和 CRTP 总线交换数据。机箱控制板的板面有工作指示灯，正常工作是 ADR1、ADR2、ADR4、ADR8 指示灯不断闪烁，循环选址。

3. I/O 匹配电路板

每一机箱的 I/O 母板上插入一块 I/O 匹配板，用于实现机箱中总线的终端匹配。每个机箱必需有一块 I/O 匹配电路板。

4. 多功能匹配电路板

每一个联锁机柜必须有一个机箱的 I/O 母板上插入一块多功能匹配板，它有三项功能：提供母板总线终端匹配；控制、采集联锁机柜中的倒机电路，包括对本联锁机监督继电器 JJ、倒机继电器 DJ 的控制，本联锁机 JJ、DJ 以及切换继电器 QJ 的状态采集，以及对另一台联锁机 JJ、DJ、QJ 和检测开关的状态采集；产生本联锁机动态输入电路所用的 12V 动态方波。

对于两套联锁机必须各自在其控制的一个接口机箱中插入多功能匹配板，插了多功能匹配板的机箱就不必再插终端匹配电路板了。

5. 总线匹配板

每个联锁机柜的最后一个机箱 I/O 母板上必须插一块总线匹配板，用于实现本机柜的电路板与外部控制总线的匹配。

6. 32 路输入采集电路板

采集板用来采集组合架继电器接点状态。一个采集机箱可插 16 块采集电路板，每块输入板有 32 路采集。为提高采集信息的安全性，每个采集信息都通过两个采集单元进行采集，两路采集结果进行比较，只有结果一致才认为继电器接点状态为 1（接点闭合）。因此，相邻的两块输入板位置相同的两个采集单元，用于采集相同的继电器接点，也就是第一块输入板的第一路和第二块输入板的第一路采集的是同一接点，以此类推。一个采集机箱最多可采集 256（32×8）个状态信息。

根据接口信息表可确定采集单元与所采集条件的对应关系，采集条件（继电器接点）接通，采集板前面指示灯闪烁。采集电路的工作原理如图 10-8 所示。

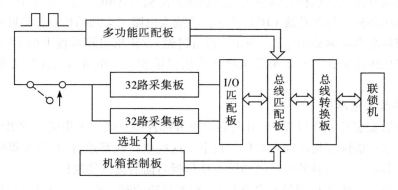

图 10-8 采集电路的工作原理

本系统采用安全输入电路，联锁机控制多功能匹配板产生方波脉冲，再经由继电器接点、32路输入电路，由联锁机读回。联锁机只有收到方波脉冲，才判定继电器接点闭合。采集电路具有故障—安全性，电路中任何器件发生故障，均可导致动态脉冲中断，从而使设备导向安全。

为提高输入电路的可靠性，缩短硬件故障维修时间，输入电路具备自诊断功能，如果发生故障，可精确定位到某块电路板的某一路，并通过电务维修机记录下来。

每一状态信息均采用两组接点通过32芯电缆经由防雷接口柜分别与联锁机A和联锁机B相连。状态信息采集接口框图如图10-9所示。

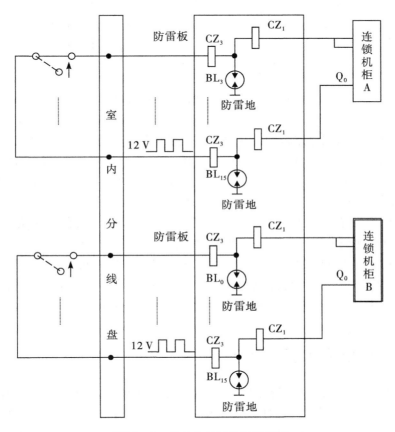

图10-9 状态信息采集接口框图

7. 16路输出驱动电路板和32路驱动回读检测电路板

16路输出电路板插在I/O母板上，用来输出对组合架继电器的驱动信息。它接收联锁机发送的动态方波，再控制动态驱动电路，驱动电路接收动态脉冲，进而产生驱动组合架继电器动作的直流电平。

对于每个输出点对应的是哪个继电器，由接口信息表约定。输出驱动板前面对应每一个输出单元由两个并排的指示灯，左边的指示灯点亮表明该路驱动单元有输出，右边的指示灯点亮表示该输出的驱动有效。因此某一路有输出时，主机对应的两个指示灯均点亮，而备机对应该路输出左边的指示灯微亮，右边的指示灯不亮，即备机假输出，驱动无效。回读检测板上该路输出对应的回读检测指示灯也同步点亮。输出驱动电路工作原理如图 10-10 所示。

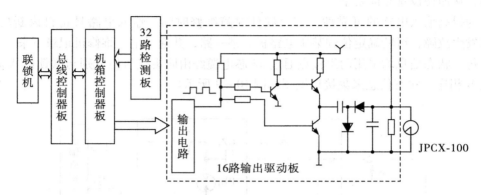

图 10-10 输出驱动电路工作原理

32 路驱动回读检测电路板用来检测动态驱动电路是否工作正常。输出驱动板每板 16 路，回读检测板每板 32 路，输出驱动板和回读检测板合用一种机箱。两块输出驱动板加上一块检测板形成一个印制板单元组，检测板置于中间，并与输出驱动一一对应。一个输出检测机箱可插 6 组这样的印制板，共可驱动 192（32×6）个继电器。根据车站站场的大小可配置不同数量的输出检测机箱，形成不同的机箱组成结构。

驱动回读检测板和输出驱动电路板配套使用。当对应的输出电路有输出时，如果其控制的那路动态驱动电路也工作正常，则此路回读检测板面板上的指示灯点亮。如果动态驱动电路故障或回读检测电路故障，则该路指示灯不亮，此时电务维修机会做记录。如果当前联锁机为主机，则会自动切换到备用联锁机。

二、输出接口电路

图 10-11 为系统输出接口框图，由于联锁机 A 和联锁机 B 动态驱动板的两同名端子要控制同一台执行继电器，因此，连接驱动控制线的防雷接口柜的电缆插接端子板相当于一个"三通"，联锁机 A、联锁机 B 的输出驱动板的每一位输出线，在防雷接口柜的端子板上的一侧一一对应封连，另一侧与继电器接口架端子板相连，这样将联锁机 A、联锁机 B 的输出并接在一起控制偏极继电器的线圈端子 4。

如图 10-12（接口电路控制原理框图）所示，由于各继电器线圈 1 所接的联锁机 A 供出的负电源（A+32V）是检查了 ADJ 前接点的条件电源（B 机输出的 B+32V 条件地检查了 BDJ 前接点），而 ADJ 与 BDJ 不可能同时吸起，因此只有主机的驱动端才能输出有效的驱动电平，而备机不可能产生有效的输出。如果动态驱动电路故障，则该路指示灯不亮，此时电务维修机会自动记录。如果当前联锁机为主机，则会自动切换至备用联锁机。

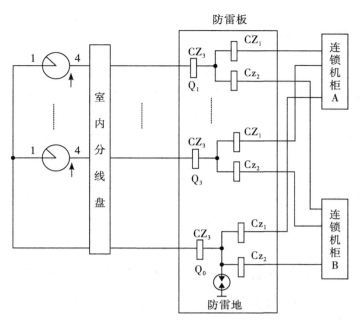

图 10-11 输出接口框图

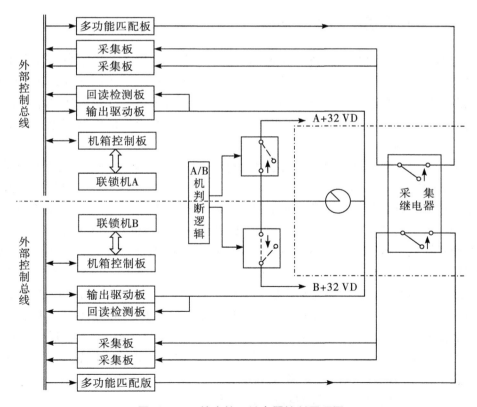

图 10-12 输出接口继电器控制原理图

三、继电器结合电路

为了保证室外信号设备的控制电路基本不变，本系统仍然保留了部分继电器，组成了相对定型的继电器组合，继电器的名称和作用与6502基本相同，各种组合所用的继电器如下：道岔组合：DCJ、FCJ、DBJ、FBJ、SJ、1DQJ、2DQJ；进站组合：LXJ、TXJ、LUXJ、ZXJ、YXJ、1DJ、2DJ；一方向出站组合：LXJ、DXJ、DJ；多方向出站组合：LXJ、DXJ、ZXJ、DJ；调车组合：DXJ、DJ；轨道区段：GJ（50Hz或25Hz）。

此外还有监督联锁机工作和控制上位机、联锁机双机热备系统切换的有关继电器。

有关继电器的结合电路，结构很简单，计算机联锁车站道岔控制、信号电灯等执行环节的电路与6502电气集中车站相似，在此就不做介绍了。

第三节 JD-IA型计算机联锁系统的联锁机同步切换与应急台使用

一、联锁机的同步与切换

系统的联锁机采用双机热备的动态冗余结构，两套联锁机互为主备，没有主次之分。系统运行期间，两套联锁机同时接收操作表示机发送来的控制命令，通过各自的输入电路采集站场状态，并进行联锁运算。两套联锁机都根据联锁机运算结果，控制本机的动态驱动电路产生输出，但只有主机的输出才与组合架继电器相连，控制继电器动作。切换控制电路如图10-13所示。

联锁系统通过联锁机柜内的倒机电路实现动态切换。倒机电路包括监督继电器JJ、切换继电器QJ和倒机继电器DJ。当联锁机上电启动后，先工作的联锁机的JJ、QJ、DJ均吸起，作为主机运行。后工作的联锁机的JJ吸起，QJ和DJ落下，作为备机运行。通过机柜面板上的"主用""热备"指示灯也可以看出联锁机的工作状态。

两套联锁机在运行期间，不但通过自诊断系统验证本机是否工作正常，还实时交换动态信息，相互比较、验证，判断本机以及邻机是否正常工作。如果主机判断出自身发生故障，则通过倒机电路自动切换到备机。假设先打开的是A机，在A机主用期间发生故障使AJJ落下，则AQJ和ADJ将顺序落下，在BJJ吸起的条件下，BQJ迅速吸起，从而使BDJ立即吸起，这样使B机转为主机。原备机作为主机运行后，故障机器重新启动。如果备机发生故障，则备机重新启动。在双机切换和联锁机重新启动时，不影响整个系统的运行，即实现动态无缝切换。

与其他系统不同的是本系统的联锁机有4种工作状态。

1. 停机状态

联锁机关机掉电或正在重启、联锁程序未运行，此时联锁机处于停机状态。当联锁机处于停机状态时，不执行联锁运算，采集、输出电路不工作。

2. 主用状态

当联锁系统上电启动时，先投入运行的联锁机自动进入主机状态，在系统运行期间，两套联锁机通过自诊断和互诊断机制，判断系统是否工作正常，在主机有故障且备机处于热备状态的同时，才会切换到备机。原备机作为主机维持系统继续运行。只有运行于主机状态的联锁机才能最终驱动组合架继电器。此时，联锁机柜上的"主用"指示灯点亮。

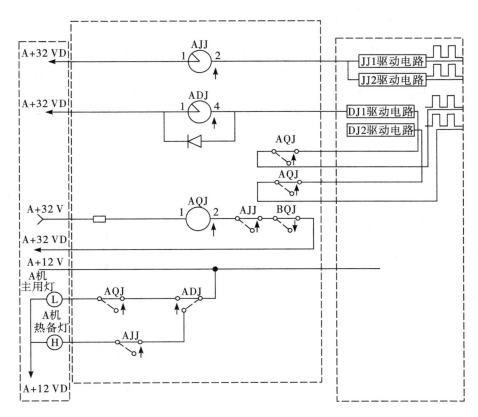

图 10－13 联锁机双机切换控制电路

3. 热备状态

联锁机上电启动后，采集到另一套联锁机已处于主用状态的前提下，经自诊断、互诊断，认为本机无故障，且与主机的动态信息同步后，才能进入热备工作状态。

当备机处于热备工作状态时，接收上位机的操作命令、采集站场状态、进行联锁运算，但联锁运算结果只能"假输出"，不能驱动组合架的继电器。此时，联锁机柜上的"热备"指示灯点亮。

4. 同步校核状态

同步校核状态是备机由停机状态向热备状态过渡的中间状态。当一套联锁机作为主机运行后，另一套联锁机上电启动，经自诊断无误后，开始运行联锁程序，接收上位机传来的操作命令、采集站场状态、进行联锁运算,此时这套联锁机处于同步校核状态。

处于同步校核状态的联锁机还要向主机请求同步,当备机和主机建立通信,并且本机的联锁动态信息与主机完全一致时,才可进入热备状态。

必须注意,当备机停机或备机仅处于"同步校核状态"时,不能人为地切换主机,否则将会导致已开放信号突然关闭、站场道岔全部锁闭等严重后果。

二、应急台的使用

当双套联锁设备发生故障时,可使用应急台。应急台的盘面布置如图 10-14 所示。应急台上,对应每组道岔(双动为一组)设一个道岔按钮且定/反位各有一个表示灯,全站共用总定位操纵和总范围操纵按钮。单操道岔和道岔表示灯的显示与 6502 相同。

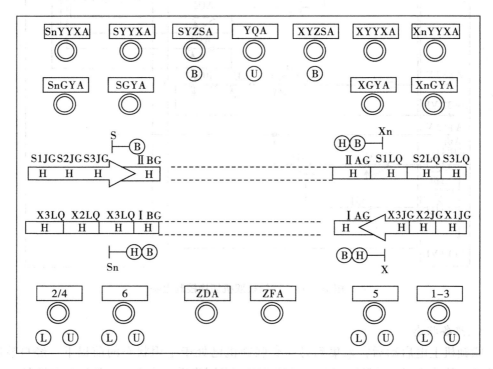

图 10-14 应急台盘面图

用应急台操纵道岔时,所有联锁功能失效,道岔位置是否正确,只能人工室外确认。应急台对信号的操作只限于引导总锁闭接车,不能开放列、调车信号。因此,应急台只是一个代替室外手摇道岔的设备。

如图 10-15 所示(应急盘道岔控制电路),应急台的启用与计算机联锁控制互切。使用应急台时,应首先破封按下应急切换按钮(YQA),使应急切换继电器吸起

（YQJ）。YQJ 吸起后，其后接点首先切断计算机联锁主机柜向组合架提供动态电源公共回线 D32G – YQJ，即切断计算机驱动的所有继电器线圈 1 的公共回线。由 YQJ 的前接点接通应急延时继电器（YYJ），经 3min 延时后，YYJ 吸起才能接通道岔单操控制电路的 KZ 电源，允许道岔单操。

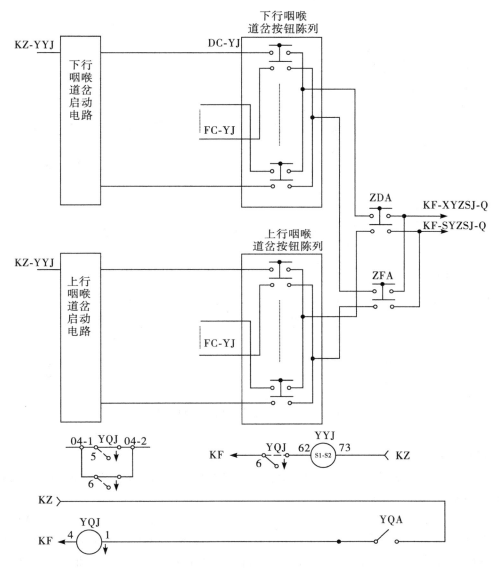

图 10 – 15 应急盘道岔控制电路

在办理引导总锁闭接车时，道岔单操到位后，应先用应急台按钮专用钥匙解锁该咽喉的"引导总锁"按钮，而后按压引导总锁按钮，再用钥匙解锁接车口的引导按钮，按压引导按钮开放引导信号。作业完毕后，应将"引导总锁"按钮恢复原位。图 10 – 16 为应急盘引导信号控制电路。

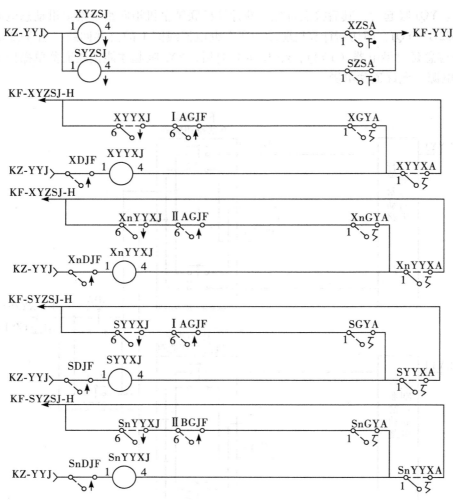

图 10-16 应急盘引导信号控制电路

最后必须强调以下几点注意事项：

（1）更换联锁机主机内的板子、上位机和维修机中的板子时，插拔前一定要关机，否则瞬间高压会击坏电路板。

（2）上位机和维修机的开关上有三个指示灯和两个按键，第一个标注 POWER 的指示灯为电源指示灯，第二个标注 H.D.D 的指示灯为硬盘工作指示灯，第三个标注 KB-LK 的指示灯为键盘锁闭指示灯，红色自复式按键为复位键，蓝色非自复式按键为键盘锁闭键，蓝色键按下时，第三个指示灯亮，表示已把键盘锁死，此时按键盘无效。为了避免误碰键盘而影响设备的正常使用，平时都要把蓝色键按下锁死键盘，但是，在复位机器或机器掉电重新启动时一定要弹起蓝色键，键盘锁闭灯熄灭，取消键盘的锁闭，这样机器才可以正常启动。

（3）数字化仪的电源开关在右上角的背面，开启电源时最好把光笔和定标器远离数字化仪，以免更改设置。

第四节　JD-IA型计算机联锁系统的电源系统结构防雷监督

一、电源系统结构

两路交流电源引入之前加入防雷单元、隔离变压器（若采用有隔离变压器的电源屏则不需要），A、B联锁机分别取用两个单独的USP电源（图10-17中只画了A机的。若有计算机监测系统，也要从电源屏单独引出一路交流电，其结构与之相同，也要用单独的USP电源供电），主要是为防止电源的相互干扰。图10-17为其电源系统配置示意图。

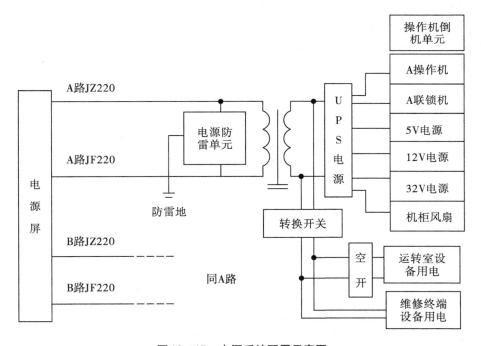

图10-17　电源系统配置示意图

二、防雷管短路监督

图10-18是防雷管的连接图，图10-19为防雷管短路监督原理电路，从图中可以看出，进入联锁机柜的每一状态信息采集条件线，均接有一个防雷管。这样当任一条件线因雷感应电压超过防雷管的击穿电压时，该条件线将立即接地。这样就能防止高压进入联锁机柜烧坏电路板。

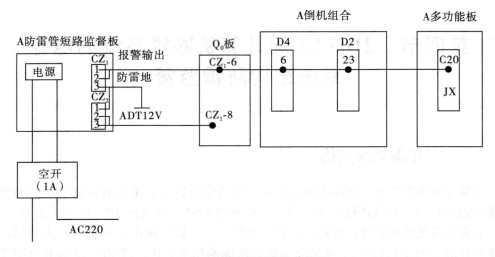

图 10-18　防雷报警连接框图

如果某一防雷管被击穿短路不能恢复，5V 电源将使防雷监督继电器 J1 吸起，同时蜂鸣器报警；而后，防雷监督继电器 J2 吸起，向联锁机柜输入报警信息。通过测试插空可测出击穿的防雷管，更换后按下复原按钮使电路复原。

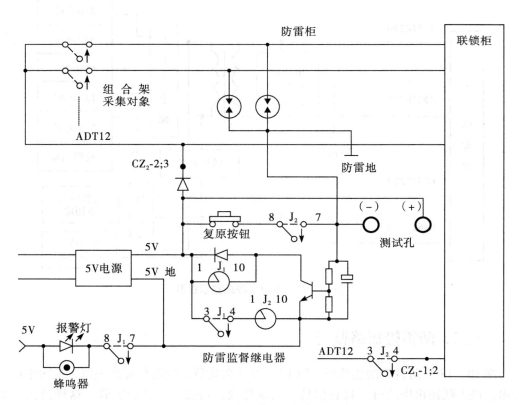

图 10-19　防雷管短路监督原理图

A（B）采集防雷管短路监督电路对所有 A（B）采集防雷管短路进行监督，当 A（B）采集防雷管有一个短路并且所采集的继电器状态为励磁状态时，A（B）采集防雷管监督电路延时 2s 报警，并把报警信息送到 A（B）联锁机，A（B）联锁机接到报警信息后停机。信号值班人员在查找具体哪个防雷管短路时，必须把防雷柜与组合架之间的连接端子断开，按一下复原按钮，报警停止，电路恢复正常后，把联锁机柜的 12V 电源正端接到测试孔（-）端，看联锁机柜采集表示灯哪一个亮，则亮灯单元对应的防雷管短路；或断开防雷板与邻板防雷地环线，将测试孔（-）连到被测试板的防雷地端子，测试笔的一端接到测试孔（+），另一端逐一点防雷管，当被点的防雷板上有防雷管短路时，测试笔上的测试灯亮，断开此板上与室内分线盘连接的插头再逐一测试，当测试笔再次亮灯时，测试笔所点的防雷管短路。然后用防雷插件最下面的备用防雷管换下短路的防雷管。

JD-IA 型计算机联锁系统要求两种地线，即防雷地线和保护地线。设备防雷地线接地电阻不大于 10Ω，可与信号防雷地线共用。设备保护地线接地电阻不大于 4Ω，一般需单设。保护地线与防雷地线接地体直线距离不小于 20m。保护地线和防雷地线分槽走线。引接线电阻应达到毫欧级。

第五节　JD-IA 型计算机联锁系统的使用维护与故障处理

计算机联锁设备要长期不停机地连续工作，使用维护好系统，保证其安全可靠地运行非常重要。尽管计算机联锁系统是现代化的高科技设备，但由于系统具有清晰的显示功能和完备的监测功能，系统的维护比继电联锁设备还要方便。

一、系统开启、关闭步骤

在保证系统各设备连接正确、插接牢靠，电源设备供电正常的情况下，方可开启计算机联锁系统。

1. 系统开启步骤

开机的顺序一般是先开启联锁机，两台联锁机先开启的为工作机，后开启的为备用机。接通电源，联锁机电源指示灯红灯点亮。打开联锁机开关，经过一段时间，联锁机上运行指示灯闪绿灯，表示该联锁机运行正常。接口电路及室外设备电源接通且工作正常后，经过一段时间工作机上控制灯点亮黄灯。

联锁机运行正常后，再开启控显机。打开控显机开关，控显机开始工作，语音盒同时打开，从头播放语音报警信号；打开大屏幕显示器，正常情况下显示站场图形。

最后开启监测机。打开监测机开关，监测机工作开始，经过一段时间，监测机上的显示器显示正常，计算机联锁系统进入监测状态。

联锁机和控显机不能随意关机，特殊情况下需关机或人工倒机，必须确保没有行车作业和正在办理的进路，经车务人员同意方可操作。

该系统由一套系统软件支配，使各分机开机后自动运行到工作状态，不需附加操作，关机时直接关闭电源即可。在现场设备一般在遇"死机"的情况时，可用热启动重新开启一次。

具体的开机步骤如下。

（1）开启 A、B UPS 电源。在电源屏正常供电情况下，按压 UPS 的电源按钮 1～2s，UPS 应正常启动。

（2）开启各联锁机柜后面的 AC220V 空气开关。

（3）顺序打开 A、B 电源箱的 5V、12V、32V 电源开关。

（4）打开运转室设备电源。

（5）打开 A、B 各计算机的电源。

（6）打开维修机电源。

（7）打开操作表示切换单元 24V 电源开关。

2. 关闭系统的步骤

（1）关闭维修机电源。

（2）关闭 A、B 各计算机电源。

（3）关闭 A、B 电源箱的 5V、12V、32V 电源开关。

（4）关闭各联锁机柜内 AC220V 电源开关。

（5）关闭操作表示切换单元 24V 的电源。

（6）关闭运转室设备电源。

（7）关闭 A、B UPS 电源。

二、系统日常维护

系统日常维护的主要内容或项目如下。

（1）借助电务维修机，查看系统运行情况，查看故障记录。

（2）UPS 电源电池的维护：UPS 电源电池需要每三个月进行一次充放电。

（3）防雷管和防雷管监督板的维护、防雷管监督板的测试。防雷管监督板能非常有效地查出防雷管的短路故障。为保证防雷管监督板正常工作，需每年度进行一次测试。

（4）电源防雷模块的维护。在防雷柜内有两路电源防雷模块，电源防雷模块正面有一个方形绿色色标，当绿色色标变为红色时，应及时更换电源防雷模块。

（5）系统恢复。现场运用的操作系统由于开关机不当或其他原因可能造成系统停机（即死机）或不能正常启动等故障，利用系统恢复软盘可快速恢复操作系统。

三、系统常见故障及处理

1. 供电故障

（1）UPS 正常工作时，三种指示灯点亮意义如下：电源正常供电指示灯（表示系统由电源屏正常供电）；负载量指示灯（共 5 个灯，显示负载容量）；电池充电量指示灯（共 5 个指示灯，显示 UPS 电池当前已充电水平达到电池容量的百分比。当 5 个灯都亮时，说明电池充分充电；当电池不足 100% 充电时，最上面的一个指示灯熄灭；当指示灯闪烁时，说明电池所能提供的电力不足）。图 10-20 所示为电源指示灯分布图。

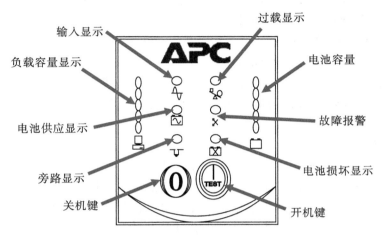

图 10-20　电源指示灯分布图

（2）UPS 非正常工作时，指示灯点亮意义如下。

①电池供电指示：表明 UPS 是由电池供电，室内电源屏提供的交流 220V 断电。此时 UPS 发出"哔—嚓"的报警声，每间隔 30s 连续 4 次。当 UPS 恢复电源屏供电时，报警声停止，电池供电指示灯灭，恢复正常。

②补偿超高电压指示：表明 UPS 正在补偿超高电压。

③补偿过低电压指示：表明 UPS 正在补偿过低电压。

④超负荷指示：当负载超过了 UPS 容量时（系统用的 UPS 是 1400VA），超负荷指示灯亮，UPS 发出一个持续的长音。联锁系统正常运转时，不会超负荷。若发现超负荷指示灯亮，要迅速检查负载，排除故障，以消除超负荷。

⑤更换电池指示：UPS 在使用过程中，每两周进行自检一次（无需人工操作）。在自检过程中，UPS 在短时间内以电池运行负载设备；如果自检通过了，它就完全恢复到电源屏供电运行。如果自检失败（即电池不能供电），则更换电池指示灯亮，同时发出短促的"哔嚓"声。UPS 仍恢复到电源屏供电，并给电池充电。一段时间后，如果更换电池指示灯仍然亮着，则需更换电池。

⑥电压灵敏度：设在机箱后面板小孔内的一个按钮，并用指示灯的明亮程度表示灵敏度。当 UPS 为正常灵敏度时，指示灯为明亮状态；当调为稍低灵敏度时，指示灯转暗；当调为低灵敏度时，指示灯关闭。一般应调整到低灵敏度。

2. 显示器故障

系统正常运行时，显示器的电源指示灯亮灯，显示器应给出正常的显示。当显示器黑屏，电源指示灯不亮时，可能是显示器电源未接通或显示器坏了。

如果电源灯闪亮，显示器仍不能正常显示（黑屏或缺色），可能是视频信号未送到显示器的输入端或显示器坏，具体原因有以下几种。

（1）显示器的视频电缆线插头松动或断线。

（2）上位主用机到上位机倒机单元视频电缆线未接通或断线。

（3）上位机倒机单元到显示分屏器视频电缆线未接通或断线。

（4）上位主用机显示卡坏或死机。

（5）上位机倒机单元故障。

（6）显示器分屏器或显示器故障。

此时，应仔细检查上述各环节，必要时更换电路板进行试验。应注意在换视频电缆或电路板时一定要先将显示器关闭，接好视频线后再将电源打开，否则极易损坏设备。

3. 通信故障

对于系统的通信故障，我们可以通过显示器屏幕上的运行状态显示框清楚地了解到，以便尽快判断故障原因及时排除故障。下面简要介绍控制台显示器和维修机显示器有关通信网络运行状态框的显示意义。计算机运行状态显示方块和网络运行状态显示方块均表示两层意义，一是表示系统中各计算机的状态，主用时显示绿色，热备时显示黄色，故障或关闭时显示红色；二是表示系统中各网络的工作状态，网络工作正常时显示绿色，网络故障或断时显示红色。

网络状态是以上位主用机为中心进行判断的，上位主用机 A 网或 B 网收不到哪台计算机 A 网或 B 网的信息，表示相应计算机方块的上半部或下半部将变成红色。发生通信故障时，可根据方块和网络的颜色判断查找故障点。例如，上位机 A 主用时 A 网收不到下位机 A 的信息，但能收到其余两台计算机的信息，则将下位机 A 方块的上半部点红（若下位机 A 为主用，方块的下半部为绿色；下位机为热备时下半部是黄色）；B 网收不到下位机 A 的信息，但能收到其余两台计算机的信息，则将下位机 A 方块的下半部点红（若下位机 A 为热备时，方块的上半部为黄色；下位机 A 为主用时上半部是绿色）。

4. 联锁机故障

当发生室内外混线、联锁程序运行不正常、计算机掉电、联锁机硬件损坏等危险性故障时，该联锁机控制的监督继电器落下，无条件切换到备机运行。

当发生双机联锁动态信息不一致、I/O 故障、网络通信中断等非危险性故障时，联锁机立即查询另一套联锁机的工作状态，当另一套联锁机处于主机状态时，则本机停止工作，重新启动。所谓重新启动，即在联锁机发生故障并停机后，在维修人员来不及干预的情况下，令该机重新运行，重新和主机请求同步。如果刚才发生的故障是暂时的，则重新启动后即可恢复正常工作。如果刚才的故障是固定的，则重新检测到该故障后，又会强制重启该联锁机，直到维修人员排除故障为止。当查询另一套联锁机为备机，且处于热备工作状态时，则自动切换到备机，并重新启动故障联锁机。当查询另一套联锁机为备机，且不处于热备状态时，则此时主机会继续维持工作，直到备机热备。

如果备机自诊断发现自己有故障，则会不断重新启动计算机，主机单机工作，此时一旦主机停机，则会影响行车。因此当备机不断重新启动时，需尽快排除故障，使其正常运行，进入热备状态。

5. 接口故障

为便于及时、准确地查找故障，系统设计了故障子信息表，在联锁机发生故障后，应先从电务维修机取得故障报告，根据故障报告提供的数据，参照故障子信息表，找出故障原因和故障点。例如，控制台显示屏运行状态显示方块中，联锁热备机热备灯灭灯，重新启动也无法联机。此时，查看电务维修机故障信息为3050908。故障信息表明采集第5号机箱第9块板第8路A通道数据错误。采集接点为闭合，但第一路结果为接点断开（没采到信息），第二路结果为闭合。同一机器两块板采集不一致，称单口断。此时在联锁机输入板的面板上可看到指示灯的三种情况：第9块板第8位指示灯熄灭，说明采集光耦输入端断路，此时应查找采集通路的断线点；第9块板第8位指示灯还在闪亮，说明采集光耦输出端以后故障，此时应更换该采集板；第9块板第8位指示灯亮稳定灯光，说明采集线有直流电混入，此时应查找混线故障。

6. 操纵设备故障

（1）鼠标故障

当显示屏右下端计时正常，鼠标箭头在控制台显示屏上拖不动，命令发不下去时，说明鼠标故障。可能原因有鼠标坏、长期使用太脏；上位机倒机组合到控制台鼠标线没接好或断线；上位机倒机组合主用侧继电器接触不良；主用机COM1接口坏；主用机COM1接口到上位机倒机组合连线未接好或断线。

处理时应首先检查鼠标接线各插头插座，将其插紧。若正常了，说明线头松动，若不正常则向下检查。基本方法如下：

①人为干预，将原上位主用机切向备用机，切换后若鼠标工作正常，说明原主用机COM1接口坏、主用机COM1口到上位机倒机组合连线断线、上位机倒机组合后主用侧继电器故障。

②再将上位主用机切回原来的主用机，交换主备机之间COM1到上位机倒机组合之间的连线。若变换后鼠标工作正常，说明原主用机连线断线。若还不正常，则说明原上位机主用机COM1口坏或上位机倒机组合继电器故障。检查更换继电器，若继电器无故障，则主用机COM1口坏。

③切换后鼠标工作还不正常，故障在上位机倒机组合后，即鼠标坏、上位机倒机组合到运转室之间鼠标连线断。更换新鼠标，若正常说明鼠标坏（若鼠标太脏，清洗后再试）。若不正常，则是上位机倒机组合到运转室的鼠标连线断，用备用鼠标线替换断线即可。

（2）数字化仪故障

用数字化仪操作时，控制命令发不出去，显示屏右下端计时正常，可能原因。数字化仪电源未开或电源坏；上位机倒机组合到数字化仪线未接好或断线；上位机倒机组合主用侧继电器接触不良；主用机COM2接口坏；主用机COM2接口到上位机倒机组合连线未接好或断线。

遇到这样的故障，应首先仔细检查数字化仪的电源、光笔及数字化仪本身是否正常。数字化仪工作正常后，命令还是发不出去，则人为干预将原上位热备机切向主用机，切换后数字化仪工作正常，说明原主用机 COM2 接口坏，主用机 COM2 口到上拉机倒机组合连线断线，上位机倒机组合原主用侧继电器故障。

若切换后仍不能正常工作，再将上位主用机切回到原来的主用机，交换主备机之间 COM2 口到上位机倒机组合之间的连线。若数字化仪工作正常，说明原主用机连线断。若不正常，说明原上位主用机 COM2 口坏，或上位机倒机组合继电器故障。检查更换与数字化仪有关继电器，更换后正常，故障在继电器，更换继电器后仍不正常，则主用机 COM2 接口坏。

切换后数字化仪命令还发不出去，故障在上位机倒机组合后，上位机倒机组合到数字化仪连线断，用备用数字化仪线替换原数字化仪线。

7. 防雷管击穿故障

（1）故障现象：防雷监督板报警，联锁机 B 机死机。

（2）处理过程：通过查看防雷监督板和联锁机状态，发现是 B 套联锁的防雷管击穿，在故障处断开防雷柜中 B 套联锁的所有插接线，断开后 B 套采集机箱灯光全部熄灭；用一根导线一端连接 B 机中 12V 电源中的正，另一端接防雷柜中 B 套的地，这时 B 机采集机箱会有一处点亮，点灯的地方就是对应处的防雷管击穿；更换防雷管后，按压防雷监督板的复位按钮，重新启动联锁机，故障排除。

第十一章

EI32-JD 型计算机联锁系统

EI32-JD 型计算机联锁是采用日本信号株式会社研制的 EI-32 型计算机联锁主机,搭载北京交大微联科技有限公司编制的联锁软件开发研制而成的,由双机热备操作表示机、二乘二取二联锁机、二重驱采机构成硬件冗余系统。

EI32-JD 型计算机联锁系统属于分布式计算机控制系统,也称为集散型测控系统,其特点是分析控制、集中管理。

第一节 EI32-JD 型计算机联锁系统的主要技术指标及特点

一、主要技术特点

(1) 操作表示机采用工控机,其双系切换同 JD-IA 型计算机联锁的设计原理,无主从之分,切换不影响正常作业。

(2) 联锁机为二乘二取二结构,分为 I 系、II 系,各系内部为二取二结构,双系互为热备,即联锁机及驱采机均为双系(双硬件体系)冗余工作,双系中每一单系均包括双套计算机实时校核工作。每一单系中必须双机工作一致才能对外输出,实现全系统的高安全性;任一单系检出故障均可立即导向备系工作,实现全系统的高可靠性。它采用经日本铁道综合研究所安全认证的日本信号株式会社的 EI-32 型专用计算机及系统软件。

(3) 总线控制的双系系统(二乘二取二结构),且每个计算机系为双 CPU 结构,双系各自独立运算,具备自律功能。两个 CPU 的运算结果经比较后一致时才作为本系的输出。

(4) 联锁系统中联锁功能和驱动采集功能分离,联锁系统由联锁层和执行层(驱动采集电路)组成。根据车站规模,每一冗余系可能包括一套驱动采集机或两套驱动采集机,结构更为灵活、合理,易于通过远程连接实现分散控制、区域集中。每套驱动采集机均为二乘二取二冗余结构。

(5) 各联锁机和驱动采集机直接采用双环光缆构成专用局域网,物理通道为双倍冗余，具有高速与高可靠性。

（6）驱动电路、采集电路都为双倍冗余，单路故障不影响系统工作；且有强大的自诊断能力，在电路工作时实时地进行检测，出现故障立即报警或系统停止运行。

（7）每一继电器输出驱动的末级采用独立电源隔离技术，驱动无极继电器 JPXC-1000（无需增加动态驱动电路），防止因线路混线使继电器误动。

（8）系统的软件设计上采用故障安全实时操作系统 FS-OS（Fail Safe Opertion System）的安全通信软件，在系统运行的每个周期都能进行硬件单元诊断、ROM/RAM 诊断、内存保护诊断、运行周期监视，确保系统的安全性与实时性；安全输入-输出程序采用日信公司在海内外各计算机联锁车站使用的既有软件；操作表示机软件（不含通信软件）采用 JD-IA 型计算机联锁现用软件；联锁软件（不含输入/输出和通信部分）采用 JD-IA 型计算机联锁现用软件。

（9）考虑了与调度集中自律机的结合方案，支持设备集中和设备分散两种制式。

（10）维修机能提供并记录丰富的信息，以供电务维修人员参考。

二、主要技术指标和参数

该系统采用 32 位 CPU；100M 的 LAN；处理周期为 100ms～400ms；双机切换时间小于 500ms；微机室采取防静电措施，加装防静电地板；防雷地不大于 10Ω，可与信号防雷地共用，保护地不大于 4Ω，一般需单设。

第二节　EI32-JD 型计算机联锁系统的硬件结构及组成

EI32-JD 型计算机联锁系统（以下简称 EI32-JD 系统）属于分布式计算机控制系统，也称集散型测控系统，其特点是分散控制、集中信息管理。系统包括人机会话层（操作表示层）、联锁运算层、执行层，如图 11-1 所示。

一、系统硬件结构

1. 系统的硬件架构

图 11-2 为该系统的硬件架构框图。在系统架构中，其核心设备为联锁机。所有驱动采集机（简称驱采机）均通过光缆连接为局域网（LAN）；操作表示机与联锁机直连的目的在于减少日信公司产品和 EI32-JD 型计算机联锁产品之间的耦合，提高开发的成功率。

联锁机柜采用欧洲标准结构，机柜内包括联锁机箱（包括 A 联锁机、B 联锁机、联锁倒机单元）、驱采机与驱动机箱（包括驱采机和驱动电路）、采集机箱（包括采集电路)。机箱背部安装有母板,机箱内提供电路板插槽,电路板在机箱前面插入机箱母板中,并在前面板有指示灯,用以观察设备运行情况以及输入/输出接口状态。机箱对外的引线通过母板后面的接插件与外界相连。

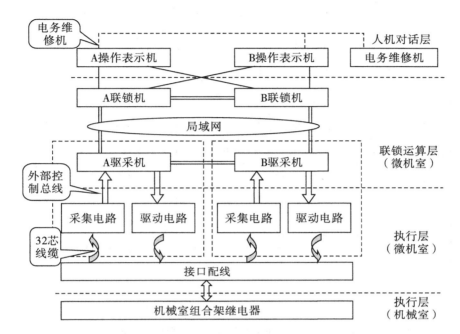

图 11-1　EI32-JD 型计算机联锁系统组成框图

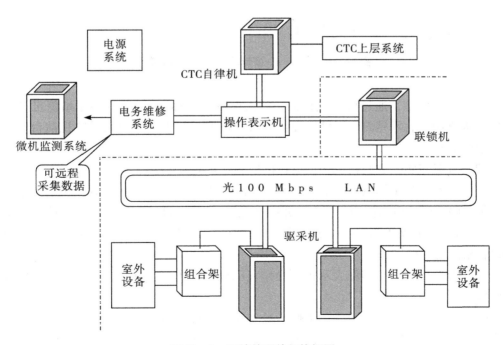

图 11-2　系统的硬件架构框图

2. 系统设备布置

EI32-JD型计算机联锁设备的布置图如图11-3所示。

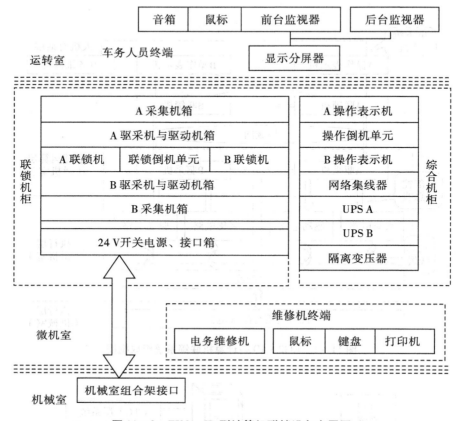

图11-3 EI32-JD型计算机联锁设备布置图

（1）在运转室，通过前台监视器、输入设备（鼠标）、音箱等为车站值班员（信号员）提供操作表示界面；还可以提供后台监视器，便于车站值班员监视前台操作及站场运行情况。

（2）在微机室，有联锁机柜、综合机柜、电务维修终端。

（3）联锁机柜采用欧洲标准结构，机柜内有24V开关电源（供联锁机、驱采机以及采集电路、驱动电路使用）、联锁机箱（包括A联锁机、B联锁机、联锁机倒机单元）、驱采机与驱动机箱（包括驱采机和驱动电路）、采集机箱（安装采集电路）以及和组合架间的配线接口。

（4）综合机柜中有操作表示机、操作表示机倒机单元、网络集线器、UPS以及隔离变压器。

（5）电务维修终端用于电务维修人员查看电务维修信息，打印相关记录。电务维修终端包括电务维修机、15英寸监视器、鼠标、打印机。

二、系统基本原理简介

EI32-JD 型计算机联锁系统设备联系如图 11-4 所示。

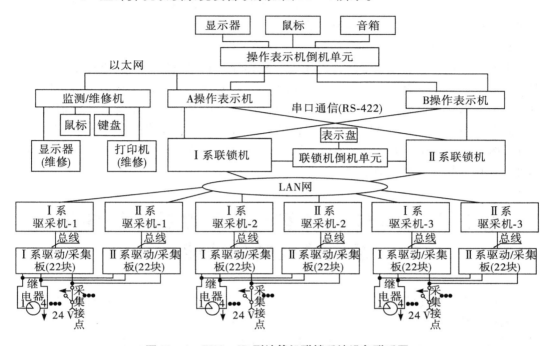

图 11-4 EI32-JD 型计算机联锁系统设备联系图

1. 操作表示机

操作表示机也称人机对话机，简称上位机，它和联锁机构成上下位分层结构。操作表示机接收车站值班员的操作命令，具有办理进路等操作功能、站场等信息显示功能、给电务维修转发信息的功能。操作表示机双机热备，系统运行时两台操作表示机同时工作，一台主用，另一台备用，当主用操作表示机发生故障时自动切换到备用操作表示机。

2. 联锁机

联锁机也称下位机，它接收操作表示机下发的操作命令，进行联锁运算，根据运算结果产生控制命令，并通过 LAN 通信将控制命令传送到驱采机；通过 LAN 通信接收驱采机传送的站场状态信息，并将站场状态信息、提示信息、故障信息等传送给操作表示机。联锁机采用双机热备的动态冗余结构，两套联锁机互为备用。联锁系统通过联锁机柜内的倒机电路实现动态冗余，不影响整个系统的运行，即实现了系统的动态无缝切换。

联锁机通过驱动机箱的驱动电路驱动组合架继电器，为双路驱动，即两路驱动电路的输出并联后，再驱动继电器。一旦某路驱动故障，另一路仍可继续工作。

3. 驱采机

驱采机控制采集电路和驱动电路的工作，通过 LAN 通信，将采集到的站场状态信息传送到联锁机，接收联锁机传送的控制命令，并根据控制命令控制相应的驱动电路。

采集电路在驱采机的控制下采集组合架继电器的状态，为双路采集，即每个采集点都通过两路进行采集，两路采集结果通过 LAN 通信传送到联锁机，作为联锁运算的依据。

EI32-JD 型计算机联锁系统保留了继电集中的执行电路，包括道岔控制电路、信号机点灯电路、轨道电路以及各种联系电路。

4. 电务维修机

电务维修机通过电务维修网与操作表示机相连，它接收操作表示机传来的站场状态信息、操作信息、提示信息、故障信息等，显示站场运行情况、车站值班员操作信息、故障信息和系统运行状况等，记录和查看一个月内站场运行情况、车站值班员操作信息和故障信息等，为 ATS、计算机监测等提供接口。系统软件运行在 Windows NT 操作系统环境下，用 C++语言编写，整个系统人机界面友好，操作简单，为分析事故和维修计算机联锁系统提供帮助。

第三节　EI32-JD 型计算机联锁系统各子系统的组成与功能

EI32-JD 系统包括的主要子系统有操作表示机（即上位机）、联锁计算机、驱动采集机及驱动、采集接口、控制台相关设备，包括站场屏幕显示器（根据车站大小采用 1~2 台 21 英寸彩色显示器）、鼠标器、数字化仪、语音提示报警音箱、显示驱动器、继电器组合架、电务维修机及计算机监测系统。

一、各子系统的组成与功能

1. 操作表示计算机

操作表示机（俗称上位机）和联锁计算机（包括驱动采集机）构成上下位控制的分层结构。操作表示机采用 PC 系列工业控制计算机，根据系统具体配置和要求的不同可插入不同的电路板，CPU 采用 PⅢ或以上的处理器，向上兼容。操作表示机为双机热备，设备的倒接无须人工干预，也不对正常行车造成干扰。它支持单元拼装式控制台、数字化仪、鼠标器、显示器等多种操作显示工具。具体的内容可参看 JD-IA 型系统。

操作表示机的主要作用是为车站值班员提供操作显示界面。操作表示机从联锁计算机取得站场当前状态，驱动站场屏幕显示器、采集操作信息传输给联锁计算机；将当前联锁状态信息传输给电务维修机和监测机。

2. 联锁计算机

联锁计算机简称联锁机，采用双系共 4 个 CPU 构成二乘二取二容错系统（实为四机系统，这在前面基础知识部分有介绍）。它采用日本信号公司 EI32 型计算机联锁专用计算机。在每系的两个 CPU（CPU1 和 CPU2）印制板，硬件完全相同，也集成了完全相同的计算机系统，包括时钟、RAM、ROM 和必要的接口电路，还集成了实现双机校核的总线比较电路，如图 11-5 所示。正常情况下，两套 CPU 电路工作应当完全相同，此时，由该板驱动一个继电器，称作正常继电器，证明该印制板双套电路工作正常并且同步，可以运用。只有正常继电器接点闭合，才能给该板输出部供电，形成真实的输出，从硬件上保证设备的安全。

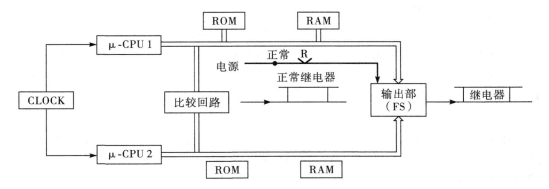

图 11-5　二取二安全型 CPU 板的电路结构

图 11-6 所示为联锁机的双系热备型冗余结构。每一系的任一处理部的单系（联锁机Ⅰ系、Ⅱ系、输入/输出处理机Ⅰ系、Ⅱ系）即为前述双机校核的 CPU 系统，因而它总体上是一个 4 机系统。

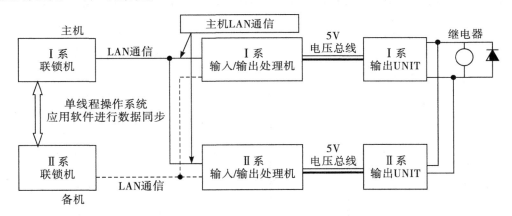

图 11-6　联锁机的双系热备型冗余结构

在双系热备方式中，输入/输出处理机的Ⅰ系和Ⅱ系均仅接收同一联锁机计算机发来的输出信息（联锁机Ⅰ系的输出或联锁机Ⅱ系的输出），而对联锁机另一系的输出不予采纳。也就是说，联锁机的双系中存在主用系和备用系的区别。只有主系对外的输出才被输入/输出机采纳，备系的输出虽然也被送到局域网上，但不被输入/输出机取用，而仅用于联锁机双系之间的校验。当联锁机的主系发生故障时，才自动地向向备系。从这个意义上说，联锁机双系之间采用的是双系热备的方式。在双系热备方式中，联锁两系之间采用单线程操作系统实现应用软件的数据同步。

由上述介绍可以看到，无论双系热备还是二重系方式，输入/输出机均同时工作，同时产生输出，并且均以线圈并联的方式连接到被驱动的继电器上。因此，双系热备或二重系工作方式均为仅对联锁机而言,对于输入/输出机,双系均以二重系并联方式运行。

联锁机接收来自操作表示机传来的操作命令、接受驱动采集机传来的室外信号设备状态、进行联锁运算,向驱动采集机传输室外信号设备动作命令,同时向操作表示机传输表示信息。联锁计算机为安全型系统。

3. 驱动采集计算机

驱动采集计算机也采用日本信号公司 EI32 型计算机联锁系统系列产品,同为二乘二取二容错结构。其作用为采集室外信号设备的状态,驱动室外信号设备动作。安全型驱动采集电路为驱动采集计算机的组成部分。小型化的动态采集、输出电路为其电路特色。

4. 驱动采集计算机执行层

驱动采集计算机执行层为组合架,完成现场状态信息的输入和控制命令的输出。组合架上安装有信号点灯电路、道岔控制及表示电路、轨道继电器以及其他结合电路等继电器电路。

5. 接口配线

组合架继电器与采集、驱动电路间一一对应,即接口信息表规定好了某采集电路采集哪个继电器,某驱动电路驱动哪个继电器。从组合架室内分线盘到采集电路、驱动电路间通过 32 芯电缆相连。图 11 - 7 为采集机箱母板(驱动母板与之相同)与 32 芯配线接口连接示意图。电务维修系统的功能同 JD - IA 型计算机联锁系统一样。

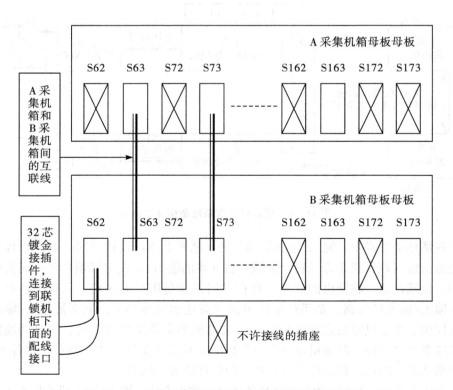

图 11 - 7 采集机箱母板与 32 芯配线接口连接示意图

二、状态信息采集电路原理

联锁机通过采集机箱的接口电路采集组合架继电器接点状态,采集电路受驱采机的控制。图11-8是EI32-JD系统安全性信息采集电路原理的框图。图11-9是EI32-JD系统安全性信息采集组合架电路的配线图,该电路从组合架引入接点闭合时的直流电压,由软件产生内部动态信号,形成对外部采集的开闭,形成采集的动态信号。该动态信号被采集到后分别送往A、B两条总线,即采用双套采集,分别通过LAN通信被CPU板的两个CPU读取,纳入联锁运算。该电路采用的是典型的动态采集原理。

一个采集机箱可插11块采集电路板,每块采集板有64路采集单元。某块采集板某路采集的是哪个继电器接点(前接点/后接点)由接口信息表约定。采集板上端指示灯表明采集板是否工作正常,绿灯表示正常,红灯表示有故障。

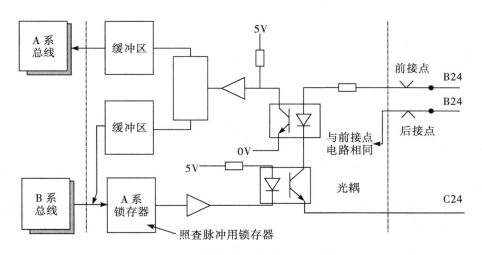

图11-8 安全性信息采集电路原理的框图

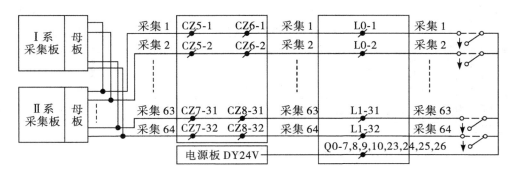

图11-9 组合架采集电路的配线图

三、驱动电路原理

图 11 – 10 是 EI32 – JD 系统的安全性输出电路原理框图。该板同时挂在双 CPU 板上的两条总线上，为双套驱动。只有在两条总线上对其进行的 I/O 操作完全一致时，才能对外产生真实的输出。动态驱动元件均在驱动机箱内，通过接口架驱动 JPXC—1000 继电器。

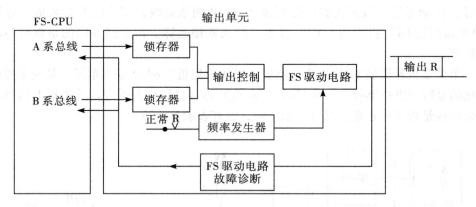

图 11 – 10　系统的安全性输出电路原理框图

继电器输出的基本原理仍为动态原理。在电路内部设一个频率发生器，通过动态转换将频率信号转变为 24V 直流电平。转换电路，即驱动电路是故障安全的。频率发生器受 CPU 板正常继电器的控制，如果正常继电器接点断开，则频率发生器不工作，使故障导向安全。

输出电路每路提供两条引出线（+24V、24V 地）用以驱动继电器。输出电路和它所驱动的继电器相互并联，Ⅰ 系输出的一对线和 Ⅱ 系输出的一对线在物理上并联。这种电路设计使得如果外界短路故障出现，不会烧毁输出电路。图 11 – 11 为输出电路接线图。

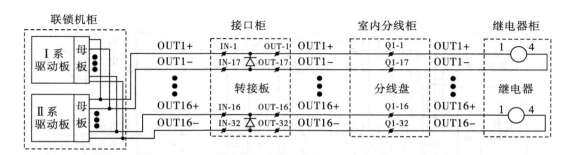

图 11 – 11　输出电路接线图

驱动电路在驱采机的控制下，驱动组合架继电器动作。系统采用高频动态驱动采集技术，驱动电平提高并更加稳定，同时减少了输出延时，也使得驱动采集单元电路小型化。

前图11-6反映了EI32-JD型计算机联锁的驱采结构。从图中看出，EI32-JD型二乘二取二系统最终的继电器输出实现了继电器双断驱动。EI32-JD系统的驱动继电器电路为独立的双线方式，没有共用回线，具有较高的防止混线误动的能力，提高了系统的安全性。

一个驱动机箱可插11块驱动电路板，每块驱动板有16路输出。某块驱动板某路驱动哪个继电器接点由接口信息表约定。驱动板前面板有两类指示灯：一类在前面板上端（1个绿灯、1个红灯），用以表明驱动板是否正常工作，如果绿灯点亮，则该板工作正常，如果红灯点亮，则该板故障；一类在前面板中端（16绿灯），用以表明驱动电路是否有输出，如果有输出，则对应位的绿灯点亮，没有输出则对应位的绿灯灭灯。指示灯的含义如图11-12所示。

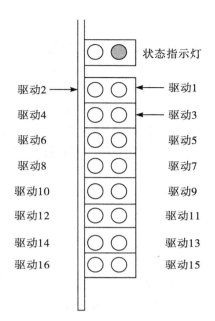

图11-12 驱动板前面板指示灯

四、倒机电路

1. 联锁机的双系自动切换

EI32-JD型计算机联锁采用了双系热备的工作方式，虽然倒机电路驱动硬件及倒机电路与JD-IA不同，但其倒机原理是完全一样的。EI32-JD型倒机电路是由日信提供的支持双系切换的硬件电路（VSYS电路板）。该板上安装有小型的安全型继电器（对应其面板上有指示灯，便于维护人员监督设备运行、辅助判断故障），对各系的主CPU板及其软件运转正确性进行判断，最终驱动一组倒机继电器，其状态决定主系和备系。

系统的输入/输出电路具有回读检测能力，当电路发生故障时能自动自诊断，日信公司提供的底层软件给出故障报告，应用软件予以判断，决定是否切除本系或倒机。例如判断输出和回读是否一致（和JD-IA型一样），输入电路也同JD-IA型一样，在采集的间隙进行部分电路的自诊断。实际上，EI32-JD型系统的双系切换，本质上是输入/输出机对联锁机通过LAN传来的主用信息的校核，从而输入/输出部的输出缓冲区从"根据原主机设置内容"切换到"根据当前主机设置内容"。

联锁机、输入/输出机的每一系均提供一个倒机切换板（VSYS板），安装有复位开关，允许通过对本机系统复位实现人工倒机。

2. 联锁机的四种工作状态

双机热备的联锁机有四种工作状态，可通过查看操作表示机显示器或电务维修机显示器，得知各机器的工作状态。EI32-JD型计算机联锁系统联锁机的四种工作状态同JD-IA型。

在停机状态时，操作表示机显示器在屏幕右下角对应该联锁机的小方块显示红色；维修机显示器在屏幕右上角对应该联锁机的小方块显示红色。

在主机状态时，操作表示机显示器在屏幕右下角对应该联锁机的小方块显示绿色；维修机显示器在屏幕右上角对应该联锁机的小方块显示绿色。

在热备状态时，操作表示机显示器在屏幕右下角对应该联锁机的小方块显示黄色；维修机显示器在屏幕右上角对应该联锁机的小方块显示黄色。

同步校核状态是备机由停机状态向热备状态过渡的中间状态，如图 11-13 所示。

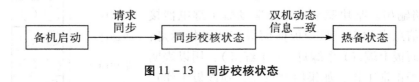

图 11-13 同步校核状态

2. 操作表示机（上位机）的切换

操作表示机可实现正常下 A 机、B 机的自动切换，但也能进行倒机故障时的人工切换。图 11-14 为操作表示机倒机单元到运转室配线图。

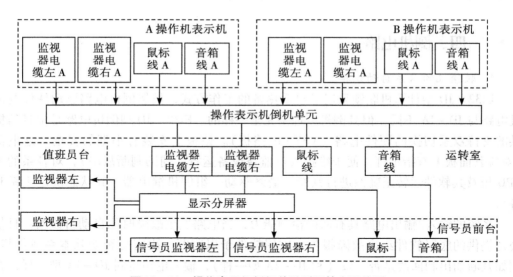

图 11-14 操作表示机倒机单元到运转室配线图

操作表示机倒机电路面板上给出了各指示灯，以给出其工作状态，如图 11-15 所示。

当 A、B 操作表示机正常工作，操作表示机倒机单元 24V 电源正常，但倒机电路故障造成倒机单元无法正常工作时（操作表示机倒机单元中"A 机运行"和"B 机运行"灯灭），可以通过此钥匙开关强制使用 A 操作表示机或 B 操作表示机。钥匙开关在"自动/A 机主用"位置时，使用 A 操作表示机；在"B 机主机"位置时，使用 B 操作表示机。

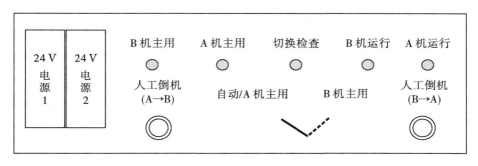

图 11-15　操作表示机倒机电路面板

五、电源系统

系统所需的两路 220V 交流电源由电源屏独立提供，在引入联锁系统之前进行防雷、抗干扰、净化处理。电源防雷、抗干扰措施为电源引入线装设防雷单元；采用隔离变压器；采用在线式 UPS 电源。

经过净化、隔离、抗干扰处理后的电源分别提供给 A、B 操作表示机；操作表示机倒机单元；电务维修机、电务维修终端设备（打印机、显示器）；车务终端设备（显示器、音箱等）；两套 24V 开关电源。

联锁机、驱采机、采集、驱动电路由 24V 开关电源供电，两套 24V 开关电源采用热备方式，即由一套电源给联锁机、驱采机、采集、驱动电路供电，当该套电源故障后，自动切换到另一套电源，由另一套电源供电。两套 24V 开关电源的 220V 接入分别来自不同的 UPS。电源系统配置示意图如 11-16 所示。

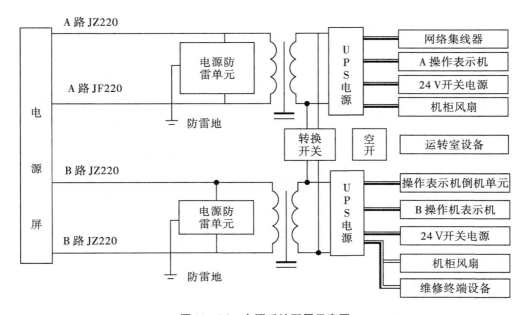

图 11-16　电源系统配置示意图

六、地　线

EI32-JD 型计算机联锁系统要求两种地线，即防雷地线和保护地线。设备防雷地线接地电阻不大于 10Ω，可与信号防雷地线共用。设备保护地线接地电阻不大于 4Ω，一般需单设。保护地线与防雷地线接地体直线距离不小于 20m。保护地线和防雷地线分槽走线。引接线电阻应达到毫欧级。

当采用贯通地线时，EI32-JD 型计算机联锁的所有柜体连成一个等电位体后与贯通地线的一点连接。

第四节　EI32-JD 型计算机联锁系统的接口

EI32-JD 型计算机联锁系统，通过信号安全数据网实现与邻站计算机联锁、RBC（无线闭塞中心 radio block center）、CTC 列控、信号集中监测等系统的通信，并提供与之相应的接口。

一、系统结构配置

EI32-JD 型系统设备接口配置如图 11-17 所示。

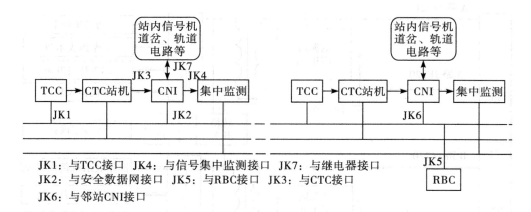

图 11-17　系统接口配置示意图

对外接口硬件连接方式如图 11-18 所示。

第十一章　EI32-JD型计算机联锁系统

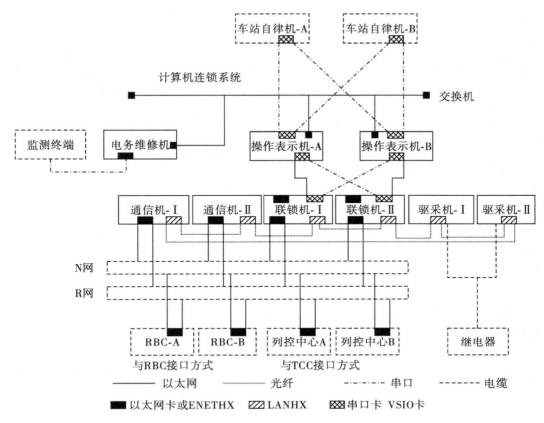

图 11-18　系统对外接口硬件连接方式示意图

二、主要接口方式介绍

1. 与 RBC（无线闭塞中心）系统接口

EI32-JD 型计算机联锁的通信机，通过信号安全数据通信网与 RBC 系统接口，采用双以太网通信接口方式，双网互为冗余。计算机联锁系统通过交换机接入设备接入到站间安全通信网中，信息传输满足安全协议。连接方式如图 11-19 所示。

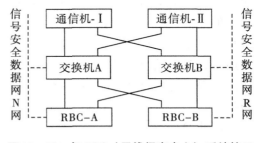

图 11-19　与 RBC（无线闭塞中心）系统接口

通信的应用层数据内容包括进路状态信息、紧急区状态信息、紧急区状态。目前计算机联锁只接收 RBC 数据，但不进行处理。

2. 与车站列控中心接口

计算机联锁与车站列控中心间的通信，是联锁机通过以太网交换机进行交叉互联实现的，如图 11-20 所示。计算机联锁向车站列控中心提供区间方向控制命令、进路信息、进站信号机灯丝断丝信息、调车信号机状态及其他信息。车站列控中心向计算机联锁提供区间运行方向表示信息、闭塞分区状态信息、信号降级信息、离去区段防护信号机灯丝断丝信息、灾害防护信息及其他信息。

3. 与 CTC 系统的接口

EI32-JD 型计算机联锁与 CTC（调度集中）系统的接口是通过操作表示机与 CTC 车站自律机交叉互联实现的，如图 11-21 所示。接口采用带光电隔离的 RS-422 标准串口，异步全双工方式，使用双绞的四线制联接方式。

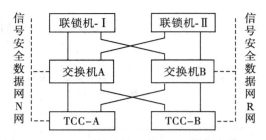

图 11-20 与车站列控中心间的通信

通信的内容包括站场表示信息、各类报警信息、其他表示信息状态、控制状态信息、控制命令信息、时钟信息及心跳信息。

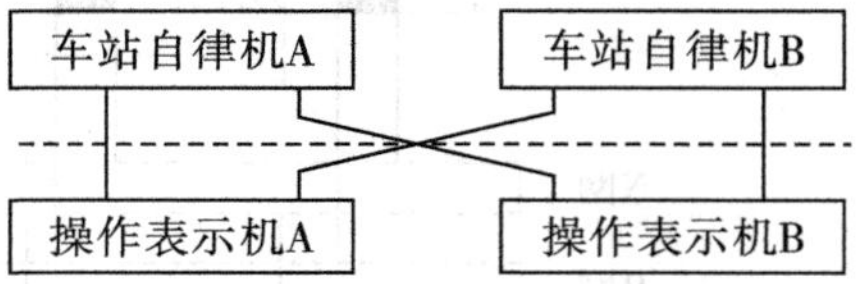

4. 与信号集中监测系统的结合

EI32-JD 型计算机联锁维修终端与信号集中监测系统终端设备可通过串行通信的方式结合。

图 11-21 与 CTC（调度集中）系统的接口

通信的内容包括进路排列情况与相应时间的登记；关键继电器动作、铅封按钮动作与相应时间的登记；控制台表示信息记录；按钮操作信息记录；灯丝报警、断路器报警记录。

三、与继电电路的结合

1. 与室外设备的结合

EI32-JD 型计算机联锁系统适用于目前国内车站广泛使用的各种定型室外设备，包括各型轨道电路、各种定型点灯电路以及道岔转换与表示电路。作为室内、室外设备的界面，本系统目前仍采用安全型继电器，如 GJ、XJ、DJ、DCJ、FCJ、1DQJ、2DQJ、DBJ、FBJ 实现计算机设备和现场设备的结合，各种结合电路如闭塞结合、道口通知、驼峰结合（头部、尾部、简易驼峰）、机务段、场间联系、站间联系、电码化结合等。为保证安全，本系统设置 SJ，各道岔启动电路中串联 SJ 的接点用以防护。

2. 道岔组合

道岔组合采用 5 个继电器：FCJ、DCJ、DBJ、FBJ、SJ，其中驱动继电器 FCJ、DCJ、SJ；采集继电器 DBJ、FBJ、SJ。每组道岔（双动计为一组）占一个组合。

需要注意的是该系统的 SJ 不同于 6502 中的 SJ。本系统 SJ 本质上为道岔允许操纵继电器，每组道岔设一个（即双动道岔仅对应一个），平时落下，当需要道岔转动时才瞬时吸起，在 DCJ 或 FCJ 落下后其随之落下。

3. 进站信号机组合

进站信号机组合共设 7 个继电器：LXJ、LUXJ、TXJ、ZXJ、YXJ、1DJ、2DJ。其中

驱动 LXJ、ZXJ、LUXJ、TXJ、YXJ；采集 LXJ、TXJ、ZXJ、LUXJ、YXJ、1DJ、2DJ。每架进站信号机设一个组合。

4. 出站信号机组合

出站信号机组合共设 5 个继电器：LXJ、DXJ、DJ、2DJ、ZXJ、FXJ。其中驱动 LXJ、DXJ、ZXJ、LUXJ、FXJ；采集 LXJ、DXJ、ZXJ、LUXJ、FXJ、DJ、2DJ。每架出站信号机设一个组合。

5. 调车信号机组合

调车信号机组合共设 2 个继电器：DXJ、DJ。其中驱动 DXJ；采集 DXJ、DJ。每 4 架调车信号机设 1 个组合。

6. 轨道区段组合

轨道区段组合根据受电端数决定继电器数。其中只采集每个区段的 GJ，一送多受的 GJ_1、GJ_2 等不采集，可集中放置，组合数根据轨道区段数及一送多受数决定。

第五节　EI32 – JD 型计算机联锁系统的使用维护与故障处理

一、系统的使用

1. 系统开启和关闭

（1）系统开启步骤

①开启 A UPS、B UPS。在电源屏正常供电情况下，按压 UPS 的电源按钮 1~2s，UPS 应正常启动。

②开启联锁机柜后面的 5 个空气开关，即顺序打开 A 联锁机、B 联锁机、A 驱采机、B 驱采机、接口电源。

③打开 A、B 操作表示机电源。

④打开操作表示机倒机机箱的电源。

⑤打开运转室设备电源。

⑥打开维修机电源。

（2）系统关闭步骤

当电源屏停止供电后，关闭系统的步骤为以下几步。

①关闭维修机电源。

②关闭联锁机柜背后的 5 个空气开关。

③关闭 A、B 操作表示机电源。

④关闭操作表示机倒机机箱的电源。

⑤关闭运转室设备电源。

⑥关闭 A UPS、B UPS。

2. 系统日常维护

（1）借助电务维修机，查看系统运行情况，查看故障记录。

（2）UPS 蓄电池需要每三个月进行一次充放电。充放电方法如下：确认哪台 24V 开关电源为热备；把为热备 24V 开关电源供电的 UPS 输入插头拔下，UPS 发出报警声，此时 UPS 靠蓄电池供电，蓄电池开始放电；观察 UPS 前面板蓄电池充电条形图，当 5 个发光管只亮 3 个格时（仅需要几分钟），蓄电池放电到 60% 以下；插上 UPS 电源输入插头，蓄电池开始充电。

按照上述方式维护的 UPS 蓄电池使用寿命可以延长，并且维护过程中不影响计算机联锁系统使用。UPS 本身免维护。

3. 电源模块的维护

在综合柜内有两路电源防雷模块，电源防雷模块正面有一个方形绿色色标，当绿色色标变为红色时，应及时更换电源防雷模块。

二、系统故障及处理

为保证系统安全、可靠、不间断地运行，EI322 - JD 型计算机联锁系统在设计时采用双机热备的动态冗余结构，并设计有专用的硬件诊断部件和诊断程序，提供尽量全面的软硬件自检测、互检测功能。I/O 故障可精确定位到端口和数据位。检测故障实时送往维修机显示、记录，并给出详细、清晰的故障报告，维修人员可很方便的从维修机中得到这些数据，根据这些数据可迅速排除故障。因此，遇到故障首先要从维修机中查到故障数据。

在查找故障时必须注意以下几点：拔插设备的连线，特别是视频线，一定要关闭设备电源，否则极易损坏旧设备，故障未排除又增新故障，增加故障排除难度。必要时要点进行检修。

1. 故障信息

主要故障及其含义如表 11 - 1 所示。

2. 供电故障

（1）APC UPS 面板指示

①启动按钮：当 UPS 供上 220V 电源后，按下启动按钮并保持 2 ~ 3s 然后松开，UPS 可立即向负载供电，同时进行自检。

②断电按钮：按下断电按钮然后松开，UPS 停止向负载供电。

③电源正常供电指示灯：按压启动按钮后，蓄电池供电指示灯亮，此时 UPS 可向负载供电，同时进行自检。自检通过后，蓄电池供电指示灯灭，电源正常供电指示灯亮。此时 UPS 同时给蓄电池充电，蓄电池充电量指示灯就会亮。

④负载量指示灯：负载量指示灯有 5 个，显示负载从 UPS 获取的电力达到 UPS 完全容量的百分比。例如亮 2 个灯，则负载正在获取 UPS 容量的 33% ~ 50%。

⑤蓄电池充电量指示灯：蓄电池充电量指示灯有 5 个，显示 UPS 蓄电池当前已充电水平达到蓄电池容量的百分比。每一个灯代表蓄电池容量的 20%。若 5 个灯都亮，

说明蓄电池充分充电。当蓄电池不足 100% 充电时，最上面的一个指示灯熄灭。当指示灯闪动时，说明蓄电池所能提供的电力不足。

表 11-1 主要故障信息及其含义

序号	故障信息	含 义	可能的故障原因
1	采集（第×板第×路）前后接点混线	某个继电器的前后接点同时采集到为闭合状态	该继电器或配线有故障
2	×道岔室外混线（定反表都有）	某道岔 DBJ、FBJ 都采集到为前接点闭合状态	组合架配线或与联锁系统间配线有故障
3	×调信的 DXJ 室外混线	DXJ 吸起，但联锁系统没有驱动它	
4	信号因故障关闭		
5	采集（第×板第×路）前后接点均断开	某个继电器的前后接点同时采集到为断开状态	组合架继电器或配线有故障
6	采集（第×板第×路）驱采机 B 有采集，驱采机 A 无采集		驱采机 A 中对应的采集板有故障
7	采集（第×板第×路）驱采机 A 有采集，驱采机 B 无采集		驱采机 B 中对应的采集板有故障
8	驱采机 A，第×块采集板故障		频繁出现该提示信息，表明该采集板故障
9	联锁机 A，系统控制板采集故障		频繁出现该提示信息，表明该系统控制板有故障
10	联锁机 A，系统控制板输出检查错误		频繁出现该提示信息，表明该系统控制板有故障
11	操作表示机倒机单元故障		
12	查询不到主控联锁机		两台联锁机同时故障
13	A 联锁机与 A 驱采机 LAN 通信中断		在 A 驱采机重启时，该提示属于正常信息
14	A 联锁机与 B 联锁机 LAN 通信中断		在 B 联锁机重启时，该提示属于正常信息
15	B 联锁机与 A 联锁机 LAN 通信中断		在 A 联锁机重启时，该提示属于正常信息
16	操作表示机与 A 联锁机通信中断		在 A 联锁机重启时，该提示属于正常信息
17	操作表示机与 B 联锁机通信中断		在 B 联锁机重启时，该提示属于正常信息

电源屏正常供电，UPS正常工作时，就只有电源正常供电指示灯、负载量指示灯、蓄电池充电量指示灯三种指示灯亮。

当电源屏主副屏切换时，UPS也会有所反应。此时，电源正常供电指示灯灭，蓄电池供电指示灯亮，接着蓄电池供电指示灯灭，电源正常指示灯亮，恢复了正常供电。这是主副电源切换需要150ms时间造成的。UPS的主要作用就是在主副电源切换这150ms时间内给系统提供稳定的220V电源，保证系统正常工作。

⑥补偿超高电压指示灯：该指示灯亮，表明UPS正在补偿超高电压。

⑦补偿过低电压指示灯：该指示灯亮，表明UPS正在补偿过低电压。

⑧蓄电池供电指示灯：该指示灯亮，表明UPS是由蓄电池供电，室内电源屏供的交流220V断电。此时UPS发出"哗—噼"的报警声（每间隔30s连续4次）。当UPS恢复电源屏供电时，报警声停止，蓄电池供电指示灯灭，恢复正常。

应当注意的是，当电源屏因供电故障由蓄电池供电时，要及时排除供电故障。APC UPS有外电网停电5min后自动关机功能（由内部软件设定），以保护蓄电池留有一定电量。此时UPS面板上的电源正常供电指示灯、补偿超低压指示灯和蓄电池供电指示灯、超负荷指示灯、更换蓄电池指示灯，分别循环闪亮。当供电恢复正常后，UPS自行启动，不用人工干预。人为关机则不能自动恢复供电，必须人为开机才能正常供电。

⑨超负载指示灯：当负载超过了UPS容量时（系统用的UPS是1400VA），超负荷指示灯亮，UPS发出一个持续的长音。联锁系统正常运转时，不会超负荷。若发现超负荷指示灯亮，要迅速检查负载，排除故障，以消除超负荷。

⑩更换蓄电池指示灯：UPS在使用过程中，每两周进行自检一次（无需人工操作）。在自检过程中，UPS在短时间内以蓄电池运行负载设备。如果自检通过了，它就完全恢复到电源屏供电运行。如果自检失败（即蓄电池不能供电），则更换蓄电池指示灯亮，同时发出短促的"哗—噼"声。UPS仍恢复到电源屏供电，并给蓄电池充电，一段时间后，如果更换蓄电池指示灯仍然亮着，则需更换蓄电池。

⑪电压灵敏度指示灯：在机箱后面板小孔内有一个按钮，可以调节指示灯的明亮程度表示灵敏度。当UPS为正常灵敏度时，指示灯为明亮状态；当调为稍低灵敏度时，指示灯转暗；当调为低灵敏度时，指示灯关闭。一般应调整到低灵敏度。

UPS可测到各种电压失常，如电压跳动、突降和突升。UPS通过自动转为蓄电池运行状态而对各种失常做出反应以保护负载的设备。在电力质量差时，UPS可能频繁转为蓄电池运行状态。如果负载设备在上述条件下可正常运行，则可以通过降低UPS灵敏度方式保存蓄电池能力和使用寿命。用尖物按下按钮，按一次为UPS的稍低灵敏度，再按一次为低灵敏度，按第三次则重新回到正常灵敏度状态。

（2）故障现象及原因

①A UPS、B UPS都发出"哗—噼"的报警声（约每隔30s连续4次）。UPS正常供电指示灯灭，UPS蓄电池供电指示灯亮。联锁系统运行正常。原因可能是AC220V电压未送到UPS输入端：电源屏供电不正常，空气开关跳闸；UPS输入插头与插座连接不良；电源供电线断线或接头松动；防雷柜输入端空气开关跳闸。此时应检查电源屏给联锁系统送电的空气开关状态，防雷柜电源输入空气开关状态及220V供电线路。

②A UPS 发出"哔—嚓"的报警声（约每隔30s连续4次）；A UPS 正常供电指示灯灭，蓄电池供电指示灯亮；B UPS 工作正常，联锁系统运行正常。原因可能是 A UPS 输入端未接通 220V 电压；A UPS 220V 输入插头接触不良或断线；防雷柜中 A 隔离变压器接线松动。此时应检查 A UPS 后的插头、防雷柜中 A 隔离变压器的接线。

③A UPS 面板指示灯熄灭，A 联锁机、操作表示机不工作；B 系统正常工作，原因可能是 A UPS 没有 220V 输出；A UPS 被关闭；A UPS 故障；A UPS 蓄电池电放光。此时应检查 A UPS 供电，试图重启 A UPS 以及更换 UPS。

④A UPS、B UPS 频繁发出"咔—咔"声响，电源正常指示灯和蓄电池供电指示灯频繁互相切换，UPS 供电正常，联锁系统正常工作。原因可能是外电网供电不稳，电源屏频频互切，供电忽高忽低或时有时无。此时应检查电源屏供电，调整 UPS 的灵敏度，使其变低一些。

3. 显示故障

（1）显示器无显示，电源灯闪亮。可能原因是，显示器视频电缆插头没接上，视频电缆断线。视频信号未送到显示器插座；显示器坏。此时应检查显示器后的视频电缆插头。

（2）前台显示器无显示，电源灯不亮。可能原因是显示器电源插座松动没接上；电源断线；电源开关被碰关闭。交流 220V 电源未送到显示器电源插座；显示器坏。此时应检查电源开关、电源插头、电源线，测量电压。若无 220V 电压，检查供电线路；若有 220V 电压，仍无显示，则显示器坏。

（3）前台显示器显示屏显示不正常（缺色）。可能原因是显示器视频电缆插接不牢或某条芯线断线；显示器坏。此时应将显示器的视频电缆线拧紧。若还是显示不正常，则显示器故障。

（4）左屏无显示，电源指示灯闪亮，右屏显示都正常。可能原因是左屏显示器视频电缆插头都松动或断线；上位主用机左屏显示卡坏；上位主用机到操作表示机倒机单元之间左视频电缆线未接好或断线；左显示器视频电缆线都未接好或断线、左显示器都被关闭或坏。此时应将怀疑松动的地方都先插紧，再进行如下处理。

①先将操作表示机倒机单元人为干预切换至备机，若 A 操作表示机为主用机时，按下开关"人工倒机 A-B"强制 B 操作表示机主用，若 B 操作表示机为主用机时，按下开关"人工倒机 B-A"，强制 A 操作表示机主用。

②将操作表示机倒机单元左、右屏输出视频电缆在上位倒机单元处交换。交换后左、右屏显示均正常，则是原左屏视频电缆线接插部分有问题；b. 交换后左屏显示正常，右屏无显示，故障可能是原左屏显示器视频电缆线断线。交换后若还是左屏无显示，则故障在左显示驱动单元或显示器。

③用备用视频电缆替换操作表示机倒机单元到左显示分屏器的视频电缆线，若显示屏正常，则是替换下的视频电缆坏。若显示屏仍无显示，则是左显示分屏器故障或显示器都坏。

④用好显示器替换原左屏显示器，若显示器显示正常，则原显示器坏。若仍无显示，则是显示分屏器坏。

若都是右屏无显示且电源显示灯闪动，左屏显示正常，可参考上述方法判断右路。

（5）左屏无显示，且电源指示灯熄灭，右屏显示正常。可能原因是显示器电源插头未插紧；显示器电源开关被关闭；显示器220V电源未送过来或断线。AC220V电源未送到左屏显示器输入插座；显示器被碰关闭或显示器故障。

此时应检查显示器电源开关，开关应处于按下位置；检查220V输入电源插头，看其是不有220V电压，有220V电压并将插头插紧仍无显示，则是显示器故障，无220V电压，检查220V供电线路，从显示器电源插头查到防雷柜显示器供电开关。

若右屏无显示，且电源指示灯熄灭，左屏显示正常，可参考此方法进行。

（6）左、右屏都无显示，且电源指示灯熄灭，并有一台UPS发出"哔—嚓"的报警声，联锁机、操作表示机工作正常。可能原因是两路220V电源断了一路：电源二路供电之一路空气开关跳闸；综合柜中两路220V输入空气开关之一跳闸；综合柜中两个隔离变压器之一坏了。

此时为保证运输，应首先解决显示问题。将综合柜中显示器供电的开关倒向另一个方向，即用另一个隔离变压器给显示器供电，此时显示应正常，但UPS还在报警，发出"哔—嚓"的声响。然后用万用表检查报警UPS—路供电电源。从UPS 220V输入端开始一直到电源屏，查出断电点。

4．鼠标故障

鼠标箭头在控制台显示屏上拖不动，命令发不下去，显示屏右下端计时正常。原因分析及故障处理方法可参考JD-IA型计算机联锁系统相应内容。

第十二章

iLOCK 型计算机联锁系统

iLOCK 型计算机联锁系统是卡斯柯公司从法国 ALSTOM 信号公司引进，结合中国铁路运营技术条件，经过二次开发而成的一种安全型计算机联锁产品。首先它对网络结构做出改进，在功能上进行了全面的适合中国铁路运输要求的国产化开发，将系统功能合理分配到基于"安全通信和非安全通信"网络的人机接口（MMI）、联锁处理、系统维护等节点上，由每个功能节点来完成一种或多种功能，而每个功能节点就是一个完整的计算机系统，彼此通过网络交换信息并协调运行。由于系统按模块化方案设计，通用的硬件就能实现任何一种类型的联锁车站的配置，这种模块化的设计给系统扩展和升级带来了极大的方便。

经过二次开发和硬件国产化，系统实现了集联锁控制、微机监测、调度监督接口、DMIS 入网接口、网络管理等模块为一体的目标。iLOCK 系统下的 IPS（联锁处理子系统）是由一个或多个机柜组成的二乘二取二系统，是在此基础之上又增加了独立的"故障—安全"检查的 CPU 模块，采用 NISAL（Numerically Integrated Safety Assurance Logic 数字集成安全保证逻辑）专利技术构成的智能安全型联锁系统。图 12 – 1 为 iLOCK 系统机架实例图。

图 12 – 1　iLOCK 系统机架实例图

第一节　iLOCK 型计算机联锁系统技术特点概述

iLOCK 型计算机联锁系统（以下简称 iLOCK 系统）是在一般的二乘二安全结构基础上，再增加独立的"故障—安全"校验模块、采用 NISAL 专利技术构成的智能安全型计算机联锁系统。

一、NISAL 专利技术

NISAL 技术是卡斯柯公司从 ALSTOM 引进的已取得欧洲认证的安全技术。iLOCK 系统依据传统的由继电器实现的联锁逻辑和控制逻辑，"写"成一系列逻辑表达式（即布尔表达式），这些逻辑表达式的正确实施就是通过 NISAL——数字集成安全保证逻辑技术来保证的。NISAL 技术是在基本逻辑（即联锁逻辑）运行之外，提供的一种独立的安全校核，且本身具有故障—安全特性的校验模块（具体由 VPS 板实现）。"二取二"技术和 NISAL 技术的综合运用，使得 iLOCK 系统比一般的"二取二"更加安全。

由于 NISAL 技术的应用，使得 iLOCK 系统的输出控制，只需要采用普通的安全型继电器，不再使用昂贵的动态继电器或动态组合电路。在确保驱动电路安全可靠的前提下，通过普通的安全型继电器实现与外部信号设备的对接，大大简化了接口电路的结构，降低了工程造价和用户维修成本。由于这一技术的可靠保证，在定型的道岔启动电路中不再串入轨道继电器条件实现区段锁闭，也可通过"安全型点灯板"，实现电灯电路的无接点化。双断稳态输出技术，彻底消除了动态继电器/动态组合电路的安全隐患。

二、多重故障—安全结构设计

1. 硬件上的"组合故障—安全"设计

iLOCK 型计算机联锁，是基于 ALSTOM 公司在计算机联锁系统、车载和地面 ATC 系统中广泛应用的"二取二"、"三取二"组合故障安全技术，并采用"二乘二取二"架构的多重冗余计算机联锁系统。单系的 VLE 板（安全逻辑运算板）集成"二取二"结构，采用双 CPU 独立软件运算，两者运算采用的数据互不相同（数据包括安全采集数据、安全输出数据、安全通信数据和中间数据），且都是通过冗余编码选择而得。运算过程中，两个 CPU 之间除定时同步比较外，并周期性地进行过程数据的比较，最后进行结果比较（一旦发现数据有误，程序卷回），只有运算结果相同时，才允许输出。这种通过双 CPU 对同一信号设备进行运算，于 CPU1 和 CPU2 中采用了独立相异的二组编码来表示，运行各自独立的软件的方法，使联锁机从硬件到软件均构成二取二的"组合故障—安全"体系结构，如图 12-2 所示。

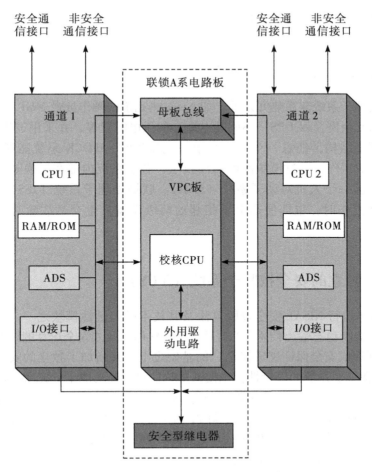

图 12-2 二取二的"组合故障-安全"体系结构

两个 CPU 内都不会存储有关安全性的任何真值,安全采集数据是通过每个主周期采集得到,安全输出数据由布尔表达式运算得到,所有的安全数据在本周期内使用完毕后就会被清除。

联锁处理子系统采用两系并行控制的工作方式,也可以选用双系热备模式。并行控制的可靠性更高,但双系热备方式比较节能省电。

2. 运算处理上的"反应故障—安全"技术设计

在联锁运算采用二取二模式的基础上,CPU1 和 CPU2 每执行一行程序,均分别构成校核字的一部分被实时地送到以 VPS(安全校验)板为核心的独立的安全防护(校验)部分进行校核,以监督系统完好,且每行程序均得到正确执行。VPS 板还对各安全型输出端口进行实时动态校核(校核周期为 50ms),确保防护电路能在系统可能发生错误输出之前即切断输出通道的电流,以实现故障—安全目的。在这里,联锁子系统应用了"反应故障—安全"技术。

3. 板级的"固有故障—安全"性保障

联锁子系统中的 VPS 板、VIIB 板、VOOB 板以及 VOOB 板中的 AOCD 元器件均像安全型继电器一样具有"固有故障—安全"特性。

三、子系统设备全部热冗余

在联锁处理子系统双系热冗余外，如 N+1 热冗余的操作员台 MMI，基于交换机的以太网技术的冗余网及双 UPS（不间断电源）的供电配置等，并采用逻辑上环网连接，实行了全面冗余结构，任意一个或多个子系统故障时，iLOCK 系统能通过自动重组，继续稳定可靠的工作。通过模块间的隔离技术，各子系统内部在切换时不至影响其他子系统，即任意一个人机对话子系统（MMI）、联锁处理子系统（IPS）、网络设备或 CPU 不能正常工作时，也即便是上下相邻的两级设备发生交叉故障时，系统会自动重组。

四、独立的安全校验子系统（VPS）

VPS 是具体执行 NISAL 安全校验算法及其技术的关键性模块之一。iLOCK 系统联锁机在采用"双断稳态输出技术""双通道相异软件二取二安全运算的组合故障安全技术"及"数字集成安全保证逻辑技术"的基础之上，又增加了独立的安全校验子系统 VPS，进一步保证了系统的安全性，也使其系统的自诊断功能十分完善，故障能定位到板级。比如，输入/输出板故障时能定位到具体点。用户除通过观察各面板指示灯外（各种印制电路板的面板上都设有表示灯），还可以在系统维护台（SDM）上点击"诊断维护电子向导"（图形化的界面）进行故障判断。此外，系统也配备了远程诊断接口，可接至卡斯柯公司实现远程故障诊断。

五、双系"采集共享并行驱动"技术

"采集信息共享"和"双系并行驱动"，实质是为实现码位级冗余技术来提高系统的可靠性和可维护性。A、B 两系分别集采现场设备状态并形成安全码位后，通过两者的互联通信相互传送给对方（其信息共享、互验）；两系实行并行的驱动输出，独立的工作，即便其中一系的驱动电路故障，也不至于影响最终结果。双断稳态输出技术，也彻底消除了动态继电器/动态组合电路的安全隐患。

A 系和 B 系采集共享、并行驱动输出时，其实使每个联锁计算机及其采集板、输出板，都成为了一个相对独立的子系统。当两个联锁机的输入/输出出现交叉故障（如联锁 A 机采集故障、联锁 B 机输出断线故障）时，仍能继续正常工作，并不会导致其他子系统无故切换。单系实行双通道采集、双断稳态输出时，只有在双通道运算结果一致、双通道总线控制结果一致、双通道输出电路完好等各项"二取二"严格条件都满足以后，才使输出真正有效。

另外，系统输入数据的读入和输出状态的检测都通过安全型硬件来执行。表达式求解和输出检测都依靠一个安全型继电器（VRD），它必须在精确的时间间隔内收到有效的校核字，然后才能将电源经由 VRD 前接点送出，否则禁止相关设备输出所需要的电源，使错误的信息无法送出，确保了安全。

联锁 A、B 机系统自检正常，则对应联锁 A、B 机 VRD 继电器吸起，联锁机驱动可以输出。联锁 A、B 机系统自检正常，在联锁机 A、B 机 VRD 继电器吸起，同时，联锁 A/B 机通信正常，采集、驱动一致的情况下，TBJ 继电器吸起。图 12 - 3 所示为置于 C 架中的对应 A、B 联锁机的 VRD 继电器和 TBJ 的实物图。

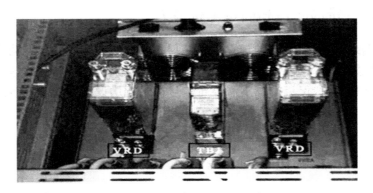

图 12 - 3　联锁机的 VRD 继电器 TBJ 的实物图

联锁处理子系统（IPS）软件包括"系统软件"和"应用软件"两部分。系统软件是 IPS 系统软件的基础，它不随具体应用环境和应用对象而改变；应用软件就是联锁运算的功能软件。系统软件独立于应用软件工作，其任务是要保证应用软件被系统正确执行。应用软件由信号工程师在 BOOL - CAD 软件包支持下完成，使系统在进行车站联锁设计和局部站场改造时，非常方便。

六、采用图形化的诊断维护向导平台（SDM）

为使维修人员在进行系统维护和信号设备监测时更加方便、直观，系统使用了独立的系统维护台（SDM）。诊断维护子系统可与微机监测站机组成二合一的子系统（微机监测与诊断维护子系统），以提高整个系统的综合化水平。SDM 对整个联锁系统实现一键直达的"电子向导式"诊断维护支持。它采用图形化显示窗口及先进的"电子向导式"手段，如进入机架状态图下，不仅能完整清晰显示站场的机架、各机笼及其采集驱动板的数目，而且能具体显示各面板表示灯的状态及板子是否故障，如有码位未驱动或者板子本身故障则相应板子会显示红色。

七、适用面广结构组织灵活

本系统支持单点和多点的串行通信，并依托安全通信协议，能方便地组织成各种结构，构成车站或区域计算机联锁，并能与 TDCS、DSS/CTC、微机监测及地铁的 ATC

（ATP、ATS）等系统实现信息交换；可通过标准的联网方式（以太网）在任何地点接入任意数量的高度显示终端；根据距离和用户所能提供的通信情况，可采用光缆或专线等多种方式实现终端接入。

对较大的车站（一般为25组道岔以上的车站）可根据需要设置值班员台（GPC）。GPC 的显示界面与 MMI 完全相同，只是没有操作控制功能。

八、具备高防雷和高抗干扰能力

系统采用多处理器、独立的计算机电源保护、防浪涌和双重电源防雷、机箱屏蔽接地、分区滤波等技术，使设备具有较高的防雷和抗干扰能力。它的这一性能也使得在普通铁路电气化区段保用时，不需要对信号楼进行增设墙体屏蔽的改造，节约了综合投资。

九、具备现场仿真测试接口

该系统提供了现场仿真测试接口，应用软件中包含仿真测试数据的安全切出、切入设计。在系统升级改造或按规定进行日常联锁关系检查时，可以先对一套设备进行改造并进行仿真测试，另一套系统仍保持不间断工作，从而在基本不影响运营的前提下，完成对整个车站的改造和联锁功能的检查测试。

第二节　iLOCK 型计算机联锁系统的结构组成及功能

一、系统结构及组成

iLOCK 系统由联锁处理（IPS）、人机界面（MMI）、值班员台 GPC（可选）、诊断维护（SDM）、冗余网络（RNET）和电源（PWR）六个子系统组成。图 12-4 为其（设备集中的联锁车站）结构框图。

联锁机采用欧洲标准机箱，它具有灵活性及可扩展性。根据站场需求，系统设备可以配置 2~5 个联锁机架，分别命名为 A、B、C、D、E 机架。A、B 机架主要包括各种电路板和单机电源机笼；C 机架主要包括切换机箱、接口机箱和配电机箱（根据需求可配置网络交换机和光纤通信设备）；D、E 机架是扩展机架，主要放置采集、驱动电路板。

城市轨道交通运输中，正线信号联锁设备可设有设备集中站和非设备集中站两种形式，非设备集中站的信号设备由集中站控制，不再设联锁子系统。

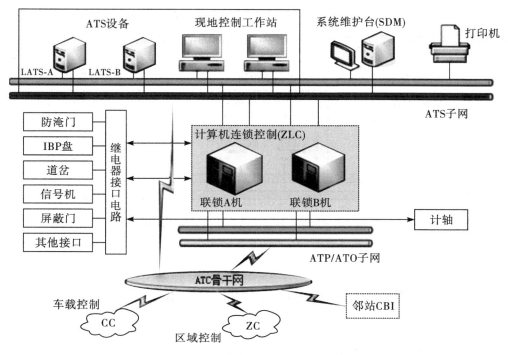

图 12-4 iLOCK 系统设备组成框图

1. 设备集中站的配置

（1）设置一套双系热冗余的二乘二取二联锁系统（简称 ZLC），负责完成管辖区域内的所有联锁功能，及与轨旁 ZC 和车载 CC 之间的接口和数据传输；该设备布置在设备集中站的信号机房内。

（2）配置两层冗余的通信传输结构：一层为 ZLC 系统与 ATS 子系统、系统维护台及现地控制工作站之间的信息交换提供网络传输通道；一层为 ZLC 与车载和 ATP 计算机之间的信息交换提供网络传输通道。上述传输设备均安置在信号机房的网络机架内。

（3）设置一套热备冗余的现地控制工作站（HMI）：车站值班员的操作命令（例如进路办理、单操道岔、开放引导进路等所有的联锁操作）经现地控制工作站（HMI）处理后送给 ZLC；ZLC 把联锁运算后的相关表示信息（信号机状态、道岔位置、区段状态等）送至现地控制工作站（HMI）上显示。该设备布置在车控室的综合控制台上。本系统设备集中站的 ATS 监控工作站与联锁设备的操纵工作站合用，称为现地控制工作站。

（4）设置一个系统维护台（SDM）：负责完成本设备集中站所辖车站的联锁诊断和故障记录等，并把相应的信息内容通过网络送至维修中心。该设备布置在信号机房内的维护操作台面上。

2. 非设备集中站系统结构

相应的每个非设备集中站都与其所属的设备集中站相连，结构形式如图 12-5 所示。为理解方便，可以把非设备集中站的信号设备看作是集中站的一部分。

非设备集中站车站设 TS 操作员工作站，提供本站所属设备站管辖区域的站场显示和提前发车的功能，并进行与正线设备集中站之间的信息交换。

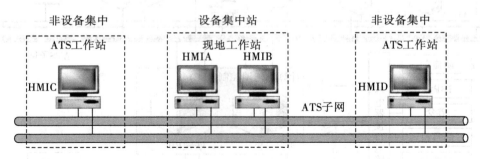

图 12-5　非设备集中站 CBI 子系统结构图

二、设备集中站联锁系统完成的主要功能

1. 主要功能概述

（1）与邻 ZLC（区域逻辑控制）的信息交换，对所辖区域内的信号设备进行联锁逻辑运算处理；联锁使用计轴器检测轨道占用状态，执行联锁功能。轨道占用状态是一个二进制信息，可以表示轨道占用或者出清信息，它是安全信息，始终进行计算，并通过继电器接口发送给联锁。

（2）负责采集和驱动现场相关轨旁信号设备，通过安全型继电器实现和道岔转辙机、信号机、计轴、紧急停车按钮/取消紧停、屏蔽门、防淹门等设备的安全接口。

（3）在 CBTC 下，联锁系统与轨旁信号设备通过安全型继电器接口，采用 FSFB2 协议的安全传输网络实现与 ZC 的通信，负责把本区域内的联锁处理结果发送给轨旁 ZC，并接收轨旁 ZC 发送的列车位置等相关信息。联锁系统向 ZC 发送下列信息：进路状态（包括运行方向）；信号机状态；道岔位置；屏蔽门/安全门状态；紧急区域状态（通过激活 ESP）；次级列车定位信息（计轴检测的区段状态信息）。

联锁系统从 ZC 接收 ATP 区段状态和次级列车位置检测信息的可用性信息，并通过计轴系统检测到次级列车位置信息，然后对两种来自不同系统的安全性信息，进行逻辑或操作从而最终决定区段的状态以增加系统的可用性。

ATP 区段和计轴器是故障—安全的，为了在不减弱安全性的情况下增强系统的可用性，联锁应用的 CBI 区段是在 ATP 区段及相应物理计轴器中最宽松的状态。

（4）实现与车载 CC 的接口，接收车载系统发送的屏蔽门动作信息，通过安全型继电器实现与屏蔽门系统的接口。

（5）通过网络实现与车站 ATS 分机接口，接收车站 ATS 分机的控制命令，并把站场显示信息传送给车站 ATS 分机和 OCC、ATS；当 ATP 功能丧失时，联锁设备为进路运行方式提供安全保证。

（6）负责和 LEU 接口，在后备模式（点式 ATP/ATO 模式）下，系统通过 LEU

（轨旁电子单元）将轨旁变量信息（信号机、道岔等）传给轨旁有源信标，向车载系统提供相关信息。

2. 主要功能的实现

（1）联锁运算及驱动相关信号设备

联锁设备负责本设备集中站所辖区域内的联锁逻辑处理，保证列车运行安全，实现列车进路上轨道区段、道岔、信号机之间的正确联锁关系。信号的开放要检查屏蔽门、防淹门、紧急停车按钮、扣车按钮等状态信息。当上述信息丢失时，已建立的进路防护信号机立即关闭。

当屏蔽门关闭且锁紧的状态信息丢失时，切断相关信号机的开放电路。列车在车站停车时，由于屏蔽门的正常开启导致出站信号机的关闭，在检查相关联锁条件满足后自动开放。

当车站紧急停车按钮按下后，联锁系统将使相关进路上已开放的信号机立即关闭，对于进路防护信号机的再次开放，需要人工办理重开信号操作，当检查相关联锁条件满足后，方可再次开放信号。

当办理扣车作业时，联锁系统将使已开放的车站正方向出站信号机立即关闭（当信号机内方有进路时，所防护的进路继续保持进路的锁闭），办理取消扣车操作后，对应信号机在联锁条件满足后可自动开放。

（2）与 ATP 的信息交换

设在设备集中站的正线联锁设备，与 ATP/ATO 子系统设备相配合，保证列车运行进路的安全。联锁设备与 ATP 计算机单元的接口符合故障—安全的原则。

联锁设备向 ATP 计算机单元提供信号机和道岔状态、列车进路设置情况、保护区段的建立、区间运行方向等信息，并能使 ATP 的信息发送满足列车在各种折返模式下的作业要求。

（3）与 ATS 的信息交换

联锁设备与 ATS 子系统结合实现对列车进路的自动控制。通过车站级的局域网，联锁设备向 ATS 设备提供列车运行的表示信息和信号状态信息，并接收 ATS 子系统的进路控制命令。

联锁设备与 ATS 系统相结合，实现车站和中心的两级控制，根据运营要求，以自动或人工控制模式办理进路。其中人工控制分为中央 ATS 人工和车站人工两类，自动控制分为 ATS 中央自动和车站进路自动。人工控制的进路优先级高于自动控制的进路。

正常情况下正线联锁设备接收 ATS 指令，实现进路控制，当 ATS 子系统设备故障时可由车站值班员人工办理列车进路或者设置自动进路、自动折返模式。

（4）控制权的转换

联锁设备根据需要可进行本地与中央两级控制权的转换。在控制权的转化中和转化后，未经人工介入各进路的原自动控制模式不变。

控制权可由控制中心转到车站，也可由车站转到控制中心。正常情况下由控制中心控制，授权后，控制权可转到车站级。

在特殊情况下，可强制进行联锁控制，实现本控制区域进路的人工设置。

(5) 紧急停车

在综合后备盘（IBP）上，设置有"紧急停车"按钮及相应表示灯。在紧急情况下，可按下车站控制室 IBP 盘上的紧急停车按钮或车站站台上的紧急停车按钮，实现对列车的紧急控制。

联锁设备连续检查车站 IBP 盘和站台紧急停车按钮的状态，一旦检测到紧急停车按钮被按下，立即关闭相应的信号机，同时 ATP 子系统通过车—地通信设备向列车发送相应的列车控制命令信息。紧急停车按钮须经人工确认后才能恢复。

(6) 信号设备的封锁和解锁

提供信号、道岔、区段的封锁和解锁功能。对信号、道岔、区段实施封锁后，禁止排列经过封锁元素的进路。

(7) 区段故障恢复

联锁系统结合计轴系统可实现故障计轴区段复位功能。具体功能可在设计联络会上确定。

(8) 人机界面

设置车站的车站现地控制工作站，用于在联锁级控制情况下，对本联锁区运营列车进行监控。工作站人-机界面对话窗主要由联锁、轨道、道岔、信号、进路、车站以及故障报警等部分组成。在相应的对话窗中，联锁设备可对对应的控制对象进行监控。在联锁工作站的人机界面上还可以显示屏蔽门、防淹门的信息。

(9) ATP 故障下的控制模式

当 ATP 功能丧失时，联锁设备为进路运行方式提供安全保证。

当 ATP 功能丧失时，联锁设备支持降级运营模式下的折返进路的自动设置。当折返信号机被设置为自动折返模式时，能实现自动设置折返进路的功能，开放相应的信号机，司机按地面的信号显示驾驶列车折返。在折返过程中，中央调度员或车站值班员仅需对信号机进行一次模式设置。

第三节 设备集中站联锁系统设备的组成及功能

下面针对设备集中站中的信号联锁系统设备的组成，及其主要功能做概括表述。

一、冗余网络子系统

联锁子系统配置两层冗余的通信传输通道，一层用于 ATS 子网，一层用于信号（ATP/ATO）子网。

联锁 A 机、联锁 B 机、车站现地控制工作站和系统维护台各提供两个网络接口，接入冗余的基于 TCP/IP 协议的 ATS 子网，实现相互之间信息交换。同时，接入骨干网，实现和中心 ATS 之间的信息交换。

联锁 A 机、联锁 B 机通过另外独立的两个网口接入冗余的基于 FSFB2 协议的信号子网，通过 DCS（数字通信系统）接入骨干网，实现和中心轨旁 ATP/ATO、车载 ATP/ATO 之间的信息交换，构成全程全网的综合安全系统。

系统通过以太网的方式，实现和列控中心的信息交换；通过标准的联网方式，可以在任何地点接入多个调度显示终端。

所有网路连接的状态信息，都传递给 SDM 子系统，便于现场人员及时查询和维护。

二、车站现地控制工作站（HMI 子系统）

用于车站级控制的车站"现地控制工作站"，在车站级控制情况下，对本联锁区联锁设备进行控制。操作台－人机界面（MMI）对话窗主要由联锁、线路、道岔、信号机、进路、车站以及故障报警等部分组成（可采用 N＋1 热冗余技术）。在相应的对话窗中，操作员可以对相应的控制对象进行监控。

人机交互子系统（MMI）工作于 Windows XP 或更高版本的 Windows 多任务操作系统，使用一台高可靠的工业控制计算机，通过基于 TCP/IP 协议的网络接口与联锁机交换信息，可为值班员提供完善的操作显示和语音提示功能。它采用彩色显示器或控制台等，作为系统的人机交互界面，用来供信号员通过鼠标等操作工具办理各种作业。在车站现地控制工作站上，联锁系统具备操作员身份认证及记录功能，对不同的操作人员赋予相应的职责、权利，以确保其对设备的正确控制，防止非法操作。合法操作具有防止误操作措施。

车站现地控制工作站除具有通常意义上的功能外，还可实现 MMI 之间及 MMI 与 SDM 子系统或仿真测试系统之间通过高速网交换信息；通过串口或网络提供 iLOCK 系统与 ATS 系统交换信息的接口。

较大的车站，可根据用户需要，设置值班员台 GPS。

三、联锁处理子系统（IPS）

联锁子系统的输入/输出对外连接采用接触部分镀金的进口接插件，确保各部件（即每个插针）动态连接的安全性和可靠性。所有的安全型线路中的各导体间及导体与地之间都能承受 2000V（有效值）的冲击。

图 12－6 提供了小型车站的联锁系统硬件结构布置示意图，计算机联锁子系统的硬件结构可以按照站场规模进行灵活的组合。

1. 联锁处理子系统（IPS）的硬件组成

IPS 是 iLOCK 系统的核心，它由专用联锁机（IPS A 和 IPS B）组成，一个联锁处理子系统（A 系或 B 系）置于一个机架上，由多个机箱构成。其中系统机箱（SYS）高度为 9U，可放置 VLE 板（安全逻辑运算板）、VPS 板（安全校验板）、I/O BUS2 板（输入/输出总线板）；I/O 机箱高度为 6U，可放置 I/O BE2 板（输入/输出总线扩展板）、VIIB（安全型双采输入板）和 VOOB 板（安全型双断输出板）。每个 I/O 机箱有 14 个槽道，第一个槽道放置 I/O BE2 板，其余槽道放置 VIIB 和 VOOB 板。每块 I/O BUS2 板可以带 1 个输入/输出机箱，一个联锁处理子系统最多能配置 12 块 I/O BUS2 板。

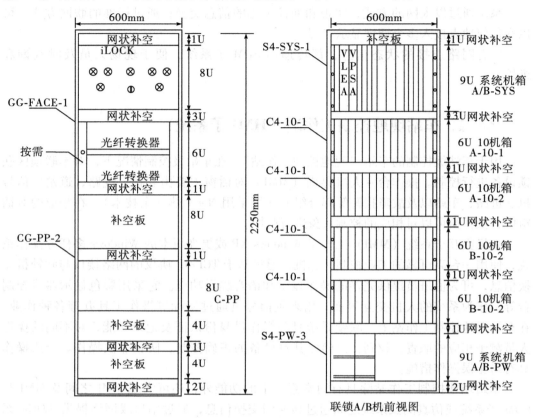

图 12－6　小型车站的联锁系统硬件结构布置示意图

2. 联锁处理子系统的结构原理

图 12－7 为典型的联锁处理子系统的硬件方框图。

（1）VLE 板（安全逻辑运算板）

VLE 板上放置了双 CPU，完成联锁逻辑运算的二取二结构，两个 CPU 通过双口 RAM 进行数据通信和任务级同步。VLE 板上有 8 个高速安全通信口、4 个网口、4 个 CAN 口和 4 个 232 串口。对于每个口都有相应的指示灯，通过这些指示灯的状态可以初步判断他们的工作状态，如图 12－8 所示。

VLE 板一方面经过 I/O 选址方式读取输入/输出信息完成联锁运算，并完成与 MMI、SDM 及其他 iLOCK 子系统的通信（对于大型的或有光通信的车站，为缓解 VLE 板的通信压力，其中的安全通信由 UPU/PD1 去完成）；另一方面，VLE 板通过总线与 VPS 板通信。

CPU1 和 CPU2 分别引出两条总线，CPU1 控制 I/O 总线的通道一，对应于 VIIB 是一端的采集总线，对应于 VOOB 是正电的输出和校验；CPU2 控制 I/O 总线的通道二，对应于 VIIB 是另一端的采集总线，对应于 VOOB 是负电的输出和校验。

两 CPU 对各自的内存进行检查（包括双口 RAM），也对各自的运行状态进行检查，

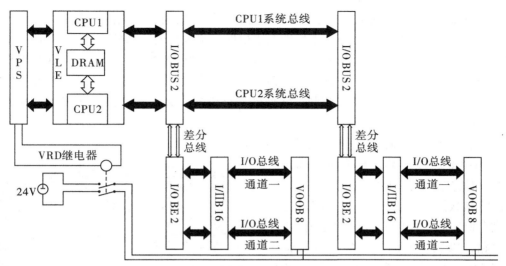

图 12-7 典型的联锁处理子系统的硬件方框图

这些检查的结果产生"主校核字";同时分别对输出端口的正电和负电进行检查,生成"重校核字"。两 CPU 再将主重校核字发给 VPS 板,VPS 板经过安全的校验确认主重校核字都正确后,提供励磁电压给安全性继电器 (VRD),安全性继电器吸起后提供输出电源给 VOOB 板。

(2) VPS 板(安全校验板)

VPS 实际上是联锁机动态的安全监

图 12-8 VLE 板(安全逻辑运算板)

视机构,独立于 VLE 板工作,在 VLE 板自身具备了安全检查的基础之上,再一次对系统进行安全检测,共同构成了联锁机的安全检查核心。VPS 在精确的周期间隔内接收一组经编码的校验信息,当且仅当校验信息正确时,VPS 才输出一个安全的数字信号,该信号通过一个安全型调谐滤波器后再驱动 VRD 继电器(对应 A、B 联锁机各设一个,置于双机切换与电源机架的切换箱中),用以证明系统自检正常。所有通向 iLOCK 系统的安全型输出电源都经过 VRD 继电器前接点,在任何出错的条件下(硬件错误、噪声干扰等) VRD 继电器均将可靠失磁,切断联锁机安全型输出的电源。落下后的 VRD 继电器必须在 VPS 经过连续 7 个周期的检查正确后,方能再励磁,确保绝对的安全,如图 12-9 所示。

图 12-9 VPS 板(安全校验板)

当且仅当由主处理系统送来的"主校验字"的数据确实正确的情况下，VPS 才能支持下一主周期的操作。另外，主处理系统根据系统全部的输出状态，每 50ms 产生一组证明各输出端口状态的再校验字，它们每 50ms 被送到 VPS 板一次，如果这些再校验字中的任意一个不是完全的正确，VPS 输出会立即关掉，使故障的联锁机切出工作状态，自动转换到另一套联锁机控制，保证外部继电器不会因原来控制输出的联锁机故障而失磁落下。

（3）I/O BUS2 板（输入/输出总线接口板）

I/O BUS2 板是 VLE 板和输入/输出板交换信息的通道。I/O BUS2 板为输入板的测试数据和输出板的端口校验数据提供存储空间；同时它也包含逻辑和时序电路，以控制输出端口的连续校验，并与 I/O BE2 板交换信息，通过 I/O BE2 板实现差分驱动，驱动双断输出板。每块 I/O BUS2 板上设置一块鉴别芯片，供 VLE 板正确识别 I/O BUS2 板。总之，其功能可概括为采集输入板的状态；控制输出板的输出；传送输出口状态校验信息，如图 12-10 所示。

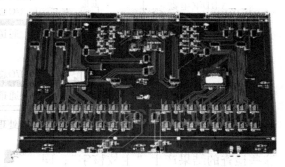

图 12-10　I/O BUS2 板（输入输出总线接口板）

（4）I/O BE2 板（输入/输出总线扩展板）

输入/输出总线接口板（I/O BUS2）与输入/输出总线接口缓冲板（I/O BE2）配合工作，共同完成系统对输入/输出的控制。每个输入/输出机箱设置 1 块 I/O BE2 板，每个 I/O 机箱可以放置 13 块 I/O 板，如图 12-11 所示。

（5）VIIB 板（双采安全输入板）

VIIB 板为联锁运算的两个 CPU 分别采集时提供相同的接口。每块 VIIB 输入板包含有 16 个安全输入口，安全型双采输入板的电路使联锁机能安全地检测每一个输入的状态。

图 12-11　I/O BE2 板（输入输出总线扩展板）

所谓"双采"即 VLE 板中的两个 CPU 模块单独地对输入板的端口进行采集，这种处理方式既使 CPU 对输入状态采集的安全性进一步提高，也确保了双通道采集的同步性能。对应 16 路输入，每路输入均有一个 LED 指示灯，在输入接通时，指示灯亮，如图 12-12 所示。

每个输入有一个唯一的"校核字"，

图 12-12　VIIB 板（双采安全输入板）

如果电流在输入端连续存在，那么这个"校核字"能通过这个输入端，并能返回到处理器。为了确保正确的"校核字"能返回，并能点亮一个输入指示灯，必须使输入电压保持在 9V 以上，输入阻抗约为 65Ω。

在输入端设有浪涌防护电路，该电路用以保护硬件在普通的应用环境中免遭损坏。

（6）VOOB 板（安全型双断输出板）

VLE 板通过 VOOB 板产生输出信号，驱动接口设备，并且系统能实时检测 VOOB 板输出的正确性，输出与实际驱动的一致性。作为双断输出板，VOOB 板为"2 取 2"系统的两个 CPU 分别提供正负电控制对象。图 12 - 13 所示。

每块 VOOB 板有 8 个输出口（每个输出端口都设有浪涌保护电路，用以防止接口继电器侧瞬间反

图 12 - 13　VOOB 板（安全型双断输出板）

向感应电动势及其他干扰电压对系统的破坏），8 个输出口分成 2 组 2 对，在使用时均设有单独的隔离（每一组上装有一个用于供电的电源滤波器，它可以防止电源噪音和从外部进入联锁机的电磁干扰）。每对输出设一个正电输出和一个负电输出对应一个有效输出，供给每一路输出的电源必须通过"VRD 继电器"或包含此条件的"系统工作继电器"的前接点（当 VRD 继电器落下时，就停止向双断输出板的输出口供电）。每对输出端口设一个指示灯，当正电和负电输出同时有效时，相应的指示灯点亮。另有两个附加指示灯，用来显示与 I/O BE2 板的通信状态。

所谓"双断"即对于一个输出码位的电源的正负极都各自由一个 CPU 进行独立的监控，提高了系统的安全性和接口电路的混线防护能力。

四、诊断维护子系统（SDM）

诊断维护子系统可与微机监测机构成二合一的子系统（微机监测与诊断维护子系统），以实现对系统的维护及对接口设备的监测。在各设备集中站设置本地维护工作站（SDM），主要为计算机联锁完成系统维护及接口设备监测的功能。SDM 对联锁设备和接口设备实施在线监视和记录（由一台计算机、彩显及打印机构成），同时也可打印设备操作信息、日期和时间记录。除此以外，SDM 还提供了一种先进的"电子向导式"的诊断手段，可对整个联锁系统实现一键直达的"电子向导式"诊断维护支持。通过它，电务维修人员可以快速直观地查询故障信息，及时有效地排除故障。

1. 其主要功能

通过高速网络接收联锁处理子系统的诊断结果信息、输入/输出信息、全站简化参数信息、指定参数追踪信息；不间断记录（现地控制工作站的）操作和表示信息；站场显示、历史回放；通过 Modem 实现远程诊断的接入（主要是与 iLOCK 技术服务中

心);通过CAN总线或串口接收微机监测机的监测信息;根据需要,可与不同的中央维修中心接口。

对于联锁机布尔代数中运行的参数,SDM提供参数追踪功能。维修人员可以选择所有参数,也可对指定的某个参数进行追踪。对于某些瞬间的故障,参数追踪功能可以帮助维修人员抓住故障点所在。后面将另起一节对其诊断操作进行讲述。

2. 主要诊断维护内容

SDM在线检测IPS的工作状态,诊断并记录1个月内的工作正常与故障信息;监测冗余网络的运行状态。SDM子系统正常工作时,不需要对被监控对象进行查询,而是自动接收联锁处理子系统的信息,当SDM故障修复后或与联锁处理子系统通信恢复后,SDM能立即开始接收联锁处理子系统记录的一天内的系统诊断信息。

五、电源子系统

iLOCK系统采用基于高速交换机的冗余网络结构,并设计了双UPS热备的冗余供电方式。来自电源屏的单相交流电经过二级防雷后输入在线式UPS,然后输出净化220V交流电,再经电源柜配电端子排供给子系统。其电源配置如图12-14所示。

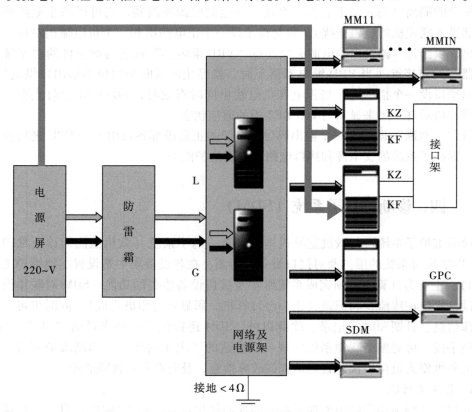

图12-14 电源子系统配置

正常情况下由主UPS供电,当主UPS故障时,电源切换电路自动切换到备用UPS,

当两个 UPS 均不能正常工作时，电源切换至电源屏直接供电。电源切换时不会影响系统的正常工作。两个 UPS 之间也可通过切换按钮实现人工切换。

第四节　iLOCK 正线联锁系统与外围设备接口

iLOCK 系统可与室外信号设备、ATC 等设备接口，联锁机一般通过驱动普通安全型继电器和采集安全型继电器接点，与室外信号设备、区间闭塞设备、场间联系电路等设备接口；也可通过"安全型点灯板"，实现电灯电路的无接点化；双断稳态输出技术，彻底消除了动态继电器/动态组合电路的安全隐患。下面介绍几个主要的接口。

一、与信号机、转辙机的接口

正线联锁设备保证安全、可靠地控制信号机和道岔转辙机；正确、可靠地采集转辙机、信号机的状态及故障信息。

1. 与信号机之间接口的实现方式

联锁系统通过标准安全型继电器控制信号机的每个灯位，这些继电器由系统的安全型输出板控制；通过标准安全型继电器监测信号机的工作情况，如灯丝是否安好（对于具有点灯和灭灯两种模式的信号机需设点灯继电器 DDJ）。系统通过安全型输入板采集该信息。

LED 信号机报警总机通过串口向 SDM 传送信号机每个灯位的灯丝电流超标的信息，或断丝信息。图 12-15 所示为系统与信号机的接口电路。

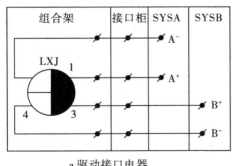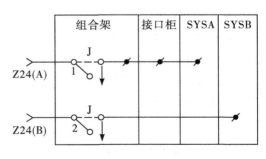

a 驱动接口电器　　　　　　　　　　b 采集接口电路

图 12-15　与信号机的接口电路

2. 与转辙机之间接口的实现方式

联锁系统通过标准安全型继电器控制转辙机，继电器由系统的安全型输出板控制（被控继电器对象有 DCJ、FCJ 和 DCQD）；通过标准安全型继电器来监测转辙机的位置；通过安全型输入板采集转辙机位置（DBJ、FBJ）信息。

与道岔转辙机、信号机的接口分界点在室外电缆终端架外线端子。

二、与计轴、屏蔽门和防淹门的接口

1. 与计轴的接口

系统与计轴设备的接口采用继电器接口，ZLC 通过安全型输入板采集计轴轨道空闲/占用和故障信息。

2. 与屏蔽门（安全门）接口

信号系统与屏蔽门控制系统之间采用继电接口方式，继电电路均采用双断电路，信号系统的正线联锁系统通过安全型输入/输出板去采集/驱动相应的标准安全型继电器。分界点位于屏蔽门设备室的外接线端子，如图 12-16 所示。

当列车进入站台停车、满足定点停车精度要求后，车载 CC 设备发出停准停稳信息，解除对列车门的锁闭，允许 ATO 设备按指令执行开/关车门的操作，同时将开/关屏蔽门信息通过安全通信传

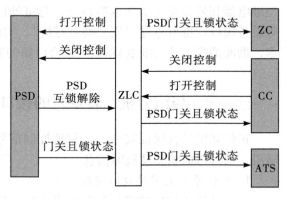

图 12-16 信号系统与屏蔽门接口

送给联锁系统，联锁系统收到信息后通过安全输出驱动继电器，将开/关信息送给屏蔽门系统。

当信号系统发送给屏蔽门系统的开/关门信息无效时，屏蔽门系统须维持门的原状态不变；当信号系统发送给屏蔽门系统的开/关门信息在发送过程中失效时，屏蔽门系统须继续按原命令执行，直至命令完成。

3. 与防淹门的接口

与防淹门的接口通过安全型继电器实现，其接口采用双套冗余措施，电路采用双断电路，以满足故障—安全原则。系统通过安全型采集板采集信号系统防淹门全开且锁定状态信息，并纳入联锁运算条件。信号系统与防淹门系统的接口位置位于各站的防淹门设备室接口端子排处，接口分界点在防淹门设备房分线架。

三、与 LEU（轨旁电子单元）的接口

与 LEU 的接口通过标准安全型继电器电路来实现，LEU 通过采集继电器接点来获取位于进路位置上的道岔状态信息和信号机状态信息。

四、与站台紧急停车和 IBP 盘的接口

1. 与 IBP 盘和站台紧急停车的接口

在综合后备盘（IBP）上，设置"紧急停车"按钮及相应表示灯。在紧急情况下，

可按下车站控制室 IBP 盘上的紧急停车按钮，或车站站台上的紧急停车按钮，实现对列车的紧急控制。紧急停车按钮须经人工确认后才能恢复。

联锁设备检查车站 IBP 盘和站台紧急停车按钮的状态，一旦检测到紧急停车按钮被按下，立即关闭相应的列车信号，同时 ATP 子系统通过车—地通信设备向列车发送相应的列车控制命令信息，禁止列车自区间进入车站，实现车站股道封锁的功能；禁止已停在车站的列车出发，或其他列车进入区间，对于已启动而尚未完全离开车站的列车实施紧急制动。

与 IBP 盘的接口是通过标准安全型继电器（紧急关闭继电器）来实现的，联锁系统通过安全采集板采集紧急关闭继电器状态信息，加以判断。非设备集中站的紧急停车按钮状态通过站扣电缆送到集中站信号设备机房，动作紧急关闭继电器，再由联锁系统采集。该继电器设置在所属集中站信号设备机房。

2. 与 IBP 盘扣车/取消扣车按钮的接口

在 IBP 盘上设有扣车/取消扣车按钮，一旦按压扣车按钮，联锁子系统设备首先关闭相应出站信号机，并通过 ATS 改变发车表示器显示。办理取消扣车后恢复信号开放及发车表示器显示。与扣车/取消扣车按钮的接口可通过标准安全型继电器来实现。

五、与车站 ATS 分机之间的接口

非设备集中站设一 ATS 工作站，而设备集中站 ATS 工作站与联锁操作工作站合一，称为两地工作站。联锁设备与 ATS 系统结合共同实现对列车进路的自动控制，联锁设备与 ATS 通过站级局域网（TCP/IP 协议）实现信息交换，主要向 ATS 发送列车运行的表示信息和信号状态（信息数据包括现场信号设备状态：计轴计状态、道岔位置、信号机显示、紧急停车按钮状态等；内部设备状态：进路、运行方向等），并接收 ATS 的操作控制命令（主要是对进路、信号机、道岔等的控制）。

六、与轨旁 ZC 系统（地面 ATP）的接口

1. 联锁子系统与轨旁 ZC 的连接

ZLC（区域逻辑控制器）与轨旁 ZC 通过基于 FSFB2 协议的安全通信交换数据。ZLC 通过信号子网接入骨干网，通过骨干网的安全通信与其他相关子系统交换信息（如图 12-17 所示）。联锁子系统向轨旁 ZC 发送进路办理、信号机状态、紧急停车按钮/恢复按钮的状态、道岔位置、列车运行方向等信息；轨旁 ZC 向联锁子系统发送列车位置信息、列车停稳信息、计轴工作信息等。

2. 计轴时的轨道信息采集

ATC 系统是基于 CBTC 的移动闭塞系统，联锁子系统所需的轨道信息由轨旁 ZC 通过骨干网传来；辅助计轴系统的轨道信息则由 ZLC 通过安全型采集板采集。因此在联锁机中有两种轨道信息：ZC 传递的列车位置信息和 ZLC 采集的计轴信息，它们之间的关系可由图 12-18 体现。

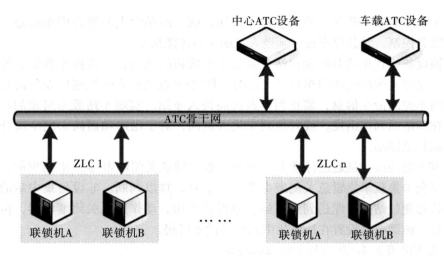

图 12-17　联锁子系统与 ATC 的连接图

如图 12-18 所示，ZLC（区域逻辑控制器）轨道信息与计轴信息、ATP 轨道信息和计轴信息可用/不可用三个因素有关。ATP 轨道信息及计轴可用/不可用的信息由 ZC 提供给联锁子系统，计轴信息由联锁机通过安全型采集板采集。联锁机将依照这些信息及其他相关的条件，编写布尔代数，得出 CBI（计联机联锁）轨道信息。联锁设备与 ATP 的接口以及联锁设备与轨道占用/空闲设备的接口符合故障—安全原则。

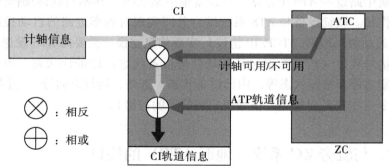

图 12-18　联锁机轨道信息组合图

七、与车载 CC（ATP/ATO）之间的接口

与 CC 之间通过基于 FSFB2 的安全型通信交换信息，主要完成与屏蔽门接口的信息交换功能。联锁子系统向 CC 发送屏蔽门"关闭且锁紧"信息，CC 向其回送屏蔽门开/关的信息。

八、与相邻联锁设备站的接口

所有联锁站之间的 ZLC 通过基于 FSFB2 协议的 ATP/ATO 子网接入 ATC 骨干网，

实现信息交换。主要交换的信息是相关列车的位置、相邻信号机状态等。

九、与车辆段/停车场联锁的接口

排列出、入车辆段/停车场的进路，满足正线与车辆段/停车场的相互敌对照查条件。其间的接口电路采用安全通信模式，通过联锁站间安全通信网络，即安全型数字通信接口传递信息，从而节省了大量的继电器。正线和车辆段之间传递的条件主要为敌对照查、信号机状态、区段状态等安全信息。

第五节　iLOCK 诊断维护子系统的使用

一、诊断维护子系统（SDM）概述

SDM 主要完成计算机联锁系统的诊断维护及接口设备的在线监测的功能。最简 SDM 由一台工业控制计算机、一台彩色显示器、鼠标、键盘组成，根据客户需要 SDM 还可以提供打印、双套热备功能等。作为 iLOCK 系统的子系统，它实现对系统的设备和接口设备的在线监视和记录。根据客户的要求，SDM 可以联网，提供远程诊断功能。SDM 可以实现以下功能。

（1）联锁处理子系统（IPS）的系统诊断与维护。

通过高速网口接收 IPS 的诊断结果信息、输入/输出信息、全站简化参数信息、指定参数详细信息。系统正常工作时，不需要查询，SDM 自动接收 IPS 的工作信息，当 SDM 故障修复后或与联锁处理子系统通信恢复后，SDM 仍能接收到 IPS 记录的一天内的报警和错误信息。

（2）通过网络接收来自 MMI 的操作和表示，并记录关键操作和表示。

（3）网络管理。

（4）通过 MODEM 实现远程诊断接入。

（5）通过以太网为其他管理系统与 iLOCK 系统通信提供接口。

根据需要，SDM 可以与不同的中央维修中心接口。

二、SDM 的操作及显示

SDM 基于 Windows 操作系统，采用菜单和窗口驱动。系统上电后，记录功能自动启动。

SDM 的主画面显示网络状态管理图，如图 12-19 所示。网络管理图用来显示系统各子系统之间的联系情况，表示各子系统工作状态和线路连接状态。由于一台计算机上一般只运行一个程序，即一个程序对应一台机器，为方便起见，计算机上的程序状态简称机器状态，机器状态有两种：程序处于正常运行状态（用绿色显示）和程序处

于非正常运行状态（用黄色或红色显示）。线路状态分为正常状态（显示为绿线）和故障状态（显示为红线）。

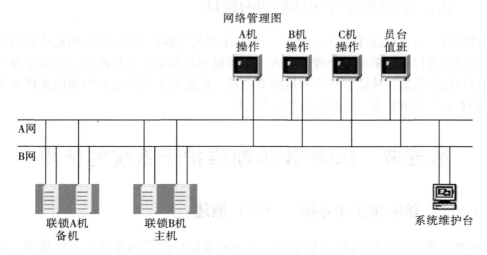

图 12-19　SDM 的主画面显示网络管理图

图 12-20 所示为机架状态图，它不仅能完整清晰显示站场的机架、各机笼及其采集驱动板的数目，而且能具体显示各面板表示灯的状态及板子是否故障，如有码位未驱动或者板子本身故障则相应板子会显示红色。

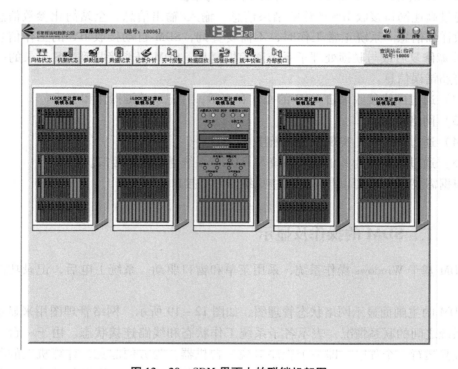

图 12-20　SDM 界面上的联锁机架图

双击机架图中某层机笼后，自动转入该层采集码位驱动详细图。从图中可以清晰地查看到每个码位的状态，灰色表示没有采集或驱动，绿色则表示有，如图12-21所示。按压右侧的"上个机笼"/"下个机笼"/"机架图"按钮可分别转入该机笼的上层机笼、下层机笼或者是机架图。图12-22为联锁主备机参数追踪的显示窗口内容。

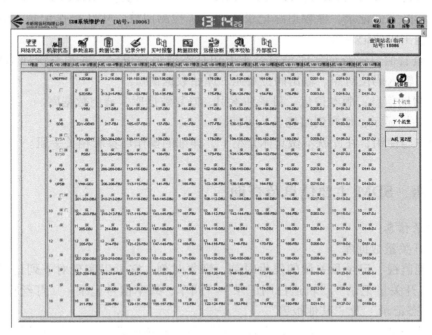

图12-21　显示板子状态和信息状态

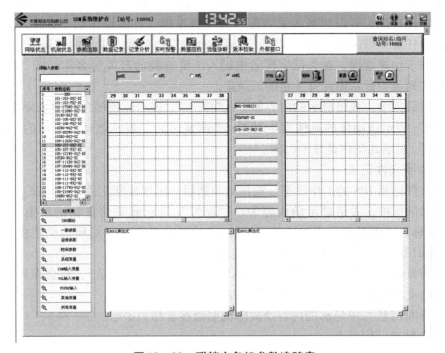

图12-22　联锁主备机参数追踪表

三、SDM 界面中的"菜单栏"及其功能

（1）记录信息：查询数据库中的历史数据，存储时间为一个月。主要包括开关量数据库、诊断文件记录、参数追踪记录表、系统检测回放、MMI 操作记录、输入码位记录表、输出码位记录表。

（2）查看信息：查询实时信息。主要包括参数追踪设定、联锁系统通信状态图、系统检测、输入码位对照、输出码位对照、原始数据窗口。

（3）帮助信息：版本信息、目录和索引、修复数据库、清空数据库。

（4）站场显示：切换到站场显示界面。

其操作与使用，在此就不做具体介绍了，详细的操作可参看相关手册。

四、SDM 主要信息及查询

1. 记录信息

（1）开关量数据库

此功能监视、记录开关量的发生时刻、恢复时刻。它可以实现对下列记录表的查询："全体开关量记录""轨道占用记录""调车、列车信号记录""灯丝报警记录""定反表状态记录"及"其他报警"。

查询开关量记录时，先在"请选择日期"和"联锁机选择"中分别选择日期和联锁机（即联锁处理子系统），再点击排序方式，列表中显示所选日期的开关量信息。

为了方便查询，可以对开关量名称进行筛选排序，具体操作如下：在开关量名称一列中，对任意一行的名称进行双击，就可在列表中得到此开关量的记录集。

为了便于快速查询，在关键字搜索中键入所要查找的开关量名称，按"搜索"按钮，则会在列表中显示出此开关量的记录集。

在此对话框中，表格显示的内容如下："序号"，表示此条信息在记录集中的位置；"发生时间"表示该动作的具体发生时刻；"恢复时间"表示该动作取消的具体时刻；"延时时间"表示此动作延续的时间。

（2）诊断文件记录

诊断文件记录 IPS 的工作状态。选择此功能后，出现诊断文件记录画面。

在此对话框中，表格显示的内容为："序号"表示此条信息在记录集中的位置；"联锁机名称"表明诊断信息发生的联锁机；"诊断信息"表示对所选联锁机的诊断内容；"诊断时间"表示 IPS 正常或故障信息的发生时刻。

根据需要选择所要查看的日期和联锁机，再选择"显示记录"，将会在列表中列出自动诊断的全部信息，若选择"退出"，将返回主画面。

在"诊断信息"中显示的内容及故障说明请参看相关手册。

（3）参数追踪记录表

此功能对曾经追踪过的参数变化信息进行记录。选择此功能后，画面显示参数追

踪记录表。

根据需要选择所要查看的联锁机,再选择"显示记录",则将在列表中列出参数的诊断信息,若选择"退出",将返回主画面。

在此对话框中,表格显示的内容如下:"序号"表示此条信息在记录集中的位置;"联锁机名称"表明所选择的联锁机;"参数名称"表示该参数在布尔代数中的名称;"参数值"表示追踪参数运算过程中的值;"诊断时间"表示追踪参数变化的时刻。

为了方便查询追踪的参数,可在关键字搜索中键入所要查找的参数名称,按下"搜索"按钮,则会在列表中显示出此参数的记录集。

(4) 系统检测回放

回放联锁机工作状态,选择此功能后,显示系统检测回放界面。

拖动滚动条选择需要回放数据的开始时间,在"时间长度"栏中,可以选择最长 24 小时的回放时间长度,按下"确定"按钮,则以输入信息为依据进行联锁机工作状态的回放,此时 SDM 自动关闭"系统检测回放信息"窗口,打开回放控制窗口;如果选择"取消",则取消本次操作,返回主画面。

上方为联锁机的工作状态显示,下方为"系统检测再现窗口"(再现窗口可以根据需要自由移动)。当联锁机故障,相对应的机架整个框架显示为红色;若工作正常,则显示为蓝色。

在再现窗口中,各功能说明如下:"起始时间"显示再现数据的开始时刻;"终止时间"显示再现数据的结束时刻;"速度控制"表示播放的速度,用户可以根据需要调整播放的速度。用鼠标按"上箭头"按钮,可以加快播放速度,用鼠标按"下箭头"可以减慢播放速度。在播放前或播放过程中可以根据需要随时改变播放速度。

按压"播放"按钮可以选择开始播放,当按下了"播放"按钮后,该按钮显示为"暂停",可以随时在播放过程中暂时停止播放。

在播放过程中,"当前记录时间"显示播放数据的当前时间,上方显示联锁机工作状态的变化,其下方的滚动条显示当前记录的位置。当联锁机工作状态没有变化时,记录时间是以 1h 为间隔,有变化时,实时显示。

在播放过程中,用户可以通过改变播放速度来控制速度的快慢;通过再现窗口中的滚动条来调整播放位置,跳过不重要的部分;通过"暂停"按钮,使播放暂时停止,以便仔细查看当前的状态;通过"<<"按钮,来查看联锁机前一时间的状态;通过">>"按钮,来查看联锁机后一时间的状态;通过"停止"按钮,来停止播放,并回到开始播放时的状态;通过"返回"按钮,回到主画面。

当用户需要查看某一机架印制电路板的工作状态时,用户可以在停止或暂停的状态下,将光标放在该机架上,按下左键,界面将显示印制电路板工作状态画面。其窗口画面的上方为印制电路板的工作状态显示,下方为"系统检测再现窗口"。当电路板有故障时,该板显示为红色,并且其所在的那一层机箱用红框框起来;当电路板工作正常时,显示为灰色。

如果用户需要查看某一层机箱的各个电路板的灯位状态,则可以在停止或暂停的状态下,在该电路板位置按下左键,界面会显示出某一层机箱的各个电路板的灯位状态信息。如果用户需要返回到上级查看状态，只需按下鼠标右键，就可以了。

在再现窗口中，除"返回"按钮只在显示联锁机工作状态时有效外，其他按钮操作及显示意义均一致。

(5) MMI操作记录

此功能记录MMI操作的信息。

查询记录时，先在"请选择日期"栏选择日期，再点击右边的"显示记录"，列表中显示当天的操作信息。为了方便查询，操作名称可以进行筛选排序。在操作名称一列中，对任意一行的名称双击，就可在列表中得到此名称的记录集。

为了便于快速查询操作数据，在关键字搜索中键入所要查找的名称，按下"搜索"按钮，则在列表中显示出相关的记录集。

在此对话框中，表格显示的内容如下："序号"表示此条信息在记录集中的位置；"操作名称"即MMI上的操作信息；"发生时间"表示该动作的发生时刻；"操作机"表示该动作的来源（MMI）。

(6) 输入码位记录表

此功能记录联锁机输入码位的信息。

查询输入码位信息时，先选择日期，再点击按钮"显示记录"，列表中显示所选日期的输入码位信息。

为了便于快速查询输入码位数据，在关键字搜索中键入所要查找的输入码位名称，按下"搜索"按钮，则在列表中显示出相关的记录集。

在此对话框中，左边表格显示联锁A机的输入码位信息，右边表格显示联锁B机的输入码位信息。表格内容包括："序号"表示此条信息在记录集中的位置；"开关量名称"即输入码位名称；"发生时间"表示输入码位为1时的具体发生时刻；"恢复时间"表示输入码位为0时的具体发生时刻。

(7) 输出码位记录表

此功能记录联锁机输出码位的信息。

查询输出码位信息时，先选择日期，再点击按钮"显示记录"，列表中显示所选日期的输出码位信息。

为了便于快速查询输出码位数据，在关键字搜索中键入所要查找的输出码位名称，按下"搜索"按钮，则在列表中显示出相关的记录集。

在此对话框中，左边表格显示联锁A机的输出码位信息，右边表格显示联锁B机的输出码位信息。表格内容如下："序号"表示此条信息在记录集中的位置；"开关量名称"即输出码位名称；"发生时间"表示输出码位为1时的具体发生时刻；"恢复时间"表示输出码位变为0时的具体发生时刻。

2. 查看信息

(1) 参数追踪设定

SDM可以对所指定的参数进行当前状态查询。选择此功能后，界面显示参数追踪设定。

在此对话框中，"编辑参数名"一栏中最多可以写入20个参数，SDM将对这20个参数进行实时参数追踪。在对话框的右侧将显示此参数的实时变化的波形。高电平表示参数为 1，低电平表示参数为 0。

当点击某一参数前的序号时，在对话框下方的编辑栏中，会显示该参数的布尔表达式（即联锁逻辑电路）。

SDM 可以列出所有的参数名称，用户只需根据需要选择即可。点击"选择所有参数"按钮，出现相应的显示窗口。

"参数名称列表"中列出了某个联锁车站的所有参数名称，当需要选择某一参数时，用鼠标左键双击该名称，则该参数会出现在"所选参数"一列，继续进行以上操作可以选择多个（不超过 20 个）参数。当不清楚所要追踪的具体参数名称时，在搜索编辑框中输入此参数的部分名称，然后按下"搜索"按钮，就会在参数列表中有所提示。选择完需要追踪的参数后，按下"确定"按钮，则返回上级对话框，并且以上所选参数显示在参数追踪表格中。

追踪参数时，先选择"A 机"或"B 机"，点击"开始"按钮开始追踪，"暂停"停止追踪，"退出"返回主界面。

（2）联锁系统通信状态图

该图显示网络中各子系统间的通道状态，通道是指两台机器上的程序建立起来的互相传输数据的 TCP 连接，一般情况下，一条通道由一对 IP 地址确定。

状态主要分为两种：正常状态（以绿色圆点图案显示）、断开状态（以红色圆点图案显示）。

（3）系统检测

系统检测用于对联锁机的实时检测，可以对 iLOCK 系统的印制电路板进行逐级故障诊断，系统板定位至板级，输入/输出板定位至码位。

此界面显示联锁 A 机、B 机的工作状态。把鼠标移动到机架框图上时，可出现提示信息。当联锁机工作正常时，则显示为蓝色，提示信息为"系统正常，右键返回主画面"；若工作不正常，相对应的机架整个框架显示为红色，提示信息为"左键单击进入下级诊断，右键返回主画面，回车键切换到诊断记录"。诊断记录画面即前面介绍的"诊断文件记录"，可定位到产生该故障的具体记录信息，查看该故障的发生时间。单击"返回诊断画面"，可再回到如上图所示的画面。

选中要检测的机笼点击后，出现印制电路画面；把鼠标移到某块印制电路板时，可出现提示信息。当电路板工作正常时，显示为灰色，提示信息为"正常，右键返回上级诊断画面"；当电路板有故障时，显示为红色，并且其所在的那一层机箱用红框框起来，提示信息为"左键单击进入下级诊断，右键返回上级诊断，回车键切换到诊断记录"。如果要继续查看某一层机箱的各个印制电路板的灯位情况，则光标在电路板位置时点击左键，界面显示某层每块印制电路板的灯位显示图。把鼠标移到具体灯位时，可出现提示信息。红色灯位表示故障，提示信息为"右键返回上级诊断画面，回车键切换到诊断记录"；绿色灯位表示正常，提示信息为"正常，右键返回上级诊断画面"。

（4）输入码位对照

输入码位对照用来对比联锁 A 机和 B 机的输入码位是否一致。选择此功能后，显示输入码位对照图。

选择所要查看的联锁机箱。当联锁 A 机和联锁 B 机输入一致且都为"1"时点绿灯，输入一致且都为"0"时点黄灯，输入不一致时点红灯。将鼠标移至红灯灯位会出现提示信息，显示具体的码位。

点击"退出"返回主界面。

（5）输出码位对照

输出码位对照用来对比联锁 A 机和 B 机的输出码位是否一致。选择此功能后，界面显示输出码位对照图。

选择所要查看的联锁机箱。当联锁 A 机和联锁 B 机输出一致且都为"1"时点绿灯，输出一致且都为"0"时点黄灯，输出不一致时点红灯。将鼠标移至红灯灯位会出现提示信息，显示具体的码位。

（6）原始数据窗口

查看所接收的原始数据，选择此功能后，界面显示原始数据。

第六节　iLOCK 型计算机联锁系统的故障判断与处理

一、PCB 故障判断及更换

iLOCK 系统有故障诊断功能，可以对系统的印制电路板（以下简称 PCB）进行故障判断。故障的 PCB 必须送回卡斯柯公司进行维修。

1. 系统的故障诊断方法

iLOCK 系统的故障诊断可以有以下几种方法。

（1）观察 PCB 的 LED 灯

每块 PCB 的面板上有许多表示灯，这些表示灯能够用于判断 PCB 的故障。有经验的维修人员，根据 VPI–3/iLOCK 系统内表示灯的不同状态能很快找到故障的 PCB。

（2）通过系统维护台来诊断

系统维护台可用来查询系统运行状态，获得较详细的故障信息；也可以用来查询布尔逻辑参数的结果和输出状态，读出输入结果或许多其他系统内部参数。

2. 系统诊断维护应该检查的内容

系统诊断维护时，首先应该检查以下内容。

（1）在 PCB 的电压测试点上测量到的电压值必须在 4.85V~5.25V 之间。

（2）I/O BE 板插在正确的鉴别芯片上，PCB 插在正确的槽道上。

（3）供给 VPS 板的 12V 电源必须在 9.0V~16.0V 之间。

（4）CPU/PD1 或 VLE 板上的应用芯片里的数据是最新版本。

3. 故障初判

（1）SDM 与 MMI 通信中断

首先确认 SDM 和 MMI 之间的网线是否连接正常；或把 SDM 关机再重新开机。

(2) 联锁机 A 机的"A 机联机"灯闪亮

正常状态下,"A 机联机"表示灯亮稳定的灯光。当此表示灯闪亮时,表示联锁机 A 机与 MMI 通信中断,可按以下办法检查故障原因。

①检查联锁机、MMI 的通信线接触是否正常。

②检查 MMI 网卡是否正常。

③复位 CPU/PD1 板或 VLE 板,如故障仍在,请更换 CPU/PD1 板或 VLE 板。

(3) 联锁机 B 机的"B 机联机"灯闪亮

处理措施同(2)。

(4) 联锁机 A 机的"VRD 灯"灭(或联锁机 B 机的"VRD 灯"灭,方法同)

正常状态下,"VRD 灯"亮稳定的灯光。如果"VRD 灯"灭,则按以下方法检查。

①检查此灯的灯泡是否完好。

②对联锁机进行诊断,判断故障所在。

(5) 联锁机"同步工作"表示灯灭

正常状态下,"同步工作"表示灯亮稳定的灯光。如果"同步工作"表示灯灭,则按以下方法检查。

①检查此表示灯的灯泡是否完好。

②检查联锁机 A 机和联锁机 B 机间的安全通信线、非安全通信线接触是否牢固。

③复位 CPU/PD1 板或 VLE 板,如故障仍在,请更换 CPU/PD1 板或 VLE 板。

4. 板子更换步骤

一旦确定印制电路板故障,按照下列步骤更换板子,确认新板子的工作。这些步骤适用于 VPI-3/iLOCK 的各种类型维修,但并不代表每个特定故障的处理办法,仅供调试人员处理故障参考。

(1) VLE 板/CPU/PD1 板

①关闭 IPS 电源。

②拔出故障电路板。

③拔出板上系统和应用电子盘。

④备用板安装系统和应用电子盘。

⑤检查备用板上跳线和开关的位置是否与被更换板一致。

⑥插入板子,观看 SDM 有关诊断信息。

⑦如果 SDM 诊断显示系统正常,没有必要验证板子的功能。

⑧观察系统运行至少 5min,如果没有异常,系统恢复使用。

⑨系统维修日志中记录有关维护信息。

(2) VPS/VIB 板/VIIB 板/VOB 板/VOOB 板

①关闭 IPS 电源。

②拔出故障电路板。

③更换备板。

④恢复使用,在系统维修日志中记录有关维护信息。

(3) I/O BUS1（I/OBE）板/I/O BUS2（I/O BE2）板

①关闭系统电源。

②拔出故障电路板。

③更换备板。

④恢复使用,在系统维修日志中记录有关维护信息。

二、故障排除方法

1. 区分是室外故障还是室内故障

(1) 采集

主要查看相应的继电器状态是否与意图一致,如一致,则故障点在室外,如不一致,则故障点在室内。

若故障点在室内,对照联锁机采集码位表,查看相应的印制板灯位,如灯位确实与继电器状态一致,则说明是IPS故障。若灯位与继电器状态不一致,则说明故障发生在采集板与接口继电器电路之间,此时应在联锁机接口架处相应的位置测量电压,判断出哪一根线的连接有故障。

譬如,在MMI上有道岔挤岔表示,首先查看道岔表示继电器是否有吸起,如无吸起,则为室外故障,如吸起则为室内故障。

(2) 驱动

查看相应的继电器位置是否与要求的一致,如一致,则故障点为室外,如不一致,则故障点在室内。

对照联锁机驱动码位表,查看相应的印制板灯位,如灯已点亮,而继电器无驱动,说明驱动的条件电源没有,查看联锁机机架后24V电源处保险状态。

2. 重新启动上位机

在遇到下列故障时,请重新启动上位机。

(1) 按钮按下无反应。

(2) 操动道岔无红闪反应。

(3) 无语音报警。

(4) 白光带出现之后,道岔还在红闪。

第十三章 SICAS 型计算机联锁系统

SICAS（SIEMENS Computer-Aided Signaling：西门子计算机辅助信号系统）是德国 SIEMENS 公司研制的。该联锁系统具有模块化和灵活性的设计，是专为公共轨道交通、区域服务和工业铁路设计的比较经济的电子联锁系统，是经过充分验证并符合故障安全原则的 SIMIS 微机系统，它构成了整个信号系统的核心。

本章介绍 SICAS 型计算机联锁系统及其硬件和系统接口等。图 13-1 为此系统的设备图。

图 13-1　SICAS 型计算机联锁设备

第一节　SICAS 型计算机联锁系统概述

一、主要技术特点

SICAS 系统具有以下的一些主要特点。

（1）适用于城市轨道交通的各种运营管理系统：可以连接数个联锁计算机。这些联锁计算机可以集中设置在控制中心或分散放置在较远的地方。

（2）充分验证的技术：在德国、奥地利、韩国、中国、泰国、希腊等地有 100 套以上的联锁正在运营。

（3）高安全性、可靠性、可用性：每年的运行故障少于 0.2 次（根据现场数据）；经国际安全机构和几十个铁路运营机构认证。

（4）其是建立在成熟的 SIMIS 原理基础上的故障—安全计算机：采用二取二或三取二冗余结构；每个 SIMIS CU（运算单元）采用相同的硬件和操作系统；每个 SIMIS IC（联锁计算机）系统采用不同的操作系统；无切换时间的真正热备。

(5) 为大型复杂的车站设计：一个 SICAS ECC 联锁系统最多可以控制 250 个现场元件（如转辙机、信号机等）；在以太网联锁总线上，最多可以连接 10 个 SICAS ECC 联锁系统；采用了几十个运营机构的操作规则。

(6) 采用紧凑、先进的硬件：所需空间小；COTS（商业化的现货供应）硬件和操作系统。

(7) 支持集中或分散方式：灵活的系统架构；系统通过光缆通信。

(8) 可与 VICOS OC（车辆和基础设施控制操作系统）100 和 500 系列产品连接：与 VICOS OC 100 和 500 系列产品采用标准接口连接。

(9) 调度、进路排列和诊断等功能：与连续式列车自动控制系统连接（系统集成了连续式列车自动控制系统的部件）；②与 LZB 700 M（连续式自动列车控制系统）和 TGMT（移动闭塞列车自动控制信号系统）系统采用标准接口连接。

(10) 联锁表原理：联锁功能通过依据联锁表来实现。SICAS 应用软件的开发基础是处理联锁功能表格。为此，所有现场元件的静态操作状态设置在控制表中，通过适于各种应用的联锁库、进路处理框架完成元件的连接。

二、系统主要功能

SICAS ECC 计算机联锁系统基本版实现了以下功能。

(1) 信号逻辑功能（SI 逻辑，Signaling Logic），可锁闭和解锁单个元件。

(2) 控制和监视功能（CM 逻辑，Control and Monitoring Logic），直接监控转辙机、信号机、轨道空闲检测设备如 AzS 350 U 以及其他室外设备，并进行单独操作和进路排列，能对辅助操作做强制记录，或取消还未记录的操作行为。

(3) 维护和诊断的指示功能。

(4) 到外部功能单元的接口。

(5) 到列车控制部件的接口。

(6) 联锁的通信功能。

(7) 与控制系统的通信功能。

(8) 测试和调试功能。

三、系统结构特点

SICAS 系统按故障—安全、高可靠性的 SIMIS 原则进行设计，具有先进的技术和可扩展能力。计算机联锁设备设计先进，运用了安全的数字总线通信，使计算机联锁设备配置数量最少。

几个联锁计算机可以连接在一起。各个联锁计算机既可以集中放置也可以分散布置在较远的地方。图 13-2 所示为联锁系统区域连接的示意图。EIM 为电子元件接口模块（如信号机、道岔、轨道空闲检测、UPS 信息等）。

一台工作站、一台联锁计算机、电子接口模块和相关的信号现场元件，如转辙机、信号机、轨道空闲检测设备等,组成了 SICAS 计算机联锁系统的基本部件。联锁计算机执行常规的联锁功能(比如进路排列、进路锁闭和进路监督)。电子接口模块 EIM(Electronic Interface Module)直接控制和监督室外设备。电缆参数决定了设备之间的控制距离,元件接口模块(EIM)和室外设备之间的控制距离可达到 6.5km。

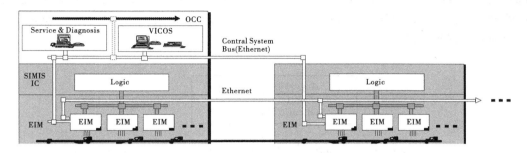

图 13-2 联锁系统区域连接的示意图

该系统结构的具体特点如下:

(1) SICAS 系统硬件平台包括 IC(联锁计算机)系统和 SIMIS ECC(元件控制计算机)。

(2) SICAS 系统按故障—安全模式(基于二取二计算机配置)运行,或按故障—安全加高可用性模式(两套二取二计算机配置,即二乘二取二)运行。一般情况,安全逻辑部分采用二乘二取二方式,元件接口部分采用三取二配置。

(3) 它能快速、有效地进行配置,来满足各种运行规定的要求。SICAS 计算机联锁系统可以提供不同的配置。系统通常使用传统的标准轨旁列车控制设备(如道岔、信号机和轨道空闲检测设备),这些设备应用了经过长期积累的成熟技术,并通过不断地改进使其具有更高可用性和易维护性。且系统可以实现直接操作现场元件的功能。

第二节 SICAS 型计算机联锁系统的结构组成

一、系统的层次结构

SICAS 联锁系统同常规的计算机联锁系统一样也包含三个逻辑层(图 13-3 所示):

(1) 操作和显示层(人机会话层):操作和显示功能(如本地操作控制、ATS 系统控制);自动化功能(如集中控制系统:进路自动排列、自动追踪、自动折返等);服务和诊断功能(如服务和诊断计算机)。

(2) 信号逻辑层(联锁运算层):主要负责联锁逻辑的运算和其他系统间的数据交换。SICAS 联锁计算机以热备方式实现信号功能和安全逻辑。其主要功能是联锁逻辑运算,信号逻辑层完成操作员具体的命令,实现进路的排列、锁闭、监督、解锁,防止同时排列敌对进路。从操作控制层发出的命令通过数据处理接口传到联锁逻辑层,由其完成处理，所产生的结果状态和故障信息发回到操作控制层。

（3）控制和监督层（现场元件监控层）：EIM（元件接口模块）系统转换并传输控制命令到现场元件。该层还监视转辙机、信号机和轨道空闲检测等现场元件，并回传状态指示到联锁逻辑单元。控制监督层由分散式电子接口模块组成，是连接联锁计算机同室外设备的一个桥梁，也就是普通意义上讲的接口电路。根据电缆参数和连接的室外设备，元件接口模块（EIM）和室外元件之间的控制距离可达到6.5km。EIM ECC 包含硬件控制驱动器。

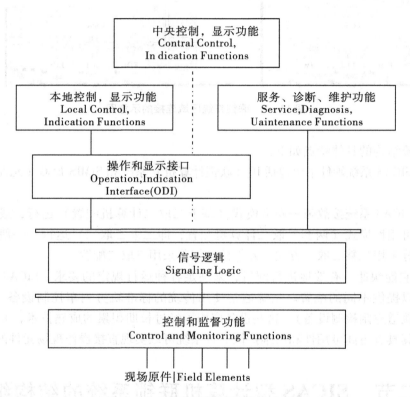

图 13 - 3　SICAS 联锁系统的层次结构

二、系统的基本配置

SICAS ECC 联锁系统的基本配置如图 13 - 4 所示。

多达 10 个联锁区域可以连接在一起，每个联锁区域又包含一个联锁计算机和最多 10 个 EIM ECC（元件接口模块—元件控制计算机）。EIM ECC 有硬件控制驱动器。

（1）操作和显示控制系统：实现"操作显示功能层"的作用。

（2）联锁计算机（IC）系统：二乘二取二冗余结构，完成"信号逻辑"层的全部功能。

（3）EIM - ECC（元件控制计算机）：采用三取二配置，实现对现场设备的控制和监督功能。

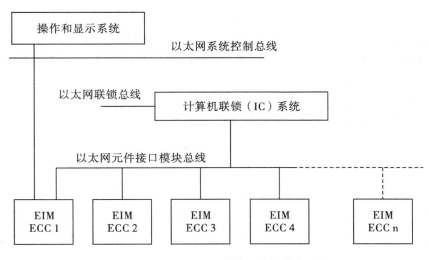

图 13-4 SICAS ECC 联锁系统的基本配置

三、设备或子系统间的连接

（1）相邻 SICAS 联锁以以太网通信线路连接，通过高性能光纤通信进行信息传输，并用冗余连接增加可用性。相邻的非 SICAS 联锁以铜缆通过继电接口连接。信息通过 24V 或 60V 直流继电器传输。

（2）EIM-ECC 通过总线连接。

（3）边缘继电器或机械式联锁以铜缆通过继电接口连接。

（4）室外设备通过铜缆连接。

（5）操作控制系统、列车自动防护系统和显示系统通过总线连接到联锁子系统。

（6）一套单独的以太网用于连接操作控制系统以及不同的操作显示系统，通信协议为 PDI，信息通过铜缆或光传输媒介传输。为提高可用性，连接采用冗余配置。

由于供电、轨道空闲检测系统和其他系统安装在单独的机架内，在此并没有将它们列为基本联锁系统配置的一部分。

四、系统设备组成及工作分析

1. 联锁设备组成

图 13-5 是 SICAS 硬件（包括 SICAS IC 计算机和 SICAS ECC）的组成框图。SICAS IC 是一个二乘二取二多样化计算机系统。EIM ECC 监控子系统是三取二冗余结构。

SIMIS IC（联锁逻辑运算计算机）放置在机柜中（通过这个机柜连接操作和显示系统），室外设备的监视和控制模块（ECC）位于联锁机柜的底部和扩展机架里。电源、轨道空闲检测系统以及其他外围系统安装在另外的机柜里。

（1）IC 联锁计算系统

IC 按二取二的异构系统（通过使用不同的操作系统实现）架构。通常为了提高可用性，系统设计成双套二取二的冗余配置（如图13-6所示）。一个二取二系统包含两台同样的计算机对，每对都有两个不同的ICS。ICS系统的多样化是通过使用不同的操作系统（LINUX，Windows）以及不同的处理器（LINUX，Windows）来实现的。

(2) EIM - ECC 工作概况

EIM - ECC（元件控制计算机）采用三取二配置，即由三个ECC - CU（元件控制计算机—控制单元）板构成，每个板构成了ECC计算机的核心组件。

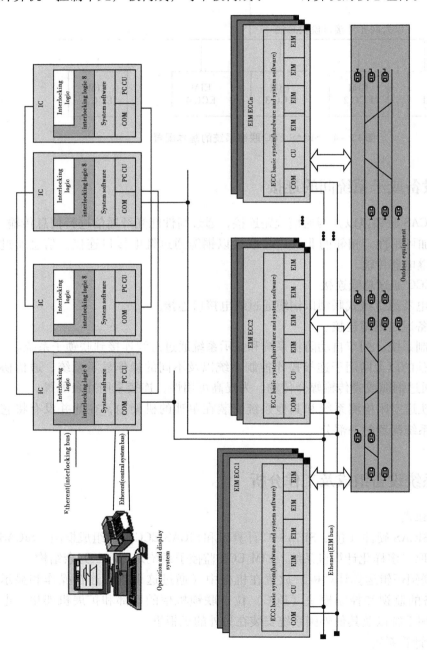

图 13-5 SICAS 硬件的组成框图

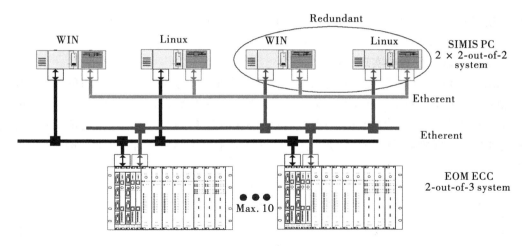

图 13-6　系统双套二取二的冗余配置

EIM ECC 用以监控各个计算机以及室外设备的输入/输出，IC 联锁计算机组与 EIM ECC 之间的数据传输通过一个以太网连接建立。只有某些条件满足时，输出才会传送到相关的外围设备，比如，在规定的期限内从两台不同的计算机得到相同的输出。

2. SICAS ECC 系统区域配置能力

图 13-7 所示为系统的区域配置示意框图。SICAS ECC 联锁系统多达 10 个联锁区域可以相连，每个区域各自含有一套 SIMIS IC 系统和最多 10 个 EIM ECC 单元。

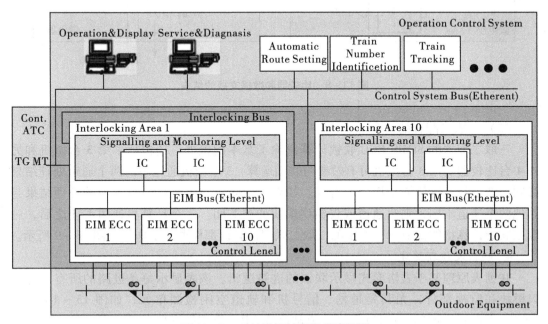

图 13-7　系统的区域配置示意框图

敏感皮肤保养和诊疗

EIM ECC 可控制多达 25 个受控元件（道岔、信号机等）。每个联锁区域大约有 250 个受控元件，如此 SICAS ECC 联锁系统最多可以控制多达 2500 个元件，且最远控制距离（指 EIM ECC 到室外元件的距离）可达 6.5km，这取决于所用电缆。

3. 冗余配置的实现

（1）二取二配置的实现

SIMIS ECC 的基本配置是两台二取二配置的微机。只有两台微型计算机的输出数据是一致时，两个独立的比较器才允许输出至处理器。如果比较器检测到错误，便启动 SIMIS ECC 的安全关机功能。系统的设计是这样的：SIMIS ECC 的安全关机功能总能阻止程序的继续进行，实现故障导向安全状态。图 13-8 说明了比较器和数据交换的结构。

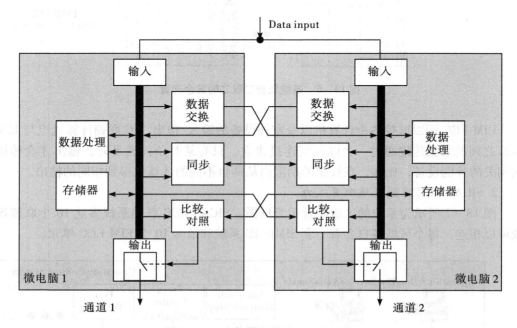

图 13-8　比较器和数据交换的结构

（2）三取二配置的实现

三取二配置的 SIMIS ECC 联锁计算机除了基本配置外，还包括了第 3 台微机和另外 4 台比较器。第 3 台微机可有效参与联锁运算，3 个微机通道中的两个通道处理结果必须一致，只有这样输出指令才有效。如果 3 个微机通道中有一个通道的处理结果与其他两个通道不同，则此通道或仅错误模块便被关闭。一个计算机通道关闭之后，三取二联锁计算机能像故障—安全的二取二联锁计算机那样继续工作。如图 13-9 所示。

4. 联锁表原理简述

联锁表原理基于表格形式显示联锁的进路逻辑。该表显示每条进路的所有元件接口模块和监视部件，尤其是道岔、信号机和轨道空闲检测单元，如图 13-10 所示（HP1、HP2：不同的通过显示；N：道岔定位；R：道岔反位）。

SICAS ECC 的每个进路均使用独立的进路表，每个进路表都对指定进路进行了完整的描述。该表列出了所有与进路相关元件的调用形式。采用这种调用机制，单个单元均可提供被调用进路定义的功能，并排除没有轨道出清指示的进路。这种相互排除的调用机制可防止产生冲突进路,只要引起冲突的单元不被更高级的进路解锁,即该单元仍在使用中。作为一个原则,进路的独立性表示在一个简单表格中,不直接与其他进路相关。

每个进路表均定义了信号机的开放条件以及各自相应的始端信号机行进显示。对于列车控制的进路解锁,可定义解锁要求,特别是在列车控制的局部解锁的次序(单元的独立解锁)。

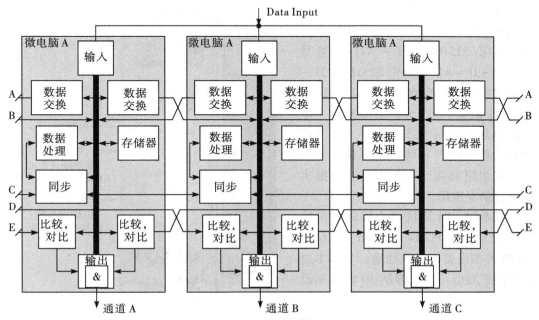

图13-9 三取二配置的 SIMIS ECC

进路号	始端	终端	道岔				信号机					
			W_1	W_2	W_3	W_4	B	C	D	E	F	G	H
1	A	C	N	N	N	N	HP_1						
2	A	D	N	N	R	R	HP_2						
3	B	D	N	N	N	N			HP_1				
4	B	C	R	R	N	N			HP_2				
5	H	F	N	N	N	N							

图13-10 进路联锁表

第三节　SICAS 型计算机联锁系统的硬件设备

基于 ECC 的电子联锁的系统平台是 SIMIS ECC 计算机柜（图 13 - 11）。SICAS ECC 有两种不同型号的基本机柜：型号 S25160 - J1 - A11 和型号 S25160 - J1 - A12。每个 S25160 - J1 - A11 型号的机柜配备有一个基本组匣（或称主机架）、一个扩展组匣和一个电源电源，而每个 S25160 - J1 - A12 型号的机柜配备有两个基本组匣、两个扩展组匣和两个电源组匣。根据实际设备情况选用。

基本层为计算机核心板件提供插槽，也为 8 块 POM4 和 SOM 或 16 块 INOM 外围设备板提供插槽。与基本层连接的扩展层可以再容纳 10 块外围设备板。

电源层包含电源模块，该电源模块为计算机核心板件和外围设备板提供 5V 电压，为每个计算机通道提供一个单独的电源板。

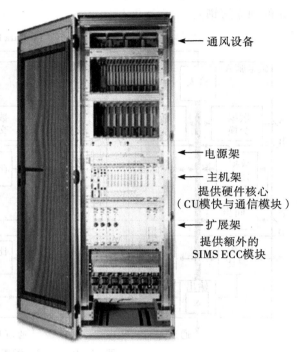

图 13 - 11　SIMIS ECC 计算机柜

一、EIM ECC 计算机柜

图 13 - 11 为 EIM ECC 架的组成部分前视图。

SIMIS ECC 模块通常位于室内机柜内。除基架、电源架和可选的扩展架外，计算机柜还包括下列组成部分：接触条、电缆夹、风扇和过滤器、标签条。

所有处理接口和电源电缆从机柜下方进入并被连接到接触条上。数据和电源电压通过机柜内的电缆传输。

1. 电源架

根据计算机配置，电源架提供两个或三个电源模块，在 SICAS ECC 三取二的配置中，有 3 个电源模块。每个模块负责为一个计算机通道（微计算机）供电。剩下的空间用前面板覆盖，电源架为一单高 19″机架（如图 13 - 12 所示）。

2. 主机架

如图 13 - 13 所示，硬件核心的槽位于基本组匣的左手边。核心由三个 SICAS ECC

运算单元和两个通讯模块组成。除了硬件核心外，还有一个空间，该空间可以容纳多达 8 个宽度为 8WU（宽度单位）的宽元件接口模块，或者 16 个宽度为 4WU 的窄元件接口模块。这些模块可以按需要组合在一起。

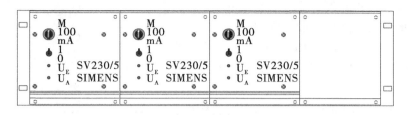

图 13 – 12　电源架的电源模块

图 13 – 13　主机架

图 13 – 14　扩展架

3. 扩展架

如图 13 – 14 所示，扩展架可提供最多 10 个外围模块。在扩展架内，只提供 8 个 WU 槽位。如果一个 INOM（4 个 WU）被安装在其中一个槽位，剩下的空间将由前面版覆盖。

基架和扩展架是双高 19″架，分成 84 个 WU。所需的基架和扩展架的数量取决于要安装的外围模块的类型和数量。

基架和扩展架通过后面的连接电缆相连。两架在柜内相叠安装，一个架子直接安装于另一架上方。ECC CU 和外围模块之间通过置于 ECC 背后的三通道总线通信。外围模块的电源和处理信号的读入也由 ECC 安装架的背部提供。这样安装机架使得从前面很容易访问模块。

二、SIMIS IC 计算机柜

SIMIS IC 可以安装在一个单独的计算机柜内，或装在 EIM ECC 计算机柜内。这些机柜的尺寸与 EIM ECC 柜相同。通信设备诸如切换箱，OLM 和装载计算机加运行单元（可选）位于机柜下部分，如图 13 – 15 所示。

三、SIMIS ECC 组件（模块或板卡）

1. ECC CU 中央板

ECC CU（元件控制计算机，控制单元）构成 SIMIS CC 计算机的核心，运用三取二配置，第三个 ECC CU 提高可用性，一旦一个 ECC CU 出现故障，在一个三取二配置中的其余两个 ECC CU 还能保证可用性（没有安全切断）。

中央板具有 UNILINK 接口（加载安装数据、输出诊断数据）及 RS422 串行接口和 Unilink 接口（可连接一个诊断 PC，仅供西门子开发人员内部使用）。根据 SIMIS 原理运行，中央板包括处理通道（处理器和存储器）和监视通道（硬件比较器）。永久性的存储器用于存储诊断数据（8MB Flash EPROM）。图 13-16 左为 ECC CU 中央板。

图 13-15　SIMIS IC 计算机柜

2. 扩展板 M-模块基板（通信模块母板）

它是四槽 M 模块（通讯模块母板可安装多达 4 个通讯模块）、可选 M 模块组合。用于 M 模块（中间层模块）的载波模块，能提供 SIMIS ECC 到各种通信通道的灵活接口。图 13-16 右为通信模块母板。

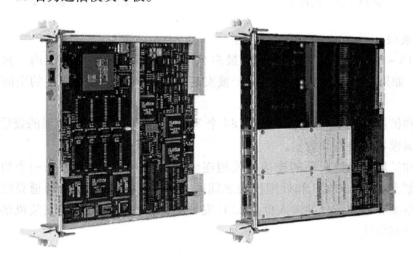

图 13-16　ECC CU 中央板（左）和通信模块母板（右）

3. M-模块 PROFIBUS

它有自己的微处理器，负责连接 SIMIS ECC 现场总线，如图 13-17（左）所示。

4. M-模块以太网

M-模块以太网是一个基于应用的联锁计算机（上层）快速连接模块，例如操作员控制台或控制系统，如图 13-17（右）所示。

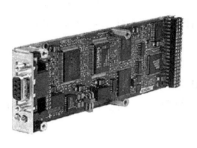

图 13-17　PROFIBUS 模块（左）和以太网模块（右）

5. INOM2 数据输入/输出模块

该模块负责 SIMIS ECC 与外部单元接口模块的接口（例如轨道占用检测系统），监视和电源指示（单或双通道），可对 SIMIS ECC 输出命令。

它最多有 8 路故障—安全或 16 路非故障—安全输入或输出通道，通过两个外围提供器提供外部接口，可被切断，也可由数据输入/输出模块提供，仅用于联锁室内设备且仅通过继电器控制室外设备，运行时可热插拔，如图 13-18（左）。

6. DC—POM 道岔操作模块

该模块如图 13-18（右）所示。其板安装在基架或扩展架上，它用于驱动转辙机，控制转辙机正向或反向运动（兼容直流道岔转辙机，且可连接 2、4、6、8 和 9 线道岔转辙机，有较好的兼容性），并能持续检测道岔的状态（如位置、正在转换或挤岔等）。

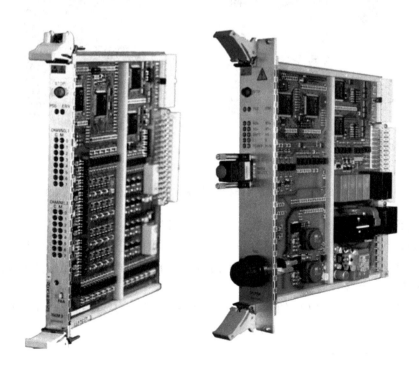

图 13-18　INOM2 模块（左）和 DC—POM 道岔操作模块（右）

内置短路监视器，可检查电缆芯线内部短路以及与其他转辙机的搭接；可通过模式选择连接器选择不同的操作模式（一般操作、临时操作、转辙机模拟），运行时可热插拔。

7. POM4 道岔操作模块

该模块用来监督、控制四线（例如 S700 系列）、六线或七线转辙机，可连续监视道岔密贴，检测道岔挤岔，及能对道岔动作过程监视：比如接近、到达相应终端位置并对转换操作进行检测。

该模块同 DC－POM 道岔操作模块有相同的特性，也内置短路监视器，用于检查电缆芯线内部短路以及与其他转辙机的搭接；也可通过模式选择连接器选择不同的操作模式（一般操作、临时操作、转辙机模拟）。运行时也可热插拔，如图 13－19（左）所示。

8. SOM6 信号机操作模块

它是一个直接馈送或由变压器馈送的信号操作模块，如图 13－19（右）所示），该模块激活信号机、卤素灯和 LED 信号机单元的稳态灯光显示和闪烁信号显示。

图 13－19　POM4 道岔操作模块（左）和信号机操作模块（右）

此板允许控制最多 8 个信号机单元（每个信号机单元一个灯电路）。灯 1 可以被永久作为受限灯位，而灯 2 作为受限灯位，这一点可通过配置进行。该模块允许各个灯点互相独立排列，可以分配给一个或两个信号机内的任何点灯电路，运行时可热插拔。

9. SV 230/5 电源模块

该模块为基于 SIMIS ECC 的计算机提供电源的模块，从 230V AC 中产生一个稳定的 5V DC 供电电压，如图 13－20 所示。

10. CP 5613A2 通信插件板

CP 5613A2 通信插件板将 PC 连接至（9 针 D 型连接器）PROFIBUS。在这一端，必须将该板插入 PC 的 PCI 槽内（PCI – 外围组件互连）。使用这种类型的通信插件板，到 PROFIBUS 的电子连接应使用铜缆，如图 13 – 21（左）所示。

CP 5613 A2 通信插件板满足 IEC950 规定的操作员安全需求。如果使用另外的通信插件板，必须保证供给 PORFIBUS 的电压不超过 65V。即使通信插件板或连接设备遵守 IEC950 或相关等效的操作者安全标准，这个需要也必须被执行。

图 13 – 20　SV 230/5 电源模块

11. 通信/OLM（光链路模块）

OLM（光链路模块）提供电网和光网之间的接口。每个模块拥有 3 个相互独立的通道（端口），每个通道有 1 个发送器和 1 个接收器，提供的工作电压为 24V DC。电力通道（CH_1）被设计为一个 9 针 D 型插座。符合 PROFIBUS 标准 EN 50170 的 RS485 总线分段可以被连接到该通道，经由 BFOC/2.5 插头（CH_2 和 CH_3）连接各光缆，如图 13 – 21（右）所示。

图 13 – 21　CP 5613A2 通信插件板（左）和光链路模块（右）

第四节　SICAS 型计算机联锁系统与外围设备的接口

图 13 – 22 给出了一台联锁计算机和数据总线与室内单元和室外设备接口的示例。

SICAS 选用以太网做为不同计算机系统之间的标准通信接口。运行的控制系统之间采用 PDI 通信协议进行通信，在联锁和计算机之间则采用单通道故障—安全数据传输。

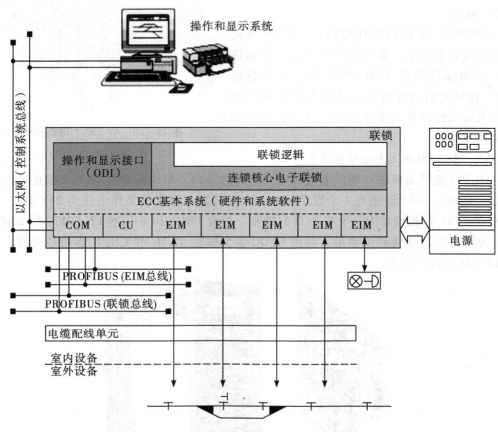

图 13-22　联锁计算机的接口（示例）

一、与室内设备接口

INOM2 模块（输入/输出操作部件模块）使 SICAS ECC 联锁计算机可以和联锁系统的其他室内设备通过数字命令输出和状态输入（比如轨道空闲检测系统）进行通信，如图 13-23 所示。

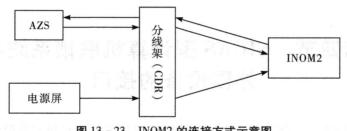

图 13-23　INOM2 的连接方式示意图

二、与室外设备接口

1. 道岔转辙机

交流道岔转辙机由 POM 模块（道岔操作模块，Point Operating Module）控制和监视（如 S700 KC AC 转辙机）；DCPOM 用于控制直流道岔转辙机。

图 13-24 为 POM4 模块道岔控制电路。POM4 的四根线做表示时，左位：1-3、2-4 通；右位：1-4、2-3 通。在联锁 ECC 机柜中，联接组件接口模块 POM4 板只有 4 条线，其中 3 条是 S700K 转辙机的交流电源线，另一根是公共线，转辙机监控电路和动作电路都通过这四线与 POM4 板联接，监控电源与动作电源互相独立，互不影响，在四线制电路中，动作电源是通过监视单元来联接。这样，在操纵道岔的时候就会检测到一个电流的变化，这种联接也能避免混线情况的发生。并且，这种四线制电路已经应用在全世界许多工程上面，这也是这种配置广泛应用的原因。

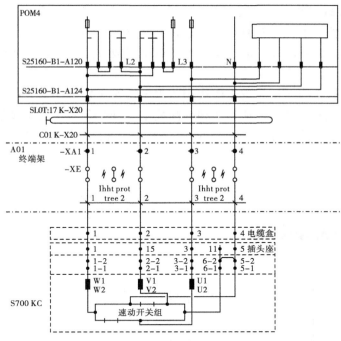

图 13-24 POM4 模块道岔控制电路

2. 信号机

信号操作模块（SOM6，Signal Operating Module）负责控制、监视信号机设备，并向其提供电源。信号机将根据当前进路和轨道空闲状态显示绿灯和红灯信号。此外，信号机在道岔侧线提供黄色灯光显示。

对于双灯丝的使用，信号机需要一个切换装置来从主灯丝切换到副灯丝。信号机通过组指示将主灯丝的故障信息传送给 SOM6。

3. 轨道空闲检测系统

轨道空闲状态由独立的轨道空闲检测系统检测（如计轴系统），该系统通过故障—安全的数字输入连接至 SICAS ECC 联锁系统。轨道空闲检测状态将被以等效指示进行接收和检查。

三、与运营控制系统接口

1. 运营和显示（操作控制）系统

运行和显示系统与 SICAS ECC 联锁系统之间通过以太网接口进行通信，并采用过程—保护 PDI 协议做为通信协议。

2. 自动化系统

自动进路设置和调度功能是在 SICAS ECC 联锁系统的界限之外实现的。它与联锁系统接口和与运营和显示系统接口（以太网）的实现方式相同。

3. 服务和诊断功能

服务和诊断控制单元（S&D CU）是 SICAS ECC 的一个专门工具，提供联锁系统的系统状态和故障或失效记录，记录联锁中任何错误或故障的出现，并处理用于运算的数据。

不同的计算机之间（信号逻辑模块和监视逻辑模块）交换单元信息、故障和错误表示信息（这些表示信息中包括诊断和维修数据）。图 13-25 所示显示了 S&D CU 和 SIMIS IC 之间命令和数据的直接收/发情况。S&D CU 和 EIM ECC 之间通过 SIMIS IC 传输命令和数据。

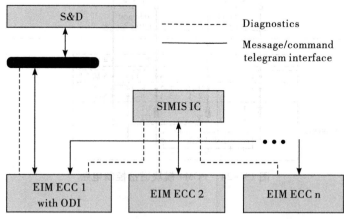

图 13-25　S&D CU 与 SICAS ECC，SIMIS IC 间通信

服务和诊断系统用于诊断联锁故障、提供维修信息。在一套设备中，可以使用一个或多个诊断计算机。每个诊断计算机可以连接多达 4 个联锁系统，这主要取决于需要处理的表示数量。为了处理大量的表示数据，或者是为了提高可用性，可以每套联锁系统接一台诊断计算机。任何需要这些信息的地方，都可以在网络中安装服务组件，

比如集成入作业员控制台，或者直接安装在服务中心维修工作站独立的诊断计算机上。系统与 SICAS ECC 联锁计算机的连接可以采用以太网。对服务和诊断系统的访问有带密码的登录过程保护。故障描述和维修手册上有更详细的描述。

四、ATC 系统与 SICASS ECC 的接口

连续式自动列车控制（连续式 ATC），指用于对有轨车辆的移动和运营实施自动控制的安全系统（ATC 系统包括功能子系统 ATP、ATO 和 ATS）。接口在 SICAS 的操作及显示接口（ODI）模块中得到实现。SICAS 将诸如道岔和信号状态的联锁元件的状态指示发送至轨旁 ATP，如图 13-26 所示。

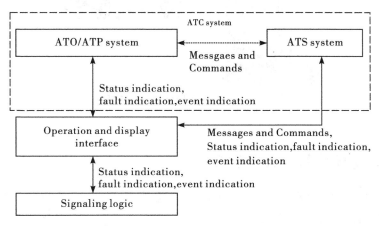

图 13-26 连续式列车自动控制、运营和显示接口的信号逻辑通信

运营和显示接口在故障—安全的 ECC 平台内执行。Trainguard MT 系统和 SICAS ECC 联锁系统通过以太网连接。以太网总线可以建立 ATC 系统独立设备间的逻辑连接，也可以连接 ATC 设备和 SICAS ECC 联锁系统。

五、与相邻联锁接口

SICAS 相邻联锁之间以太网的串行数据通信，可以用于交换不同 SICAS ECC 联锁系统间的数据。

六、过压和防雷保护

所有模板均设计有过载保护。例如，2000V 的电气隔离或通过内部保险丝进行过流保护、防雷保护，过压保护和浪涌保护，都集成在电缆终端架（CTR，Cable Terminal Rack）上的底部，如图 13-27 所示。

电缆终端架每列端子排装有 192 个端子，每 3 个端子共用 1 个防雷保护模块（每

列端子排最多有 64 个防雷保护模块，每个 CTR 最多有 256 个防雷保护模块）。防雷保护模块为插入式。

图 13-27 防雷保护模块（细节图）

七、主要信号部件间的接口

3 个信号子系统（ATS、ATC、IXL）之间通过交换信息相互作用，如图 13-28 所示。

（1）联锁功能需要以下输入：从 ATS 系统来的命令；从轨道空闲检测系统来的"物理出清"或"物理占用"；道岔、信号机等的状态信息；来自轨道旁 ATP 的信息；其他相关信息。

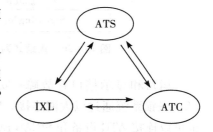

图 13-28 逻辑数据交换示意图

（2）联锁功能提供以下输出：给 ATS 系统的状态信息（例如进路设置的信息、轨道区段的"逻辑出清"或"逻辑占用"等）；给本地控制人员和维修人员的信息（仅当有本地控制已受权，并在用时）；对道岔、信号机等的控制；到诊断设备的输出；提供给 ATP/ATO 设备的状态信息（例如，关于进路排列、轨道区段的"空闲"或"占用"状态等的信息）及其他相关信息。

八、与车站设备的接口

系统与车站设备之间有 3 个主要的非信号系统的接口：站台屏蔽门和站台安全门设备；紧急停车按钮和紧急后备盘；防淹门。

下面简述了紧急后备盘（IBP）和车站接口箱（SIC）以及和紧急停车按钮（EMP）之间的接口。

1. IBP 和 SIC – EMP 之间的连接

IBP 通过 22 芯电缆和电缆分线架（CDR, Cable Distribution Rack）相连，并通过 4 条单芯电缆和电缆终端架（CTR）相连。同时 CDR 通过 2 条 4 芯电缆和 INOM 相连。在车站接口箱, CDR 通过一条 12 芯电缆和 ET200L 相连，通过一条 10 芯电缆和两条 4 芯电缆和 EMP 继电器盒相连。此外 CTR 通过两条 1 芯电缆和 EMP 相连。EMP 继电器盒通过两条铜缆和供电通道相连。关于联锁站连接的理论布局，请参阅图 13 – 29；关于非联锁站连接的理论布局，请参阅图 13 – 30。

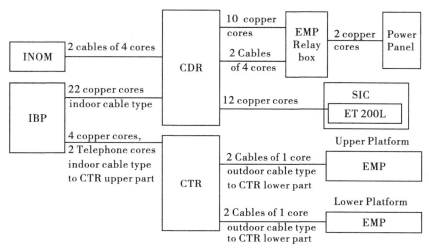

图 13 – 29　联锁站内 IBP 与 SIC – EMP 之间连接的理论布局

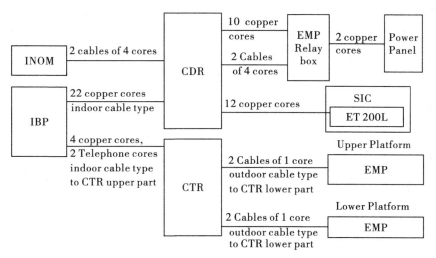

图 13 – 30　非联锁站内 IBP 与 SIC – EMP 之间连接的理论布局

2. EMP 的电气接口

为了满足要求，SICAS 轨旁接口具有以下的连接：紧急停车按钮激活的安全输入，至 SICAS ECC 系统。图 13 – 31 为联锁站内的紧急停车按钮连接电路图。

相关继电器的下列状态用于描述紧急停车按钮状态：正常状态（紧急停车按钮没有按

下）继电器电路 JTGJ 闭合，继电器励磁，JTBD 灯位不亮，声音警报 JTDL 没有激活。

当紧急停车按钮被按下（Exxx）或 IBP 上的 JTA 按钮被按下时，电路断开，继电器 JTGJ 落下。JTGJ 的一个接点保证电路断开，因此即便 EMP 不再按下，继电器也无法再次励磁。

一旦继电器 JTGJ 落下，声音警报 JTDL 电路闭合，声音警报激活。

此外继电器 JTGJ 的一个接点将闭合信号 JTBD（H）电路，可视指示（警报）将在 IBP 上显示。

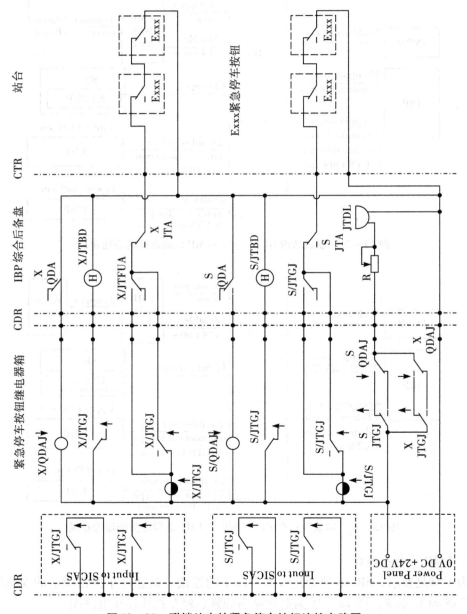

图 13-31　联锁站内的紧急停车按钮连接电路图

为了取消紧急停车，紧急停车按钮必须要恢复到常态（只要按钮被按下，这将无法实现）。JTFUA 按钮必须被按下，使得继电器 JTGJ 再次励磁（保持在吸起状态）。一旦继电器 JTGJ 励磁，JTBD 灯位将会灭掉。

声音报警并非必不可少，可以按下 QDA 按钮从而关闭声音报警。当按钮按下，继电器 QDAJ 将励磁并且声音报警电路将会切断。

3. PSD/PSG（站台屏蔽门和安全门）功能接口

和站台屏蔽/安全门的接口是 CBI 系统功能延续的一部分。考虑到系统的完整性，ATC 系统承担的主要任务是如果站台屏蔽门未关闭，禁止列车开动；如果站台屏蔽门未关闭，禁止列车进站；当列车在正确的位置时允许站台屏蔽门打开；如果列车门关闭，请求关闭站台屏蔽门。

SICAS 与 PSD/PSG 系统相连接，并接收和发送相应的信息和命令至 ATC。

4. 自动折返按钮

如果自动折返由司机监督，司机通过按压驾驶室内的 AR 按钮确认折返。该信息将由 ATP/ATO 计算机处理。如果发出了所有的移动授权，列车将开始自动折返。

如果要进行无司机监督的无人折返，这意味着司机可以离开列车，在站台上按压 DRB 按钮确认无人折返。

图 13-32 为自动折返设备的电路。当按压此按钮后，按钮的两个等效接点将闭合。接点闭合后，两个继电器（R_1、R_2）将励磁。继电器状态由 SICAS ECC 联锁的输入/输出模块 INOM2 以非等效形式读入。信息将传输到 ATP/ATO 计算机。

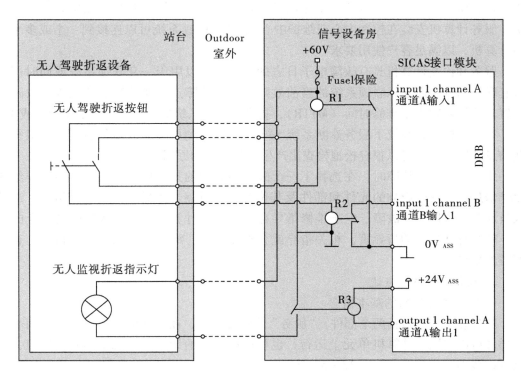

图 13-32　自动折返设备的电路

如果 ATP/ATO 计算机上具备所有的移动授权,列车将开始自动折返。在站台上得到的无人折返指示器(靠近 DRB 按钮的指示灯)作为提供给司机的指示将接通。与 DRB 的安全信息相对,指示灯 DRI 的信息是非安全的。DRI 的信息将从 ATP/ATO 计算机传输到 SICAS 联锁。由于 INOM2 的数字命令输出,继电器 R_3 将吸起,而继电器 R_3 的接点将闭合 DRI 电路。

九、与车辆段、停车场的接口

根据联锁的类型,相邻联锁可以通过继电器接口或单独的以太网连接。信息可以通过铜芯电缆或光缆传输。该总线被设计成冗余配置来提高可用性。

第五节　SICAS 型计算机联锁系统的服务诊断系统

一、维护监测设备

1. 服务诊断系统特性

服务和诊断系统 S&D,是一个用户控制的用于联锁系统和远程控制系统的诊断系统,它在过程数据接口的基础上交换数据。系统包括安装在服务和诊断计算机上的软件组件,所以,它可以有效地分布在现场各处(如诊断计算机安装在联锁系统计算机房,服务计算机安装在控制中心或维护中心)。数个联锁系统可以连接到一个或多个诊断计算机,以满足客户使用要求。

服务和诊断计算机具有故障电子日志的功能,可以用于一套联锁系统或同时用于数套联锁系统,能显示联锁系统的当前故障,直到故障点,如受影响的元件、故障的位置。这样就减少了维修时间(MTTR),提高了整个系统的可用性并减少了运行成本。

在计算机联锁系统下服务诊断系统 S&D,可以得到更多的故障信息显示,根据这些信息,维护人员可以很轻松地检查出产生故障信息的原因。

维护人员诊断故障时,在选择了一个故障列表中的条目后,系统就会显示详细的故障信息,包括受影响的元件和部件及其位置合并可逐步指导。根据这些指导,维护人员通常就可以排除故障。电子维修指导存储在服务计算机上,选择故障列表上的故障,就会打开相关的指导页,相关指导就会直接显示,维护人员也可以从目录上查询所需的指导页。

2. 服务诊断系统概述

(1) 服务与诊断的基本概念

服务诊断系统包括两个部件:"服务"和"诊断",在下面的章节描述。这两个软件部件可以在同一计算机单元上运行,也可以在不同的计算机单元上运行,所以,可以有许多不同的配置,如图 13-33 所示。

以维护和维修为目的的系统配置,可以通过有效地分布和分配这些部件优化实现。

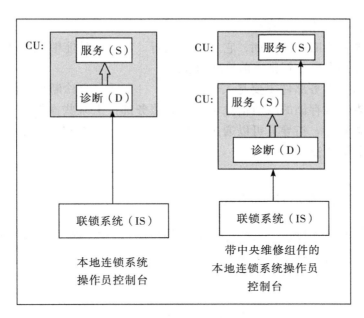

图 13-33 服务诊断系统两种不同的配置可能性

诊断计算机必须一直连接到联锁系统,以便可以连续不断地收集和自动显示故障信息;应避免关闭计算机,以确保故障发生时的连续显示和记录。

诊断计算机将分析、连接和评估从联锁系统来的消息(状态、故障和事件消息)。根据这些消息和常见的故障现象,诊断计算机对当前故障进行识别。这些消息和其他信息,如故障位置、处理状态、处理人员、发生的日期和时间等,一起存储在数据库中。处理过的故障也将保存,便于后期进行统计评估。诊断计算机将更新服务计算机数据库中的所有当前故障。

服务计算机提供一个显示和处理所检测故障的用户界面。故障以明细形式显示,用户界面与操作控制系统的 VICOS OC 家族相似。每个选择的故障与其他信息一起显示,如发生的日期和时间、故障位置、处理状态、处理故障人员的姓名和原因。维修指导可以通过一个 HTML 服务浏览器观看。维护人员使用目录可以找到某一指导页,也可以通过选择一个故障而直接显示相应的指导页。

(2) 服务诊断系统主要特点

①配置灵活:系统使用一个或多个诊断计算机。根据消息数量,几个联锁系统可以连接到每个诊断计算机。在网络内,服务计算机可以位于需要相关信息的任何地点,如在操作台上,直接装在诊断计算机上,或作为一个独立的服务计算机,置于维护中心的工作站。

②用户化:服务和诊断系统包括一个用户化的系统,用它可以很方便地输入故障条件,找到位置和指导页。

(3) 诊断部件和服务部件

①诊断部件:诊断部件记录并检查联锁系统的故障消息,检查出的故障存储在数据库中,并报告给服务部件(服务和诊断系统的人—机界面)。检查出和报告的故障类

型取决于连接的联锁系统及其类型。

诊断部件本身没有用户界面,它在后台运行。诊断部件能够识别几个联锁系统的信息,并向多个服务部件提供当前故障列表。

②服务部件:服务部件主要是人—机界面,一个或多个诊断部件给它提供当前的故障消息。诊断部件存储的故障信息可以通过服务部件上某些操作进行处理。服务部件包括电子维修指导,指导页可以通过选择一个故障入口查阅到,如果没有确定具体的故障,则从目录中查阅。

二、服务诊断软件结构

应用软件包括三个模块:诊断、服务和通信驱动程序。图 13 - 34 为服务和诊断模块的软件结构框图(图中表达了两种配置形式下的软件构成)。

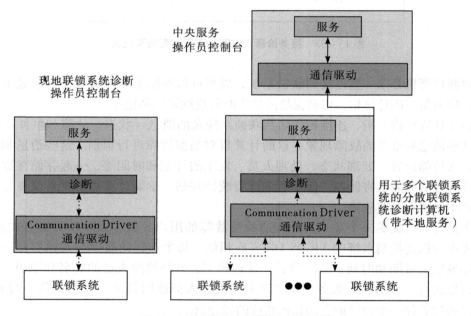

图 13 - 34　服务和诊断模块软件结构

诊断模块包括信息处理、故障条件逻辑和诊断逻辑、故障分布和故障处理,以及存储故障信息的数据库。服务模块结合人—机界面,包括故障显示、操作员对话框和电子维修指导。通信驱动程序模块向另外两个模块提供本地网络的路径。服务诊断模块通过通信驱动程序进行与联锁系统的数据交换,以及服务和诊断部件之间的数据交换(如果它们安装在不同的计算机上)。如果服务模块和诊断模块安装在同一台计算机上,这两个进程可以直接通信而不需要通过相应网络的通信驱动器。

三、服务诊断系统搭建举例

1. 结构组成

为了划分服务诊断系统的性能,这里使用两台集中 S&D 计算机。

S&D 计算机的诊断具有与两个 SICAS 联锁系统的逻辑连接,这意味着 OCC S&D 计算机的诊断具有与 SICAS 1 的逻辑连接,而车辆段 S&D 计算机的诊断具有与 SICAS 2 的逻辑连接(图 13 - 35),诊断接收和处理两个 SICAS 联锁系统的服务和诊断信息。

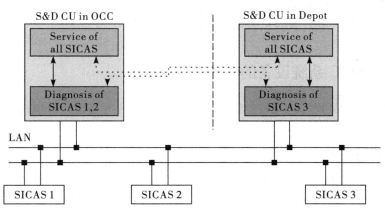

图 13 - 35　苏州一号线的 S&D 配置举例

S&D 计算机的每个服务单元与其 S&D 计算机的诊断单元连接,并通过 LAN 与另一台 S&D 计算机的诊断单元逻辑连接(参见图 13 - 35:虚线)。所连接的联锁系统中经过处理的 S&D 信息反馈给第二个 S&D 计算机的服务。这意味着每个 S&D 计算机的服务可以访问所有 SICAS 联锁系统的诊断,同时把故障的当前列表提供给两台 S&D 计算机。

该配置的优点是,当故障条件发生变化时,维护人员会马上注意到,并能够不依赖其位置就可观察和处理所有 SICAS 联锁系统的当前故障。

2. 用户化的可扩展性

在发生了某些故障,对系统的状态增加了新的了解后,诊断部件上的故障评估(故障条件)和服务部件上的维修指导就可以被扩展,因此,新的故障条件(对以联锁系统产生的信息为基础的故障状态的明确描述)就被加入到诊断部件中。在增加了这些故障条件后,当检查到这些信息时,系统将其识别为故障。

对每个新故障类型(由增加的故障条件定义),应在服务部件中增加新的指导页,包含故障排除选项。指导页应以 HTML 格式存储(如 WORD 97,不是服务和诊断系统的一部分),以使服务部件可以使用它们。

3. 外部接口

如果需要与非 SICAS 联锁或其他设备有外部接口,则需要确定通信连接。

诊断计算机从联锁系统接收故障信息,这些数据的交换通过服务和诊断系统的"通信驱动程序"软件模块完成。联锁系统和诊断计算机通过本地网络连接,对于电子联锁系统，使用局域网（LAN）；对于继电联锁系统，局域网（LAN）或以太网 TCP/IP 都可以使用。

4. 内部接口

诊断和服务部件之间的数据交换代表了 S&D 系统的内部接口。诊断部件向服务部件提供故障列表，服务部件轮流连接到操作控制系统人—机界面。操作员或维护人员可以在监视器上观看相应的故障、评估故障，从而采取适当的行动。

如果软件模块"服务"和"诊断"运行在不同的计算机上，数据交换采用"通信驱动程序"软件模块。如果"服务"和"诊断"模块运行在同一计算机上，这两个进程可以不通过本地网络的通信驱动程序直接通信。

四、ECC 系统设备的维护

ECC 联锁系统以 ECC（元件控制计算机）系统平台为基础，提供故障—安全的 Simis 计算机系统。

（一）注意事项

在对 ECC 联锁系统进行维护时要注意以下几点。

（1）在长期存储过程中 SOM6 的后备电容可能会损失，因此 SOM6 不能储存超过 1 年。每年将备件 SOM6 插入正常工作的 ECC 一次，确定其工作能力正常。

（2）如果在操作时更新 ECC CU 板，由于联锁系统可能需要延迟执行与安全相关的行为，因而会带来危险，因此，只在运营间隙执行故障 ECC CU 的更新，该时段内没有列车在线路上运行。

（3）微机机柜的工作温度如不加以控制，将可能造成 PC 死机，带来干扰。确保 Simis ECC 机柜的工作温度不超过 55℃，Simis PC 和 Simis PC/ECC 机柜的工作温度不超过 35℃。

（4）在带电状态下拔出核心电路板时，将可能造成 PC 死机，带来干扰，只在失电情况（比如供电模块已关闭）下拔出或插入核心电路板（ECC CU 及 M 模块版）Diagnostics via LEDs/通过 LED 灯诊断。

（5）ECC CU 运算单元根据 SIMIS 原理运行，采用三取二结构配置；形成 SICAS ECC 的运算核心。在更换时应首先关闭其所在通道的电源后再进行拔出操作。

（6）ECC CU 模块、通信模块需要重新加入正常工作时，其所在通道的电源必需处于关闭状态。重新上电且同步后，必须按压相应 CU 板上的 DEL PB 按钮，保证"EL"或"ER"由红灯转为灭灯，系统处于同步状态。

（7）拔下 INOM2 板时必须按以下步骤操作：按下所要拔的 INOM2 板上 STOP 按钮，然后按下任意一块正常工作的 CU 上的 DEL PB 按钮，再松开 INOM2 板上的 STOP 按钮，最后松开 CU 上的 DEL PB 按钮；INOM2 板上的"PSS"变为绿闪且"ERR"亮红灯时，才可以拔下此 INOM2 板。

（8）INOM2 板重新加入工作操作时应符合以下要求：将 INOM2 板插入机柜插槽后，再同时按下任意两个 CU 板上的 DEL PB 按钮，经系统自检后，此 INOM2 板可重新正常工作（"PSS"绿灯亮，"ERR"灭灯）。

（二）系统设备上电重启

1. 轨旁联锁计算机关闭

通常联锁计算机不需要重启。若遇到特殊情况（如系统要断电）需要关闭联锁时，只需直接关闭联锁计算机电源开关。联锁关闭后，相应联锁区的信号元件（信号机、转辙机、进路等）都不能使用，在LOW上显示为灰色。需要注意的是，关闭联锁计算机前必须令联锁区内所有运行的列车停止运行。

2. 轨旁连锁计算机上电启动

要启动联锁，只需接通联锁计算机电源开关即可。计算机启动大约2～3min即可看到LOW上显示出各联锁元件的工作状态。需要注意的是，重启联锁前办理的所有进路和封锁在重启后都不再有效。

新启动起来的联锁并不能直接用来办理进路。出于安全原因，操作员应首先检查并设置好所有必要的封锁（如封锁区段、封锁信号、单锁道岔等），然后在LOW上执行"重启令解"命令，之后排列进路等联锁命令才能被系统执行。

3. 轨旁ATP计算机关闭

通常轨旁ATP计算机不需要关闭。若在遇到特殊情况（如系统要断电）需要关闭轨旁ATP时，只需直接关闭轨旁ATP计算机电源开关。轨旁ATP关闭后，相应控制区的CTC车都会降级，最高只能以ITC级别运行，所有列车都以物理区段的固定闭塞运行，在LOW上所有占用都以紫色显示，轨道区段旁边会有闪烁的白色虚线，信号机全部点亮，列车可以根据进路运行。需要注意的是，关闭轨旁ATP计算机前必须令控制区内所有运行的列车停止运行。

4. 轨旁ATP计算机重启

要启动轨旁ATP，只需接通轨旁ATP计算机电源开关即可。计算机启动大约2～3min即可看到LOW上轨道区段旁的白色虚线消失，轨道占用变为红色，没有列车接近的信号机熄灭。需要注意的是，重启轨旁ATP前设置的所有临时限速在重启后都不再有效。

在新启动起来的轨旁ATP控制区域内的列车并不能立即升级到CTC级。出于安全原因，操作员应首先检查并设置好所有必要的临时限速等，然后在LOW上执行"重启令解（TCMT）"命令，之后列车才可能升级到CTC级别。

5. ECC启动和关闭

ECC关闭时，首先关闭3块ECC CU板，其次关闭每个ECC组闸的电源模块；ECC启动时，首先打开每个ECC组闸的电源模块开关，然后打开3块ECC CU板的开关，经过3～5min系统自检后，ECC组闸各电路板得到正常的输入/输出显示，启动结束。

需要注意的是，在打开ECC CU板时，由于系统的三取二设置，所以要求至少两块板要同时上电。

6. 系统上电重启——SOM、POM、INOM的启动

（1）正确的启动步骤（以POM4板为例）

①当POM4的红色"ERROR"灯长亮，而绿灯"PSS"灯闪烁时按下"STOP"

按钮。

②POM4 的红色"ERROR"灯灭,而绿灯"PSS"灯依然闪烁。

③同时按压任意两块正常工作的 ECC CU 板的"DEL PB"按钮 1~2s 后松开。

④POM4 的"PSS"灯稳定点亮,3~5min 自检后启动完成,显示正常工作状态。

(2) 正确的关闭步骤(以 POM4 板为例)

①当 POM4 板"ERROR"灯灭,"PSS"灯稳定点亮时,同时按下 ECC CU 板的"Del PB"按钮和 POM4 的"STOP"按钮。

②当 POM4 的红色"ERROR"灯稳定点亮时松开 POM4 的"STOP"按钮。

③当"PSS"灯闪烁时松开 ECC CU 板的"DEL PB"按钮。

需要注意的是,当更换电板时,一定要首先关断板子,直接拔插将会造成整个 ECC 组闸所有板子关闭。SOM、INOM 板的关闭和启动步骤同 POM4 板。

五、轨旁联锁设备 ECC 常见故障概述

1. 电源模块故障

当保险管故障时,输入指示灯 UE 点亮,输出指示灯 UA 灭,现象与开关切断相似,需更换保险管 F200mA。

2. ECC CU 板故障

故障指示灯 EL 或 ER 点亮,这说明此块 CU 板与它相邻的两块 CU 板间的通讯有故障。

可能的原因是供电的电源模块故障、板块自身故障。

需要注意的是,西门子联锁是三取二系统,当 1 块 ECC CU 板故障时,仍可以正常工作;但当两块 ECC CU 板同时故障时,整个 ECC 组闸所有板件将关闭。

(1) ECC CU 故障可能的原因——供电电源模块故障

每块 ECC CU 板由相对应位置的电源模块供电,当相应的电源模块故障或关断时,ECC CU 上的指示灯 EL 和 ER 同时点亮,而相邻其他两块 ECC CU 板上只有 EL 或 ER 灯亮。解决方法是打开电源模块开关 b;更换故障电源模块;更换电源模块保险。

(2) ECC CU 故障可能的原因——CU 板自身故障

当某块 ECC CU 板自身故障时,也会造成其 ECC CU 板上的指示灯 EL 和 ER 同时点亮,而相邻其他两块 ECC CU 板上只有 EL 或 ER 灯亮。解决方法是当确定是非电源模块引起的故障,而通过按压自身 Del PB 按钮也无法消除时,可关/开一次 EL 和 ER 灯点亮的 CU 板相应的电源模块,3~5min 自检后便可启动,有些故障由于 CU 板记忆产生死循环,只能通过断电消除故障。

3. M Module 故障

当某个指示灯亮度明显比其他灯暗,同时闪烁的频率明显得慢于其他灯位,这时就需要注意,这块 M Module 通讯故障,但具体的判断需要通过联锁站计算机的 GIVIS 程序来判断,当 GIVIS 相应连接显示红色时,则说明连接有故障,需更换 M Module 板。

4. SOM6 故障

故障现象（参看图 13-19）。

（1）当某个灯位的 POWER 灯灭时，可推测 SOM6 板中的 1.6A 保险管故障，需更换保险管。

（2）如果 OK 指示灯灭，就要检查对应灯位回路是否连接正常，是否有虚接或者短路现象。

（3）如果 C 灯不亮，则有两种可能：车辆在 CTC 级别运行，无输出；其它原因造成的点灯电流没有送出去。

（4）如果故障灯亮，则有两种可能：如果第一列的某个灯亮，则说明对应信号机的灯丝报警仪有报警；如果 4 个灯同时亮，则有可能是 SOM 板故障，或者相应插槽无配置。

5. POM4 故障

主要故障及疑难现象包括 LOW 上道岔图标闪（短闪、长闪）、道岔无法转动、电源开关合不上。

（1）短闪即 LOW 机上表现为道岔两个岔股一边黄闪，一般灰闪：在 LOW 上操作转换道岔，如果一侧位置显示正常，而另一侧位置岔心闪烁，则可排除 POW4 板故障。

（2）如果 POM4 板显示道岔表示灯不亮，则首先应该以 CTR 为界，确定室内或室外故障。常见原因有线路连接不可靠，道岔转换不到位、转辙机进水或受潮等。

（3）长闪即 LOW 机上表现为道岔两个岔股都是黄闪，即挤岔状态：当挤岔显示时，需要在 LOW 上执行挤岔恢复操作；当执行完挤岔恢复后，LOW 上道岔有时变为岔心在闪烁，这主要是由于室内外位置表示信息不一致，再转换一次道岔就好了。当挤岔时，POM 两个表示指示灯非对角斜显示，而是同行同列显示。如果挤岔恢复无法执行则需要查看控制该道岔的 POM 单元是否故障。如果故障，该单元上的红色故障灯会常亮，则可以通过复位板子来快速处理。

（4）LOW 机上"道岔电源"报警信息应为绿色显示，所有岔道的电源开关都应闭合，包括备用电源开关。道岔无法转动及电源开关合不上的可能原因是 POM4 面板使用黄色插头，道岔不允许，也无法转动；POM4 板故障，这时可更换一块新的 POM4 板；道岔被进路锁定时也无法转换道岔，在 LOW 上显示道岔名字被方框框住，这时必须首先解锁进路（直接通过该道岔的进路或者该道岔起侧防作用的进路，交叉渡线处应同时注意解锁叉心），然后才能转换道岔；另外，POM4 板的电源开关有时不容易闭合，可以略带旋转往上使力合电。

6. INOM 故障

INOM 主要用于屏蔽门、紧急停车、记轴、折返等接口信息处理，其硬件连接占了系统的很大一部分，主要的故障产生于外部连接线的故障。

（1）当 INOM 关闭后，所有 M 列的电路信息采集灯都应灭，如果还有未灭的，则说明电路有接地现象，包括故障接地连接与电路 0V 之间的短路现象。

（2）当 INOM 的输出与系统期望的继电器返回信息不一致时，INOM 板将立即自动关闭。

7. 灯丝报警仪的报警

当 SOM6 板的故障指示灯点亮时，报警仪相应信号机的灯位有报警，报警仪相应灯位置与 SOM6 ——对应。

当报警仪相应灯位报警时，可按压报警仪控制板的白色复位按钮 2~3s，如果报警仪不再报警，则恢复正常；若采集板复位后报警不解除，则需要运营结束后检查相应灯位 LED 的状态，排除引起警报的原因。

如果室外 LED 正常，按压复位按钮无效或整个控制板所有灯位报警复位无效，则可能是控制板自身故障，需更换新板子。

8. 车站屏蔽门故障

车站屏蔽门故障现象：LOW 上屏蔽门标志（中间的两个方块）红闪。当车站屏蔽门故障恢复后，屏蔽门标志（中间的两个方块）会恢复稳定的白色。恢复方法如下。

（1）如果 INOM 上屏蔽门信息显示正确，而 LOW 上屏蔽门标志仍然红闪，则需要重新开/关屏蔽门一次恢复。

（2）如果开/关屏蔽门无效，则需在经人员确认所有屏蔽门和车门无危险隐患的情况下，执行站台互锁解除。

第六节　SICAS 型计算机联锁系统常见故障的处理

一、LOW 死机的处理

当 LOW 发生死机故障时，必须复位 LOW 的主机。复位 LOW 主机的步骤如下。

（1）同时按下 Ctrl（控制键）+ Alt + Del 键，在弹出 Windows NT security 任务管理对话框后，用 Tab 键（或鼠标）选择 logoff 按钮，然后按回车确认，系统自动复位。若同时按下 Ctrl + Alt + Del 键后主机无反应，则关闭主机电源，10s 后重新打开主机电源，系统自动复位。

（2）在系统自动复位过程中，根据界面提示同时按下 Ctrl + Alt + Del 键后立刻弹出 Windows NT 登录窗口，在用户名区域输入 operator（操作员）后，按回车确认，系统将自动装载中文之星和 LOW 软件。

（3）当界面出现联锁区域的轨道图像及其功能软键时，即重启完毕。

二、LOW 全灰的处理

（1）检查主机背面的双通道光纤接头是否松动或脱落，确认后进行紧固处理，否则应判断 SICAS 计算机是否正常。

（2）若确认 SICAS 计算机正常，则判断出 LOW 发生故障，需重启 LOW 主机。

（3）若确认 SICAS 计算机故障，在故障恢复后，LOW 显示全区粉红光带。此时必须执行"全区逻空"和"重启令解"命令。若操作权限无"全区逻空"功能，只能执行"轨区逻空"或"岔区逻空"命令来逻空每个区段。

三、轨道电路故障的处理

1. LOW 显示全区粉红光带故障

在确认线路空闲及安全前提下，执行"全区逻空"命令。若操作权限无"全区逻空"功能，只能对每个轨道区段执行"轨区逻空"或"岔区逻空"命令。

2. LOW 显示全区红光带故障

在确认线路空闲及安全前提下，可对某个道岔执行"强行转岔"和对某个信号机执行"开放引导"命令。

3. 进路的监控区段出现红光带故障

在确认线路空闲及安全前提下，可执行"开放引导"命令。

4. LOW 显示轨道区段红光带故障

列车在有 ATP 保护下以 SM、ATO 或 AR 模式驾驶时能在故障区段前自动停稳。当列车停下来后，列车只能用 RM 或 URM 模式起动，当选用了 RM 模式起动后，列车必须通过 3 个轨道区段（含故障区段），占用了第 4 个区段后才可以转换成 SM 或 ATO 模式驾驶。因此，在确认线路空闲及安全的前提下，且此区间距离较短时，为提高行车效率，可建议驾驶员提前使用 RM 或 URM 模式驾驶。

5. LOW 显示轨道区段粉红光带故障

在确认线路空闲前提下，对本区段执行"轨区逻空"或"岔区逻空"命令。

6. 进路的监控区段（含道岔区段）出现不能正常解锁故障

对故障区段执行"强解区段"或"强解道岔"命令。与即将排列进路方向相同的非监控区段出现不能正常解锁故障时，进路依然可以排列。

四、轨旁 ATP 故障的处理

当 LOW 出现全部轨道区段编码灰色闪烁时，说明轨旁 ATP 功能已失效。此时，驾驶员只能使用 RM 或 URM 模式驾驶列车。

五、道岔故障的处理

1. 道岔区段左右位长闪（即道岔挤岔故障）

（1）在无进路状态下，发生道岔区段左右位长闪（即道岔挤岔故障）。处理方法如下：判断有无列车变更进路，如有则办理变更进路；在确认道岔区段空闲及安全前提下，执行"挤岔恢复"命令。若故障仍存在，则通知维修人员；执行"转换道岔"命令对道岔进行左/右位转动操作两次后故障仍不能恢复时，只能人工办理进路。

（2）在进路建立后，发生道岔区段左右位长闪（即道岔挤岔故障）。同样按照 1）的步骤处理。但要注意的是，此时信号立刻降为非监控层，故障道岔仍被电子锁定，在执行取消进路或强解道岔区段操作（一般执行取消进路命令）之后，才能执行"挤岔恢复"命令和转换道岔的操作。

2. 道岔左位或右位短闪（即道岔无表示故障）

（1）在无进路状态下，发生道岔左位或右位短闪（即道岔无表示故障）。处理方法如下：判断有无列车变更进路，如有则办理变更进路；在确认道岔区段空闲及安全前提下，执行"转换道岔"命令对道岔进行左/右位转动操作两次后故障仍不能恢复时，只能人工办理进路。

（2）在排列进路过程中，发生道岔左位或右位短闪（即道岔无表示故障）。此时，信号处在非监控层，故障道岔没有被锁闭，可以执行转换道岔命令。若此故障是因为室外道岔机械问题造成的，则有可能人工操作道岔几个来回后能使道岔恢复正常。遇到这种情况时的处理方法是直接对故障道岔操作几个来回确认。

（3）进路建立后，发生道岔左位或右位短闪（即道岔无表示故障）。同样按照1）的步骤处理。但要注意的是，此时信号立刻降为非监控层，故障道岔仍被电子锁定，在执行取消进路或强解道岔区段操作（一般执行取消进路命令）之后才能转换道岔。

3. 道岔连接中断故障

道岔连接中断时，LOW显示相应的道岔区段灰色。通常是两副道岔同时故障。处理方法是判断有无列车变更进路，如有则办理变更进路；若在允许时间内，故障不能恢复，只能人工办理进路。

4. 道岔标号闪烁

此时如果通过此道岔排列进路，信号处在引导层，对道岔执行"岔区逻空"命令后，方可正常开放信号。

六、信号机故障的处理

1. 信号机连接中断故障

LOW显示相应的信号机灰色，通常是两个信号机同时故障。

（1）若其中一个故障信号机作为始端信号机，另一个故障信号机不属于要排列进路的侧防信号机，进路可建立，信号不能开放，当始端信号机故障恢复后才能开放信号。

（2）若其中一个故障信号机作为终端信号机，信号只能达到引导层。只要始端信号机正常，可开放引导信号。

2. 始端信号机编号闪

始端信号机编号闪可能是红灯主灯丝故障、绿灯或黄灯灭灯，这时应仔细查看报警信息内容确定故障类型。

（1）红灯主灯丝故障，不会影响信号的正常开放。

（2）绿灯灭灯时，能正常开放通过弯股线路的黄灯信号，列车要通过直股线路，只能凭引导信号通过。

（3）黄灯灭灯时，能正常开放通过直股线路的绿灯信号，但列车要通过弯股线路时，信号不能开放。

3. 信号机红灯灭灯

此时信号机机柱和灯头红闪。

（1）作为始端信号机，进路可建立。信号机显示绿红（闪）红（闪），信号可达到主信号层。故障恢复后能开放信号。

（2）作为终端信号机，进路可建立。信号只能达到引导层。只要始端信号机正常，可开放引导信号。

附 录

轨道交通信号常用名词术语（缩略语）中（英）文对照表

缩写	中文	英文
A		
AC	交流电	Alternating Current
AC	信标/计轴	Axle Counter
ACE	计轴评估器	Axle Counter Evaluator
ACS	计轴系统	Axle Counter System
ADC	自动关门	Auto Door Close
ADO	自动开门	Auto Door Open
ADM	系统工作管理站	Administrator Workstation
ADP	活动距离验证	Activation Distance Proving
ADU	特征显示单元	Display Unit
AF	音频	Audio Frequency
AFC	自动售检票系统	Auto Fare Collection
AID	经核准的输入数据	Approved Input Data
ALARP	合理，实现低水平	As Low As Reasonably Practicable
ALF	自动逻辑后备	Automatic Logic Fallback
AM	列车自动驾驶（列车驾驶模式）	Automatic Train Operation Mode
AMU	ATO匹配单元	ATO – matching Unit
AN	接入网	Access Network
ANSI	美国国家标准协会	American National Standard Institute
AP	接入点	Access Point
APAM	ATO功率放大模块	ATO – power Amplifier Module
API	应用程序接口	Application Programming Interfac
APM	AP管理单元	Access Point Master
APR	绝对位置参考（应答器、信标）	Absolute Position Reference
APRO	用户协议程序	User Protocol Program
APU	放大器单元	Audio Power Unit

缩写	中文	英文
AR	自动折返驾驶（模式）	Automatic Reversal Operation
ARB	（计轴）故障占用	Always Report Blocking
ARP	地址分解协议	Address Resolution Protocol
ARS	进路自动排列	Automatic Route Setting
AS	接入交换机	Access Switch
ASK	幅移键控（数字调幅）	Amplitude Shift Keying
A-TAG	无源应答器（信标）	
ATB	自动折返按钮	Automatic Turnback Button
ATC	列车自动控制	Automatic Train Control
ATI	列车到达时刻显示器	Arrive Train Image
ATO	列车自动驾驶	Automatic Train Operation
ATP	列车自动防护	Automatic Train Protection
ATR	列车自动调整	Automatic Train Regulation
ATS	列车自动监督	Automatic Train Supervision
AU	自动排列进路模式	Automatic Routing Mode
AX	安全型继电器	Safety Type Relay
AXC	计轴器	Axle Counter
AzS	特指AzS（M）350U型微机计轴（西门子公司的产品）	Axle Zero-power System
B		
BA	应答器天线	Balise Antenna
B&A	操作和显示	
BAS	环境与设备监控系统	Building Automation System
BATE	外部接口进程（如EMCS）	Process for External Interfaces（eg. EMCS）
BHJ	保护继电器	（拼音）
Bluetooth	蓝牙	Short range wireless technology
Bond	棒线	
By	旁路（列车驾驶模式）	Bypass（train operation mode）
BS	骨干交换机	Backbone Switch
B-ATG	有源应答器	
BSR	闭塞速度限制	Block Speed Restriction
BTM	应答器车载查询器	
BTN	骨干传输网络	Backbone Transmission Network
BUMA	总线控制板	

缩写	中文	英文
BV	证实旁路	Bypass Validation
C		
CA	控制中心自动控制模式 中央自动模式	Control center Auto Mode Center Auto mode
CAD	计算机辅助设计	Computer – Aided Design
CAN	现场总线	
CATS	中心自动列车监控	Central ATS（Automatic Train Supervision）
CAZ	冲突防护区域	
CBN	通信系统	
CBI	计算机联锁	Computer Based Interlocking
CBS	成本细分结构	Cost Breakdown Structure
CBTC	基于通信的列车控制系统	Communication Based Train Control
CC	车载控制器/中央控制	Carborne Controller/Central Control
CCT	组合 CDMA/TDMA	Combined CDMA/TDMA
CCTE	车载完全计算机	
CCTV	闭路电视/电视监视器	Closed Circuit Television
CD	载频检测	Carrier Frequency Detection
CDM	电码检测模块	Code Detection Module
CDMA	码分多址	Code Division Multiple Access
CDTA	中央数据传输系统	
CE	控制设备	Control Equipment
CENELEC	欧洲电工标准化委员会	Comité européen de normalisation electrotechnique
CESB	中央紧急停车按钮	Central Emergency Stop Button
CER	控制设备室	Control Equipment Room
CG	编码发生器	Code Generator
CH	通道	Channel
CH	校核信号	Check Signal
CIP	持续改进过程	Continuous Improvement Process
CI	微机联锁	Computer Interlocking
CIS	计算机联锁系统	Computer Interlocking System
CL	与本地连接建立	Connect Location
CLC	线路控制器	Line Controller
CLOW	中央联锁工作站	Center Locking Workstation
CM	配置管理（编码人工驾驶模式）	Configuration Management

缩写	中文	英文
CMA	故障检修分析	Corrective Maintenance Analysis
CMM	软件能力成熟度模型	Capability Maturity Model
CNR	车组号报告 SQL 脚本	SQL – script for crew number report
COM	通信系统；通信服务器	Communication System；Communicator Workstation
COCC	中心 OCC	Central operation control centre
COSPAS	紧凑的面向对象的安全相关的优先级驱动的调度程序	Compact object – oriented safety – relevant priority – driven advanced scheduler
COTS	商业化的现货供应	Commercial Off The Shelf
CPISA	通信处理器	Communication processor
CPS	中央计算机系统	Central Processing System
CPS	条件电源板	Conditional Power Supply
CPU	中央处理单元	Central Processing Unit
CRC	循环冗余码	Cyclic Redundant Code
CRT	阴极射线显示器	Cathode – Ray – Tube
CS	中央服务器	Center Server
CSC	非接触智能卡	Contactless Smart Card
CSD	安全计算机	Secure Computer
CSEX	电码系统模拟扩展	Code System Extend
CST	非接触智能筹码	Contactless Smart Token
CTC	调度集中	Centralized Traffic Control
CTCS	中国列车控制系统	Chinese Train Control System
CTS	光数据传输系统	……Transmission system
CU	运算单元	Computing unit
D		
DACO	数据分配程序	Data Coordinator
DB	数据库	Database
DBAU	制动保障单元	
DBD	定位表示灯	（拼音）
DBJ	定位表示继电器	（拼音）
DC	直流电	Direct Current
DCC	车辆段、停车场控制中心	Depot Contral Center
DCC	元件接口模块	
DCR	车站综合控制室	Depot Contral – room
DCJ	道岔定位操作继电器	（拼音）

缩写	中文	英文
DCS	数字通信系统	Data Communication System
DCU	数字分配（存储）单元	Data distribution Unit
DDC	数字直接控制器	Direct Digital Controller
DDS	数字频率合成技术	
DDU	诊断和数据上载单元； 诊断和数据更新单元	Diagnosis Data Upload unit； Diagnosis Data Update unit
DEBLIMO	闪光元件接口模块	
DEK	计轴车轮传感器	Axle Counter Wheel Sensor
DEM	解调器	Demodulator
DEMS	演示系统	Demonstration System
DESIMO	信号机元件接口模块	
DEVCO	设备分配程序	Device coordinator
DEWEMO	道岔元件接口模块	
DI	安全性输入； 列车发车时刻显示器	
DID	目的地号	Destination Identification
DIN	德国工业标准	German industrial standard
DIOM	离散输入/输出模块	Discrete input/output module
DIS	试行国际标准	Draft International Standard
DL	与本地连接中断	Disconnect Location
DLE	数据链路溢出	Data Link Escape
DLM	设计联络会	Design Liaison Meeting
DLP	缺陷责任期	Defects Liability Period
DOC	驱动输出控制（模块）	Driver output control（module）
DOR	日报告的SQL脚本	SQL-script for daily operation report
DOT	倒换方向	
DPS	车辆段服务对话框	Depot Service Dialog
DPU	车辆段程序单元	Depot Program unit
DQS	德国质量管理系统认证组织	Deutsche Gesellschaft zur Zertifizierung von Qualitätsmanagementsystemen）
DRB	无司机折返按钮	Driverless Return Button
DRI	无司机折返表示器	Driverless Return Indication
DSP	数字信号处理技术	Digital signal processing
DSTT	接口控制模块	
DSU	数据服务（存储）单元	Data Service Unit

缩写	中文	英文
DT	VCC 数据传输	
DTC	数字轨道电路	Digital track circuit
DTI	发车表示器	Departure（Dwell）Time Indication
DTS	数据传输系统；光纤网；光纤通信系统读点	Data transmission System； Fiber – optic transmission system
DVA	数字语音广播器	Digital and Audio Announcements
DWS	车辆段和大修厂	Depot & Workshop
E		
EB	紧急制动	Emergency Brake
EBA	德国铁路安全机构	German Railway Safety Authority
EBR	紧急制动继电器	Emergency brakeRelay
EC	紧急中心越权控制	Emergency Central Override
ECC	元件（单元）控制计算机	Element control computer
ECC – CU	元件控制计算机 – 运算单元	Element control computer computing unit
ECS	环境控制系统	Environment Control System
ED	电动制动	Electro Dynamic Brake
EDMS	电子文件管理系统	Electronic Document Management System
EFAST	列车制动元件接口模块	
EIA	美国电子工业协会	Electronic Industries Association of U. S.
EIM ECC	元件接口模块 元件控制计算机	Element interface module element control computer
EIRP	有效全向辐射功率	Effective Isotropic Radiated Power
EL	紧急车站越权控制	Emergency Local Override
EMC	电磁兼容	Electromagnetic compatibility
EMCS	车站设备监控系统	Electrical and Mechanical Control System
EMP	紧急停车按钮	Emergency Stop Plunger
EN	欧洲标准	European standard
EOD	设备运行参数	Equipment Operating Data
EP	电空制动	Electro Pneumatic Brake
EPROM	可擦编程只读存储器	Erasable programming ROM（read – only memory）
EPS	紧急电源（包括 UPS）	Emergency Power Supply（incl. Uninterrupted Power Supply）
EQNET	国际认证网络	International Certification Network
ESB	紧急关闭按钮	Emergency Stop Button

缩写	中文	英文
ESTT	电子元件接口模块	
ETCS	欧洲列车控制系统	European Train Control System
EU	电子单元	Electronic unit
EXOR	异或	Exclusive OR
F		
FALKO	时刻表验证和时刻表生成	TimetableValidation and Timetable Construction
FAS	火灾报警系统	Fire Alarming System
FAT	工厂验收测试	Factory Acceptance Testing
FBD	反位表示灯	（拼音）
FBJ	反位表示继电器	（拼音）
FCJ	反位操纵继电器	（拼音）
FCC	联邦通信委员会	Federal Communications Commission
FDU	前部显示单元	Frontal Display Unit
FEC	前向纠错	Forward error correction
FEP	前端处理器	Front End Processor
FFT	快速傅立叶变换	Fast fourier Transform
FID	馈电（输入）设备	Feed input device
FOC	光缆	Fibre Optic Cables
FOTL	光缆传输环线	Fiber optic transmission loop
FSB	全常用制动	Full Service Braking
FSK	频移键控	Frequency–shift keying
FTA	故障树分析	Fault Tree Analysis
FTGS	西门子无绝缘音频轨道电路	
FTP	文件传输协议	File Transfer Protocol
G		
GB	中国国家标准	National Standards，China
GCC	图形监视计算机	Graphic Control Computer
GEBR	可保证的紧急制动率	Guaranteed Emergency Brake Rate
GO	ATP速度命令选择和校核电路	
GONG	声音模拟	Sound animation
H		
HMI	人机（接口）界面	Human Machine Interface

缩写	中文	英文
HTML	超文本标记语言	Hypertext Marked Language (Internet Standard)
HW	硬件	Hardware
I		
I/O	输入/输出	Input/output
IBP	综合后备盘	Instancy Back-Up Panel
ICD	接口控制数据库	Interface Control Database
ICF	接口控制表	Interface Control Form
ICM	输入控制模块	Input Control Module
ICU	内部计算单元（计算模块）；区域控制中心	Internal Computing Unit;
ID	标识、识别	Identification
IDC	清结算数据中心	Intermodality Data Center
IDU	内部显示单元；	Internal Display Unit
IEC	国际电工委员会	International Electro-technical Commission
IEEE	电子电气工程师协会	Institute of Electrical and Electronics Engineers
IF	接口	Interface
IFS	接口服务器	Interface Server
IIL	接口确定纪录	Interface Identification Log
IL	交叉感应环线	Intercrossing Loop
IL	联锁	Interlocking
IL bus	联锁总线	Interlocking bus
ILC	联锁控制器	InterLocking Controller
ILD	联锁对话框	Interlocking Dialog
INOM	输入/输出操作模块	Input/output operating module
IntlC	联锁内核	Interlocking Core
IOC	输入/输出计算机	Input Output Computer
IP	互联网协议	Internet Protocol
IRU	接口继电器单元	Interface relay unit
ISCS	综合监督控制系统	Integrated supervisory control system
ISM	工业、科学、医学	Industrial, Scientific, Medical
ISO	国际标准化组织	International Organization of Standardization
J		
JTC	无绝缘轨道电路	Jointless track circuit

缩写	中文	英文
K		
KOMDA	开关（断开）量输出板	break/open Monochrome display adaptation
KVM	多计算机切换器	Multicomputer
L		
LAN	局域网	Local Area Network
LC	本地控制（车站控制、线路控制器）	Local Control
LCC	本地控制（控制）台	Local Control – Console
LCC	生命周期成本	Life Cycle Cost
LCD	液晶显示器	Liquid Crystal Display
LCP	局部控制盘	Local Control Panel
LCW	本地控制工作站	Local Control Workstation
LDTS	局部（现场）数据传输系统	Local data transmission System
LED	发光二极管	Light – Emitting Diode
LEU	轨旁电子单元（信号接口）	Lineside Electrical Unit
LFU	环路馈送单元	Loop Feed Unit
LIDI	列表显示	List Display
LISTE	信号机元件接口模块	
LIU	环线调谐单元	
LLC	逻辑链路控制	Logical Link Control
LLRU	最小现场可更换单元	Lowest Line Replaceable Unit
LMA	移动授权权限（线路移动权限）	Line Movement authority
LMM	环路调制解调器模块	Loop Modem Modular
LOM	逻辑输出模块	Logic Output Module
LOR	职责列表	List of Responsibilities
LOT	列车列表	List of Trains
LOW	车站（局部）操作员工作站	Local Operator Workstation
LPU	车站（局部）程序单元	Local Program Unit
LRU	现路可更换单元	Line Replaceable Unit
LZB	连续式列车自动控制系统	
M		
MA	移动授权	Move Authority
MAATR	ATR对话框	Mask Program for ATR

缩写	中文	英文
MAFPL	时刻表操作对话框	Mask program for timetable operation
MAL	移动授权限制	Move Authority Limit
MARP	记录和回放对话框	Mask program for record and playback
MASCRIP	报告处理对话框	Mask program for reports
MASTW	联锁指令对话框	Mask program for interlocking commands
MAZ	移动授权区域	Movement Authority Zone
MAZLV	TMM 对话框	Mask program for TMM
MC	动车	Motor Car
MCBF	运行设备两次损坏之间的次数	Mean Cycles Between Failure
MCS	主控系统	Main Control System
MCU	微控制单元	Micro control unit
MD	调制检测模块	Modulation detection
MDC	手动关门	Manual Door Close
MDO	手动开门	Manual Door Open
MDT	平均停机时间	Mean Down Time
MEDI	报警类型显示变量更新	Update display variables of the type message
MELDE	开关量输入板	
MERP	数字状态变化处理	Processing of digital status changes
MF	人工带后备进路模式或 MI 故障	Manual with Fallback routing mode or Microlok Failure
MI	联锁单元	Microlok
MIB	管理信息库	Management Information Base
MMI	人机界面	Man-machine interface
MMS	维护管理系统	Maintenance management system
MN	人工无后备进路模式	Manual with no Fallback routing mode
MNT	维护	Maintenance
MOC	建设部	Ministry Of construction
MODEM	调制解调器	Modem
MOM	会议纪要	Minutes of Meeting
MP	带受电弓的动车	Motor Car With Pantograph
MPM	主处理器模块	Master processor module
MPU	主控单元	Main Processor Unit
MR	里程报告的 SQL 脚本	SQL-script for mileage report
MRR	人工进路预留	Manual route reservation
MRSP	最具限制速度曲线	Most Restrictive Speed Profile

缩写	中文	英文
MSAL	数字集成（微处理）安全保障逻辑	Micro processing Safety assurance logic
MSB	最高位	Most Significant Bit
MSC interface	平交道口信号接口	signal interface for level crossings
MSS	最大安全速度；维护支持系统	Maximum safe speed；Maintenance support system
MSTP	多业务传输平台	Multi-Service Transmission Platform
MT	城市轨道交通；轨道联锁	Mass transit
MTBF	平均故障间隔时间；平均无故障时间	Mean Time Between Failure
MTBRSF	平均安全侧故障间隔时间	Mean Time Between Right Side Failure
MTBSF	平均运行故障间隔时间；平均无故障运行时间	Mean Time Between Service Failure
MTBWSF	平均危险侧故障间隔时间	Mean Time Between Wrong Side Failure
MTIB	列车动态初始化定位；标准编码里程计及其轮径值信标	
MTO	无人驾驶	
MTTR	平均故障修复时间	Mean Time To Repair
MUX	多路转换器	Multiplexer
MVB	多功能车辆总线	MultifunctionVehicle Bus
MWS	维护工作站	Maintenance Work Station
N		
NAT	网络地址解析	Network Address Translation
NDO	非安全数字输出板	Non-secure digital output
NFS	网络文件系统	Network File System
NMS	网络管理系统	Network Management System
NRM	非限制人工驾驶模式	Non Restrictricted Train Operation Mode
NSS	网络支持系统	Network Support System
NVI	非安全性输入	Non security input
NVLE	非安全逻辑模拟器工作站	
NVO	非安全性输出	
O		
OBCU	车载控制单元	On-Board Control Unit
OBCU_ITF	车载控制单元接口元件	Interface component of OBCU

缩写	中文	英文
OBCU_ATO	车载ATO	ATO on-board control unit
OBCU_ATP	车载ATP	ATP on-board control unit
OBE	车载设备	On-board equipment
OBRU	车载无线单元	On-board radio Unit
OCC	运营控制中心	Operation Control Centre
OCM	输出控制模块	Output control module
ODD	车载诊断数据（报文）	On-board Diagnose Data
ODI	操作/显示接口	Operation and display interface
OLM	光缆连接模块（通信模块）	Optical link module
OLP	光缆连接插头	Optical link Plug
OOE	车载运营事件（报文）	On-boardOperational Event
OOS	车载运营状态（报文）	On-boardOperational Status
OPD	车载屏蔽门（报文）	On-board platform door
OPG	速度（里程表）脉冲发生器	Odometer pulse generator
OPR	车载位置报告（报文）	On-board Position Report
OPS	操作	Operations
OSI	开放系统互联	Open System Interconnection
OSP	运营停车点	Operational Stop Point
OTN	开放传输网络	Open Transport Network
OVR	冒进	Overrun
OVW	全线表示盘子系统	
P		
PA	车站广播系统	Public Addressing
PAC	环路调制解调器	
PAL	逻辑处理模块	
PAS	乘客广播系统	Passenger Audio System
PASS	口令对话框程序	Password Dialogue Program
PB	停车制动；动力转向架	Parking Brake；Powered Bogie
PC	道岔控制；个人计算机	Turnout control；Personal Computer
PCB	印刷电路板（控制器）	printed circuit board
PCI	外围设备互连	Peripheral component interconnect
PCM	脉冲编码器（模块）	Pulse code module
PCU	过程偶合单元；协议转换单元	Process coupling unit；Protocol conversion unit
PD	多项式除法器	Polynomial division

缩写	中文	英文
PDI	站台发车计时器	Platform Departure Indicator
PDI（software）	过程数据接口协议	Process data interface
PEACC +	符合 CENELEC 和 CMM 要求的西门子研发流程	Product Engineering according to CENELEC and CMM
PEB	站台紧急按钮	Platform Emergency Button
PESB	站台紧急停车按钮	Platform Emergency Stop Button
PF	工频；电源故障	power frequency；Power Failure
PI	站台显示器	Platform (display) image
PID	乘客导向系统	
PIIS	乘客导向系统（轨旁）	Passenger Information and Indication System (trackside)
PIN	个人身份号码	Personal Identification Number
PIS	乘客信息系统（车载）	Passenger Information System (onboard)
PLC	可编程逻辑控制器	Programmable Logic Controller
PM	道岔转撤机	Switch motor
PMA	定期维修分析	Preventative Maintenance Analysis
POM	道岔操作模块	Point Operating Module
POP	防护点	Point of Protection
POR	限制点	Point of Restriction
PPP	点对点协议	Point to Point Protocol
PRDB	过程数据库	Process data base
prEN	试行欧洲标准	Preliminary European Norm
PROFIBUS	过程现场总线	Process field bus
PROM	可编程计数器	Programmable ROM (read-only memory)
PSBD	有源信标	
PSC	电源控制	Power Supply Control
PSD	站台屏蔽门	Platform Screen Door
PSM	输入校验分配程序	Program to coordinate and check all inputs
PSU	电源单元	Power Supply unit
PSY	电源	Power Supply
PTI	列车自动识别（系统）	Positive Train Identification
PUMA	打印机使用管理器程序	Printer utilisation manager
PVID	永久性车组编号（车辆标识）	Permanent Vehicle Identification
PVU	便携式验票机	Portable Verifying Unit
PWD	梯形波调幅	Trapezoidal Wave Diameter

缩写	中文	英文
Q		
QA	质量保证	Quality Assurance
QM	质量管理	Quality Management
QoS	服务质量	Quality of Service
QUENSH	质量+环境+安全+健康	Quality Environment Safety Health
R		
RAMS	可靠性、可用行、可维护性和安全性	Reliability, Availability, Maintainability and Safety
RAP	记录与回放	Record and Play
RARM	存档管理器程序	Archive manager
RB	重点定位标	
RBC	无线闭塞中心	Radio block center
RCM	远程通信控制模块	Telecommunication control module
RC	进路控制	Route Control
RDCS	无线数据通信系统	Radio Data Communication System
RF	无线扩频通信	Radio Frequency – Spread Communication
RM	限制人工驾驶（模式）	Restricted Manual（train operation mode）
RMO	限速模式	
ROM	只读存储器	Read–only memory
RP	参考点	Reference point
RPS	背投系统	Rear Projection System
RSF	安全侧故障	Right Side Failure
RS	车辆	Rolling Stock
RTOS	实时操作系统	Real–time operating system
RTU	车站远程终端单元	Remote Terminal Unit
RX	（计轴的）接收线圈	Receive + xiàn（线的拼音首字母）
S		
SAM	系统保证经理	System Assurance Manager
SAP	系统保证计划	System Assurance Plan
SB	脚踏（踏板）闸	Scooter brake
SBO	安全型单断输出	Safety single break output
SC	信号控制（运行图编辑子系统）	Signal Control;

缩写	中文	英文
SCC	车站控制计算机 串行通信控制器板	Station Control Computer Serial communication controller
SCA	电力监控系统	SCADA
SCADA	电力监控系统	Supervisory Control And Data Acquisition
SCEG	车站控制器紧急通路	Station control emergency……
SCI	信号计算机联锁	signal computer interlocking
SCMP	软件配置管理计划	Software Configuration Management Plan
SCR	车站控制室	Station control room
S&D	服务与诊断系统；(检修和诊断)	Service and Diagnostic System
SD	安全装置	Safety device
SDH	同步数字体系	Synchronous Digital Hierarchy
SDM	信号联锁系统维护工作站	SCIsystem maintenance
SDT	站停时间	Station Dwell Time
SEAR	安全相关的设计和应用规程	Safety-related Design and Application Rules
SEMI-TVM	半自动售票机	Semi-automatic Ticket Vending Machine
SER	信号设备室	Signal equipment room
SIC	车站接口箱	Station Interface Case
Sicas	西门子计算机辅助信号	Siemens computer aided signalling
Sicas ECC	SICAS单元控制计算机	Siemens Computer Aided Signalling, Element Control Computer
Sicas ECC ODI	SICAS ECC 操作和显示接口	Siemens Computer Aided Signalling, Element Control Computer Operation and Display Interface
SIG	信号设备供货商的统称	the lot who is supplying the signalling equipment
SIL	安全完整度等级	Safety integrity level
SIM	信号接口管理	Signalling Interface Management
SIMIS	西门子的故障—安全微机系统	Fail-safe microcomputer system from Siemens
SiNa	安全验证	SafetyVerification
SIOM	串行输入/输出模块	Serial input/output module
SIR	安全联锁继电器	Safety interlocking relay
SISIG	熔断器板	
SLC	同步环线盒	
SLM	速度和位置模块	Speed and line module
SM	系统指导下的驾驶（列车自动防护驾驶）系统维护台；系统维护模块	Supervised manual train operation; System maintenance module

缩写	中文	英文
SM ATP	ATP监督的人工驾驶（模式）	
SMC	系统管理中心	System management center
SN	西门子标准	Siemens Standard
SNMP	简单网络管理协议	Simple Network Management Protocol
SNOOPER	列车和事件监控器	snooper
SO	维护操作台	
SOM	信号操作模块	Signal operating module
S－PC	模拟PC（个人计算机）	simulation PC (personal computer)
SPDI	瞬间接触开关	
SPS	车站计算机系统	Station Processing System
SQL	结构化查询语言	Structured Query Language
SR	车站报告的SQL脚本	SQL－script for station report
SRS	运行图，时刻表调整服务器	
SSCX	西门子信号有限公司	Siemens Signalling Company Ltd. (Xi'an)
STA	天线	
STC	车站控制器	
STEKOP	现场接口计算机	
STO	半自动列车驾驶	Semi－Automatical Train Operation
STIB	静态列车初始化信标	Static train initialization beacon
STS	厂家测试成套设备	
SV	电源	Power supply
SVPRN	打印机管理器程序	Printer manager
SW	软件	Software
SYA	系统保证	System Assurance
SYE	系统工程	System Engineering
SYN	同步环线	
SZ1/2	线路1/2的限速区段	Speed Zone on track 1/2
T		
T&S	培训与模拟	Training and Simulation
TAC	测速电机处理模块	
TB	中国铁道部标准	Standards of MoR, China
TBD	待定义，待规定	To be Defined
TBEx	拖车外转向架	Trailer Bogie－External
TBIn	拖车中间转向架	Train Bogie－Intermediate

缩写	中文	英文
TBU	踏面制动单元	Tread Brake Unit
TC	轨道区段、轨道电路；报文切换，拖车	Track Section; track circuit Message cut; Trailer Car
TCC	轨道交通控制中心	Traffic Control Centre
TCB	轨旁接线箱	Trackside Connection Box
TCM	轨道编码模块	Track coding module
TCP	传输控制协议	Transmission Control Protocol
TCP/IP	传输控制/国际网络协议	Transmission Control Protocol/Internet Protocol
TD	列车距离（位置）检查	Train distance check
TDB	线路数据库	Track Data Base
TDCS	调度指挥管理系统	Train Operation Dispatching Command System
TDT	列车发车计时器；列车出发计时显示器	Train departure timer
TDMA	时分复用	Time Division Multiple Access
TDST	时间有关的饱和传输	Time Dependent Saturation Transfer
TEL	通信系统（列车无线接口）	Telecommunication (Interface to train radio)
TFT	薄膜工艺	Thin-Film Technology
TGI	列车运行图	Train Graph Indication
TID	列车追踪各别号；列车输入数据（模块）	Tracking Identification; Train input data (module)
TIMS	列车信息管理系统	Train information management system
TM	室内控制柜	
TMM	列车移动监督（对话框）	Train Movement Monitoring (Dialog)
TMS	列车管理信息系统	Train Integrated Management System
TMT	列车监视和追踪	Train Monitoring and Tracking
TN-S network	TN-S系统，符合HD 384.3或DINVDE 0100，part 300	TN-S system in accordance with HD 384.3 or DIN-VDE 0100, part 300
TOD	驾驶员显示盘；列车输出数据（模块）	Train output data (module)
TPC	牵引功率控制	Traction Power Control
TQM	全面质量管理	Total Quality Management
Trainguard MT	西门子的基于移动闭塞的ATC系统	Siemens Moving Block based ATC System
TRC	列车排路计算机	Train Routing Computer
TRN	培训	Training

缩写	中文	英文
TRPR	透明报文处理	Transparent telegram processing
TS	目标速度/终端服务器	Target Speed/Terminal Server
TS RA	铁路自动化部（西门子交通技术集团的一个部门）	Transportation Systems Rail Automation (division of SIEMENS Transportation Systems)
TS RA MT	交通技术集团轨道自动化城轨部	Transportation Systems Rail Automation Mass Transit (department)
TSR	临时限速	Temporary Speed Restriction
TSR	技术安全报告	Technical Safety Report
TT	时刻表	Timetable
TTCO	时刻表比较	Timetable Comparison
TTE	（列车）时刻表编辑器	Timetable Editor
TTF	（列车）时刻表	
TTM	时刻表管理	Timetable Management
TTR	车次报告的 SQL 脚本	SQL-script for train trip report
TTS	列车和轨道数据库服务器	Train and Track Database Server
TTT	列车跟踪	Train Tracking
TU	调谐单元；轨道电路控制单元；通信板；列车单元	Tuning unit; Track circuit control unit; Train unit
TVD	轨道空闲检查	TrackVacancy Detection
TVDS	轨道空闲检查状态	TrackVacancyDetection Status
TVM	自动售票机	TicketVending Machine
TVS	轨道空闲状态	TrackVacancyStatus
TVP	轨道空闲处理	TrackVacancy Processing
TWC	车—地通信	Traffic Wayside Communication
TX	（计轴的）发送线圈	Transmitting + xiàn（线的拼音）
U		
UDP	用户数据报协议	User Datagram Protocol
UNISIG	ETCS 标准化集团	ETCS Standardization Group
UNOM	通用输入/输出操作模块	Universal input/output Operating Module
UPS	不间断电源	Uninterrupted Power Supply
URM	非限制人工（驾驶）模式	Unrestricted Artificial mode
UTO	无人自动驾驶	Untended Train Operation

缩写	中文	英文
V		
V	版本	Version
VA	有效的 CTC 请求	Validate CTC Request
VAS	车辆报告系统	
VAU	计轴处理板	Axle Counter Processing Board
VCC	车辆控制中心	Vehicle control center
VCS	车辆通信系统	Vehicle communication system
VDE	德国电气工程师协会	Association of German Electrical Engineers
VDI	安全数字输入（板）	Secure digital input（board）
VDO	安全数字输出（板）	Secure digital output（board）
VENUS	处理器板中断板	
VESUV	同步比较板	
VHM	车况监视器	
VICOS	车辆和基础设施控制及操作系统	Vehicle and Infrastructure Control and Operation System
VLAN	虚拟局域网	Virtual Local Area Network
VO	表决器模块	Voter
VOBC	车载计算机；车载控制设备	Vehicle on－board controller
VPI	安全型计算机联锁； 可视乘客信息	Visual Passenger Information
VR	车辆调整控制	Vehicle Regulation
VRD	安全型继电器驱动器	
VSC	安全型串行控制器	
VTB	（移动闭塞下的）可变列车闭塞	Variable Train Block
VVVF	变压变频	Variable voltageVariable Frequency
W		
WAN	广域网	Wide Area Network
WCC	轨旁通信控制器	Wayside Communication Controller
WCU	Trainguard MT 轨旁控制单元	Trainguard MT Wayside Control Unit
WCU_ATP	WCU 的 ATP 元件	ATP Component of WCU
WCU_TTS	WCU 的 TTS 元件	TTS Component of WCU
WBS	工作分解结构	Work Breakdown Structure
WE	轨旁设备	Wayside Equipment
WESTE	道岔接口模块	

缩写	中文	英文
WLAN	无线局域网	Wirelss Local Area Network
WMA	轨旁移动授权	WaysideMove Authority
WOBCOM	轨旁和车载通信通道	Wayside and on-board communication channel
WOD	轨旁运营数据（报文）	Wayside Operational Data
WOMAN	线路地图管理程序	Worldmap manager
WSF	危险侧故障	Wrong Side Failure
WSP	轮速传感器	Wheel Speed Sensor
X		
X11	透明图形接口	Transparent graphic interface
Y		
Z		
ZBUZ	双总线中心	Dual bus centre
ZC	区域控制器	Zone Controler
ZP 43	计轴传感器	Axle Counter Head
ZLC	区域逻辑控制器	ZoneLogic Controller
ZUSIM	RAM 模型和计算工具	RAM Modelling and Calculation Tool
ZZA	PIIS 和 DTI 处理	Process for PIIS and DTI

参考文献

[1] 林瑜均. 城市轨道交通联锁系统 [M]. 北京：中国铁道出版社，2013.
[2] 林瑜均. 城市轨道交通信号设备 [M]. 北京：中国铁道出版社，2006.
[3] 林瑜均，吕永昌. 计算机联锁第3版 [M]. 北京：中国铁道出版社，2015.
[4] 钱艺，翟红兵. 车站信号自动控制系统维护 [M]. 北京：中国铁道出版社.